조순 문집

이 時代의 希望과 現實(Ⅱ)

조순 문집 (2002~2010년)

이 時代의 希望과 現實(II)

– 세계의 大勢를 보고 進路를 개척하자 –

趙 淳 著

比峰出版社

發 刊 辭

이 文集은 우리의 恩師이신 趙淳先生이 주로 2002년 정치활동을 청산하신 이후에 쓰신 글, 말씀하신 語錄 등을 모은 것이다. 「이 時代의 希望과 現實」이라는 제목으로 4권으로 이루어진 이 문집은 선생께서 정치활동을 그만두신 2002년 이후 지금까지 주로 다양한 매체에 기고하신 寄稿文, 연구모임 등에서 발표하신 論文, 祝辭, 追悼辭 및 書評, 錄取 등을 類別로 나눈 것이다. 대부분 우리가 사는 시대의 국내의 경제, 사회, 정치의 현실, 그리고 미래에 거는 期待 등이 그 내용이기 때문에 이 문집의 제목을 일괄하여 『이 時代의 希望과 現實』이라 하였다.

우리는 원래 이 문집을 선생께서 八旬이 된 작년에 奉呈하기로 하고 준비해 왔다. 그러나 원고 및 자료의 수집과 편집 작업이 지연되어 이제 겨우 작업이 완성되었다. 선생께는 매우 죄송하게 되었지만, 선생께서는 원래 回甲, 古稀, 喜壽, 八旬, 米壽 등에 거의 아무런 의미를 두지 않는 분이시기 때문에 이번 일의 지연에 대해서도 양해해 주실 것으로 믿는다.

돌이켜보면, 趙淳선생과 우리 제자들과의 因緣은 선생께서 1967년 9월 학기 초, 母校의 經濟學 교수로 부임해 오심으로써 시작되었다. 당시 선생께선 우리 나이로 40세, 이미 人生觀, 世界觀, 價値觀 등에 있어 不惑의 境地에 이르신 것으로 보이지만, 우리 제자들은 겨우 志學을 지나 成年에 이른 철부지들이었다.

先生께서는 부임 후 첫 강의 때부터 정해진 시간에서 단 1분도 일찍 끝내시는 일이 없었고, 제자들에게 조금이라도 더 가르쳐주기 위해 혼신의 힘을 다 쏟으셨다. 선생의 그 모습은 바라보는 것만으로도 제자들의 넋을 흔들기에 충분하였다. 강의의 내용은 물론 충실하였지만, 당시 우리로서는 그것은 부차적인 문제였다.

우리들은 先生으로부터 여러 가지 講義와 公私間의 對話를 통해 학문으로서의 經濟學의 意義를 절감하게 되었고, 경제학을 더욱 폭넓고 깊게 배워 보려는 뜻을 세우게 되었다. 졸업 후 많은 제자들이 미국 留學을 떠나게 된 것도 그 동기는 대부분 선생에 의해 觸發되었다. 미국 유학이 아니더라도 선생과 우리 사이의 돈독한 師弟關係는 졸업 후 社會에 나온 다음에도 계속되어 지금에 이르고 있다.

관악산, 북한산, 화악산, 설악산의 만개한 봄 꽃, 여름의 짙은 녹음, 가을의 화려한 단풍 밑에서 둘러앉아 소주를 마시면서 들었던 선생의 講論은 우리에게는 一種의 山上垂訓이었다. 때로는 선생의 自宅에서 벌어진 바둑 시합에서도 제자들은 둘러앉아 선생의 강의를 들었다. 때와 장소를 가리지 않고 우리는 수시로 배우고 수시로 익힐 수 있었으니, 말하자면 時學과 時習을 실천하는 幸運을 누리면서 40년을 살아온 셈이다.

趙淳선생이 우리에게 가르쳐 주신 것은 경제이론과 한국 및 세계경제에 관한 것으로 국한되지 않았다. 수시로 베풀어진 선생의 講義主題는 그 범위가 넓고 깊었다. 선생은 동서양의 歷史에 두루 밝고, 동서양의 학문과 사상, 특히 이채롭게도 東洋의 思想에 밝은 학자이시다. 다양한 분야에서의 높은 成就가 평소의 엄정한 修身, 치열한 內的 省察과 調和를 이룬 분이었다. 선생이 항상 강조하시는 知行合一의 생활신조는 부총리 겸 경제기획원장관, 한국은행총재, 서울市長 등의 관직과 변화무쌍한 정계에서의 활동에서도 그대로 실천되었다. 이런 활동이 거의 마감된 오늘에 있어서도 선생의 일상생활에는 이러한 다양한 素養이 적절히 渾融되어 있는 것을 엿볼 수 있다.

이 文集에 실린 선생의 말씀과 글들을 읽어보면 알 수 있듯이, 선생의 사상과 실천은 中庸, 나아가 時中을 얻은 경지에 이르러 있다. 선생은 맹자의 "깊이 道에 들어가서 스스로 얻는(深造之以道, 自得之)" 境地에 도달하신 것으로 우리는 본다. 선생의 時文과 言行은 "어떤 주제, 어떤 문제에 관해서건 그 本質과 根源에 닿고 있음(取之左右逢其源)"을 누구나 느낄 수 있다.

우리 제자들은 回甲의 나이가 지난 지금까지도 여전히 제자로서 선생의 말씀을 듣는 것을 큰 기쁨으로 여기고 있다. 선생의 글과 말씀은 우리뿐 아니라 사회에 대해서도 좋은 참고가 될 것으로 보고, 그 著述과 言行의 하나라도 散失되지 않고 사회의 많은 분들에게 전해질 수 있도록 하기 위하여 가능한 최대의 노력을 기울여 왔다. 그러나 선생은 八旬이 넘은 지금도 寸陰을 아끼면서 왕성하게 讀書와 思索, 강연과 집필활동을 계속하고 계시므로, 앞으로 나올 글들도 계속 책으로 發刊할 계획을 가지고 있다.

이 文集은 네 권과 別集으로 이루어져 있다. 제1권은 2003년 이후 최근에 이르는 기간 동안 다양한 매체에 기고하신 글과 여러 기관에서 초청되어 강연하신 말씀의 요지와 같은 短文들을 모은 것이다. 제2권은 책으로 출간되지 않은 선생의 研究論文들을 모은 것이고, 제3권은 선생께서 그동안 행하신 祝辭와 追悼辭, 碑文, 그리고 漢文 및 英文으로 쓰신 글들로 이루어져 있으며, 여기에는 2002년 이전에 쓰신 글들도 일부 수록되었다. 제4권은 2002~2009년 동안 인간개발경영자연구회에서 각 주제 발표자들의 발표에 대해 선생께서 즉석에서 綜合, 整理, 論評하신 것의 錄取 및 인터뷰의 抄錄을 모은 것이다. 마지막으로 別集에 수록된 것은 선생께서 1979년에 故 朴正熙 대통령에게 보고하기 위하여 작성하신 『中 · 長期 開發戰略에 관한 硏究』라는 연구 보고서인데, 故박대통령의 逝去로 보고되지 아니한 귀중한 자료이다.

선생은 평소 "사람이 쓰는 글에 '雜文'이라는 것은 있을 수 없다. 옛날의 문집에는 '雜著' 부분이 가장 중요한 부분이었다"고 말씀하셨다. 글과 말은 곧 사람이라는 선생의 知性的, 人本的 태도가 이 문집에 나타나 있다고 생각된다.

이 문집 이외에도 선생이 지난 26년간 쓰신 漢詩集 『奉天昏曉三十年: 趙淳漢詩集』 두 권과 선생이 그 동안 쓰신 붓글씨를 모은 『奉天學人翰墨集』을 간행한다. 여기에도 선생의 면모와 뜻이 담겨 있다고 생각하기 때문이다. 앞에서도 말한 바와 같이, 이 文集은 주로 선생의 정치활동 마감 이후의 말씀과 글들을 모은 것이므로, 그 이전의 著述로서 이미 책으로 출간된 것, 그리고 外國機關에 제출되어 그 기관에서 책자로 만들어진 報告書 등은 補遺를 위한 경우를 제외하고는 모두 이 文集에서 제외되었다. 우리는 이 정도의 작은 成果나마 이루어냄으로써 그간 스승으로부터 받은 큰 恩惠에 작으나마 報答할 수 있게 된 것 같아 多幸으로 생각하고 있다.

우리는 우리의 모든 정성을 담아 선생의 康健과 長壽를 祈願해 마지않는다. 또 이 文集을 발간하는 데 財政的으로 후원해 주신 여러분, 그간 귀중한 資料를 제공해 주신 여러분, 出版을 맡아서 많은 어려움을 감수하신 여러분들에게 깊은 感謝를 드린다.

2010年 5月

趙淳先生 八旬紀念文集刊行委員會 委員長

韓國外國語大學校 教授 金勝鎭

〈目 次〉

| 제 1 부 | 연구논문

한국 . 중국 . 일본의 경제개혁*

세계화와 동아시아 3국의 대응

제1장 序言
제2장 글로벌화란 무엇인가?
제3장 글로벌 경제질서 하의 일본의 구조개혁 – 실태와 과제
제4장 한국의 경제개혁(1) : IMF 이후의 구조개혁
제5장 한국의 경제개혁(2) : 글로벌 시대의 경제정책의 방향
제6장 중국의 경제개혁 평가와 전망
제7장 결언

---

* 이 論文을 쓰는 데 있어서는, 일본에 관해서는 啓明大學校의 金都亨교수, 한국에 관해서는 거시정책 부분을 弘益大學校의 朴元巖교수, 공공부문과 경제정책의 성공요인에 관해서는 梨花女子大學校의 全周省교수, 그리고 中國에 대하여는 서울大學校의 鄭永祿교수의 도움이 컸다. 필자는 第1章 序言과 第2章 그리고 第7章 결언을 집필하였다. 필자와 이 네 교수들은 네 번의 세미나를 통하여 광범위하게, 각자가 준비한 원고를 토대로 많은 토의를 하였다. 그러나 전체의 구성과 내용은 필자자신의 取捨, 選擇, 補完의 결과이므로, 이 논문의 미비점과 오류에 대한 책임은 전적으로 필자에 있다는 것을 밝힌다. 上記 네 교수의 수고 및 협조와 서울대 경제학과 대학원생인 黃聖夏군의 연구보조에 대해 심심 감사의 뜻을 표한다.

이 논문은 2002년 11월에 집필되었다. 지금(2009년 11월) 그 글을 읽어보니, 지나치게 전문적인 용어가 많아서 읽기 어려운 점이 있었음으로, 글의 내용에 添削을 가하고, 전문용어를 일반용어로 바꾸어 여러 부분을 다시 써서 潤文을 함으로써 독자들이 읽기 편하도록 하였다.

제1장 序言

1991년, 소련이 붕괴한 후로 세계는 유일한 超强國(superpower)인 미국을 중심으로 항구적인 평화와 번영을 누릴 것이 예상되었다. 소련에 승리한 미국은 戰勝의 기쁨으로 도취되었다. 지난 세월에 치른 많은 전쟁 — 1차대전, 2차대전, 한국전쟁, 월남 전쟁, 냉전, 그리고 앞으로 예상되는 이라크 전쟁 등 — 에서 승리함으로써 미국은 자유와 민주주의를 전세계로 전파하는 성스러운 역할을 수행해 왔다는 자부심으로 부풀어 있었다.

앞으로 어떤 세계가 올지는 역사가 밝혀줄 것이다. 그러나 소련이 붕괴한 지 불과 10여 년밖에 되지 않은 오늘에도, 세계 정세는 벌써 당초의 기대와는 매우 다르게 전개되고 있다. 세계는 질서보다는 오히려 무질서로, 번영보다는 오히려 침체로 치닫고 있다. 無秩序와 침체가 21세기의 大勢가 된 것은 아니지만, 세계가 미국의 영도 하에 항구적인 평화와 번영을 누릴 것이라는 비전에는 그리 확고한 근거가 없는 것같이 보인다. 지금 나타나고 있는 현상으로 미루어 볼 때, 앞으로의 세계도 많은 혼란과 격동을 겪을 것이 예상된다.

소련 붕괴 이후 세계는 "글로벌(global)" 경제라는 말이 실감나는 변화가 나타나고 있다. '국경 없는 경제', 또는 '무한경쟁' 등의 표현이 널리 쓰이고 있다. 이러한 추세 속에서 90년대 미국경제가 '신경제'라 불리는 호황을 누린 것을 계기로 세계 각국의 정치와 경제,

사회와 문화가 모두 미국식으로 닮아가고 있다.

그러나 세계정세를 자세히 관찰해 보면, 경쟁은 결코 무한한 것이 아니며, 글로벌化가 곧 황홀한 신세계를 가지고 오는 것도 아니다. 국경은 여전히 존재하며 나라의 主權 역시 엄연히 살아 있다. 마찰과 투쟁의 역사는 앞으로도 連綿히 계속될 것으로 보인다.

글로벌化란 무엇인가? 그것은 인간의 활동이 인종, 문화, 지역 등의 장애를 넘어 全球的으로 전파되는 과정을 말한다. 인간의 역사는 지구의 한 모퉁이에서 生成한 기술, 지식, 사상, 종교, 경제 그리고 문화 등이 전세계로 퍼지면서 하나의 文明을 형성하는 과정을 허다하게 보아왔다. 그러나 글로벌化는 항상 一方的으로 앞으로 前進하는 길만을 달리는 것은 아니다. 글로벌화의 문명도 한동안 활발하게 前進하다가도 어느 순간부터 점점 후퇴하여 끝내는 영영 사라지는 것도 많이 보아왔다. 어떤 의미로 보면, 인간의 文明史는 글로벌화의 생성과 소멸의 역사라고도 볼 수 있다. 이 글에서는 주로 경제분야의 글로벌화를 논할 것이다.

글로벌화에는 두 가지 의미가 있다고 본다. 하나는 '趨勢로서의' 글로벌화이다. 예를 들자면. 기술의 발전 또는 산업조직의 형태 등이 국경을 넘어 세계 모든 나라에 전파되는 경우이다. 이를테면 컴퓨터의 보급, 인터넷의 사용, 금융의 형태, 다국적기업의 운영 등은 정부의 개입 없이도 국경을 넘어 전세계에 전파된다. 이런 것 들이 자연히 추세적으로 전세계로 뻗어나가는 과정, 이것이 '추세로서의' 글로벌화이다.

다른 하나는 '秩序로서의' 글로벌화이다. 어떤 종류의 글로벌화는 세계적으로 통용되는 하나의 秩序라는 의미를 가지는 경우가 있다. '질서' 라는 것은 언제 어디에 있어서나, 强者에 의한 强制力의 행사

— 명시적이건, 암묵적이건 간에 — 를 전제로 한다. 원래 秩序란 相反되는 이해관계를 가지는 구성원들이 준수해야 하는 기준을 의미하는 것이기 때문에, 그것이 지켜지자면 그 기준을 준수하도록 하는 어떤 誘因 내지 强制力이 있어야 한다. 어떤 단체의 구성원이 싫든 좋든 힘을 가진 자의 강제력을 따라야 하는 기준, 그것이 바로 秩序의 본질이다.

이 글에서는 글로벌화를 後者의 의미로 쓰고자 한다. 이 의미의 글로벌화는 세계의 모든 나라들이 세계에 통용되는 기준 — 成文의 것이건 不文의 것이건 간에 — 에 따라 행동하는 것을 의미한다. 글로벌 질서는 그 질서를 강제할 수 있는 覇權을 가진 나라의 존재를 전제로 한다. 패권의 행사가 없는 곳에는 질서가 있을 수 없다. 소련이 망한 후, 그러한 강제력을 가진 세계 유일의 나라는 미국이다. 따라서 여기서 말하는 글로벌化란 현재 미국이 주도하는 세계질서를 말한다. 미국은 글로벌 기준(global standard)의 설정을 통해 글로벌 경제의 질서를 유지함으로써 세계 모든 나라의 평화와 발전을 유도하고, 동시에 그것을 통해 자국의 물질적 정신적 이익을 추구하려는 것이다. 이 두 가지 중 하나만 못하더라도 미국 주도의 세계화는 쇠퇴할 것이다.

옛날 세계의 대부분의 주민이 蒙昧하던 시대에는 패권국의 힘은 거의 대부분 武力이었다. 로마에 의한 글로벌화는 로마의 무력에 의해 유지되었다. 영국에 의한 19세기의 글로벌화도 적어도 부분적으로는 영국의 군사력에 의해 유지되었다. 지금 21세기의 글로벌 경제도 직접간접으로 미국의 무력이 뒷받침되고 있다. 그러나 지금의 세계에는 아무리 미국이 강한 나라라 하더라도, 물리적인 힘만 가지고 질서를 전세계에 강제할 수는 없다. 경제의 힘, 문화의 힘이 있어야 한다. 패권국이 패권을 유지하려면 그 나라가 펼치는 질서가 여타 세계에 이익을 줄 수 있어야 하며, 그 나라의 도의적 문화적 권위가 세계의 모든 나라의 모범이 되어야 한다.

2차대전 이후 소련의 붕괴에 이르는 기간의 세계는 冷戰이라는 秩序 하에 있었다. 당시의 세계 패권은 미국과 소련 두 나라가 나누어 가지고 있었다. 이 두 나라가 세계를 두 개의 진영으로 나누어서 각기 그 영향력 하에 있는 나라들로 하여금 상대방을 이기기 위한 일련의 행동기준을 따르도록 强制力을 행사했다.

冷戰秩序는 미국과 소련의 힘의 행사에 의해 세계를 兩分하는 질서였기 때문에, 본질상 일종의 單線的인, 따라서 알기 쉬운 질서였다. 黑白이 분명하고, 이쪽과 저쪽이 확실했기 때문에, 强制力을 행사하는 기준도 분명했다. 이에 비하여 지금의 글로벌 秩序는 黑白이 불분명한 灰色의 영역이 매우 넓은 질서이다. 따라서 세계의 모든 나라는 이 질서를 해석하고 그것에 따르는 데 있어 상당한 伸縮性을 가지고 있고, 각기 自國의 이익에 부합되는 방향으로 그 질서를 활용하려는 誘因을 가진다.

이 논문의 목적은 지금 우리가 살고 있는 글로벌 질서의 본질을 검토하고, 東北아시아의 나라들(한국, 중국, 일본)은 각기 이 세계질서 속에 어떻게 살고 있는가, 이 질서에 적응하기 위하여 어떤 개혁정책을 채택해 왔는가, 앞으로 동북아시아 나라들의 장래는 어떻게 될 것인가의 문제 등을 살펴보는 데 있다.

제2장에서는 글로벌 秩序란 기본적으로 어떤 성격을 가지는 것인가를 검토한다. 글로벌 질서는 1990년대에 처음 나타난 것이 아니고, 자본주의 시대에 처음 나타난 것도 아니다.

역사상 가장 강력하고 선명한 글로벌 질서로는 로마에 의한 질서,

영국에 의한 질서, 그리고 지금의 미국에 의한 질서의 세 가지를 들 수 있다. 이 장에서는 로마의 세계화를 간단히, 그리고 영국의 세계화를 좀 더 자세히 설명함으로써 오늘날 미국 주도하의 글로벌 질서를 이해하는 데 도움을 주고자 한다.

그리고 끝으로 오늘날 미국의 글로벌 질서의 특성을 서술한다. 미국이 패권국으로 된 배경을 살피고, 80년대 이후의 新自由主義 理念 및 그것에 기초를 둔 '워싱턴 合意'의 내용과 장단점을 밝힐 것이다.

제3장은 글로벌질서 하에서의 일본의 대응을 분석 설명한다. 일본은 한국과 같이 냉전질서의 受惠國이었다. 냉전시대에 구축된 이 나라의 경제 및 사회제도는 글로벌질서를 수용하는 데 어려움을 겪으면서 90년대에 잃어버린 10년의 침체기를 거쳤다. 일본은 앞으로도 많은 시련을 겪어야 하며, 그 시련을 극복하기 위해서는 일본의 전통적인 세계관 및 아시아觀을 조정할 필요가 있으리라는 것을 논할 것이다.

제4장에서는 세계화 시대를 맞는 한국의 대응을 논할 것이다. 한국은 냉전질서 하에서 성공적으로 공업화의 기반을 닦았다는 의미에서 冷戰秩序의 受惠國이라 할 수 있다. 그러나 그 경제는 90년대 글로벌화 시대에 적응하지 못하여 끝내는 IMF의 구제를 받게 되었다. IMF 하에서 他律的인 개혁을 추진함으로써 많은 代價를 치렀지만, 시련을 잘 견디어냈다. 한국은 IMF에 힘입어 어느 정도의 개혁을 이루었으나, 5년이 지난 지금도 아직 개발년대의 後遺와 개혁의 후유는 남아 있다.

제5장에서는 현재의 한국경제는 아직 지속적인 발전을 보장할 수 있는 인적, 물적 및 제도적 인프라가 미비하여, 성장동력을 충분히 회복하지 못한 상황에 있다는 것을 논할 것이다. 이 장에서는 또 한

국에 있어서의 정부와 시장의 바람직한 역할에 대하여 고찰할 것이다. 세계화 질서가 요구하는 民營化의 得失을 논하고, 한국의 실정에 맞는 공공부문의 제도와 역할, 그리고 경제정책의 목표 등을 고찰할 것이다.

제6장은 1998년 12월 이후의 중국의 경제발전의 經緯를 개관한다. 중국은 1990년대 이후의 글로벌 질서가 나오기 이전에 이미 1978년 '사회주의적 시장경제' 의 기치를 내걸고 경제개혁을 추진하고 있었다. 미국이 주도하는 글로벌질서는 중국 경제개혁의 방향과 잘 부합되었다. 이 장에서는 글로벌 秩序를 活用하면서 발전하고 있는 중국경제의 軌跡을 살펴보고, 중국 경제개혁의 내용과 그 특징, WTO 가입의 이유와 앞으로의 문제점 등을 서술한다. 세계경제사의 기적이라 할 수 있는 급속한 중국의 경제발전의 요인이 무엇인가가 이 장의 주안점이 될 것이다.

마지막 제7장은 지금까지 논한 것 중에 보완을 요하는 부분을 보완하면서 이 논문의 결론을 맺고자 한다. 동아시아가 세계질서를 만들어 내는 데 적극적인 기여를 할 수 있는 조건이 무엇인가를 살펴본다. 동아시아 3국이 살 수 있는 길은 이 세 나라가 모두 歷史로부터 물려받은 負의 遺産을 청산하고 共生의 패러다임을 과감히 채택하는 데 있다는 것을 논할 것이다.

제2장 글로벌 경제란 무엇인가

I. 글로벌 질서의 의미

1. 인간 활동의 글로벌화

인류의 역사는 특정 지역에서 生成한 어떤 현상이 주변으로 확대되는 기록이라 할 수 있다. 세계의 주요 종교와 사상, 정치 경제의 제도, 지식과 기술 발전의 궤적을 보면, 그것을 알 수 있다. 마치 조그만 물줄기가 大河가 되어 바다로 흘러가듯이, 인간이 만들어낸 모든 현상은 그 發祥地로부터 주변지역으로 전파되어 끝내는 전 지구를 덮게 되는 경우도 있다. 글로벌화라고 하는 것은 이와 같은 과정을 거쳐서 만들어진 文明의 형태이다.

그러나 인간의 모든 일에는 영구적인 것은 없다. 세월의 흐름에 따라 모든 것이 변한다. 문명도 생겨나고, 자라고, 늙고 끝내는 죽는다. 어떤 文明은 한동안 번영하다가도 곧 죽어버린 경우가 있는가 하면, 또 다른 문명은 半영구적으로 긴 생명을 누리면서 스스로를 시대의 조류에 맞추어 적응하여 長壽를 누린 경우도 있다. 새로운 환경에 제대로 적응을 못하면 그 문명은 죽는다. 인류의 문명은 인간활동의 글로벌화의 生成, 消長, 沒落의 기록이라고도 볼 수 있다.

인간활동의 動機 중에서 가장 강렬한 것이 종교와 경제이다. 이 글에서 논하는 글로벌화는 경제활동에 관한 것에 한정한다. 경제활동은 새로운 생산기술, 소비형태를 만들어내면서, 많은 난관을 극복하고 시장을 넓히면서 활동범위를 확대한다. 패권국에 의한 경제적 확대가 全球的으로 극대화될 때의 세계경제를 글로벌 경제라고 부른다. 이 글에서는 글로벌화란 힘센 집단(이를테면 패권국)이 스스로의 이익을 확보하기 위해 여타의 집단(다른 나라)들에 대해 펼치는 秩序를 말하는 것으로 이해하고자 한다. 글로벌화는 패권국의 경제질서의 全球的 확대를 의미한다.

글로벌화는 어떤 영역의 것이든, 시대의 변천에 따라 그 형태가 다르며, 그 생명력도 永久不變의 것은 아니다. 글로벌화는 생겨나기도 하고 없어지기도 한다. 패권국가 스스로가 변하기도 하고 여타 세계의 정세변화가 패권국의 변화를 유도하기도 하지만, 어떤 경우든 간단없이 변화하는 세계정세에 어떻게 적응하느냐에 따라 그 존망이 결정된다.

역사적으로 가장 대표적인 글로벌화에는 세 가지를 들 수 있다. 첫째는 포에니전쟁 이후 로마共和國이 帝國이 되어 東西로 분립될 때까지의 로마에 의한 글로벌 질서이다. 둘째는 나폴레옹 전쟁 이후 제1차대전까지의 영국에 의한 글로벌화이고, 셋째는 1991년 소련 붕괴 이후부터 오늘에 이르는 미국에 의한 글로벌화가 이것이다.

여기서는 로마나 영국의 세계화에 대하여 자세히 논할 겨를은 없다. 위에서도 말한 바와 같이 세계화는 패권국가의 존재를 필요로 하는데, 패권국의 生成 및 消長에는 각기 그 내용을 달리한다. 그러나 모든 글로벌화에는 공통점이 있다. 이런 것을 예시하기 위해 간단히 로마와 영국의 글로벌화의 특징만을 고찰하기로 한다.

2. 로마의 글로벌 질서

로마는 한마디로 말해 주로 무력에 의한 정복을 통하여 당시에 알려진 세계(후술)의 대부분을 領有함으로써 글로벌제국을 이루었다. 티베리우스江의 조그만 羊치기의 촌락으로부터 崛起하여, 끊임없는 전쟁을 통하여 당시의 전 유럽을 장악하게 된 로마의 역사는 한마디로 전쟁의 역사, 정복의 역사였다. 로마는 王政, 共和政, 그리고 帝政의 세 가지 政體를 차례로 바꾼 나라였지만, 나라의 기둥은 항상 막강한 군대였다. 로마군대는 엄격한 규율, 완벽한 무장과 철저한 훈련, 그리고 나라에 대한 滅私的인 충성과 명예심으로 무장되어 있었다. 그 막강한 군대는 帝政 말기를 제외하고 거의 항상 가는 곳마다 승리를 거둠으로써 영토를 확장했다. 로마 역사에 남는 정치 지도자치고 전선에서 군대를 지휘하지 않은 인물은 거의 없다.

기원 전 27년 로마제국 초대 황제가 된 아우구스투스帝는 老獪하고 무자비한 인물이었지만, 로마의 힘의 한계를 알고, 로마는 앞으로 더 영토를 늘리지 말라고 후세 황제에 당부했다. 그후 로마에는, 에드워드 기본(Edward Gibbon)의 『로마帝國衰亡史』에 의하면, '인류 역사상 가장 행복한 100년을 실현한' 5명의 황제(이른바 五賢帝)가 계속 등극하여 나라의 전성시대를 이루었다고 하는데,[1] 그 五賢帝 조차도 정복의 전통을 버리지는 못했다.

五賢帝 중 두 번째 황제인 트라야누스帝 때, 로마는 地中海를 중심으로 동으로는 지금의 이라크, 동북으로는 지금의 발칸반도와 터키, 북으로는 라인江 以西의 독일, 北海와 프랑스, 서북으로는 이베리아

1) 내가 보기에는 로마의 國勢는 공화제가 끝나고 帝政으로 되었을 때 이미 頂点을 지나 있었고, 五賢帝때에는 斜陽의 그림자가 드리우고 있었다. 어떤 나라든 極盛時代는 이미 그 頂點을 지나있는 경우가 많다.

반도, 서로는 대서양, 그리고 남으로는 아프리카 대륙 沿海지역에 이르는 大帝國이었다. 그런데도 트라야누스帝는 항상 전선에서 정복전쟁을 지휘했다. 그의 계승자인 하드리아누스帝는 지금의 영국인 브리타니아 북부의 스코틀랜드를 제외한 영국 섬의 대부분을 정복하여 제국의 판도에 편입시켰다. 역사상 가장 지성적 군주인 철학자 皇帝 마르쿠스 아우레리우스帝도 전선에서 督戰하다가 歸京 도중 병사했다. 로마의 황제는 다 전선에서 진두지휘를 했고, 수도에는 일정한 황제의 宮殿도 없는 때가 많았다.

로마는 오현제와 같은 명군도 더러는 있었지만, 惡君, 庸君, 暴君이 훨씬 더 많았다. 내가 기본(E. Gibbon)의 『로마帝國衰亡史』에서 읽은 바에 의하면, 帝政 초기의 황제 40명 중 25명이 남의 칼을 받고 죽었거나 자살했다. 로마는 항상 피에 젖은 나라였다. 제 命에 죽지 못한 인물은 황제만이 아니었다. 로마 최고급의 정치가 웅변가였던 키케로는 초대 황제 아우구스투스에 의해 처형당했고, 로마 최대의 철학자라 할 수 있는 세네카는 네로황제에 의해 처형당했다. 그러나 이러한 사건은 시민들에게는 아마도 재미있는 이야깃거리에 불과했다. 그들의 관심은 정복의 결과로 얻은 세금 면제와 鬪技와 연극, 그리고 목욕 등의 끝없는 환락의 기쁨이었다.

이 나라는 무엇 때문에 그렇게 많은 전쟁을 치렀는가. 영토를 넓히기 위해서였다. 정복된 영토는 로마의 영토이지만 실질적으로는 그것은 곧 정복자의 사유재산이었다. 尙武의 전통이 그 많은 전투의 승리를 가능케 했다. 그 전통 뒤에는 隸下의 장병들이 원하는 권력과 富와 女色이 있었다. 정복을 통하여 땅과 노동력 및 환락을 얻고, 屬領에서의 지배권을 행사하는 미끼가 있었다.

로마는 法의 나라였다. 그 法의 목적은 정복전쟁의 성공과 그 성공의 결과로 얻은 영토의 確保와 保全에 있었다. 로마의 정치경제 제도는 征服 의욕을 북돋을 수 있도록, 정복지인 屬邦을 통치할 行政官에게 완벽한 통치권을 부여하는 統治權(Imperium), 그리고 그 토지를 私有財産으로 지배하고 사용할 권한을 부여한 財産權(Dominium)에 관한 법을 제정하여 엄격하게 시행했다. 屬領을 장악한 행정관에게는 首都 로마에서 어떤 政變이 일어난다고 해도 그의 재산권과 통치권은 완전히 보장되어 있었다. 정복된 지역은 마치 도마뱀의 꼬리와 같아서 그것을 잘라내도 머리와 몸통은 별 지장이 없었고, 꼬리에는 새로 머리와 몸통이 나올 수 있었다. 그렇기 때문에 일선의 將兵은 로마에서 황제에게 어떤 일이 일어나건 별로 걱정할 이유가 없었다. 그들의 관심은 전쟁에 승리하여 영토를 점령하여, 法에 따라 統治權과 財産權을 확보하고, 부와 권력을 누리는 것뿐이었다.

위에서도 지적한 바와 같이, 제국을 유지하자면, 제국은 피정복지역민에게도 응분의 '利得'을 베풀어주어야 한다. 다시 말해 속령의 주민들이 제국에 대해 자발적으로 복종할 수 있도록 이익을 줄 수 있어야 한다. 현실적인 로마인은 그것을 잘 알고, 정복한 지역의 주민에게는 일정조건 하에 인종차별 없는 로마 시민권을 부여하였다. 로마인은 종교적으로 多神教였고, 따라서 정복지의 '異教徒'에 대해 '寬大'했다. 인종차별도 없었다. 屬領 출신이면서도 로마의 황제가 된 예는 상당수 있다. 후기의 황제 중에는 北아프리카 출신의 黑人 및 그의 後裔도 있었다.

지금의 문명국이라는 서유럽 지역(영국, 프랑스, 독일, 스페인, 포르투갈 등)의 주민들은 당시에는 야만족이었는데, 그들에게는 세련된 라틴語, 예술 및 철학 등 로마의 문명이 주어졌다. 그들에게는 또 완벽한 도로망, 연극장, 목욕탕, 투기장 및 그밖의 환락시설이 주어졌다. 로

마가 망할 무렵, 로마에는 1년에 175일의 축제일이 있었다. 로마인의 오락으로는 주로 스포츠와 연극 및 가끔은 황제가 투기사로 나서서 관중 앞에서 맹수와 결투하는 엄청난 볼거리가 있었다.

그러나 죽지 않는 사람은 없고, 망하지 않는 나라는 없다. 그 엄청난 로마도 끝내는 망했다[2]. 왜 망했는가. 논자에 따라 의견은 다를 것이다. 그러나 로마는 흔히 이야기 하듯이 蠻族의 침입 때문에 망한 것은 아니다. 로마의 군대가 부패하여 군기가 무너져서 이미 만족의 침입을 막아낼 힘이 없었기 때문이다. 尙武의 정신은 五賢帝 이후 완전히 없어져 있었다. 共和政의 말기 기원전 1세기 때, 로마의 실력자가 된 가이우스 마리우스 당시 로마군대는 傭兵制로 뽑힌 職業軍人의 집단으로 되어 있었다. 돈으로 산 군대가 강할 수는 없다. 군대가 약화된 이면에는 물론 도덕적 타락, 貪慾, 문화적 퇴폐가 있었다. 그러나 로마의 쇠망을 한 마디로 요약할 수는 없다.

불후의 명작으로 알려지고 있는 『로마帝國衰亡史』를 보면 로마가 망한 이유를 한두 가지로 간단히 요약할 수는 없다는 것을 알 수 있다. 저자인 기본(Edward Gibbon)은 이렇게 썼다. "하나의 도시가 勃興하여 하나의 帝國으로 부풀어오른 사실은 특별한 偉觀으로서, 哲人의 熟考의 대상이 될지 모른다. 그러나 로마의 衰頹는 그 터무니없는 肥大가 가지고 온 자연스럽고 不可避한 결과였다."[3] 그는 이를테면, 規律의 부패, 희랍系와 라틴系의 民族的 不和의 확대, 기독교 세력의 팽창에 따른 軍國精神의 쇠퇴 및 宗教活動에 충당된 公金의 증가 등

2) 여기서는 西紀 5世紀末 西로마帝國이 滅亡한 것을 두고 한 말이다. 로마의 위엄을 어렴풋이나마 이어받은 콘스탄티노폴리스의 東로마제국은 라틴계의 帝國이 아니었다.

3) Edward Gibbon, *The Decline and Fall of the Roman Empire*, 'General Observations on the Fall of the Roman Empire in the West,' (at the end of Chapter 18) 참조.

을 들고 있으나, 이런 사례를 들자면 한이 없을 것이다. 결국, 나라의 과잉팽창에 따른 自己荷重을 이길 수 없어서, 스스로 무너지고 말았다는 것이다.

『로마의 역사』를 쓴 I. 몬타넬리의 의견은 다음과 같다. "로마는 가족의 붕괴와 姙娠 中絕의 보급에 의해 상류계급으로부터 망하기 시작했다. 나폴리의 속담에 있듯이, '고기는 머리로부터 썩는다.' 긍지 높은 로마의 貴族階級은 아마도 세계가 일찍이 가진 가장 위대한 指導階級이었다. 그들은 수세기 동안 純潔, 勇氣, 愛國의 모범을 보여주었으나, 포에니 戰爭 이후, 특히 유리우스 카에사르 이후, 귀족계급은 利己主義와 惡德의 모범이 되기 시작했다. 이 계급의 각 家系는 戰爭, 內亂, 정치적 迫害 때문에 많은 子弟를 잃었지만, 이들 名門 단절의 主因은 아이를 낳지 않았기 때문이었다."[4]

그에 의하면 강성한 주변의 蠻族들 특히 강성한 게르마니아人에 의한 武力侵攻은 로마 쇠망의 副次的인 이유였다. 로마가 망한 이유로 기독교의 得勢를 드는 사람도 있지만, 기독교는 로마의 아무것도 파괴한 것이 없었다. 오히려 로마의 조직을 활용하여 교세의 확장과 로마의 多神敎를 극복하는 데 성공했을 뿐이었다.

우리나라에도 한동안 베스트셀러가 된 로마의 역사책 15권을 쓴 일본의 시오노 나나미(鹽野七生) 女史의 의견은 한마디로 로마인의 氣力이 쇠퇴했기 때문이라고, 즉 覇氣와 自信을 상실했기 때문이라고 했다.[5] 한마디로 너무 늙어서 回春(Rejuvenation)을 할 겨를이 없이 쓰러졌다고 본 것이다.

---

4) I. 몬타넬리, 『로마의 역사』, 藤澤道郎 譯(日譯), 中央公論社, pp. 512-513.

5) 시오노 나나미(鹽野七生), 『로마인에 대한 20개의 질문』, 文春新書 082, 2000, p.199.

3. 영국의 글로벌 질서

1) 영국의 自由主義와 資本主義 및 帝國主義

로마 이후 글로벌화가 가장 선명하게 추진된 사례는 영국에 의한 자본주의 및 제국주의의 성공이라고 할 수 있다. 영국은 17세기 이후 해외식민지 개척에 착수하여, 약 2백년에 걸친 준비기간을 거친 후, 전세계에 걸친 광대한 지역에 식민지를 개척하여 역사상 로마제국에 맞먹는 대제국을 건설했다. 로마는 인종차별이 없는 제국이었는데 반해, 영국의 그것은 白人 식민제국이었다.

영국의 글로벌질서를 설명하기 위해서, 우선 결론부터 내놓는 것이 편리하리라고 생각된다. 이하에서 나는 다음과 같은 사항을 논할 것이다. ① 영국은 세계 어느 나라보다도 自由를 숭상하는 나라였다. 반면에 平等을 존중하는 사상은 없었다. 自由主義는 영국의 이데올로기였다. 자유주의라는 이데올로기는 필연적으로 競爭을 낳고, 경쟁으로부터 勝者와 敗者가 나온다. 경쟁의 결과, 승리한 자는 모든 戰利品을 차지한다. 패자에 대한 몫은 원칙적으로 없다. ② 자유주의로부터 경제생활에 '價値'라는 개념이 생겨나면서 資本主義 사상이 나왔다. 자본주의는 우선 농업부문에서 일어나기 시작했다. 농장이 생겨나면서, 營農 방법이 자본주의화하고 농업에 임금노동자가 생겨났다. 그 결과 농업생산이 늘고, 식량의 공급이 증가했다. ③ 영국인들은 〈에워싸기 운동(Enclosure movement)〉을 이웃나라에 적용하여, 우선 아일랜드를 식민지화 했다. 당시의 유명한 이론가들이 식민지 개척을 합리화하는 이론을 만들어냄으로써, 帝國主義 이론이 생겨냈다. 자본주의 이론을 국제관계에 적용한 것이 제국주의 이론이었다. ④ 농업의 근대화와 더불어 토지를 잃은 농민의 집에서 家內手工業이 발전하고, 그것이 발전하여 工場이 생기고 産業革命이 일어났다. ⑤ 산업혁명은 영국의 제국주의를 일층 높였다. 영국은 이번에는 자유주의를 국제적으로 이용하여 自由貿易 이론을 만들어내고, 자유무역을 전제로 하는 貨幣理論을 개발하였다. 자유무역 이론과 貨幣數量說이 경제학의 기본 원리로 되었다.

이제 本論으로 들어간다. 일찍이 15세기 말 16세기 초부터 이베리아 반도의 포르투갈, 스페인 등 나라들에서 航海 기술이 크게 발달하여, 이 나라들에 의해 알려지지 않았던 新大陸들이 "발견"되기 시작했다. 16세기 초부터 18세기 말에 이르는 300년 동안 서구의 海洋國家들은 경쟁적으로 세계 각처를 혹은 정벌 혹은 약탈하여 富를 획득하고 그들의 식민지를 건설했다.

北海에 떠있는 척박한 섬나라인 영국이 해외식민지 획득 경쟁에 挑戰狀을 내놓은 것은 스페인이나 포르투갈보다 한참 나중이었다. 그러나 영국이 식민지 개척에 무관심했던 것은 아니다. 영국의 항해술은 스페인이나 포르투갈보다 뒤졌던 것은 아니고, 해군력은 이 나라들보다 오히려 더 강했다.[6] 영국은 자국의 발전과 식민지 개척을 위해 우선 국내를 정비하고 이웃 나라를 침탈하여 그 나라의 산업(특히 농업)을 영국식으로 개조하여 이득을 보고, 죄의식 없이 식민지를 개척하기 위해 식민지개척을 정당화하는 이론을 마련하는 등 철저한 준비를 하고 있었던 것이다

영국이 다른 식민 경쟁국과 다른 점은, 영국은 어떤 다른 나라보다

6) 영국은 스페인과 식민지 경쟁을 하기 훨씬 전인 1588년에 이미 스페인의 〈무적함대〉를 침몰시킨 바 있다. 영국은 또 1600년에 화란이나 프랑스에 앞서 이미 東印度會社를 설립한 바 있다.

도 철저하게 〈自由〉를 崇尙한 나라라는 사실이다.[7] 영국인은 자본주의를 채택하기 훨씬 전부터 핵가족 제도의 전통을 확립한 나라이다. 그 가족제도에 의하면, 자식은 早期에 부모로부터 독립하여 '自由로이' 각자의 前途를 개척하는 전통을 만드는 것이 당연한 것으로 되어 있다. 부모로부터는 독립하여 자유롭게 되지만, 兄弟 사이에는 평등이 아니라 不平等의 원칙이 일반적이었다.

종교적으로도 영국인들은 改新敎를 따라서 인간과 神 사이에 위치하는 聖職者에 어떤 본질적인 기능도 인정하지 않았다. 그들은 어떤 특수한 선택된 인간만이 구제를 받는다는 루터나 칼빈주의(Calvinism)와 비슷한 非平等主義的 敎理를 受容하면서도, 구제를 받는 사람은 칼빈주의에 있어서와 같이 구제를 받을 것이 정해진 자(즉, 救靈豫定者)가 아니고, 각자의 선택과 노력에 의해 神을 섬기는 자라는 아르미니우스의 敎理에 따랐다. 한마디로 영국인은 어떤 手段을 쓰더라도 돈도 많이 벌고 높은 지위를 획득해서 神을 섬기는 자가 神의 구제를 받는다고 믿은 것이다.[8] 영국인은 정치에 있어서나 사회정책에 있어서나 어떤 경우에도 平等主義를 존중하는 일은 없다.[9]

가족관계에 있어서도 철저하게 自由를 숭상하지만 平等은 존중하

---

7) 이에 비해, 프랑스에서는 부모로부터는 自由, 형제간에는 平等이 존중되어 있다. 독일은 전혀 달라서 부모는 자식에게는 權威主義를, 형제 사이에는 不平等이 일반적이었다. 프랑스의 인류학자 Immanuel Todd는 인류학으로부터 출발하여 정치, 경제, 사회에 걸쳐 많은 좋은 학문적 업적을 낸 바 있는데, 유럽 각국의 家族制度의 차이가 그 나라들의 정치, 경제, 사회 모든 부문의 차이로 나타난다고 주장하고 있다. 그의 학설은 아시아에 대해서는 적합하다고 할 수 없으나, 유럽에 관한 한, 상당한 설득력을 가지고 있다. 그의 L'invention de L'Europe의 日譯, 『新유럽大全』Ⅱ, 藤原書店, 1993, 제9-12장 참조.

8) 이점, Todd의 학설이 설득력을 가진다고 보았다. 앞의 책, pp.173-174.

9) 溫情主義가 없다는 점이 영국과 미국의 경쟁의 원칙 중의 하나인 '勝者가 戰利品의 모든 것을 獨食한다(The winner takes all)' 는 원칙을 잘 설명해 준다.

지 않으며, 宗敎에 있어서도 오직 자기 자신의 능력을 발휘해서 경쟁에 이겨야 神의 구원을 받는다는 信條, 이것이 영국으로 하여금 세계에서 가장 먼저 자본주의 경제사회를 만들게 하고, 가장 먼저 무자비한 백인 식민주의의 이론과 정책을 개발하게 하였다.

영국은 자본주의 사상을 개발한 최초의 나라이다. 영국은 우선 국내에서 토지소유와 농업경영에서 자본주의식 방법을 개발하여 농업분야에서 생산성을 높이는 데 성공했다. 그리고 난 다음, 자본주의식 토지소유와 농업경영을 해외식민지 개발에 활용하여 제국주의를 정당화하는 이론을 개발했다.

이미 15세기 말부터 영국에서는 토지는 그것을 效率的으로 사용할 수 있는 자가 소유해야 한다는 관념이 퍼지기 시작했다. 관습에 얽매이지 않고 능률을 찾는 영국 젊은이에게는 경제의 效率을 중요시하는 의식이 있었다. 富者가 로마시대 때부터 관습적으로 주민의 공동소유로 되어있는 公有地로부터 가난한 농민을 몰아내서 그것을 私有化하여, 거기에 人力을 들여서 農場(plantation)을 만들어서 그 토지의 가치를 높이는 운동이 일어났다. 역사상 '에워싸기 운동(enclosure movement)' 으로 불리는 이 운동은 영국 농업에 이윤, 효율, 가치 등의 자본주의 개념을 도입한 획기적인 운동이었다.

영국에서 새로 개발된 경제이론이 이 운동의 이론적 정당성을 뒷받침했다. 일반적으로 경제학의 이론체계는 아담 스미스가 만들어낸 것으로 알려지고 있다. 그러나 아담 스미스보다 앞서서 경제이론의 일부분 — 특히 資本과 勞動에 관한 이론 — 을 만들어낸 사람이 있었다. 영국의 윌리엄 페티 卿(Sir William Petty: 1623~1687)이 그 사람이었다. 페티는 물건의 가치는 그것을 생산하기 위해 投下된 노동에 의존한다는 勞動價値說을 주장하면서, 노동의 投下 없는 자연 그대로의 물건은 財産(property)이라고 볼 수 없다고 주장했다.[10] 그는 또 국가의 제약을 받지 않는 개인 자유의 필요성을 역설하고, 당시에 유행한 대지주에 의한 '에워싸기 운동'의 정당성을 옹호했다. 이 경제이론은 점차 득세하여 의회로 하여금 공유지를 사유화할 수 있게 하는 條例를 제정하도록 했다.

페티는 토지 및 자연은 神이 인간에 下賜한 선물이며, 토지를 잘 활용할 수 있는 자가 노동을 가미하여 그 토지를 재산으로 만들어서 소유하는 것은 당연하다는 이론을 폈다. 역사상 처음으로 '價値'의 개념이 인간경제 활동에 도입되었다. 노동이 가미되지 않은 자연 상태의 토지는 누구의 재산도 아니고 아무런 가치도 없다. 그것을 개선하여 활용할 수 있는 자가 그것을 개발하여 그 생산성을 올리도록 할 때야 비로소 가치를 가질 수 있다고 하면서, 페티는 '에워싸기' 운동을 이론적으로 정당화했다. 영국은 産業革命보다 훨씬 전에 이미 농업부문에 資本主義가 도입되었던 것이다.

페티는 이 이론을 가지고 크롬웰(Oliver Cromwell, 1599~1658)을 따라 아일랜드로 가서 그 나라를 植民地로 만들기 위해 아일랜드인의 토지를 접수하여 영국인의 농장(plantation)으로 만드는 작업에 從事했다. 그 나라의 토지를 조사해서, 영국이 원하는 토지를 '에워싸서', 아일랜드 주민을 몰아내고 그 토지를 영국인에게 나누어주는 것이 그의 임무였다. 그 후 영국과 아일랜드 사이에는 수세기 동안 처절한 투쟁이 벌어졌으나, 아일랜드는 끝내 영국의 식민지가 되었고, 영국

10) 勞動價値說(labour theory of value)은 아담 스미스 훨씬 이전에 이미 '에워싸기' 운동자에 의하여 암묵적으로 '발견' 되어 있었다고 해도 과언이 아니다. 노동가치설은 페티에 의하여 개발되고, 나중에 보는 바와 같이 존 록크에 의해 계승되었다. 흥미있는 사실은 노동가치설이 帝國主義 이론에 의하여 많이 활용되고, 나아가서는 마르크스에 의하여 活用되었다는 사실이다.

식민정책의 시험지로서의 역할을 담당하였다.[11)]

17세기 영국의 저명한 철학자이자 정치학자인 록크(John Locke: 1632~1704)는 페티의 이론을 敷衍하여 해외식민지 개척을 위한 제국주의 이론을 도출했다. 록크는 아메리카 신대륙의 '버지니아'를 식민지화하는 일에 참여하여 그것을 정당화하는 이론을 개발했다. 그는 그의 『統治二論』(Two Treatises of Government, 1690)에서, 땅이나 과일은 野獸나 다름없는 원주민의 '財産'이라고 할 수 없고, 그것은 자연의 생산성을 향상시키는 능력이 있는 자의 재산이 되어야 하므로, 그 능력을 가지고 있는 영국인은 원주민을 내쫓아도 무방하다는 이론을 가지고 버지니아의 식민지화를 정당화했다.[12)]

록크의 이론은 제국주의의 정당성을 재산권 이론에서 도출했다는 데에 특징이 있다. 국내에서 자본주의식 토지소유를 주장한 것을 해외 식민지에 적용하여, 만일 원주민들이 그들의 지배하에 있는 토지를 잘 관리하지 못하는 경우에는 영국 사람들이 원주민을 추방하여 그 토지를 몰수해도 무방하다는 제국주의 이론을 개발했다.[13)]

이와 같이 영국 식민주의자들은 우선 본국의 농업부문에서 자본주의 이론을 개발한 다음, 그것으로부터 자연스럽게 제국주의 이론을 도출했다. 즉, 제국주의 이론은 자본주의 이론의 연장선상에 있고, 자본

---

11) 영국의 아일랜드 지배는 12세기부터 시도되었는데, 이 시도는 영국 식민자의 실수가 반복되고 아일랜드 주민의 저항도 거세어서 오랫동안 성공하지 못했다. 그러나 이 불행한 섬의 식민화 시도는 꾸준히 반복되었다. 아일랜드 지배를 둘러싼 두 나라의 갈등은 비단 토지의 쟁탈만이 아니라 종교간 및 인종간의 갈등이 복합하여 悽慘한 양상을 띠었다.

12) John Locke, *Two Treatises of Government*, 1690, Special Edition, New York, 1994. p.196.

13) Ellen Meiksins Wood, *Empire of Capital, Verso*, London and New York, 2003, p.93.

주의 논리를 외국에 적용한 그것이 곧 제국주의 논리가 된 것이다.

영국인들은 이와 같은 공격적인 이론으로 철저하게 무장한 다음 우선 이웃나라 아일랜드를 식민지화하고, 그 경험을 바탕으로 西印度諸島(West Indies)와 아메리카 대륙의 식민지 획득경쟁에 나섰다. 거기서 영국은 한 발 앞서서 이미 식민지 개척에 착수한 프랑스 및 스페인과 식민지 쟁탈경쟁을 벌였다. 그러나 프랑스나 스페인은 도저히 영국인의 적수가 되지 못하여, 모두 고배를 마시고 말았다. 그들에게는 영국인이 어렸을 때부터 마음과 행동 속에 익힌 自由主義의 이데올로기가 없었고, 따라서 식민지 개척에 목숨을 거는 冒險主義 내지 敢鬪精神이 없었다. 이 나라들의 농업에는 아직 자본주의적인 경영이 발달하지 못했고, 따라서 이 나라들의 농업은 영국 농업처럼 해외 식민지에 파견될 剩餘勞動力을 派生하지 못했다. 이 나라들에는 아직 식민제국주의의 理論武裝이 없었고, 영국인과는 달리, 원주민에게 다소나마 溫情主義를 가지고 있어서, 그들에게 최후적인 희생을 강요하지 못했다. 한마디로, 프랑스나 스페인은 영국에 비해 아직 식민지 개척에 드는 人的, 物的, 軍事的 및 心理的 준비가 갖춰지지 못했던 것이다.

아메리카의 식민지 개척과 거의 동시에 영국은 인도의 식민지화에 나서서, 한발 앞서서 인도에 橋頭堡를 확보한 프랑스와 포르투갈을 모두 물리치고 인도를 식민지로 만드는 데 성공했다. 영국은 1600년에 東印度會社를 설립하여 이 회사로 하여금 인도에서 '자유로이' 상업활동을 할 수 있게 허용했고, 東印度會社는 그 대가로 영국 왕실에 매년 일정 금액을 바치도록 했다. 인도의 영국 기지는 동부해안에는 주로 벵골(Bengal), 마드라스(Madras), 서부해안에는 봄베이(Bombay: 지금의 뭄바이 Mumbai)였는데, 이 회사는 교묘하고 老猾한 수단으로 당시의 무갈(Mughal) 제국의 지방관으로부터 조세징수권을 비롯하여 주권국가가 행사할 수 있는 모든 권한을 획득하여 행사함으로써 엄청난 富를 챙겼다.

이러한 권한의 남용이 허용될 수 있느냐의 여부를 두고 영국 하원에서 당시의 보수주의의 대표격인 에드먼드 버크(Edmund Burke)를 중심으로 일부 의원들이 인도총독 Warren Hastings에 대한 彈劾 청문회를 개최했다. 이 탄핵 재판의 공방은 영국 역사상 유명한 기록을 남겼다. 재판은 피고인 Hastings의 승리로 막을 내렸다. 제국은 결국은 식민자의 편이었다. 식민자의 수단과 방법은 문제시되지 않았다.

영국의 印度植民史에 관해서는 근래에 인도측으로부터 많은 자료가 발굴되어 새로운 흥미있는 이야기가 많아졌다. 위에서 본 바와 같이, 영국 자본주의와 식민주의는 가족생활, 종교이념, 정치운영, 및 대외관계 등 모든 분야에서 양성된 영국인 특유의 自由主義 정신 및 이윤추구의 성향이 국민에게 創意性, 冒險心 및 打算性을 최대한 발휘할 수 있도록 鼓吹한 결과이다. 영국 자본주의 식민주의는 私利를 추구하는 개인(海賊, 無賴漢 포함)과 이들을 활용하여 국가의 재정을 보강하고 이득을 취하려는 王室 및 貴族의 合作으로 진행되었다. 이들의 활동은 온갖 스캔들(scandal)을 빚으면서 喜悲劇을 연출하다가 끝내는 제국의 '榮光'으로 끝나는 史劇이었다. 그것은 해적과 왕실, 정치인과 관료, 학자와 업자들이 서로 북 치고 장구 치고, 때로는 돕고 때로는 견제하는 드라마였다.

인도에 대해서는 영국 식민자들도 아메리카의 원주민을 대하듯이 주민에 대한 무자비한 추방 내지 멸종정책을 쓸 수 없었다. 식민정책의 下手人 역할을 한 東印度會社로 하여금 무갈帝國의 허술한 지방행정의 허점을 이용하여 여러 가지 특권을 蠶食하여 영국의 지배를 넓혔다. 영국인들은 19세기에 들어와서 비로소 포교 활동을 통한 정신 개조 활동을 개시하는 등 점진적으로 식민정책을 추진했다. 한마디로, 영국은 대내 · 대외적으로 프랑스나 포르투갈보다는 자본주의 제국주의 정책의 이론 및 정책에 훨씬 더 잘 준비가 되어 있었다.

2) 産業革命 이후의 자유무역 질서

위에서 본 바와 같이 영국은 특유의 자유주의를 바탕으로 산업혁명 훨씬 이전에 이미 농업을 포함한 모든 분야에서 자본주의 경제체제를 갖추었다. 그 자유주의는 많은 산업상의 발명을 낳아서, 18세기 후반에는 세계 최초로 산업혁명을 일구어냈다. 산업혁명을 계기로 공업화가 촉진되고 대량으로 생산되는 생산물을 먼 지역에까지 공급하는 체제가 갖추어짐에 따라 영국의 식민지 확장 정책은 엄청난 탄력을 받았다. 이리하여 19세기 말 1차대전 전까지 당시의 세계는 영국을 패권국가로 하는 일종의 세계화 질서가 이루어지게 되었다.

특히 산업혁명 이후 과학기술의 발전에 의해 추진된 경제활동은 역동적으로 식민지역에 전파되었다. 물질생활의 풍요는 인간이 추구하는 가장 강렬한 목표이다. 이것이 자본주의 영국에 강력한 이윤추구와 끊임없는 이노베이션을 불러왔다. 영국의 공업화와 식민지 개척은 많은 후발 자본주의 나라의 선망과 모방의 대상이 되었다.

영국은 18세기 후반의 산업혁명으로부터 19세기 말에 이르는 100여 년 동안 獨步的인 경제력과 군사력으로 '自由貿易'을 세계화의 중심 이념으로 삼고, 그것을 실현하는 무역 결제수단으로 金本位制度를 채택하였다. 세계의 후발 자본주의 나라들이 모두 이 제도를 답습함으로써 금융의 세계화 질서가 이루어졌다. 영국의 세계화 질서를 단순히 경제력과 군사력의 배경만으로 설명할 수는 없다. 17세기 이후 영국의 과학과 철학, 인문학의 발전은 놀랄 만했다. 위에서 언급한 바와 같이 자본주의 제국주의는 그 이면에 독창성, 모험성, 인내심을 갖춘 엄청난 知力(intellectual power)이 있었다는 것을 간과해서는 안 된다. 영국의 세계화 질서는 무자비하고 탐욕적이기는 했지만, 그것은 패권국가의 叡智가 여러 면에서 뒷받침하고 있었다.

19세기 사람들, 특히 자유무역의 旗手 역할을 한 영국 사람들은 자유롭게 전세계를 다닐 수 있었고, 자본도 北半球는 물론 南半球의 아르헨티나, 호주 및 아프리카 등을 포함하여 전세계로 자유롭게 이동하였다. 무역도 엄청나게 신장하여, 1차대전이 일어나기 전 해인 1913年 영국의 수출은 GDP의 30%에 달하게 되었고, 같은 해 독일의 그것은 20%에 달하였다[14).

이러한 글로벌화의 진전과 때를 같이하여, 당시 列强의 先導역할을 담당하던 영국에서는 自由放任 및 自由貿易의 이론이 古典學派라는 이론으로 경제사상을 주름잡았다. 아담 스미스 이후에도 리카도(David Ricardo: 1772~1823), 밀(John Stuart Mill: 1806~1873) 등 경제학계의 거인들이 모두 自由主義 理論을 主唱함으로써, 이 이론은 그후 경제이론의 주류를 이루었다.

그러나 세계를 풍미하던 글로벌 질서는 19세기 후반부터 많은 抑制要因에 직면하게 되었다. 19세기 下半期에 유럽과 美洲에서 강력한 민족국가(nation-state)들이 대두하여 이들이 모두 重商主義的 산업정책을 통해 공업화를 달성하고, 그들의 효율성과 역동성은 당시의 선진국인 영국을 압도하기 시작했다. 1870年에는 이탈리아가 독립을 달성했고, 1871년에는 독일이 통일되었는데, 이들은 모두 국가가 산업 및

---

14) James. H. (2001), p.12

무역에 개입함으로써 영국 중심의 자유무역 이론에 도전하기 시작했다. 또 19세기 후반기부터는 영국에 프롤레타리아가 생겨나서 대도시의 貧民窟이 암울한 모습을 연출하기 시작했다. 평등을 중요시하는 프랑스에서, 그리고 권위주의적인 전통을 가진 독일에서 社會主義 사상이 대두하여, 이 나라들에서 자유방임의 경제이론과 반대되는 많은 사회정책을 시행했다. 또 이미 독립을 달성한 미국도 1차대전 전까지는 상당한 保護貿易 정책을 유지하고 있었다.

自由放任 이론에서는, 국가의 책임은 주로 國防이나 治安維持에 국한되는 것으로 이해되고 있었으나, 당시의 후발 자본주의 나라들에서는 국가는 비단 국방만 책임질 뿐 아니라 국민생활 및 사회제도도 책임지게 됨으로써, 영국을 중심으로 하던 자유주의 경제이론은 점차 빛을 잃게 되었다. 독일의 리스트(F. List)는 『국민경제체계』(1841)를 써서 보호주의를 주창했고, 마르크스(K. Marx)는 『공산당선언』(1848)을 써서 자본주의 경제의 몰락을 예고하였다.

패권 국가였던 영국의 힘이 상대적으로 약화되고, 또 국가의 권력이 국민경제에 대한 개입이 많아짐에 따라 영국의 글로벌 질서는 점차 무너지기 시작했다. 人口의 移動도 자유롭지 않게 되고, 資本移動도 제한되었으며, 무역에도 保護主義가 강화되었다. 통화제도에 있어서도 자유무역을 뒷받침하던 金本位制度가 무너지고, 각국에서 中央銀行이 설립되어 통화 관리의 책임을 맡게 되었다. 뿐만 아니라, 19세기 말부터 자본주의 국가에는 국가가 국민의 복지를 책임지고 외국자본의 침투로부터 국민경제를 보호해야 한다는 이론이 크게 대두되어 自由放任 理論을 대체하게 되었다. 거센 도전에 견디지 못하게 된 영국 자유주의의 세계질서는 1차대전 전에 크게 약화되고, 大戰 후에는 영국의 패권은 자취를 감추고 말았다.

1차대전이 끝나자 다시 戰前의 자유주의 시대의 鄕愁가 전승국 英美를 중심으로 일게 되었다. 미국의 제창으로 國際聯盟(League of Nations)이 발족되어 무역과 자본이동의 자유화를 회복하려는 시도가 추진되었다. 그러나 국제연맹은 미국의회의 인준도 받지 못한 채, 소멸되고 말았다. 영국에서는 과거 英帝國主義 시대의 부활을 겨냥하여, 당시의 財相이었던 처칠(Winston Churchill)이 1925년에 금본위제도로의 복귀를 선언했다. 그러나 영국경제는 이미 금본위제도를 지탱할 만한 힘이 없었으므로 끝내 1931년에 무너지고 말았다.

자유주의의 本産地 영국에서 自由放任 정책은 안 된다는 이론이 대두되었다. 1926년 J. M. Keynes가 발표한 「自由放任의 終焉(The End of Laissez-Faire)」이라는 論文이 自由放任 정책의 맹점을 잘 말해 준다. 영국의 패권을 이어받아 자유방임식 자본주의의 旗手가 된 미국에서 1929년 주식시장의 대폭락이 발생하고 곧 大恐慌(Great Depression)이 뒤따라 일어났다. 미국에서는 자유방임을 포기하고 국가가 자유시장의 맹점 — 지나친 경기변동에 따른 대량실업의 발생, 유효수요의 부족, 빈부격차의 심화, 공동체 의식의 퇴색 등 — 을 시정하기 위한 뉴딜정책을 채택하여, 일단 경제의 안정을 이루는 데 성공했다. 그러나 뉴딜은 1929년 이전의 활기를 되찾지는 못하였다. 미국경제를 살린 것은 2차대전의 발발이었다. 1939년 히틀러가 폴란드에 진격하여 2차대전이 勃發한 것을 계기로, 미국이 거국적으로 군수산업을 추진함으로써 경제가 부흥했다. 그후 자유방임식 자본주의는 약 반세기 동안 세계경제에서 자취를 감추었다.

영국의 자본주의 제국주의는 글로벌경제와 글로벌정치 세계질서에 영원히 지워질 수 없는 많은 유산을 남겼다. 5大洋 6大洲의 신천지를 개척하고 원주민을 구축함으로써 전세계를 백인의 지배하에 두고, 오래 된 문명지역의 주민을 '土芥人遇(사람을 티끌이나 지푸라기처럼 대우함)' 한 것은 어떤 기준으로 보던지 엄청난 업적이었다. 영제국주의 시대에 영국 스스로가 문명 개화와 높은 생활수준을 달성한 것은 식민지의 희생이 있었기 때문이었다. 농업혁명과 산업혁명을 이룩하고 자본주의 제도와 관행을 세계에 정착시킨 것은 자본주의체제로 보면 긍정적인 면이라 할 수 있다. 그러나 마르크스주의자가 아니라 할지라도 19세기 아시아 아프리카의 어두운 역사와 20세기의 두 번에 걸친 세계대전의 뿌리는 식민주의에 있었다는 점은 인정할 것이다.

위에서도 본바와 같이, 영국의 自由主義는 단순한 철학적인 命題만이 아니라 식민지에 대한 영국 정책을 정당화하는 이데올로기였다. 자유주의는 영국인의 자유를 증진시키기는 하였지만, 그 식민 통치하의 주민들에게는 자유가 아니라 견디기 어려운 고통을 안겨주었다. 북아메리카의 원주민은 그 자유주의 때문에 거의 滅種되었다. 영국경제의 번영이 상당 부분 영국 식민지의 몰락의 대가로 지탱된 것처럼, 그들의 자유도 역시 직접간접으로 식민지의 고통의 대가로 얻어진 것이 아닐까. 白人優越主義의 대변자였던 영국 시인 Rudyard Kipling의 유명한 "white man's burden"이라는 말은 白人이 非白人의 蒙昧를 깨우치고 開明된 문명을 세계에 전파하는 수고를 한다는 말인데, 영국 식민자에게는 아마 그런 사명의식이 필요했을 것이다. 自由主義는 强者의 이데올로기인 것이다.

영국인들이 지금 과거의 식민지역(또는 준식민지역)에 와서, 自由니 民主主義니 人權이니 외치는 것은 역시 그들의 優越感이 남아 있기 때문일 것이다. 1994년 10월 전 독일 수상 Helmut Schumidt는 일본에서 열린 '21세기의 中國' 이라는 국제 심포지움의 發題講演에서 이렇게 말했다. '영국이 수 세기에 거쳐서 홍콩을 식민지처럼 통치해

놓고서, 이제 와서 영국형 민주주의를 그 도시국가에 수립하려 드는 것은 보기만 해도 웃기는 일이다.' 15)

Ⅱ. 美國 自由主義와 資本主義

1. 아메리카 大陸의 다양한 英國 植民地

영국인들은 16세기 말부터 아메리카 신대륙에 식민지 개척을 시작했지만, 처음에는 많은 어려움을 겪었다. 그러나 1607년 Virginia 식민지의 건설로부터 1732년 Georgia 식민지의 건설에 이르는 125년 동안, 신대륙 동부 연안 지방에 13개의 식민지를 개척하여, 그들보다 먼저 신대륙으로 온 스페인이나 프랑스보다 월등한 성공을 거두었다. 그 식민지 영토의 所有形態는 영국 국왕의 直領, 지방 領主의 소유, 또는 개척자의 自治領의 세 가지가 있었다. 개척자들의 배경, 동기, 종교, 사회신분 등은 서로 매우 달랐고, 식민지의 산업, 행정 조직, 본국과의 관계 등도 서로 엄청나게 달랐다.

제일 먼저 개척된 것이 Virginia16) 식민지였다. 1607년 영국은 Virginia Company of London이라는 회사를 만들어 Virginia에 Jamestown이라는 식민지를 개척했다. 이 회사는 거기에서 많은 이윤을 올릴 것을 기대했으나, 지방 사정을 몰랐기 때문에 처음에는 실패를 거듭했다. 겨우 1730년대부터 주로 담배 재배를 통해 자립 기반을

15) 이토 후미오(伊藤文雄)편, 『21世紀의 中國』, 東京, 사이마르 出版會, 1995. p.23.

16) 이 식민지의 이름이 Virginia인 것은 영국 여왕인 Elizabeth I세가 미혼의 女性이었기 때문이다.

마련했다.

Maryland는 주식회사가 아니고 한 사람의 영주 Lord Baltimore에 의하여 개발된 식민지였다. Baltimore는 1632년 이 지역을 국왕으로부터 下賜받았다. 그는 국왕으로부터 카톨릭敎가 아니라 영국의 法을 준수한다는 조건으로 지방행정에 관한 광범위한 권한을 부여받았다. 그러나 그는 카톨릭 신자로서 이 지역에 카톨릭교를 넓히고자 노력했다. 그후 William and Mary의 왕위 승계를 계기로, 前王 때 영주에 주어진 특권이 다 몰수되어 영국정부에 넘겨짐과 동시에 이 식민지의 종교는 영국 국교이어야 한다는 것이 公布되었다. Lord Baltimore 一家는 카톨릭敎를 포기하고 영국 국교로 개종하여 종전의 영주제도 하의 여러 가지 권한과 제도를 회복하였고, Maryland는 그후 비교적 순조로운 발전을 이룩했다.

동북부 Massachusetts에도 일찍부터 식민지 개척이 이루어졌다. 역사상 가장 유명한 개척자들은 종교의 완전자유를 추구하기 위해 1620년 메이플라워(Mayflower)호를 타고 Massachusetts Bay의 플리머스(Plymouth)에 도착한 40여 명의 '巡禮者(Pilgrim)' 들, 그리고 1630년 이곳으로 온 淸敎徒(Puritans)들이었다. 청교도들은 당시 영국 국교의 부패를 씻어내기 위해 엄격한 종교생활을 실천할 목적으로 온 사람들이었다. 그러나 이 지방에 온 사람들 중에는 카톨릭교인도 상당수 있었고, 종교의 자유보다는 경제적 이유로 온 사람들도 많았다. Massachusetts 식민 당국은 주민에게 매우 권위주의적인 룰을 시행하여 자유를 원하는 주민들에게 고통을 주었다. 이들은 Massachusetts 知事(가장 유명한 知事는 John Winthrop이었다)의 속박으로부터 벗어나고자 인근 지역으로 망명하여 그들의 식민지를 건설했는데, 이 식민지들이 Massachusetts주로부터 파생된 지금의 뉴 잉글랜드 洲들(Rhode

Island, Connecticut, New Hampshire, Maine 등)이 됐다.[17] 이 지방들의 주민들은 밀(小麥), 옥수수 등의 自作農, 또는 중소 상공업에 종사함으로써 경제적 번영을 이루었다.

뉴욕은 13 주 중에서도 특수한 來歷을 가진 지방이다. 1624년 和蘭人들이 和蘭西印度會社를 설립하여 이 회사를 통하여 지금의 뉴욕인 Manhattan Island에 New Netherland의 이름으로 식민지를 만들었다. 1664년에 영국이 이것을 탈취하여 모국의 요크 公爵의 이름을 따서 New York라고 개칭하여 이 땅을 요크 公爵의 소유로 삼았다. 그 후 요크 공작이 왕위를 계승함으로써, 뉴욕은 왕실 직령의 식민지가 되었다. 영국 왕실은 이 지역으로부터 경제적인 이득을 보고자 1688년 Dominion of New England를 만들어 이 지역을 Dominion의 일부로 편입시키고자 했다. 그러나 1691년 이 지역에 반란이 일어나서 Dominion은 실패로 돌아가고 경제도 지방민의 脫稅와 정치적인 불안정 등으로 큰 성공을 거두지 못했다. 그후 뉴욕은 상공업의 발달이 이루어짐으로써 동부의 큰 주로서의 역할을 수행하게 되었다.

지금의 Pennsylvania는 William Penn이라는 식민개척자가 1681년에 국왕 Charles Ⅱ世로부터 Delaware 江을 포함하는 지역을 下賜받아서 개척한 식민지이다. Penn은 자유주의적인 정책을 폄으로써 이 지역으로 하여금 북아메리카 식민지 중에서는 가장 역동적인 번영을 일구어냈다. Penn은 1682년 이 식민지의 입법기관으로 상원인 'Council' 과 하원인 'Assembly' 를 만들어서, 하원은 상원이 제안하

---

17) New Hampshire는 1741년에, Maine은 1820년에 Massachusetts로부터 분리됐다. 필자의 모교인 Bowdoin College는 1794년에 Brunswick, Maine에 설립된 학교인데, 그 당시의 Maine은 Massachusetts의 일부였으므로 학교 본부의 이름이 지금도 Massachusetts Hall이고, 필자 재학시의 기숙사 4동 중 하나는 Winthrop Hall이었다. New England의 모든 주는 Massachusetts로부터 파생되었는데 Vermont만은 그렇지 않다. 당시 식민지의 다양성을 말해주는 史實의 한토막이다.

는 법안만을 심의하도록 하였는데, 이에 대한 여론이 좋지 않아서, 끝내 1701년 Charter of Privileges를 만들어 하원에게 완전한 입법권을 부여했다. 1681년에는 독일 이민이 많이 들어오고, 1720~1730년에는 아일랜드와 스코틀랜드로부터 많은 이민이 들어와서 이 지방의 번영에 크게 기여했다.

1664년 영국 왕이 아우인 요크 공작에게 하사한 지역 중에 지금의 New Jersey 식민지가 있다. 요크 공작은 이 땅을 국왕의 두 친구에게 東 Jersey와 西 Jersey로 나누어 주었다. 그러나 땅의 소유권에 대한 분쟁이 계속되어, 끝내는 국왕이 두 개의 지역을 통합하여 하나로 만들어서 국왕 直屬領 New Jersey로 삼았다.

남부에는 남북 Carolina가 개척되었다. 1663년에 국왕이 8명의 大富豪들로 하여금 蠶業과 絹織을 개발하기 위하여 이 지역을 식민지로 개척하였는데, 이 산업들은 모두 실패하였다. 이 식민지는 北과 南의 지리조건이 달라서 남북으로 나누어졌는데, 해안으로부터 거리가 먼 北 Carolina에서는 中小 自作農이, 해안이 가까운 南 Carolina에서는 무역을 위한 쌀과 藍(indigo) 등을 생산했다. Carolina에서는 1669년 John Locke가 Fundamental Constitution이라는 기본법을 만들어 시행하였으나, 이 기본법에는 주민에게 부담이 되는 많은 제약을 설정하고 봉건적인 내용이 많아서 시행하기가 어려웠다. 이 기본법은 1693년에 폐기되고 영주의 권력을 제한하고 지방 의회의 권한을 부여하는 새 법이 제정되었다.

Georgia는 자선사업가들에 의해 개척되었는데, 주로 영국에서 負債상환의 不履行으로 복역하던 사람들을 再活시키고, 동시에 영주도 이익을 얻을 수 있도록 고안된 것이었다. 자선가인 영주들은 주민들에게 일정 이상의 토지 소유를 금지하고, 飮酒도 금지시키는 등 많은 제한을 두었기 때문에, 주민들로부터 많은 저항을 받았다. 發展도 더디어서, 13개 식민지 중에서 가장 후진지역이 됐다.

위에서 본 바와 같이, 13개의 영국식민지 사이에는 공통점은 매우 적었다. 본국에서 같은 영어를 쓰고 같은 섬 속에서 산 사람들[18]이지만, 그들이 만든 식민지는 종교, 산업, 행정, 무역, 본국과의 관계 등 모든 면에서 서로 크게 달라서, 13개 식민지는 완연한 하나의 混沌天地였다. 이러한 다양하고 이질적인 배경을 가진 사람들이 마침내 큰 통일된 나라를 세웠다는 사실은 실로 역사상 유례가 없는 경이적인 일이었다.

17세기 영국에서도 정치는 불안한 편이어서, 13개의 식민지를 포함한 해외식민지를 효율직으로 관리할 능력은 없었다. 인도의 경우를 보면 1600년에 발족한 東印度會社의 船員들이 인도 동부 벵골(Bengal) 지방에서 無所不爲의 犯法행위를 恣行하는데도 본국정부는 이에 대한 적절한 대책을 강구하지 못했다. 東印度會社의 船員들은 영국의 주권을 僭稱하면서 무갈帝國의 지방관리를 매수함으로써 재물을 수탈하여 私腹을 채웠다. 이들은 본국에 돌아와서는 돈으로 귀족과 인척관계를 맺고, 국회의원이 되고, 요직을 사는 등 스캔들을 非一非再로 연출했다.[19] 영국정부는 아메리카 신대륙에서도 일관된 식

18) 사실 16-17세기 영국은 언어도 사회계급에 따라 다르고, 풍습도 고르지 못하여 아시아 나라에 비하여 완전히 통일된 나라라고 보기도 어려운 면이 있었다. 식민지가 다양한 종교와 문화를 가지게 된 것은 당연한 일이었다.

19) 영국 東印度會社가 인도에서 恣行한 scandal에 관해서는 N. B. Dirks, *The Scandal of Empire*, Harvard U. Press, 2006 참조. 1786년 영국 下院에서 보수당 의원 Edmund Burke가 인도총독 Warren Hastings의 비행을 들어 탄핵한 議事進行은 역사상 유명한 드라마이다. 이 탄핵재판은 결국 피고인 Hastings의 승리로 끝났는데, 동인도회사의 scandal이 영국의 인도 장악에 도움이 되었다는 의회와 일반 여론이 피고인에게 유리하게 작용했기 때문이었다. 제국은 언제나 scandal 없이는 성립할 수 없다는 것을 일깨워 준다.

민지정책을 시행하지 못했고, 식민에 종사한 사람들이 멋대로 일을 저지르는 일이 많았다.

2. 미국 獨立과 資本主義의 발전– 미국경제의 幼年時代

1660년대부터 영국 본토의 정치가 안정을 회복함으로써 정부는 보다 능률적으로 식민지를 관리하는 정책을 시행하기 시작했다. 1660년 航海法(Navigation Act)이 제정되어, 영국과 영국 식민지로 入港하는 모든 선박은 영국인 所有여야 하고, 선원들의 3/4 이상이 영국인이어야 하며, 식민지 사이의 通商이 이루어지기 위해서는 모든 선박이 일단 영국에 寄港하여 關稅를 물어야 한다는 등의 규정이 시행되었다. 정부는 이러한 법을 시행하기 위한 갖가지 감독기구를 설치함으로써 식민지의 자유를 구속했다. 본국의 統制는 점차 확대되어 貿易뿐 아니라 식민지 行政의 내부 문제에까지 간섭의 범위가 확대되었다. 통제와 조세 행정의 강화는 자유를 찾아온 개척자들에게는 견딜 수 없는 고통이었다.

본국의 식민지정책이 강화되는 동안, 13개 식민지의 經濟力, 行政力 역시 향상되어 본국의 간섭에 대한 저항도 역시 거세지기 시작했다. 그들은 본국에 의한 자유의 제한과 조제징수 강화에 대해 적극적으로 저항하기 시작했고, 단결하여 독립을 달성하려는 운동이 일기 시작했다.

여기서 미국 독립운동의 전개과정을 기술할 수는 없다. 젊은 식민지는 강해지고 있었는데, 영제국은 늙어가고 있었다. 식민지의 승리로 끝날 수밖에 없는 크고 작은 전투 끝에, 독립을 성취하려는 13개 식민지 주민의 소원은 1776년 7월 4일 獨立宣言으로 달성됐다.

United States of America라는 국호를 가진 나라가 탄생한 것이다. 유럽에서는 전혀 볼 수 없는 새로운 나라, 군주도 없고 國教도 없고 특권을 가진 귀족도 없는 나라가 탄생한 것이다. 그런 나라가 생겨났다는 사실은 역사의 偉觀이었다.[20)]

로마와 영국은 어떻게 보면 人工的으로 만들어진 제국이었다. 이에 비해 신생 美國은 처음부터 운명적으로 '타고난' 제국이라고 할 수 있지 않을까 생각된다. 무슨 뜻인가?

로마는 처음에는 도시국가(city state)였던 것이 끊임없는 정복전쟁에서 승리함으로써 큰 제국이 되었다. 영국은 北海에 떠 있는, 往年에는 조그만 로마의 屬領이었던 것이, 끊임없는 이윤추구와 무력행사를 통해 큰 제국을 이루었다. 이 두 제국들은 스스로가 만들어낸 제국이었다고 할 수 있다. 이에 비해 미국은 승리할 수밖에 없는 독립전쟁을 통해 건국이 이루어졌고, 독립 후에도 남북전쟁이라는 큰 내란을 겪기는 했으나, 큰 국제적인 저항 없이 저절로 대국으로 성장했다.

그러나 타고났다고 해서 사람의 資質과 勞力이 없었다는 것을 말하는 것은 아니다. 사실 신생 미국의 리더들은 그들의 나라가 타고난 운명을 현실로 만들어낼 수 있는 비전과 능력을 가진 사람들이었기 때문에 그것이 가능했다. 이런 지도자들이 역사상 처음 있는 成文憲法을 제정하고, 이 헌법에 입각하여 유능한 정부를 수립하여 국가의 기초를 마련했다. 어떤 나라를 막론하고 國初의 인물들이 중요하다. 미국 건국 지도자(Founding Fathers)들의 자질은 분명히 세계 역사상 드물게 보는 탁월한 인물들이었다.

둘째, 국민은 매우 건전하고 철저한 自立精神, 獨立精神으로 스스

---

20) 이것은 H. G. Wells의 관찰이었다. H. G. Wells, *The Outline of History*, Garden City Publishing Co. New York, p.840.

로의 운명을 개척하여 위대한 나라를 만들 意志를 갖추고 있었다. 그들은 영국에서 터득한 자본주의 정신을 가지고, 항상 새로운 邊境(frontier)을 찾아 경쟁적으로 앞으로 나아가는 사람들이었다. 경쟁에서 이기는 사람은 모든 戰利品을 독점하고, 패배자의 몫은 원칙적으로 없었다. 그들은 이런 'rule of the game'을 잘 아는 사람들이었기 때문에, 자기의 몫이 없어도 불평하지 않는 自主的, 獨立的인 가치관으로 인생을 사는 사람들이었다.

셋째, 신생국의 지리적인 조건이 신생 미국을 大國으로 만드는 데 매우 유리했다. 나라는 엄청나게 넓어서 그들이 지배할 수 있는 땅은 거의 무한히 확대될 수 있었다. 신생국의 당초 인구는 약 400만이었는데, 앞으로 얼마든지 유럽 백인을 받아들일 수 있었다. 우수한 사람과 그들의 정복을 기다리는 광활한 지역, 이것이 임페리움(Imperium)의 조건이다. 이 나라는 로마나 영국처럼 많은 무리를 하지 않아도 단시일 내에 엄청난 제국을 달성할 잠재력을 가지고 있었다. 그들의 땅에는 원시적인, 그들의 눈에는 짐승이나 다름없는, '인디언'이 있었을 뿐이어서, 손쉽게 掃蕩될 수 있었다.

독립 당시 미국의 중앙정부는 극히 취약한 구조를 가지고 있었다. 그것은 13개 정부 대표의 집합체에 불과했다. 13개 정부를 묶는 합의체는 Articles of Confederation이라는 문서에 요약되어 있었다. 이 문서에 의하면, 신생 미국은 이름은 United States of America였지만, 그것은 13개의 주권국(sovereign state)의 集合에 불과했다. 중앙정부는 13개 주권국에 공통되는 通商政策을 펼 수도 없었고, 貨幣發行權도 없었고, 租稅徵收權도 없었다. 제2대 대통령이 된 John Adams가 통상문제를 논의하기 위해 영국으로 갔는데, 영국측은 그에게 13개 나라의 대표 13명이 올 것을 요구했다. Adams는 영국의 요구에 일리가 있다는 것을 인정하고 그의 권한의 부족을 시인하지 않을 수 없었다.[21] 사실 13개 주권국이 분립한 미국은 도저히 하나의 국가라고 할 수 없었다. 당시 13개 주로부터, 주민들은 새로운 frontier를 찾아 영토를 넓히고 있었는데, 그 영토는 어느 주의 관할인지 불확실하고, 끝내는 주 사이의 전쟁이 일어날 가능성도 있었다.

이러한 문제를 해결할 수 있는 강력한 중앙정부 수립을 내용으로 하는 새·憲法이 提案되어, 1787년 Philadelphia에서 憲法制定大會(Constitutional Convention)를 열어서 新憲法의 채택 여부를 가리기로 되었다. 그러나 신헌법에 대한 반대의견도 만만치 않아서 헌법제정의 성공은 불확실했다. 이 헌법제정 성공을 위해, 각 주 주민들의 贊成輿論을 조성할 목적으로 유명한 3인의 논객들[22]이 85편의 글을 뉴욕의 4개 신문에 기고했다. 저자들은 이 기고문들을 나중에 여러 번 수정하여 The Federalist라는 題號의 책자로 간행했다. 강한 중앙정부의 필요성을 이론과 현실, 및 역사적인 경험 등을 網羅하여 縱橫無盡으로 說破한 3인의 논설을 보면, 당시 미국 지도자들의 높은 의식 수준을 알 수 있다. 마침내 Philadelphia 헌법대회에서 Federalist가 '승리' 하여 헌법이 채택됐다. 이 헌법에 따라 워싱턴을 초대 대통령으로 하는 정부가 출범했다.

지금 시점에서 당시에 수립된 미국정부의 구조를 보면, 다분히 로마(공화정 및 제정 시대)와 영국의 제도를 채택한 점이 돋보인다. 우선 대통령의 위상이 제왕적 대통령이라고 불릴 정도로 엄청나게 강하고, 장관은 대통령의 '비서(Secretary)' 라고 불릴 정도로 존재감이 작았다. 이것은 로마 공화제 때 막강한 권력을 행사했던 '執政官(Consul)' 제

21) H. G. Wells, 위의 책, p. 846.

22) 그 3인은 Alexander Hamilton, James Madison, John Jay인데, 이들은 나중에 각각 Washington의 제1기 내각의 재무부장관, 국무부장관 및 법무부장관이 되었다.

도를 참고한 것이다. 입법부를 上下 兩院制로 하고 상원 호칭을 Senate라고 한 것도 로마의 제도를 그대로 모방한 것으로 보인다. 이러한 강력한 정부의 主導下에 미국은 一路 타고난 길, 임페리움의 길을 걷게 된 것이다.[23)]

13개의 식민지는 위에서 본 대로 여러 가지 면에서 매우 다양했지만, 한 가지 공통점이 있었다. 그 공통점이란 식민지 개척자의 의식은 영국식인 自由主義와 個人主義, 그리고 로마, 영국에 있어서와 같이 私有財産의 보호와 경제적 利得을 매우 중요시했다는 사실이다. 그들이 신대륙에 가지고 온 것은 자유의 존중, 개인주의의 성향, 영국에서 개발한 자본주의 경제운영 방식이었다. 이를테면 淸敎徒들은 종교의 자유를 구하기 위하여 신대륙에 왔지만, 그들의 가족 구조와 경제생활은 영국 본토에서 펼친 자유주의와 이미 아일랜드에서 시험을 끝낸 식민지 농장(plantation) 영농방식을 가지고 왔다. 이 점에서 영국 식민개척자들은 스페인이나 프랑스의 식민개척자와는 매우 달랐다.

역대 정부는 미국의 영토 확장과 자본주의 발전을 위해 각기 필요한 기여를 했다. 워싱턴 때에는 중앙집권에 의한 보호무역, 산업건설 등의 重商主義的 정책, 건전통화를 위한 金融政策을 시행하였다. 제3대 제퍼슨 때에는 루이지애나 買入, 農本政策 등을 통해 西部進出을 촉진했다. 18세기에 접어들어 유럽으로부터 많은 이민이 몰려 들어오면서 미국의 변경은 서쪽으로 뻗어나갔다. 官民이 다 같이 영토 확장

23) 사실, 신생 미국의 지도자들도 나라의 앞날이 로마와 같은 것이 될 것을 예상하고 그 제도를 많이 모방했을 것으로 본다. 위에서 지적한 Federalist의 논설을 보아도 로마에 대한 이야기가 많이 나온다. 로마의 Capitoline Hill을 본받은 것이 미국의 Capitol Hil이고, 여러 기념관의 모양도 로마의 그것을 모방한 것이 많다. 포토막江에는 티베르江의 이름을 딴 Tiber Creek이 있고, Jefferson 기념관은 로마의 Pantheon을 축소한 모양을 하고 있다.

에 여념이 없었다. 1812년에는 영국과, 1846~1848년에는 멕시코와 전쟁을 치렀다. 1846년에는 영국과의 오레곤(Oregon) 지역의 영토분쟁을 해결하고 텍사스를 멕시코로부터 인수했다. 이렇게 함으로써 미국의 영토는 대서양으로부터 태평양까지 뻗었고, 대륙의 中樞部를 완벽하게 차지하는 大帝國이 되었다.

南北戰爭이 일어난 1861년까지 대륙 지도를 동서로 나눈 선[24] 까지, 그리고 산악과 사막을 넘어 태평양 연안의 California(1850년 연방편입) 및 Oregon(1859년 연방 편입)까지 미국의 內部 植民化가 진척되었다. 그리하여 19세기 말까지 서부 산악지역을 제외한 모든 지역 이 미국에 편입되었다.

3. 南北戰爭 이후의 자본주의의 발전 – 미국경제의 靑年時代

1865년 남북전쟁이 끝난 이후로도 미국은 유럽 列强 등과 여러 전쟁에서 승리하면서 그들의 도전을 물리쳤다. 1867년에는 알래스카를 러시아로부터 매입했다. 1898~1899년에는 프랑스와 선전포고 없는 전쟁을 치렀고, 그후 1898년에는 하와이를 합병하고, 그 다음에는 괌을 영유했다. 1898년 美西戰爭에 승리함으로써 미국은 스페인으로부터 필리핀을 양도받았다. 미국은 전쟁 당시에는 필리핀의 독립을 지원했으나 1899~1901년에는 신생 필리핀 공화국을 억압하여 그 나라를 미국의 영토로 편입시켰다. 그후 1934년에는 일종의 自治權을 부여하고, 10년 후에는 독립을 허용하기로 했다가 2차대전을 맞게 되었다.

---

24) 여기서 말하는 선은 Minnesota(1858년 연방 편입), Iowa(1846), Missouri(1821), Arkansas(1836), Louisiana(1812)를 말한다.

초기 150년 동안의 미국 역사상 가장 두드러지는 장면은 領土확장과 資本主義의 비약적 발전이라 할 수 있다. 그 기적과 같은 성취는 세계사 중의 壓卷이라 할만하다. 로마는 건국 이후, 最大版圖를 이룬 五賢帝의 1인인 트라야누스帝 때까지 700년이 걸렸고, 영국도 인도를 영유하기까지 350년이 걸렸는데, 미국은 독립 이후로 대제국을 이루고 필리핀을 영유하는 데까지 200여년 밖에 걸리지 않았으니, 경이적인 일이 아닐 수 없다. 미국은 타고난 제국이라고 하는 까닭이 여기에 있다.

미국인에는 그들이 神으로부터 이 세상에 모범국가로 만들라는 啓示를 받았다는 일종의 選民(chosen people) 意識이 있다. 1840년대 미국인은 '명백한 天命(Manifest Destiny)'을 타고난 특별한 백성이라는 의식이 국민 간에 피졌다. 미국의 영토가 대서양으로부터 태평양까지 확장되는 것은 하나님의 明命이라는 말이었는데, 미국 사람들은 종교적 사명감을 가지고 19세기 동안 갖가지 수단으로 대륙 전체를 아우르는 '대제국'을 만들어냈던 것이다.

미국은 처음부터 제26대 대통령 테디 루스벨트(Theodore Roosevelt)가 지향한 바와 같이 〈領土擴張主義(expansionist)〉의 나라였다. 미국은 원래 타고난 제국이며, 제국에게는 고립주의가 용납될 수 없었다(고 나는 본다). 제5대 대통령 제임스 먼로가 제창한 먼로주의(Monroe Doctrine)는 미국이 외국 문제에 간섭하지 않는 동시에 미국도 여타 세계로부터 간섭을 받지 말아야 한다는 것을 주장했다. 이것은 마치 미국 외교가 고립을 선호하는 것처럼 들리지만, 그것은 그때 그때의 사정에 따라서 하는 주장에 불과하다. 위에서 본 바와 같이, 자본주의 제국주의의 이론과 실천을 통해 생겨난 미국은 처음부터 고립을 선택할 이유가 없는 나라이다.

미국 최고의 역사학자로 알려져 있는 찰스 비어드(Charles Beard) 교수가 주장한 바와 같이, 對外政策은 內國事情을 반영한다. 국내 사정이 아직 해외에 '雄飛' 할 수 없을 당시에는 미국은 먼로주의와 같은 孤立主義를 주장하고, 국내의 산업이 아직 국가의 보호를 필요로 할 때에는 자유무역보다는 산업보호를 표방한다. 그러나 미국은 먼로주의를 내걸면서도 항상 海內統一을 게을리한 적이 없었다. 그 나라는 남북전쟁 이후 불과 30년 만에 海內의 영토를 완전히 점유함으로써 Manifest Destiny를 실현하였다. 미국의 영토가 태평양을 건너 필리핀에 도달했을 때까지는 제국주의적인 행세를 하였으나, 미국경제가 競爭力을 가진 후로는 영토의 확장보다는 외국의 門戶開放(open door)을 통한 경제적 이득을 추구하는 방향으로 외교노선을 전환했다. 미국의 frontier가 領土보다는 事業으로 전환된 것을 의미한다.

미국은 원래, 영국의 전통에 따라 個人主義, 自由主義를 신봉하는 나라이다. 남북전쟁 이후 북부에서는 근대공업이 크게 발전했고, 많은 '財閥' 기업이 대두했다. 나는 남북전쟁부터 1929년까지가 미국 자본주의의 青年時代라고 본다.[25] 청년과 같은 엄청난 활력으로 자본주의가 뻗어나갔다는 의미이다. 중서부의 大平原(Great Plains) 지역에는 유럽으로부터 많은 이민이 들어왔다. 19세기 동안 유럽 이민의 수는 약 3천 500만 명으로 추산되는데, 이들은 대부분 남부나 북부보다는 자유와 토지를 찾아 중서부와 서부로 나아갔다. 토지는 거의 공짜나 다름없었다. 돈과 사람이 들어옴으로써 이 광활한 지역은 자본주

25) 나는 국가나 문명에도 年齡이 있다고 본다. 그 연령은 曆數에 따르는 것은 아니지만, 나라(또는 문명)의 제도가 오래되어 노후하면 그 나라는 늙고 활기없는 나라가 된다. 문명도 마찬가지이다. 그리스와 로마의 문명을 포함하여 모든 古代文明은 늙어 죽었다. 現存하는 문명 중 고대의 모양을 그대로 이어받은 문명은 중국의 그것밖에 없다.

의 경제발전의 發動이 걸렸다. 불과 수십년 만에 이 지역은 많은 산업분야에서 동부에 비견할만한 발전을 이룩했다. 미국 특유의 자유주의 개인주의의 力動性이 발휘된 결과라 할 수 있다.

그러나 이 기간 동안의 경제발전이 전적으로 자유방임 정책 하에서 오직 민간의 創意性에 의한 것으로만 보아서는 안 된다. 언제 어디에서나 그렇지만, 경제발전은 유능한 정부의 역할 없이는 이루어질 수 없다. 19세기 미국도 예외는 아니었다. 중앙정부는 인적, 물적, 제도적 인프라를 마련함으로써 민간의 자유주의 개인주의 경제발전을 도왔다. 大平原에는 척박한 땅이 뻗어있을 뿐, 아무런 자연 交通手段도 없었고, 생산물이 나와도 판매할 市場도 없었다. 정부는 1862년에 自作農家를 위해 160에이커를 無償으로 配給해 주는 自作農場保護法(Homestead Act)을 제정하고, 철도를 부설하고, 통신수단을 마련했다. 자유시장을 보호하기 위해 1890년 反獨占法(Sherman Antitrust Act)을 제정하고, 무엇보다도 治安과 秩序를 확보했다.

남북전쟁 이후 경제발전과 아울러 정치가 발전했다. 옛날의 부호와 상류계급이 퇴색하고 자유와 독립으로 自手成家한 중산계급이 크게 대두했다. 이들 신흥계급은 주로 공화당이 대표했다. 이에 반해 민주당은 근로자나 小地主 그리고 지역적으로는 남부지역을 대변했다. 兩黨은 의회에서 상당한 균형을 유지함으로써 미국 민주주의의 전통을 살렸다. 의회는 남북전쟁 때의 지나친 行政府의 獨走를 막고 그 동안 추락한 立法府의 권한을 회복하여 의회의 우위를 확보하고자 많은 시도를 했다. 그러나 앤드루 존슨 대통령 彈劾이 不發로 끝난 이후로 의회와 행정부의 권한 분쟁은 서로의 균형을 이루는 선에서 끝이 났다. 이 점도 미국 민주주의의 좋은 전통의 일부를 이루었다.

4. 뉴딜과 냉전 하의 미국 자본주의 – 미국 경제의 壯年時代

미국은 19세기 말에는 이미 세계 정상급의 經濟大國이 되어 있었다. 1차대전이 끝난 후, 1920년대의 미국은 銀行業을 비롯하여 자유시장을 근간으로 하는 경제발전이 역동적으로 이루어졌다. 그러나 1929년 株式市場이 붕괴하여 이것이 곧 大恐慌으로 이어졌다. 공황이 전 경제에 빠른 속도로 번지는 와중에서, 정부는 자유시장의 自己調整力에 의존할 뿐 3년 동안 아무런 대책을 내놓지 못했다.

드디어 1932년 F. D. 루즈벨트가 대통령에 당선되어, 1933년부터 자유방임 정책을 버리고 정부와 민간이 각기 역할을 하는 미국식 混合經濟(mixed economy) 체제인 '뉴딜' 정책을 도입했다. 그 때부터 1970년대 말까지의 반세기를 미국경제의 壯年時代로 나는 본다. 물불을 가리지 않고 달리는 청년시대를 지난 미국경제는 대공황과 2차대전을 거치면서, 많은 경험을 쌓았고 크게 성숙했다. 대전 후 세계경제를 주도하는 과정에서 미국 자본주의는 엄청나게 성숙한 분별력과 리더십을 세계에 보여주었다.

뉴딜체제는 2차대전의 승리와 대전 후 미국의 세계 지도력 발휘에 크게 기여했다. 미국은 피폐해 있는 유럽과 일본 및 아시아의 공산화를 막기 위해, 유럽과 동아시아 나라들에 대해 대대적인 경제 원조를 제공함으로써 유럽과 일본의 경제회복에 결정적인 기여를 했다. 대전이 끝날 무렵, 미국의 주도로 세 개의 국제경제기구, 즉 世界銀行(IBRD), 國際通貨基金(IMF), 및 관세 및 무역에 관한 一般協定(GATT)이 설립되었다. 그것은 모두 오늘날 우리가 알고 있는 바와 같은 완전한 자유무역 및 자유로운 통화 및 자본이동을 추진하는 기관은 아니었다.

그러나 1950년대 1960년대를 거치면서 유럽과 일본의 경제는 활력을 회복하여 이 나라들의 수출은 集中豪雨와 같이 미국시장을 공략했다. 그 渦中에서 미국경제의 경쟁력은 1960년대 후반부터 크게 低下하여, 경상수지의 악화로 미국은 1973년 드디어 Bretton Woods體制를 포기하여 變動換率制를 도입했다(後述). 1970년대에 접어들어서는 Great Society와 越南戰에 시달린 미국경제의 인플레가 세계로 번지면서 미국 경제, 특히 제조업의 경쟁력은 더더욱 악화되었다.

GATT(關稅 및 貿易에 관한 一般協定)는 무역자유화를 지향하는 기관이었기는 하지만, GATT가 인정한 관세율도 높았고, 非關稅障壁도 광범하게 인정되어 있었다. 특히 농산물이나 섬유 등의 무역에는 상당한 제한이 허용되고 있었고, 서비스업은 거의 대부분 정부의 통제하에 놓여 있었다. GATT는 자발적인 클럽 형식의 조직으로서 그 約定에는 法的인 구속력이 없었다. 농산물, 섬유, 의류 등은 각국의 보호대상으로 인정되고 있었으며, 1987년의 우루과이 라운드까지만 해도 농산물의 貿易自由化는 별로 없었다.

IMF도 원래 자유로운 국제자본이동을 위한 기관은 아니었다. IMF는 당초 固定換率을 유지하기 위하여 설립된 기관으로서, 그것은 처음부터 외환시장·자본시장에 대한 정부개입을 전제로 하는 기관이었다.

2차대전 이후 1980년대 말까지 세계는 冷戰秩序 하에 놓여 있었다. 自由世界에서는 자유주의의 旗手인 미국의 지도하에 反共 및 自由民主主義를 이념으로 하는 세계질서가 형성되었다. 冷戰秩序는 글로벌秩序의 前身이었지만, 그것은 1990년대에 본격적으로 추진된 오늘의 그것과는 많은 차이가 있었다.

1970년대 말까지 선진국에서는 福祉國家의 정책이 널리 채택되고 있었다. 유럽 선진국들은 英美와는 달리, 自由主義 一邊倒의 이념은 없었다. 프랑스는 원래 平等을 중요시하고, 독일에도 경제적 약자에 대한 정부 보호의 필요성을 인정하는 전통이 있어서 정치적으로 社會民主主義가 강했다. 전후 유럽에서는 약자의 이익을 위한다는 소련의 이데올로기 공세를 막기 위한 현실적인 필요성도 있었기 때문에 福祉政策을 광범위하게 도입했다. 冷戰秩序는 이와 같이 이데올로기 면에서나 현실정치 면에서나 소련 세력의 확대를 막는 이른바 封鎖政策을 겨냥한 反共秩序였다. 적극적으로 자유주의를 全球的으로 확대하기 위한 것이라기보다는 共産主義의 팽창을 막는 것을 목표로 하는 질서였다. 넓은 의미에서 이 질서는 뉴딜의 이념과도 부합되는 것이었다.

자유세계는 이른바 混合經濟體制 下에서 반 세기에 걸친 장기호황을 누렸다. 자유세계의 盟主 미국은 2차대전 이후 4반세기 동안 全盛時代를 구가했다. 미국의 후견 하에 西유럽과 일본경제가 부활하고, 아시아에 4대 신생공업국이 미국의 원조하에 工業化를 성취했다. 이 나라들의 경제가 급속히 발전한 것은 미국이 이 나라들의 安保를 담당해주고 技術과 市場을 제공해 주었기 때문이었다.

1970년대에 접어들 무렵부터 미국경제와 세계경제는 지속적인 큰 인플레에 시달리기 시작했다. 특히 미국경제는 국제경쟁력의 약화로 인한 경상수지 적자의 累積으로 어려움을 겪기 시작했다. 드디어 1971년 말 미국은 금-달러의 환율을 切上하고, 보호주의 정책을 광범위하게 채택하여 國際收支 방어를 위해 전력을 다했으나 별 효과를 거두지 못하여, 다시 1973년 달러화를 10% 切下했다.

1970년대 초부터 세계적으로 인플레가 蔓衍되면서 유럽 복지국가에서도 경제의 비효율이 나타남으로써 구미의 나라들, 특히 미국에서는 이 모든 병폐가 케인즈 정책의 政府 介入主義 때문이라는 여론이 설득력을 얻기 시작했다. 그동안 케인즈 이론에 눌려서 빛을 못 보던 하이예크(F. A. Hayek)나 프리드먼(M. Friedman) 등의 自由主義 理論이 크게 유행하기 시작했다. 그동안 극심한 인플레에 시달려 온 남미 제국에 이들 자유주의 정책을 시행하여 일시적으로나마 인플레 진정에 성공을 거두면서, 세계적으로 자유주의 이론의 타당성이 인정되기 시작했다.

1973년 미국은 드디어 固定換率 제도를 포기하고 變動換率 제도를 도입했다. 이것을 계기로 그동안 統制되고 있었던 국제자본 移動이 점차 자유화의 물결을 타기 시작했다. 뿐만 아니라 사람의 移動도 점차 자유화되어 외국 노동자들이 서구 선진국으로 들어오기 시작했다. 시대정신의 흐름을 반영하는 자유화정책이 前面으로 나오면서 케인즈流의 介入政策의 몰락을 재촉했다.

5. 新自由主義와 글로벌 경제의 開幕 – 미국 자본주의의 熟年時代

1) 新自由主義

1979년 영국에서 보수당의 마가리트 대처가 수상이 되었고, 1980년미국에서는 공화당의 로날드 레이건이 대통령이 되었는데, 이들은 각각 강한 영국, 강한 미국을 표방함으로써 權座에 오른 '風雲兒' 들이었다. 강한 영국, 강한 미국을 만드는 방법은 원래 양국 국민의 전통적인 性向, 즉 個人主義와 自由主義를 전면적으로 부활시키는 데 있다는 것이 이들의 기본철학이었다.

레이건과 대처가 추구한 자유주의를 '新自由主義' 라 부른다. 이것은 종전의 자유주의, 이를테면 아담 스미스의 '舊自由主義' 보다 훨씬 과격하고 원색적인 내용을 가진 이데올로기였다. 舊자유주의는 이른 바 '보이지 않는 손' 이 모든 경우에 항상 최선의 결과를 가지고 온다고 보지는 않았는 데 비해, 신자유주의는 '보이지 않는 손' 이 모든 경우에 항상 최선의 결과를 가지고 오는 것으로 본다.

대내적으로는 勞組를 제압하고 부자에 대한 과세를 줄임으로써 기업의욕을 고취함과 동시에, 全球的으로 通商과 資本移動을 개방하고 公企業의 民營化를 추진하며, 정부 기능을 최소화하여 經濟介入을 배제하자는 것이 이들 정책의 기본이었다. 아담 스미스는 18세기 스코틀랜드의 자유주의자답게 당시의 重商主義를 비판했지만, 新自由主義는 경제에 대한 정부의 간여를 최소화하고, 경쟁을 至上視하여 소득격차를 용인한다. 대외적으로는 貿易은 물론 金融을 자유화하여 외환 및 자본시장을 개방화해야 한다고 주장했다. 외교적으로는 '惡의 帝國' 인 소련에 '별의 전쟁' 의 도전장을 냄으로서 냉전의 격화를 부추겼다. 이러한 일련의 정책 기조는 두 나라의 '主流' 인 資産階級의 士氣를 고무시켜서 침체된 兩國經濟의 活性化에 일시적으로나마 상당한 기여를 했다.

이와 같이 新自由主義는 영국과 미국에서 펼쳐진 '새로운' 자유주의 이데올로기인데, 이 두 나라의 이데올로기는 양국이 처한 현실이 다름으로써 약간의 차이가 있는 것같이 보이나 그 기본은 거의 같다.

영국의 대처主義가 특히 강조한 것은 노동당의 福祉國家는 자유주의의 진취적인 정신을 훼손하는 것으로서 경제의 활성화를 이룰 수 없다는 것이었다. 정부가 경제에 개입을 하지 말아야 하며, 자유시장의 기능이 발휘되면 모든 문제가 해결된다. 公企業은 가능한 한 民營化되어야 한다. 사회 구성원 사이의 不平等은 용인되어야 하며, 人爲

的인 平等化 정책에 반대한다. 대처主義에는 대영제국의 과거의 영광을 그리는 復古的인 정서가 배어 있다고도 볼 수 있다.

미국의 '레이거노믹스'는 신자유주의의 일반적인 教義와 함께 특히 다음의 몇 가지를 강조한다. 稅率을 낮춰서 감세를 하면 稅收는 오히려 증가하며, 累進稅率을 반대한다. 복지지출을 줄이는 대신 國防費를 늘려서 소련과 같은 '惡의 帝國'을 제압하여야 한다. 국제적으로는 미국의 힘의 象徵인 달러의 가치를 높게 유지하여야 한다. 金利는 높게 유지하여 외국으로부터의 資金의 流入을 원활히 해야 한다.

기업경영 차원에서는 株式價値의 극대화, 성공하는 CEO에 대한 무제한의 報酬, M&A의 장려 등으로 나타난다. 이것이 치열한 기업 간의 경영권 탈취 및 그것을 막기 위한 攻防을 가지고 왔다. 레이거노믹스도 지난 날 미국의 자유세계의 기수로서 거리낌 없는 패권을 행사했던 시절을 그리워하는 懷古的인 감정이 배어 있는 인상을 준다.

오늘날의 신자유주의는 과거의 舊自由主義의 계보에 속하기는 하지만, 그것은 어떤 특정 학설에 바탕을 둔 것이라기보다는 미국과 영국에서 케인즈主義에 반대하여 自由市場의 효율성을 원리적으로 믿는 과격한 이데올로기이다. 그것은 자유주의를 극단적으로 표방한다는 의미에서 原理主義(fundamentalism)의 색채를 띤다. 어떤 나라든 自由化, 開放化, 民營化가 이루어지면 모든 문제가 해결된다는 유토피아의 세상, 일종의 '용감한 신세계(brave new world)'를 그린다. 이 理論이 가지는 세계관이 정치와 외교에 적용될 때, 극단적인 右派의 입장을 취하는 이른바 '新保守主義(neo-conservativism)'로 불리는 경우가 있다. 新保守主義는 과거의 전통을 지키는 온건한 보수주의와는 달리 급진적이고, 일방적인 정책을 도출하기 쉽다.

2) 글로벌 秩序

1989년 베를린의 壁이 무너지고 1991년 소련이 붕괴함으로써 거의 반세기에 걸친 냉전이 미국의 '승리'로 끝났다. 미국의 냉전 승리는 곧 신자유주의의 우월성을 입증한다는 주장에 설득력을 보태었다. 이에 고무된 미국은 곧바로 신자유주의를 全球的으로 전파하는 작업에 착수하여 自由化, 開放化, 民營化, 작은 정부를 전세계에 적극적으로 唱導하였다. 이로써 미국의 신자유주의가 끝내 '글로벌 秩序'로 변모하게 되었다.

3) 金融資本主義

레이건주의자들은 집권 당시 미국경제의 비교우위가 있는 산업은 금융산업이라고 믿은 것 같다. 레이건은 취임 즉시 Paul Volker라는 뱃장 있는 인물을 聯邦準備制度 議長에 임명하여, 강한 달러를 유지하기 위해 一擧에 기준금리를 20%대로 인상하는 파격적인 정책을 채택했다. 이 정책은 實物部門의 투자를 진작하기보다는 외국자본의 國內流入을 유도하여 달러貨의 가치를 높이는 것을 더 중요시했기 때문이었다. 일반적으로 新自由主義者들은 실물부문보다는 금융부문을 더 중요시하고, 금융부문의 경쟁력을 높이기 위하여 금융부문에 自由放任政策을 시행해야 한다고 믿은 것 같다.

레이거노믹스를 이어받은 1990년대 클린턴 시대에는 특히 금융의 자유화를 국책의 기본으로 삼고, 월街 출신의 金融家들을 재무부장관 및 聯邦準備制度의 총재로 임명하여 미국경제를 産業資本主義로부터

金融資本主義로 早期에 전환하도록 유도했다.

4) 워싱턴 合意(共感, 通念) - Washington Consensus

워싱턴 合意(Washington consensus)란 워싱턴에 있는 미국 재무부, IMF 및 세계은행 등의 국제기관 및 월街의 금융가들이 공통적으로 신봉하는 후진국 발전에 관한 일련의 信條이다. 그것은 구체적으로 ① 財政 및 金融의 긴축, ② 外換 및 資本市場의 자유화 및 개방화, ③ 공기업의 民營化, ④ 정부 개입의 최소화 등의 新自由主義에 입각한 일련의 정책이 후진국 발전에 有益하다는 관념이다.

1980년대부터 미국의 자유주의 경제이론가들이 인플레와 재정적자에 시달리는 아르헨티나, 멕시코 등에 대하여 재정 금융의 긴축과 외환 및 자본시장의 자유화 등 일련의 자유주의 정책을 권고해 왔다. 남미를 비롯한 후진국 경제의 어려움은 방만한 재정운영, 인플레로 인한 낮은 實質 利子率, 외환 및 자본시장에 대한 정부의 무분별한 통제로 인한 환율의 不安定, 공기업의 非效率 등에 기인한다고 보고, 이러한 것을 바로잡기 위해서는 재정 금융을 긴축하고 외환시장, 금융시장에 대한 정부통제를 철폐하여 모두 자유화해야 外國資本도 들어올 수 있고 투자도 촉진되어 경제성장이 촉진된다고 보는 것이다.

이 이론에 따라, 종래의 경제발전론과는 거리가 멀기만 했던 미국의 시카고학파의 학자들이 1980년대에 대거 남미 나라들의 경제브레인으로 초빙되어 1990년대 이후로 남미 나라들에 자유주의 정책이 광범위하게 채택되기 시작했다.

워싱턴 합의에 의한 자유화정책은 남미 나라들에 대하여 어떤 결과를 가지고 왔는가. 자유화정책을 과감히 집행한 南美 나라들의 경험을 보면, 그 정책의 초기에는 소기의 목적을 달성한 것처럼 보였다. 재정 금융의 긴축은 하이퍼 인플레에 가까운 인플레를 制御하는 데 성공했고, 實質金利도 높게 유지되었으며, 換率도 일단 안정되었다. 그리하여 대규모의 외국자본이 이 나라들로 유입되었다.

그러나 인플레가 安定되고 환율이 안정되었음에도 불구하고 남미 나라에서는 경제성장은 없었고, 경제는 오히려 침체하는 현상을 보였다.[26] 자유주의 정책의 모범생인 것처럼 여겨져 왔던 멕시코나 아르헨티나에서는 거의 성장다운 성장이 없었다. 워싱턴 合意에 지나친 기대를 걸고 많은 資本이 이 나라들에 모여 들었지만, 외국자본의 유입은 經濟成長으로 연결되지 못하였다. 외국자본의 유입은 오히려 외환투기를 조장함으로써 경제성장의 장애요인으로 작용했다. 남미의 신자유주의 정책은 오늘에 이르기까지 거의 失敗로 돌아가고 말았다.

사실 워싱턴 合意는 후진국의 경제정책 입안자들이 참고로 해야 할 점이 많다. 이 이론의 기본관점에는 일리가 있다는 것을 인정해야 한다. 그러나 物價가 하락함으로써 인플레가 진정된 것처럼 보였다고 해서 오랫동안 국민의 생각과 행동 속에 깊이 뿌리를 박고 있는 인플레 심리가 사라지는 것은 아니었다. 또 인플레가 표면상 진정됐다고 해서 모든 경제주체들의 경제 계산이 한꺼번에 달라지는 것은 아니고 오히려 투자의욕을 줄이는 결과를 가지고 왔다. 또 자유무역을 한다고 해서 수출이 한꺼번에 느는 것은 아니고, 경제의 효율성이 증진되는 것도 아니었다.

남미에서 失敗를 겪었음에도 불구하고 워싱턴 合意는 그후 지금에 이르기까지 IMF의 정책 속에 거의 그대로 살아 있다. IMF가 그 구제금융을 받는 모든 나라들에 대해 들고나오는 정책은 ① 財政, 金融의

---

26) Krugman. P. (1999), 제3장

긴축, ② 外換 · 資本市場의 자유화와 개방화, ③ 공기업의 민영화이다. 1997년의 아시아 금융위기 이후 IMF는 이러한 정책을 한국, 태국, 인도네시아 및 러시아에 일률적으로 시행하였는데 그 결과는 한국에 있어서의 상대적인 성공을 제외하고는 거의 소기의 성과를 거두지 못하였다.

5) 新自由主義 글로벌 질서의 평가

(1) 新自由主義의 力動性

세계 경제발전의 역사를 더듬어 보면, 경제발전은 경제적 自由와 財產權의 보호가 확실한 나라에서 많이 이루어진 것을 알 수 있다. 19세기의 글로벌 질서를 주도한 영국은 다른 나라에 비해 경제적 자유를 최고의 가치로 여겼고, 그 전통에서 자본주의가 발상했다. 그 나라의 경제정책은 항상 自由放任을 가장 이상적인 것으로 여겨왔다. 自由放任은 항상 경쟁을 수반한다. 경쟁의 결과로 승자와 패자가 나타난다. 승자는 승리의 戰利品을 다 가지며, 패자의 몫은 없다. 따라서 자유가 최대한 보장되는 사회는 역설적으로 자유가 가장 많이 제한된 사회라고도 볼 수 있다. 자유는 强者만의 자유이지 弱者에게 주어지는 것은 아니기 때문이다.

정치면에서 平等을 가장 극명하게 나타내는 제도는 모든 사람에게 평등하게 1인 1표의 투표권을 부여하는 보통선거제도라 할 수 있는데, 프랑스에서는 1848년에, 독일에서는 1871년에 이 제도가 실시됐는데 비해 영국에서는 1918년에 겨우 실시됐다. 1차대전 직전까지만 해도 영국에서는 400~500만인에게는 참정권이 없었다. 1918년 선거법 개정에서도 모든 성인남자에게는 선거권이 주어졌으나 여성에게는

30세 이상이어야 했다. 대학교수나 상공업계의 有産階級에게는 개인의 二重投票權이 유지되었다. 완전한 1인1표의 원칙이 적용된 것은 1950년의 총선 때부터였다.

자유를 지상시하고 평등을 무시하는 영국의 전통은 미국에 이어졌다. 미국은 민주주의이기는 하지만, 강자인 승자가 힘으로 이끌어가는 나라이지 평등을 추구하는 民草의 목소리가 경제나 사회에 즉각 반영되는 나라는 아니다. 이런 사회의 특징 중의 하나는 각 개인이 경쟁의 승자가 되기 위해 間斷 없이 새로운 경쟁의 프론티어(frontier)를 찾는다는 점이다.

새로운 프론티어는 꼭 地理的 空間에만 국한되는 것은 아니다. 산업에도 새로운 프론티어가 있다. 19세기 후반에 들어설 무렵, 산업에는 철도가 새로운 프론티어가 되었다. 그 다음에는 활동사진, 그 다음에는 자동차, 그 다음에는 에너지 개발 등 힘센 자들은 승리의 기회를 얻기 위해 새로운 산업을 열었다.

1980년대의 미국이 금융부문을 완전 자유화한 것도 미국경제의 발전을 촉진하고 세계 패권을 확보하기 위해서였다. 미국은 금융산업을 그 나라 경제의 프론티어로 선택한 것이다.

자유주의를 근간으로 하는 자본주의 경제에는 새로운 기업이나 산업이 間斷 없이 일어난다. 동시에 기존의 기업이나 산업이 間斷 없이 退出된다. 슘페터의 '창조와 파괴'의 强風이 끊임없이 분다. 그 강풍이 불기 위해서는 강한 자에게 승리의 誘因이 주어져야 한다. 이렇게 볼 때, 자본주의 제도는 엄청나게 다이내믹한 경제제도이며, 그 역동성의 궁극적인 원천은 자유주의에 있다. 같은 자본주의라 할지라도 평등이 강조되면서 개인의 자유가 제한되어 있는 곳에서는 그 역동성은 그만큼 약해지지 않을 수 없다.

(2) 신자유주의의 偏向性

글로벌 경제는 꼭 市場原理主義의 신봉 위에 서야 할 필요는 없다. 사실 市場의 기능이 제대로 발휘되기 위해서는 '市場의 失敗'를 보완할 수 있는 정부의 개입이 필요하다. 누구나 아는 바와 같이 D. 흄(Hume)이나 아담 스미스는 自由放任을 주창하면서도 그들의 이론의 行間을 읽어보면, 그들은 결코 맹목적인 자유시장주의자는 아니었다. 그들은 정부의 介入이나 公權力의 행사가 부득이한 경우가 있다는 것을 부인할 정도로 독선적인 학자는 아니었다. 보수주의적인 자유를 주장한 에드먼드 버크(E. Burke)나 비교적 진보적인 성향을 가진 밀(J. S. Mill)도 自由를 보장하기 위해서는 自由를 제한해야 하는 경우도 있다는 것을 인정했다. 케인즈 이후 자유주의 이론가의 領袖라 할 수 있는 하이예크도 市場原理主義者라고는 할 수 없다. 그는 인간 理性에 대한 지나친 믿음을 반대하고, 또 과학적 방법을 지나치게 신봉하여 원리주의적인 견지에서 이론을 펴는 경향에 대해 경종을 울렸다.

이에 비해 최근 10여년 동안 미국의 市場原理主義者들은 自由를 至上의 가치로 내세우고, 分配의 不平等이나 환경의 보호 등을 별로 염두에 두지 않는다. 市場原理主義는 이윤의 추구를 지상의 가치로 보고, 이윤을 추구하기 위해서는 法律에 저촉되지 않는 한 어떤 手段을 써도 무방하며, 이윤을 내는 경영을 하는 이상 경영자에 대한 보수는 아무리 커도 좋다는 철학을 펴고 있다. 이 철학은 곧 貪慾의 철학이며, 도덕 없는 탐욕은 不正과 腐敗의 온상이 되지 않을 수 없다. 미국 大企業들의 CEO가 '지나친' 액수의 보수를 받고 있는 사실은 不法이 아니라 할지라도 市場原理主義의 정신적 타락을 의미한다는 것을 부인하기 어렵다. 세계 유수 대기업의 會計不正, 粉飾會計, 그리고 그 부정을 조장한 監理會社의 부정, 미국 특유의 政經癒着 등은 미국

자본주의의 정신적 타락상을 보여주는 事例라 할 수 있다.[27)]

市場原理主義를 기본철학으로 받드는 자본주의는 또 大量生産, 大量消費, 大量廢棄를 낳게 함으로써, 이러한 발전양식은 앞으로 지속되기 어렵다는 것은 탁월한 상상력이 없이도 알 수 있다. 대량생산, 대량소비, 대량폐기의 자본주의는 경제의 力動性을 가지고 올 수는 있겠으나, 이러한 발전 방식은 지속 불가능할 것이고, 미국의 전통적 가치인 公正, 誠實, 正直 등의 가치를 보장할 수도 없다. 이러한 결함을 반영하여 市場原理主義의 장래에는 최근 들어 어두운 그림자가 드리우기 시작하고 있다. 이 모델에 內在하는 缺陷을 시정하지 않고는 이 모델은 세계질서로서 오래 가지 못할 것이다.

세계질서란 원래 도덕에 바당을 두시 않은 弱肉强食의 국제사회에서는 패권국의 힘 없이는 유지될 수 없다는 것은 위에서 본 바와 같다. 그러나 패권이 오래 가기 위해서는 그 패권의 행사를 통하여 얻는 이익이 패권의 지배를 받는 나라에도 잘 나누어져야 한다. 한마디로, 패권이 오래 가기 위해서는 그 行使가 다른 나라들에게도 '得'이 되어야 한다. 貪慾에 의해 추진되는 시장원리주의는 소수의 승자에 득이 될 뿐, 많은 패자에게는 고통을 줄 뿐이다. 탐욕에 기초를 둔 市場原理主義로는 건전한 세계질서를 유지하기 어려울 것이다.

Ⅲ. 世界化와 地域化

---

27) 미국 자본주의의 '정신적 타락'이라는 말은 미국의 無謬性(infallibility)을 믿는 많은 독자들에게는 기이하게 들릴지 모른다. 자본주의란 원래 건전한 근로정신, 저축정신, 금욕주의적 생활태도로부터 나왔다는 것을 감안한다면, 현재의 윤리 없는 기업, 원칙 없는 정치, 근로 없는 소득 등은 정신적 타락으로 밖에 볼 수 없다.

1. 地域化의 추세

시장원리주의 모델이 장래에 어두운 그림자를 드리우고 있다는 것은 그것이 글로벌 질서의 기준으로 부적절하게 되고 있다는 것을 의미할 뿐, 글로벌 경제의 경향이 없어지고 있다는 것을 의미하지는 않는다. 세계화는 그 진전 과정에서 그 性格을 달리하면서도 名實 共히 세계의 대세가 되고 있다.

세계화는 비단 市場 規模의 확대만을 의미하는 것은 아니다. 그것은 경제뿐 아니라 人間의 生活, 住居, 음식, 관습, 스포츠, 의식, 가치관 등의 영역에 있어 폭넓은 同質化를 가지고 온다. 전세계의 도시가 거의 같은 모양으로 변화하고 있다. 복장은 中東, 남아시아, 아프리카의 일부 지역을 제외하고는 이제 거의 똑 같게 되었다. 情報通信의 비약적인 발전에 따라 세계의 同質化는 앞으로 더욱 급격히 이루어질 것이다.

반면에 세계화는, 특히 그것이 市場原理主義的인 기준에 따라 이루어지는 경우에는, 작고 약한 나라에게는 많은 벅찬 변화를 强要한다. 위에서도 피력한 바와 같이, 市場原理主義는 强者에 유리하고 弱者에게는 不利한 변화를 수반한다. 그래서 유럽을 포함한 세계의 많은 지역에서는 세계화의 利點을 활용하면서 그것이 몰고 오는 벅찬 同質化 및 弱肉强食의 결과를 中和시키기 위해, 비슷한 처지에 있는 인접국가들이 地域協力體를 구성하여 세계화의 거센 바람에 공동으로 대처하는 경우가 많게 되었다. 이를테면, 협정 가입국들 사이의 무역에 대해서는 관세를 폐지할 것을 골자로 한 FTA(자유무역협정), 협정 가입국들이 다른 나라들에 대해 동일한 관세를 적용하는 것을 골자로 하는 關稅同盟(customs union), 가맹국 사이에 무역의 자유화뿐 아니라, 노동인구 및 資本의 이동 등을 모두 자유화하자는 經濟共同體(economic union) 등 다양한 지역협력체가 구성되고 있다.

글로벌화가 진전되면 될수록 개별국가에서는 없어지는 전통, 文化의 특수성, 국제 정치상의 위치 등을 살리자는 욕구 또한 많아진다. 미국과 같이 역사가 짧은 나라는 예외지만, 긴 역사를 가진 나라들은 그들의 正體性(identity)을 상징하는 관습, 종교, 문화 등의 特性이 많을 수밖에 없다. 따라서 긴 歷史的 배경을 가진 나라에 있어서는 세계화의 强風 속에서도 그들 固有의 문화와 전통을 보존하고 육성하려는 욕구도 강해진다. 국제정치와 군사상의 능력이 약한 나라에서 단독으로 이러한 欲求를 충족시킬 수는 없으므로, 역시 비슷한 상황 속에 있는 나라들이 서로 협력하여 거센 外風에 共同對應 하고자 하는 것이다. 이와 같이 세계화가 동시에 地域化(localization 또는 regionalization)를 가지고 오는 것이 오늘날의 세계의 추세이다.

2002년 6월 말 현재, 세계에는 GATT/WTO에 보고된 地域協力體는 무려 160여 개에 달하고 있는데, 그 중 130개 정도가 1991년 이후에 결성된 것이다. 현재에도 많은 협력체 구성이 진행되고 있으며 앞으로는 더더욱 많은 협력체가 생길 것이다. 또 GATT/WTO에 보고되지 않는 비공식적인 협력체도 많기 때문에, 이것을 포함하면 지역협력체의 수는 더욱 늘어날 것이다. 세계화가 본격적으로 추진된 것은 1990년대에 접어들어서부터였는데, 이 짧은 기간 동안에 이렇게 많은 지역협력체가 생겼다는 사실은 세계화가 곧 지역화를 동반하고 있다는 사실을 웅변으로 말해준다.

2. 地域化의 의미

地域主義의 대두는 글로벌화를 약화시키는 의미를 가지는가? 그것은 아니다. 위에서 지적한 바와 같이 세계화와 지역화는 본질적으로 같은 현상이며, 동전의 兩面과도 같은, 相互補完的인 성격을 갖는 것이다.

그러나 한 가지 분명하다고 생각되는 것은, 지역화는 분명히 세계화에 대한 對應(response)이며, 세계화에 편승하여 그 利點을 살리면서도 그것이 몰고 오는 不利를 피하자는 뜻을 가지는 것이기 때문에, 앞으로 지역협력체가 많아지면 질수록 市場原理主義가 함축하고 있는 완전한 同質化 내지 劃一化는 희석되리라는 점이다. 세계화를 추진하는 WTO는 그 예외규정이 많아지면 질수록 약화될 수밖에 없다. 지금까지 과연 WTO가 세계무역의 확대에 얼마만큼 기여했는가에 대해서는 식자들 사이에 의문이 제기되고 있으며, 앞으로 WTO 자체의 역할은 줄어들 것으로 보인다.

지역주의의 대두는 앞으로 국제경제관계의 無秩序를 의미하는가? 그렇지는 않을 것이다. 그것은 일종의 '和而不同'의 세계를 가지고 올뿐이다. 前述한 대로 세계화의 획일적인 기준은 세계를 무질서 속으로 몰아넣고 있다는 점을 간과할 수 없다. 복잡한 세계에 획일적인 기준을 적용한다는 것은, '워싱턴 합의'의 획일적 기준을 세계의 모든 나라에 적용해 온 IMF의 경험에서 보듯이, 오히려 혼란과 무질서를 낳는 경향, 즉 '同而不和'의 세계를 만들 수 있다. 세계는 '同而不和'가 아니라 '和而不同'의 원칙을 바라고 있다고 보아야 한다.

3. 유럽연합(EU)과 동북아시아

지금 세계 어느 지역을 보아도 地域協力體가 없는 지역은 없다. 세계에서 가장 두드러지는 지역협력체로는 현재 15개 국으로 구성되어 있는 '유럽聯合(EU)' 을 꼽을 수 있는데, 이 협력체는 앞으로 2004년까지는 동유럽의 10개 국을 편입하여 25개 국으로 확대될 예정으로 있다. 이것이 달성되면 EU는 러시아를 제외한 전 유럽을 통합하게 될 것이다. 현재, 프랑스의 지스카르 데스탱 전 대통령이 이 새로운 EU의 헌법을 기초 중에 있다.

유럽연합은 제2차대전 이후, 독일 · 프랑스 · 베네룩스를 구성원으로 한 '철강 석탄 공동체' 가 그 嚆矢로서, 그후 점점 협정의 내용이 확대되어 오늘날에는 속칭 '유럽聯合國(United States of Europe)' 으로 불릴 정도로 회원국이 증가하여 웅장한 규모를 가지게 되었다. 통합의 내용도 엄청나게 심화되어, 2000년부터는 '유로(Euro)' 라는 單一通貨를 만들어 내는데 성공했다. 유럽연합을 만들어 내는 데에는 프랑스와 독일이 역사의 舊怨을 씻는 開明된 안목이 실현되었기 때문이다. 이 두 나라는 그들이 자랑하는 마르크나 프랑 같은 貨幣까지도 포기하는, 共同利益을 위해서는 과거에 대한 집착을 과감히 버리는, 원대한 비전을 실천했다. 유럽이 지난날에 있어서처럼 각기 主權을 행사하는 25개 국으로 분열되어 있어서는 미국과 아시아의 세력에 밀려날 수밖에 없다는 위기의식이 作用함으로써 이 壯大한 비전이 실현되고 있는 것이다.

유럽연합은 앞으로 超大國(superpower)처럼 될 것인가? 나는 경제적으로는 이루어질 것으로 본다. 다만 미국과 같은 군사대국이 되기는 어렵고 하나의 文化大國, 經濟大國과 같이 될 것이다. 유럽연합의 회원국은 나라의 主權(soverignty)을 포기함으로써 이루어지는 것이 아니라 주권을 集中시킴(pool)으로써 일종의 聯邦體制를 일구어내기를 지향하고 있는 것으로 보이며, 회원국 사이에는 '和而不同' 의 공동체가 성립되리라고 생각된다.

유럽연합의 전망에 대해서는 회의적으로 보는 견해도 많다. 특히 영국에는 이른바 euroskeptics가 많으며, 미국에 있어서도 유럽연합의 장래를 悲觀하기보다는 오히려 蔑視하는 견해도 많다. 그러나 유럽연합은 이제 성립되지 않을 수 없을 정도로 旣定事實化되고 있다. 유로貨가 제정되기 직전까지도 그것이 이루어지리라고 생각한 사람은, 특히 영국이나 미국에서는, 많지 않았다. 그러나 세계정세가 복잡해지면 해질수록 유럽연합은 彈力을 받을 것이다.

4. 아메리카대륙의 地域協力體

北美洲에 있어서는 北美자유무역협정(NAFTA), 즉 미국, 캐나다 및 멕시코를 묶는 협정이 성립되어 있다. 앞으로 2005년까지 南北美자유무역지역(FTAA)을 결성할 것을 南北美 나라들의 정상이 합의해 놓고 있다. 그러나 南美 나라들의 경제상황은 최근에 이르기까지 매우 좋지 않으며, 이 지역에서 압도적인 힘을 가지고 있는 미국은 세계의 여타 지역(中東 및 아시아)에 대한 대책 수립에 몰두하면서 南美에 대해서는 별로 신경을 쓸 여유를 보이지 않고 있다. 그동안 '워싱턴 合意'에 입각한 경제정책으로 많은 차질을 경험한 남미 나라들은 현재 정치적으로도 많이 左傾化되는 경향을 보이고 있다. 최근에 등장한 브라질의 左派政府도 FTAA에 겉으로는 贊意를 표명하고 있으나, 남미 나라들은 정치적 경제적으로 매우 다양해지고 있기 때문에, 과연 FTAA가 설립될 수 있을는지는 의문시된다.

5. 동아시아 地域協力體

전세계에서 지역협력 협정이 가장 적은 지역이 아시아 지역이다. 그렇게 된 이유에는 여러 가지가 있지만, 아시아 나라들은 지난 150년 동안, 특히 20세기에 들어온 이후 歷史로부터 입은 상처가 아직 아물지 않고 있는 것이 가장 큰 이유일 것이다. 被害國은 물론 '加害國'도 아픈 상처를 입었다고 보아야 할 것이다. 아시아는 아직도 제국주의의 後遺를 완전히 탈피하지 못하고 있는 것이다.

그나마 政治的으로 가장 깨인 지역이 아시아에 있어서는 東南亞 나라들이라 할 수 있다. 東南亞 6개 국은 이미 1968년에 東南亞국가연합(ASEAN)을 결성하여, 정치 경제면에서 협력을 할 수 있는 기초를 마련하였다. 그동안 말레이시아의 마하틸 수상은 東아시아 경제협력체(EAEC: East Asia Economic Caucus)를 결성할 것을 제안하였으나, 미국의 반대에 부딪침으로써 그 구상은 무산되고 말았다. 그러나 아세안은 지금도 ASEAN+3이라는 정상회담의 체제, 즉 ASEAN과 일본, 한국 및 중국을 포함하는 협력체제를 모색하고 있다.

아시아에서의 지역협력체 결성을 반대하는 미국은 태평양국가의 하나인 호주로 하여금 APEC(아시아太平洋經濟委員會)을 제안하도록 유도하여, 매년 이 지역의 모든 나라들을 묶는 정상회담이 열리고, 그것을 통하여 이 지역의 自由化, 글로벌화를 촉진하려고 노력해 왔다. 그러나 APEC은 현실적으로 어떤 의미 있는 결정을 내리기에는 너무나 焦點이 흐리고, 오히려 그러한 焦點이 생길 수 있는 가능성을 저지하는 기능을 수행하고 있는 것 같다.

아시아에 있어서는 일본이 싱가포르와 FTA를 결성하였고 한국이 금년 南美의 칠레와 FTA를 맺었다. 현재 이 지역에 제안되고 있는 FTA로서는 일본이 한국과 FTA를 결성할 것을 바라고 있는 것 같이 보이며 — 일본은 마치 한국이 이것을 제안하고 있는 것처럼 모양새를 갖출 것을 희망하고 있다 — 한국은 어정쩡한 소극적인 자세를 취하고 있다. 중국은 지난달(2002년 10월)에 프놈펜에서 열린 정상회담에서 ASEAN 10개국 — ASEAN은 원래의 6개 국에 베트남, 라오스, 캄보디아 및 미얀마를 加入시킴으로써 10개 국이 됐다 — 과 앞으로 10년 이내에 FTA를 결성할 것을 공식적으로 합의한 바 있다. 일본은 중국의 뒤를 따라 아세안 나라들과 비슷한 FTA를 결성할 의사를 내비치고 있다. 중국은 ASEAN과의 FTA와 아울러 한국 및 일본과도 FTA를 결성할 것을 제안하고 있다. 일본은 한국과의 FTA는 찬성하지만, 중국이 포함되는 FTA에는 냉담한 입장을 취하고 있다. 한국은 韓·中·日 세 나라의 FTA를 결성할 것을 제안하고는 있으나, 적극적으로 추진하지는 못하고 있다.

東北아시아의 세 나라 사이에 FTA같은 협력체를 구성하는 것은 아시아의 공동발전을 위해 매우 필요하다고 생각된다. 이 세 나라 경제발전의 추이로 보건데, 이들 사이의 FTA 결성은 이 나라들의 순조로운 경제발전을 촉진할 것으로 생각된다.

다만 세 나라의 사정이 이 나라의 FTA 결성을 어렵게 만들고 있다. 중국은 이 세 나라 중에서 FTA 결성을 할 수 있는 조건을 가장 잘 가지고 있다고 생각된다. 일본은 겉으로는 경제발전의 단계가 중국과는 너무 다르기 때문에 중국과의 FTA는 어렵다는 입장을 취하고 있다. 그러나 그것은 겉으로 표방하는 이유이고, 그 진의는 다른데 있는 것으로 생각된다. 일본의 대중국 FTA를 어렵게 하는 요인에는 첫째, 중국으로부터의 농산물 수입이 어렵다는 점, 둘째, 중국에 대한 역사적인 '過誤'의 청산이 어렵다는 점, 전통적으로 '脫亞入歐'의 자세를 탈피하기가 어렵다는 点, 그리고 미국의 견제를 의식하지 않을 수 없다는 점 등을 들 수 있다.

한국의 처지도 일본의 경우와 비슷하다. 특히 중국으로부터의 농산물 수입을 어렵게 생각하고 있고, 미국의 견제가 중국과의 FTA를 어렵게 하는 요인이 될 것으로 보인다. 어쨌든, 세 나라 사이의 경제관계는 날이 갈수록 긴밀해지고 있다. 중국은 이미 일본의 가장 큰 무역국으로 되어 있고, 한국으로 보아서도 중국은 미국 일본에 이어 세 번째의 큰 무역국으로 되고 있다. 앞으로 세 나라 사이의 外交關係가 어떻게 진전하건 경제교류는 계속 크게 증진될 것이다.

아시아 나라들의 지도자들 사이에는 — 중국의 경우는 좀 다를지 모르지만 — 나라의 장래를 멀리 보는 비전이 적고, 역사로부터 물려받은 負의 유산을 뿌리치고 미래지향적인 방향을 모색하는 지혜와 용기를 내비치지 못하고 있다. 아직도 EU의 전신을 만들어낸 장모네(J. Monet)나 슈만(Schuman)의 비전과 같은 정도의 비전이 이 나라들로부터 나오지 못하고 있다. FTA의 결성은 貿易이나 經濟를 위해서도 필요하지만 友好善隣의 관계를 유지하고 발전시키려는 정치적, 문화적인 의미도 가지는 것인데, 이러한 의욕이 없이는 아무리 경제적인 이득이 있어도 FTA와 같은 지역협력체를 만들기는 어렵다.

〈참 고 문 헌〉

Barber, B. R., *Jihad vs. McWorld: How Globalism and Tribalism Are Reshaping the World*, New York: Ballantine Books, 1995.

Caporaso, J. A., *The European Union: Dilemmas of Regional Integration*, New York: Westview Press, 2000.

de Soto, H., *The Mystery of Capital: Why Capitalism Triumphs in the West and Fails Everywhere Else*, New York, Basic Books.

Giddens, A., *The Third Way: The Renewal of Social Democracy*, Cambridge, U. K.: Policy Press, 1998.

_______, *Runaway World: How Globalization is Reshaping Our Lives*, London: Profile Books, 1999.

Germain, Randall D. (ed.), *Globalization and Its Critics: Perspectives from Political Economy*, New York: St. Martin's Press, 2000.

Gilpin, R., *The Challenge of Global Capitalism: The World Economy in the 21st Century*, Princeton U. Press, 2000.

James, H., *The End of Globalization: Lessons from the Great Depression*, Harvard U. Press, 2001.

Krugman, P., *The Return of Depression Economics*, New York: W. W. Norton, 1999.

Luttwak, E., *Turbo Capitalism: Winners and Losers in the Global Economy*, New York: Harper Collins, 1999.

McRae, H., *The World in 2002: Power, Culture, and Prosperity*, Harvard Business School Press, 1994.

Mazarr, M. J., *Global Trends 2005*, New York, St. Martin's Press, 1999.

Prakash, A., and Hart, J. A., *Responding to Globalization*, London and

New York: Routledge, 2000.

Shahid, A. M., *Poverty from the Wealth of Nations: Integration and Polarization in the Global Economy since 1760*, New York: Palgrave, 2000.

Soros, G., *The Crisis of Global Capitalism: Open Society Endangered*, New York: Public Affairs, 1998.

Stiglitz, *Globalization and Its Discontents*, New York: W. W. Norton, 2002.

加藤義喜・青木一能 編著,『グローバリゼーションの光と影 − 21世紀世界の經濟・政治・社會』(文眞堂, 2001).

ハーマン, M・シユワルツ著, 宮川典之 外二人譯,『グローバル・エコノミ ー』I, II 巻 (文眞堂, 2001).

岩井克人著,『二十一世紀の資本主義論』(筑摩書房, 2000).

ジエリー・マングー; E. ゴールドスミス編 小南祐一朗外譯,『グローバル經濟が世界を破壞する』(朝日新聞社, 2000).

佐和隆充著,『深流する資本主義 − 危機の政治經濟學』(ダイアモンド社).

ポール・ホーケン外二人著, 佐和隆充 監譯『自然資本の經濟』(日本經濟新聞社, 2001).

ポール・クルーグマン 著『資本主義經濟の幻像』北村行伸 編譯(ダイアモンド社, 1998).

伊藤文雄 編著,『21世紀の 中國』, (사이마르 出版會, 1995).

I. 몬타넬리,『로마의 역사』, 藤澤道郎 譯(日譯), 中央公論社.

제3장 글로벌 경제 속의 日本의 構造改革 — 실태와 과제

I. 서 론

2002년 5월 세계적 신용등급회사 무디스는 일본의 國債等級을 A1로 2등급 하향 조정했다. 그 이유는 일본의 財政赤字의 악화에 있다. 2002년 말 일본의 중앙정부와 지방정부를 합친 國家債務는 약 700兆円에 달하여, 2차대전 후 다른 선진국에는 볼 수 없는 高額에 이르고 있다. 앞으로 構造改革 없이는 財政은 더욱 악화될 가능성이 크다.

일본의 국가채무는 이미 GDP 대비 1.5배에 달하고 있다. EU加盟國 중 最惡의 재정상황 때문에 신용등급이 A1이었던 이탈리아는 GDP대비 1.2배였다. 財政 · 貿易의 쌍둥이 赤字에 시달린 80년대 미국에서도 재정적자는 GDP 대비 60%에 지나지 않았다. 일본의 경우는 지금 당장 元利金 償還이 불확실한 것은 아니지만, 借換債를 포함하여 매년 國債 發行額이 100兆円에 이르는 추세로 볼 때, 원리금 상환에 대한 세계의 疑懼는 앞으로도 증폭될 것으로 전망된다.

일본 재무성은 국가채무 不履行(디폴트) 가능성은 없다고 보고 있다. 일본은 國債發行額 중 내국인 및 내국기관 소유가 95% 이상이며, 개인금융자산이 1,400兆円이나 되고, 對外純資産이 세계 제1위임을 감안할 때, 國家債務 不履行을 걱정할 필요는 없다는 것이다. 뿐만 아니라 현재와 같이 量的으로 금융완화가 이루어지고 超低金利 기조 아래서 資金 運用難이 지속되고 있는 점을 고려한다면, 國債價格 下落(즉, 金利上昇)의 위험은 적으리라는 점을 강조한다. 그러나 장기적으로는 설사 당장 國家債務 不履行의 우려는 없다고 하더라도 財政構造 改革의 필요성은 절실하다고 보아야 할 것이다.

그럼에도 불구하고 경기 부진이 계속되고 있는 가운데 稅收의 증가는 기대하기 힘들고, 본격적인 增稅 대책도 歲出 삭감도 어려운 것이 사실이다. 재정재건을 향한 중장기적인 방향과 대책이 시행되지 않는 한, 일본국채의 潛在的 리스크는 커질 수밖에 없다. 國家信用等級 하락은 그동안 정부의 경기대책이 財政出動에만 의존하면서 경제구조개혁을 미룬 결과라고 보아야 할 것이다.

일본의 헤이세이(平成)不況은 1991년 4월부터 시작되었다. 그 당시 많은 사람들이 景氣가 鈍化되고 있다는 것은 알고 있었지만, 이것이 戰後 처음으로 맞는 長期不況의 시작이라고 豫見한 사람은 거의 없었다. 이 章에서는 일본의 巨視政策, 구조개혁의 構圖와 실태 및 기업 스스로의 구조개혁 노력에 관해, 글로벌 시스템과의 조화 및 東아시아 나라와의 共生 可能性이라는 시각에서 검토하고자 한다.

Ⅱ. 10년 長期不況의 正體

1. 레이거노믹스 뒷바라지

80년대 일본은 경제대국 중에서 가장 두드러진 성공을 거두었다. 반면 미국경제는 가장 많은 곤란을 겪었다. 이와는 반대로, 90년대에는 미국경제는 큰 好況을 누린 데 반해 일본은 일찍이 보지 못한 많은 어려움을 겪었다.

일본의 성공은 70년대부터 시작되었다. 당시 일본은 두 차례의 石油危機를 극복하고 에너지 절약 및 環境親和的 産業構造의 改善 등에서 큰 성공을 거두었다. 80년대 중반 이후까지도 일본 경제의 好況은 계속되었다. 이러한 성과는 일본 시스템의 우수성을 세계에 유감없이 刻印시키는 듯이 보였다.

일본의 성공은 80년대 후반부터 미국과의 경제적 摩擦을 불러왔다. 美日 貿易不均衡에 시달린 미국은 이 문제를 정치적으로 풀기 위해 일본에게 여러 가지 政策 轉換을 요구했다. 일본은 對美輸出 自律規制와 해외투자 확대로 對美摩擦을 해결하려고 했다. 그러나 미국의 經常收支赤字는 1981년에 48.4억 달러였던 것이 1986~1987년에는 年間 1,500~1,600억 달러 수준으로 늘어났다. 이를 解消하기 위해 일본은 미국의 압력으로 '美日 円-달러 위원회'를 설치하여, 円-달러 환율의 調整을 강구하기 시작했다. 드디어 1985년 9월 미국의 요구로 先進 5개 국의 財相이 뉴욕의 플라자호텔에서 회동하여 달러의 切下를 위하여 노력하기로 합의하였다. 이 합의에 따라 미국을 돕기로 결심한 일본은 달러의 下落, 円의 上昇을 위한 換率調節에 착수했다. 그 결과 円高와 달러 弱勢가 劇的으로 이루어지기 시작했다. 1985년 9월 20일 円-달러의 환율은 1달러=242円이었던 것이 1986년 2월 중순에는 180엔, 1987년 12월에는 130円으로 급변했다. 불과 2년 사이에 円의 가치는 달러에 비해 40%정도 올라갔고 달러의 가치는 엔에 비해 40% 정도 떨어졌다. 상상하기 어려운 속도와 폭으로 円高(弗低)가 이루어졌다.

달러價値 하락(円價値 上昇)에도 불구하고 미국의 무역수지 적자는 縮小 기미를 보이지 않았고, 일본의 對美 貿易黑字는 계속되었다. 한

마디로 엔-달러 환율의 조정은 미국의 입장에서는 그 효과를 나타내지 못했다. 다만 달러의 大幅 下落은 일본에 대해 엄청난 손해를 입혔다. 80年代 初부터 일본의 業體들은 미국의 여러 가지 資産을 많이 매입하고 있었는데, 플라자 合意 이후 달러가치의 폭락으로 인해 資産買入業體는 막대한 換差損을 입었다. 1981~1985년까지의 일본의 경상수지 흑자(1,200억 달러)의 약 절반(600억 달러)이 미국의 자산 매입으로 미국에 還流되었는데, 円貨로 평가한 그 資産價値의 약 40%가 消失된 것으로 볼 수 있다. 이것이 끝내는 90년대 일본의 디플레의 遠因이 되었다.

미국은 換率 調整에 이어서 美國의 金利에 비해 日本의 金利를 낮게 유지하도록 하기 위해 — 그렇게 해야만 低金利인 일본의 자금이 高金利인 미국으로 流入한다 — 일본에게 低金利政策을 강력하게 요구했다. 미국은 對소련 戰略 遂行을 위해 Japan Money의 환류를 절실히 필요로 하고 있었다. 일본은 이 미국의 요구를 收容하여, 公定利子率을 引下하기 시작하여 1987년에는 2.5%라는 超低金利로 引下되었다. 이 低金利는 1989년 5월까지 무려 2년 3개월이라는 장기간 동안 유지되었다.

이 低金利 정책은 円高에 대처하기 위한 일본은행의 달러 買入, 円賣出 정책과 相乘作用을 함으로써 통화의 過剩供給을 가지고 왔다. 그것이 부동산 및 株式價格의 폭등을 유발함으로써 일본경제에는 엄청난 資産價格의 거품이 조성되었다. 한마디로, 일본 金融當局은 경상수지 적자국인 미국에 대해 어디까지나 달러의 가치를 유지하도록 돕기 위한 정책(低金利를 통한 Japan Money의 미국 還流)을 채택했다. 1987년 10월 이른바 Black Monday라는 뉴욕 株式市場의 大暴落이 있었을 때도 일본은 월街를 안정시키는 것이 일본의 책임이라고 보고, 低金利 정책을 고수했다. 그래서 일본은 미국의 株式을 매입하고 나아가서는 부동산도 대량 매입했다. 그러나 일본에서는 1987년 Black Monday, 1988년 12월 消費稅 도입에도 불구하고 株價는 垂直上昇(竹下 首相 취임일인 1987년 11월 6일의 日經指數 21,036엔에서 퇴임일인 1989년 5월 6일에는 34,266엔으로 상승)하였다. 이 시점부터 잇따른 정부정책은 소기의 성과를 거두지 못하고 일본경제의 장기불황이 시작되었다.

플라자 合意의 결과 일본경제에는 상대가격 체계가 폭넓게 변화하였다. 일본인의 입장으로는 일본 국내의 財보다 미국(및 해외)의 財의 가격이 40%나 떨어져서 미국 財의 가격은 일본인에게는 매우 低廉해졌다. 이것이 日本 投資家들이 미국의 實物資産이나 金融資産을 매입할 유인이 되었다. 일본의 海外證券投資가 급증하여 그 殘高는 1982년 401억 달러에서 1985년 1,457억 달러, 1986년 2,579억 달러로 급증했다. 또 일본 투자자들은 美國의 不動産을 많이 매입했다.

이와 같이 미국은 1980년대를 통하여 일본에 대해 換率, 利子率 등에 관하여 여러 가지 요구를 제시했다. 日本은 미국의 요구를 언제나 성실히 受容하였는데, 그것은 대부분 미국이 원하는 결과를 가지고 오지 못했다. 이에 미국은 그 원인이 일본경제의 구조적 결함에 있다고 보고, 그것을 시정할 목적으로 일본에 대하여 '美日 構造協議'를 시작할 것을 제의하여, 그 협의가 1989년 가을부터 시작되었다. 이 構造協議는 주로 일본의 經常收支 不均衡의 是正에 두어졌으며, 미국은 일본이 公共部門의 투자를 증가시킬 것을 요구하기 시작했다. 이에 대하여 일본은 앞으로 10년 동안 430兆円의 公共投資를 할 것을 약속했다. 미국은 드디어 일본정부의 豫算編成에까지 干與하기 시작하였는데, 그것은 결국 미국의 요구를 수용한 일본의 財政

破綻으로 연결되었다. 이 무렵부터 미국은 일본의 경제구조에는 근본적인 瑕疵가 있다는 것을 문제시하였는데, 일본의 미디어도 점차 이 의견에 一理가 있다는 論調를 띠게 되었다. 미국의 줄기찬 攻勢와 일본 여론의 同調로 일본 경제정책에 대한 국민의 信賴에 금이 가기 시작했다.

1989년 10월, 일본정부는 드디어 금융기관에 대한 總量貸出을 규제하고, 日本銀行은 新任 미에노(三重野 康)총재를 맞아 잇따른 金利引上 措置를 단행하여, 이 정책을 3년 동안이나 유지하였다. 그 결과 거품은 일시에 꺼지고 경기 역시 순식간에 냉각되었다.

이렇게 볼 때, 오늘날 보는 일본의 장기불황의 씨앗은 미국 레이거노믹스의 換率政策의 후유증 처리와 冷戰構造의 瓦解라는 국제질서의 변화에서 孕胎되었다고도 할 수 있다. 국제적으로는 創意의 鼓吹와 舊態의 탈피가 요구되는 새로운 시대가 가까워지고 있었다. 그런데도 일본에서는 고도성장을 만들어낸 종래의 輸出主導를 중심으로 하는 거시적 總量調整의 시스템이 그대로 온존되고 있었다. 기업과 기업, 개인과 기업, 기업과 정부 사이에 존재하는 종래의 成文, 不文의 여러 가지 관계가 그대로 존속되어, 새로운 국내외 정세 변화가 요구하는 構造的 調節이 이루어지지 못했다. 일본경제의 어려움은 국제정세의 변화에 대한 일본 경제주체의 대응이 지연된 데에서 비롯됐다고 할 수 있다.

그동안 냉전시대 일본경제의 효율을 지탱해온 것은 일본 특유의 '重商主義的' 경제조직과 정책이었다. 市場占有率의 확보, 종업원 1인당 부가가치 극대화를 지향하는 경영원칙, 주거래은행 제도, 終身雇用과 年功序列을 전제로 한 企業內 熟練의 형성, 系列 去來, 民官協助型 경제조직 등 일본 특유의 시스템이 이것이다. 이 시스템은 냉전체제하에서는 장기효율성과 공평성을 유지하는 데 기여했다. 그 당시에는 일본은 선진국을 따라잡자는 목표가 있었고, 그 방법도 명료했다. 그러나 일본이 세계 제2의 경제대국이 되어 따라잡을 선진국이 없게 되고, 급속한 글로벌化와 정보화가 진행되는 과정에서 전개되는 大競爭 시대에는 일본 특유의 시스템은 이미 발전을 저해하는 足鎖가 되고 있었다.

2. 잇따른 政策失敗로 長期不況 자초

10년 장기불황이라고 하지만, 그것은 시기별로는 서로 다르게 전개되었다. 이 과정을 4期 정도로 나누어 간단히 서술하고자 한다.

第1期(1992~1994): 이 기간은 설비투자 불황기로서 성장률은 평균 0.5%에 그쳤다. 80년대 후반 거품기에 급증한 과잉 자본스톡이 조정되는 과정에서 民間 設備投資는 3년간 누적 20%나 하락했다.

주식과 부동산 등 資産디플레로 인한 資産損失(地價 하락에 따른 자산손실은 91~94년간 556조엔, 株價 하락에 의한 자산손실은 89~92년간 490조엔)은, 負의 資産效果를 통해 민간소비의 감소를 초래하고 기업의 설비투자 의욕을 저해했다.

第2期(1995~1996): 이 기간은 제1기의 반동으로 민간 설비투자가 연간 8%로 회복되면서 성장률은 3%로 상승했다. 과잉 자본스톡 조정 후 정보통신분야 등이 설비투자를 주도했다.

1995년의 異常円高(1995년 4월의 환율은 1$ = 79엔)로 純輸出이 격감(실질GDP는 1995년도 1.0%, 1996년도 0.4% 포인트씩 하락)한 대신, 內需가 성장을 주도했다(내수의 성장 기여도는 1995년 3.8%, 1996년 3.5%). 1995년 9월 금융당국이 기준금리를 사상 최저 수준(0.5%)으로 인하하고 円高 조정 후에도 저금리를 유지한 것이 奏效했다. 大藏省이 부실 채권의 존재를 공식 인정한 것도 95년 9월이며 低金利 유지도 부실 채권처리를 위한 것이었다.

第3期(1997~1998): 이 기간은 금융 디플레期로서 3년 연속 마이너스성장이 지속되었다. 이러한 저성장은 제2기 성장세를 誤判한 財政再建一邊倒의 디플레정책, 충분한 준비 없는 금융 빅뱅, 그리고 1997년 11월의 대형 금융기관 破産(戰後 최대의 政策失敗)에서 비롯된 금융시스템 불안 때문이었다.

1997년 豫算編成 당시 정부는 재정재건을 최우선 목표로 내걸었다. 消費稅率 인상, 연금 및 醫療保險料 인상, 特別減稅 폐지, 대형 追加更正豫算編成 거부 등 합계 15조엔, GDP 대비 3% 상당의 세출을 삭감했다.

재정 재건을 위한 긴축이 성과를 거두자면 경제의 기초 체력이 튼튼해야 한다. 경제 체력이 극도로 약화된 상태에서 정부는 재정을 건전화하기 위해 세입증가, 세출삭감을 一貫的으로 집행했다. 금융당국은 公定 割引金利 引下로 은행대출 조건을 완화하려 했으나 민간기업과 은행은 거품 崩壞에 따른 부채 정리에 주력하여, 은행은 융자를 주저하고 기업은 투자에 소극적이었다. 당시의 재정당국의 실패는 거품형성과 붕괴기의 두 차례 정책실패보다 더 큰 後遺症을 남겼다. 정책실패로 인한 경기후퇴가 円의 약세와 주가하락을 동반하여 전후 사상초유의 총체적 신용경색을 유발했다.

실질GDP가 3분기 연속 마이너스를 기록하고 중소기업 설비투자는 年率 16%나 감소했다. 이 불황은 경기하강 국면에서 볼 수 있는 과잉자본스톡 조정이 아니고 금융시스템 불안에서 오는 信用梗塞이 원인이었던 만큼 전통적인 재정금융정책만 가지고는 치유될 수 없는 것이었다. 재정으로 타격을 입은 경제가 금융측면에서 결정타를 입게 되자, 경제는 円약세, 株價하락, 신용경색의 악순환에 빠져들었다.

第4期(1999~2000): 이 기간 동안 민간수요가 완만하게 회복되면서 성장률도 평균 0.8%로 회복되었다. 1998년도에 財政構造改革法(1997년 12월 立法) 동결, 사상 초유의 한 해 두 차례 대규모 經濟對策과 제로 金利 政策(1999년 3월)에 의한 円高 沮止(제4의 정책실패)개입에 의한 것이다.

1999년 1/4−2/4분기 민간소비와 설비투자가 회복되면서 1999년 5월 헤이세이(平成)景氣循環의 底点을 통과했다. 회고하면, 2차대전 후 일본의 11번째의 경기순환은 1986년~1999년 동안이었는데, 상승은 1986년 11월~1992년 4월의 51개월 동안이었고, 하강은 1992년 4월~1999년 5월의 85개월 동안이었다. 그후 경제는 장기불황 국면을 벗어나는 듯이 보였다. 그러나 실업률은 4.5%로 사상최고를 기록하고 은행부실과 신용경색은 증가 一路에 있었다. 3/4분기 이후 민간소비, 설비투자, 공적자본형성은 一律的으로 前期 대비 감소했다. 이 기간 동안 일본경제는 對아시아 수출회복으로 연명했다고 해도 과언이 아니다.

정부는 회복 조기 달성과 '21세기형 사회건설(再生을 거쳐 新生)'을 旗幟로 내걸고 1999년 11월 20세기 최후의 대형 經濟對策(18兆円 규모)을 집행했다. 그럼에도 불구하고 경제는 민간수요 부진, 고용악화, 地價와 株價하락, 과잉설비 · 과잉채무 · 과잉인력으로 계속 시달렸다. 앞날이 불투명한 상태에서 2000년 10월 정부는 11兆円 규모의 경제대책(日本新生을 위한 新發展政策)을 발표했다.

이로써 일본은 1992년 9월 이후 10차에 걸쳐 대형 景氣對策으로 135.9兆円을 투입하였다. 그 결과 국가채무는 1991년 말 278兆円 정도에서 2001년 말 666兆円(지방채무 184兆円 포함)으로 팽창하여 GDP 대비 130%라는 엄청난 규모에 달하게 되었다. 이는 先進 7개국 중 최악의 財政赤字 累積의 결과이다. 만약 일본이 유럽에 위치한 나라였다면 EU 회원국 자격을 상실했을 것이다.

景氣의 好不況에 관계없는 構造的 赤字는 계속된 경제대책과 사회보장비용 증가 등으로 대폭 증대하여, 최근에는 재정적자의 80%를 차지하여 GDP 대비 6%에 달하고 있다. 반면에 循環的 赤字는 GDP 대비 0.8% 정도였다. 이 숫자는 일본경제가 잠재성장률을 회복하여 循環的 赤字가 해소된다고 하더라도 재정 구조개혁 없이는 GDP 대비 6%의 적자는 불가피하다는 것을 말한다.

현재로서는 長期國債 金利가 低水準에 있으므로 재정석자를 당분간은 유지할 수 있지만, 국채규모와 중장기 재정운영 방침 여하에 따라서는 만에 하나라도 시장이 정부의 상환능력을 우려하여 발행국채를 매입하지 않을 경우가 생긴다면, 국채가격이 급락, 장기금리가 급등할 가능성이 있다. 따라서 더 이상 국채잔고의 명목GDP 비중이 증가하지 않도록 하는 것이 바람직하다. 그렇게 하기 위해서는 新規 차입증가율을 해당연도의 명목GDP 증가율 범위 내로 억제하지 않으면 안 된다.

3. 1995년부터의 円貨 弱勢의 효과 – 信用梗塞과 대외시장 위축

1990년대 전반기에는 줄곧 円貨의 강세가 돋보였다. 1985년 9월의 〈프라자 合意〉 때의 $1=240円이었던 円화는 10년 후인 1995년 초에는 $1=100円 정도로 되었고, 그해 4월에는 다시 80엔으로 그 가치가 급등했다. 엔화의 대 달러 가치는 10년 동안 무려 3배로 상승했다.

짧은 기간 동안에 달러-円의 가치가 이와 같은 큰 振幅을 보인 것은 양국의 정치적인 力學關係를 반영하는 것이었다. 양국의 角逐을 제3자의 입장에서 보면, 미국은 일본의 경제 공세를 정치 반격으로 대응하였다는 인상이 짙다. 외환환율은 자유시장에서 결정된다고는 하나, 미국은 필요할 경우 항상 일본에게 환율조정을 요구하여, 때로는 円高를 이끌어내고 때로는 円低를 이끌어냈다.

어쨌든 1995년 4월부터는 그동안의 円高가 시정되어 급격한 円低(円弱勢) 현상이 일어냈다. 円貨의 가치는 1998년 봄에는 $1=130円이었던 것이 그해 가을에는 150円으로 급락하여, 가뜩이나 어려운 일본경제는 信用梗塞으로 큰 타격을 입었다.

엔화 약세는 어떻게 信用梗塞을 초래하는가. 첫째 경로는 은행보유外貨資産의 円換算額이 증가하기 때문이다. 円 약세 때문에 円貨표시자산이 증가하기 때문에 BIS비율이 하락한다. 은행이 BIS비율을 회복하자면, 對內外 대출을 삭감하여야 한다.

일본의 은행들은 1980년대 후반 円高期에 적극적으로 일본기업의 해외진출과 해외영업 확장을 지원했다. 1990년대에 접어들면서 해외영업의 적극성은 다소 진정되었으나, 1997년 3월 현재 19개 대형시중은행이 운용하는 해외자산이 총자산에서 차지하는 비중은 31%에 달하고, 동년 9월 현재 이들의 外貨表示資産은 약 1조 달러라는 거액에 달했다. 円弱勢일수록 이들 자산의 円貨表示 資産額은 증가한다.

円高가 円低로 전환되면서 은행대출이 더욱 경색되었다. 일본의 은행이 BIS비율규제 최저선, 이를테면 8%를 유지하자면, 대내외 대출을 삭감하든지 아니면 자기자본을 증액해야 한다. 그러므로 円低 時에는 BIS 비율을 유지하는 데 필요한 貸出 削減幅은 그만큼 커질 수밖에 없다. 이것이 신용경색으로 이어졌다.

円低 당시의 信用梗塞이 단순히 국내만이 아니고 전세계적인 波長을 몰고 올 것으로 예상했던 사람들은 극소수에 불과했었다. 1997년에 일어난 아시아 금융위기에 대해서도 일본이 경제대국으로서의 역할을 하지 못하고 결과적으로는 오히려 아시아 나라들의 외화부족을 심화시켰다. 그것은 주로 円 약세 때문이었다. 이 시기에 아시아 최대 資本供給國인 일본은 은행이 円 약세로 인한 貸出忌避와 回收에 묶여있어서 이웃나라의 사정을 돌아볼 겨를이 없었다. 아시아의 기적을 촉발했던 円高가 円低로 反轉함으로써, 달러에 連動된 아시아 국가들의 通貨의 가치가 올라가는 결과를 가지고 왔다. 그래서 아시아 나라들의 수출경쟁력이 약화되고 경상수지가 악화될 수밖에 없었다.

円弱勢가 BIS비율에 미치는 둘째 경로는 株式賣買差益 발생에 따른 것이다. 실제 대부분의 주식시장 참여자들은 환율변동을 고려하여 외환거래를 하는 만큼, 엔화 약세는 그대로 주가하락을 가지고 온다. 특히 1990년대 들어 일본의 주가를 유지해 온 외국 투자가들은 엔 약세로 자신들의 엔 투자가 減價되는 것을 크게 우려하여 1달러=110엔 이상일 경우 日本脫出을 계획 중이었다.

일본의 은행은 株式保有額 평가를 산출할 때 低價法을 채용한다. 즉, 보유주식의 評價差益(時價—帳簿價)의 45%를 상한으로 하여, 이를 자기자본비율의 分子인 자기자본에 算入하도록 되어 있다. 그러므로 주가하락 시에는 BIS비율의 분자 감소를 통해 BIS비율은 하락한다.

名目利子率과 名目GDP 증가율이 일치하는 한, 基礎財政收支(Primary Balance: 차입금을 제외한 稅收 등 歲入- 과거 차입에 대한 원리금 상환을 제외한 歲出)는 均衡 내지 黑字로 反轉할 수 있다. 즉, 과거 차입금의 원리금 이외의 지출은 稅收 등으로 충당하고 신규차입에는 의

존하지 않는다는 것을 의미한다. 현재로서는 基礎財政收支가 대폭 赤字임은 물론 名目金利가 名目成長率을 상회하고 있다. 만일 이 상태가 계속된다면 채무잔고가 늘어나서 장래 일본의 재정은 중대한 위험에 빠질 가능성이 있다.

이 경우 신규 국채의 민간소화는 곤란하게 되고, 財政法에 의해 일본은행 인수가 금지되어 있는 상황에서, 정부는 국채 원리금 이외의 지출(사회보장, 공공투자, 각종 행정지출)을 大幅 減縮하거나 아니면 大幅增稅를 통한 超緊縮財政을 펴지 않으면 안 된다. 이러한 사태를 未然에 방지하려면 민간주도성장과 기초재정수지 흑자를 위한 재정의 구조개혁이 필요하다.

일본경제는 정부의 공공투자의 효율적 집행, 중앙과 지방정부의 역할분담, 國庫補助 負擔金의 합리화, 지방교부세제도 검토, 市町村合併 등에 의한 행정 광역화, 세원의 지방이관 등 지방재정개혁은 물론 사회보장제도 전반에 걸친 제도개혁을 필요로 한다. 일본은 또 개인차원의 사회보장의 편익과 부담을 명확히 하는 社會保障個人會計(가칭)를 구축하고, 고령자에 대한 응분의 부담, 연금 · 의료 · 수발 제도의 효율적인 믹스를 통한 중복급여 시정과 기능 분담체제를 검토하고 있는 것으로 알려지고 있다.

일본정부는 급속한 高齡化 · 少子化 사회 진입으로 인한 복지부담증대, 인력 감소, 突破技術 不在에 직면하여 경제 활성화를 위한 대책수립에 많은 고민을 안고 있다. 여기에다가 단기적으로 경기대책과 구조개혁의 정책 선택으로 고심하는 중에 경제는 미국발 IT不況과 株價하락, 9·11 테러사태 이후 세계 동시불황 등으로 타격을 받고 있다.

재정금융정책은 이미 함정에 빠진 지 오래다. 제로금리 정책 부활에도 불구하고 기업금융 루트는 단절상태에 있다. 벤처 자금은 대부분 外國年基金 투자가에 의존하고 있다. 유일한 정책은 円貨 약세를 유도하는 방안이다. 이 방안으로도 다소간의 수출증대 효과를 기대할 수는 있겠지만, 장기적인 효과는 크게 기대할 수 없다. 그럼에도 불구하고 현재 聖域없는 구조개혁을 추진하는 과정에서 추가되는 디플레 압력을 완화하려면 당분간 엔화 약세 容認은 불가피하다.

Ⅲ. 구조개혁 없는 巨視政策

일본은행은 1991년 7월, 6%였던 공정금리를 引下하기 시작했지만, 정책당국은 정부의 재정금융의 微調整으로 경기후퇴를 끝낼 수 있을 것으로 보고 있었다. 1992년 8월에는 미야자와(宮澤) 정부는 大藏大臣 주도 아래 총규모 10조 7,000억 엔의 總合經濟對策을 발동했다. 이 財政動員을 시작으로 1990년대는 〈표 1〉에서 보는 바와 같이 거의 매년 대규모 재정동원 정책을 전개했다.[28]

1990년대 최대의 재정투입은 마이너스 성장을 기록한 1998년 8월부터 동년 12월에 걸친 Obuchinomics — 오부치(小渕) 수상 急逝 후 그의 재임 중 실시한 적극적인 재정정책을 보통 이렇게 표현함 — 의 재정동원이었다. 이는 9兆円의 대폭 감세를 포함하는 사업규모 107兆円의 超대형 經濟對策이었다. 그 內譯은 금융재생법에 의한 60조엔, 중소기업특별보증제도의 융자한도 20조엔, 대폭적인 감세를 포함한 긴급경제대책 27조엔이었다.

28) 1990년대에 들어 지금까지 경기부양을 노린 재정출동을 시도하지 않은 유일한 내각은 하시모토(橋本) 내각(1996년 1월~1998년 7월)이다. 그러나 이 내각도 1998년 4월에는 경기둔화(1997년도에 소비세율 인상 등 재정긴축 조치를 계기로 초래된 경기둔화)를 메우기 위해, 총액 16조 6500억엔의 총합경제대책을 마련한 바 있다.

〈표 1〉 90년대 이후 일본의 주요경제재정정책

결정시기	대 책 명	내 각	총사업 규 모 (억 엔)	보정예산 계상액 (억 엔)	건 설 국 채 (억 엔)	적 자 국 채 (억 엔)	주 요 사 업 내 용
92. 3	緊急經濟對策	宮澤	–				
92. 8	總合經濟對策	宮澤	10조7000	2조714	2조2560	0	·공공사업, 주택투자
93. 4	總合的經濟對策推進	宮澤	13조2000	2조3223	2조2460	0	·공공사업, 주택투자, 중소기업 투자감세
93. 9	緊急經濟對策	細川	약6조	1조 355	3조6160	0	·공공사업, 주택공고, 정부계 금융기관 융자확대
94. 2	總合經濟對策	細川	15조2500	2조1942	2조1820	0	·공공사업, 소득세감세(5조8500억)선행실시
95. 4	緊急円高經濟對策	村山	약7조	2조7261	2조2622	5638	·간사이지진 긴급방재, 円高대책
95. 6	緊急円高經濟對策	村山	–				
95. 9	經濟對策-景氣回復	村山	14조2200	6조7150	4조4910	2110	·공공사업, 토지유효이용촉진, 지진대책
97. 11	21世紀緊急經濟對策	橋本	–				
98. 4	總合經濟對策	橋本	16조6500	4조6455	4조1408	2조100	·특별감세(4조), 공공사업(7조7천)
98. 11	緊急經濟對策	小渕	23조9000	5조6769	4조5150	7조8100	·공공사업(8조1천), 소득세·법인세 등 감세(9조엔)포함하면 27조엔
99. 11	經濟新生對策	小渕	18조	6조7890	3조8260	3조7400	·공공사업(6조8천), 중소벤처지원(7조4천), 수발보험(1조)
00. 10	日本新生新發展政策	森	11조	4조7832	1조9880	0	·IT, 환경, 고령화, 도시기반정비 등(1조7천), 중소기업(7,640억)
01. 4	緊急經濟對策	森	–				
01. 9	改革先行프로그램	小泉	1조				·고용(신공공서비스), 중소기업, 구조개혁가속화 6대시책(일반회계)
01. 12	緊急對應프로그램	小泉	4.1조				·개혁추진공공투자 특별조치(4개분야)(국비)
02. 2	早急取組디플레對應策	小泉	–				

1. 擴張的 거시정책의 軌跡

이와 같이 1990년대 10년간 일본정부는 더 이상의 재정출동의 여지를 남겨두지 않을 정도로 매년 재정정책을 擴張的으로 운영해 왔다. 더욱이 2000년 가을에는 Obuchinomics라 불리는 전례 없는 재정확대정책이 채택되었다. 이것으로도 경기가 호전되지 않자 다시 11조엔의 대형 追加更正豫算까지 동원했다.

이렇게 대규모 재정출동이 10년간 반복된 결과, 정부의 국채발행잔고는 여타 선진국에서 유례를 찾아볼 수 없는 큰 액수로 누적되었다. 지방사치단체의 채무를 포함한 국가 전체의 장기 공적채무는 2002년 말 693兆円, GDP 대비 140%에 이르는 G7 국가 중 類例없는 대규모의 것이 되었다. 이것은 국민 1인당 5,775,000엔, 4인 가족 23,100,000엔에 해당하는 거액의 부채이다.

이와 같이 일본의 재정은 정부의 노력에도 불구하고 경제안정화와 효율적 자원배분이라는 재정 본래의 기능을 수행하지 못하고 장래불안을 심화시키고 있다. 일본의 공공부문은 경기의 지속적인 침체, 국채상환에 따른 將來世代 부담의 가중, 민간경제활동의 부진, 공공지출의 非效率, 양적 금융완화 정책 압력의 가중[29] 등으로 엄청난 시달림을 받고 있다.

일본 재정에는 또 하나 심각한 문제가 있다. 중앙정부의 공공사업

---

29) 일본은 재정법 상 新規 國債는 중앙은행이 引受할 수 없다. 그러나 旣存國債의 引受를 통해 경제대책 자금을 조달할 수는 있다. 이 경로를 통해 일본은행은 量的 금융완화정책을 집행하여 擴張的 재정정책을 보완하게 되는 것이다. 최근 중앙은행이 이러한 종래의 방법을 쓰기를 주저하게 되자, 정부는 중앙은행이 경기대책에 보다 탄력적이어야 한다는 것을 강력하게 주장하고 있다.

중에 地方直轄事業의 비중은 적고 지방자치단체의 補助事業이 다수를 차지하고 있는데, 자주적으로 재원을 조달할 수 없는 지방자치단체는 공공사업을 집행할 수 없는 상황에 있다는 사실이다. 많은 지방자치단체가 지역경제 침체로 세수 감소에 시달리고 있으며, 自主財源 확충 여력을 상실해 가고 있다. 지방 행정개혁 · 재정개혁을 실시하여 다소간의 여력을 확보한다고 하더라도 지역경제 자체의 활성화를 위한 근본적인 수단은 없기 때문이다.

공공사업을 주축으로 해온 지금까지의 재정지출 확대는 이미 慣習化된 감이 있다. 불황을 극복하기 위한 정부의 대책은 公共投資 이외에 다른 선택이 없는 것으로 인식되었다. 명치시대 이후 일본정부는 鐵道, 道路, 港灣, 토지개발 등의 건설을 엄청나게 많이 추진해 왔는데, 진후 1952년부터 1970년대에 이르는 고도성장 기간 동안 일본정부는 豫算編成에서 그때그때 필요에 따라 特別會計를 개설하여 道路建設, 河川水理施設, 海岸의 護岸施設, 댐 建設, 港灣改築, 空港建設, 森林改善 등의 다양한 대형 公共事業을 추진했다. 그 양상은 마치 사회주의 국가의 그것을 방불하게 하는 것이었는데, 이러한 공공사업의 결과로 增加一路의 物流隘路를 타개하고, 농촌지역의 고용문제를 해결하는 데 대단히 중요한 기여를 한 것은 사실이다.

그러나 이러한 사업은 高度成長期에는 전체 경제의 효율 증진에 기여했지만, 건설업이 과도하여 인프라가 지나치게 많이 施設되면서 '不必要' 한 많은 철도와 도로가 생기고, 사람도 살지 않는 산골짜기에 汽車 정거장이 건설되는 등 建設事業의 限界效率이 크게 낮아졌다. 山川이나 海岸의 아름다운 자연을 시멘트로 싸발라서 추악한 광경을 만들어낸 경우도 허다한 것으로 알려지고 있다. 자연광경이 가장 많이 훼손된 것은 해안이라고 한다. 1993년까지 일본 海岸의 55%

가 시멘트의 슬래브(slab)나 콩크리트의 護岸用 테트라포드(tetrapod)로 덮였다고 한다.[30] 이러한 지나친 不要不急의 공공사업은 일본 재정에 대한 이른바 〈族議員〉('族'은 '部族'을 의미하며 '족의원'이란 특정한 利害集團의 이익을 위하여 의정활동을 하는 국회의원이란 뜻임)이라는 국회의원의 영향력이 커지면서, 그 종류와 액수가 많아진 것이다.

불황 대책으로 擴張的 재정정책을 채택하면 금리의 상승을 가져오며, 금리의 상승은 민간투자를 저해하게 된다. 1990년대 일본은 金融緩和策을 수행하면서 일관되게 공공사업, 주택투자, 중소기업관련 투자, 政府系 금융기관의 융자한도 확대, 감세 조치를 併用해 왔다. 그 결과 거액의 公的 債務를 누적시키고 말았다. 재정이 확대되면 될수록 민간기업의 투자는 축소되었다. 그리하여 경제의 효율이 저하되었다.[31]

1990년대에 지속되는 不況을 극복하기 위해 적극적인 財政出動을 매년 반복해 왔음에도 불구하고 경제는 성장궤도에 진입하지 못하고 있다. 2002년 4월부터 약간의 회복국면을 맞이하고는 있지만 이것이 오래 지속될 것으로 보이지는 않는다. 장래에 대한 민간의 기대에 아무런 변화를 가져다주지 못하고 있기 때문이다.

첫째, 민간에 깔려 있는 경제운영에 대한 극히 일반적인 인식이 舊態를 벗지 못하고 있다. 즉, 公共投資와 中小企業 관련 投資 등이 在來型 公共支出 항목에 집중됨으로써 효과를 거두지 못하고 있다. 교량, 도로, 공민관 등의 공공투자는 과거 고도성장기와 같은 연관효과

---

30) Alex Kerr, *Dogs and Demons - Tales from the Dark Side of Japan*, Hilland Wang, New York, 2001, p. 18.

31) 일본인의 貯蓄性向은 세계에서 가장 높은 데 비해, 일본의 정부를 비롯한 공공기관의 貯蓄性向은 아마도 세계에서 가장 낮은 것 같다. 일본의 公職者들의 公共意識이 意外로 낮다는 증거가 아닐까.

를 거두지 못하고 있다. 중소기업도 과감한 사업구조개혁 지향의 투자보다는 기존 시설의 보수나 인력확보 등을 위한 투자에 집중됨으로써 오히려 구조개혁 노력을 저해하고 있다.

동시에 地方 中核都市와의 연관성이 거의 없는 隔離된 지방에 사회보장 차원에서 수행되는 공공투자에 재정이 동원되고 있다. 지방의 고용 유지, 공공사업자나 민자유치기업을 위한 산업보조적 사업, 過疎地域 보호 차원의 活性化 對策을 위해 公共資金이 투입됨으로써 그 파급효과는 극히 제한적으로 되고 있다.

2. 메아리 없는 호소: 「改革 없이 成長 없다」

2001년 6월 26일 「금후 經濟財政運營 및 經濟社會의 構造改革에 관한 기본방침」(이른 바 '骨太'[32]方針)을 결정하고 이에 의거하여 改革工程表와 개혁선행 프로그램을 선정했다. 그러나 이 프로그램에서 우선 처리하기로 되어 있는 不實債權은 그간의 직간접 처리에도 불구하고 오히려 증대되고 있는 상황이다. 이러한 상황에서 不實債權 처리를 촉진하여, 2~3년 이내에 확실하게 부실채권을 최종 처리한다는 것은 매우 어려울 것으로 보인다. 부실채권 처리에 따른 디플레를 억제하기 위해서는 여타 분야의 구조개혁을 동시에 병행해야 하는 만큼, 3년 후 부실채권을 정상화한다는 프로그램은 지연될 수밖에 없을 것으로 보인다.

실제로 1999년 봄부터 경기가 회복되기 시작했으나, 그것은 미국 경기회복의 減速 때문에 쉽게 둔화되고 말았다. 이는 일본의 성장기

---

32) '骨太(호네부도)'는 '골격이 굵고 튼튼하다'는 뜻인데, 정책의 골격이 담대(膽大)하다는 의미이다.

반이 매우 취약하다는 것을 말해 준다. 이에 고이즈미(小泉)정부는 「改革 없이 景氣回復 없다」를 슬로건으로 내걸고 '구조개혁'을 단행할 의지를 천명했다. 최대 관건은 은행부실채권 처리였다. 부실채권을 최종적으로 정리함으로써 은행과 기업의 再生을 도모하려는 것으로서, 이에 異議를 제기할 사람은 없다. 그러나 부실채권 처리는 企業 倒産과 失業의 증가라는 부작용을 수반하게 된다. 國債의 신규 발행액을 30兆円 이하로 억제하기 위한 歲出削減도 디플레 압력을 加重시킨다.

구조개혁은 미룰 수 없는 과제인 것은 틀림없지만, 구조개혁이 경기의 鈍化를 가지고 온다면 부실채권은 다시 늘 수밖에 없다. 부실채권을 최종적으로 정리한다는 것은 매우 어려운 과제이다. 이것은 누구에게나 분명하지만, 기업의 活力을 끌어올리면서 동시에 需要創出型 정책을 강구할 방법을 발견하기는 쉽지 않을 것이다.

2003년도 예산편성에서는 공공투자 예산을 전해에 비해 10% 삭감한데 이어 또 다시 3% 삭감하고, 特殊法人 改革에서는 郵政事業의 민영화 등 일정한 '성과'를 거두고는 있으나, 여타 분야에서는 이렇다 할 성과를 얻지 못하고 있다. 公共投資 豫算의 削減分을 어떻게 전략적 목표를 달성할 수 있는 수요항목에 배분하느냐의 문제는 매우 어려운 문제이다. 그 결과 경기가 바닥을 친다고 하더라고 規制緩和 등을 포함한 구조개혁 효과가 나타나려면 상당한 시간을 기다려야 한다. 이 때문에 본격적인 경기회복은 빨라야 2004년도 이후일 것으로 보는 견해가 지배적이다.

3. 資産디플레에서 複合디플레로 移行

더욱이 이러한 경기회복 시나리오조차도 자칫하면 虛事로 돌아갈 몇 가지 위험 요인이 있다. 첫째는 미국 FRB의 금리인하 등 금융완화조치도 無力化되어 株價가 폭락하고, 기업과 소비자의 마인드가 急冷하는 등 미국 경기가 본격적으로 下降局面에 접어드는 경우이다. 거기에다가 円貨 강세가 가세하면 對美수출은 감소할 것이고, 그것이 세계적인 연쇄 株價下落을 초래함으로써 국내경기도 악화할 가능성이 있다.

둘째, 社會安全網의 정비 없는 구조개혁으로 디플레 압력이 예상보다 크게 진행되는 경우이다. 신규 국채발행을 30조엔 이하로 억제하는 정책을 최우선으로 하고 규제완화와 고용대책을 늦추면서 긴축재정을 강행한다면 建設, 流通, 不動産 등에서 企業倒産, 고용감소 사태가 일어나시 이 분야의 부실채권이 늘어나게 될 것이다. 이리하여 이른바 日本發 금융위기가 일어난다면 개혁 노선도 후퇴하고, 경제정책은 다시 공공사업 집행을 통한 景氣振作策으로 복귀하지 않을 수 없게 될 것이다. 그런 결과가 빚어진다면 국가재정은 더욱 악화하고, 장기금리는 상승하고, '일본 프리미엄' 이 증가하여 日本再生의 길은 멀어져 갈 수도 있다.

셋째, 글로벌 경제의 영향을 들 수 있다. 미국경기가 회복된다고 하더라도, 일본경제는 中長期的으로는 만성적으로 공급과잉 체질을 면할 수 없을 것이 예상된다. 일본의 수출 핵심 부품을 제외하면 과거와 같은 일본의 대미수출 활력은 기대할 수 없을 것으로 보인다. 아시아 경쟁국들의 경제력이 나날이 상승하고 있는 것이다.

일본경제는 不知不識間에 거품 붕괴에 따른 資産디플레, 해외투자의 증가, 그리고 低價良質의 輸入 증가로 인한 디플레가 相乘作用을 하면서 많은 어려움을 겪어왔다. 부실채권 정리와 재정지출 삭감이라고 하는 단선적인 구조개혁으로는 경제에 내재하는 구조적인 문제를 해결하기가 어려워 보인다.

'자산 디플레'와 '공급과잉 디플레', 이 두 가지 디플레는 각각 성질이 다른 만큼 處方도 달라야 함에도 불구하고 일본 경제당국은 전통적인 거시정책과 구조개혁만을 金科玉條로 삼아왔다. 그것은 다음 두 가지 이유에서이다.

확실히 전통적인 재정금융정책과 행정개혁·재정개혁·부실채권 처리를 주내용으로 한 구조개혁은 모두가 경제정책의 중요한 부분이다. 정부가 우선적으로 사회경제적 기반과 골격을 개혁하지 않으면 안 된다. 그런 의미에서 거품 붕괴에 따른 디플레 處方箋은 그 효과 여부를 떠나 방향 자체는 틀린 것이 아니다. 즉, 改革 없이 成長 없다는 고이즈미 내각의 슬로건은 타당하다.

그러나 해외 디플레 요인에 대해서는 정부가 쓸 수 있는 정책수단이 매우 한정되어 있다. 직접적인 수단은 세이프가드 등 보호주의적인 輸入制限的 조치, 중앙은행의 円賣却을 통해 円弱勢를 유도하는 방법 등을 생각할 수 있다. 그러나 이러한 정부 주도의 거시정책은 對外 貿易摩擦의 소지를 안고 있을 뿐 아니라, 그 효과는 일시적이고 한정적일 수밖에 없다.

최근 일본이 중국 농산물 수입에 대해 내린 세이프가드 조치를 보아도 이것을 알 수 있다. 수입제한 조치는 단순히 일본과 중국 간의 문제로 보기보다는 일본 기업간의 이해관계의 문제가 있다. 예를 들자면 일본의 타월 業界는 수입 타월의 市場占有率이 1990년에는 14.8%이었지만, 1999년에는 51.4%, 2003년에는 80%에 이를 것이 예상되고 있다. 일본정부는 업계로부터 긴급 수입제한조치를 취하도록 정치적 압력을 받고 있다. 그러나 이 수입의 50%는 중국진출 일본기업의 逆輸入에 의한 것이어서, 해외진출 일본계 기업은 정부의 세이프가드 발동에 강력하게 반대하고 있다.

이들 기업의 주장은 일본기업이 해외로 진출하여 거기서 良質의 低廉한 외국산을 수입하는 것은 일본을 위해 좋은 일이라는 것이다. 국민의 요청을 받아들여 생존전략의 일환으로 중국에 진출한 자신들의 노력에 대해 정부가 응분의 지원 약속을 했음에도 불구하고 세이프가드 발동을 통해 정부 스스로가 그 약속을 뒤집는 것은 부당하다는 것이다. 企業戰略을 부정하는 세이프가드 발동은 일시적인 避難對策은 될지 모르나 기업 스스로가 추진해 온 구조개혁을 방해하는 정책이라는 주장이다. 국내에 존재하는 구조적인 문제를 拔本的으로 대처하는 것이 필요하며, 세이프가드의 발동이나 환율조정 등의 일시적인 조치로 경제의 어려움을 해결할 수는 없다는 것이다.

일본경제는 한마디로 2차대전 이전으로부터 내려오는 重商主義的인 체질을 가지고 있다. 국내시장을 외국의 경쟁으로부터 보호하면서 국내의 모든 자원과 국민의 능력을 동원하여 수출에 주력함으로써 수출기업의 이윤을 올리고 나라의 富를 증가시키고자 하는 것이다.[33] 이 정책으로 1인당 소득은 늘어났고, 소득분배도 비교적 공평한 사회를 만들었다.

이 제도는 정부, 기업, 국민이 다 '合心' 하여 만들어낸 시스템에 의해 유지된 것이다. 〈日本株式會社 – Japan Inc.〉라 불리는 이 시스템은 전후 냉전시대 때 수출주도형 발전전략이 외국의 저항을 받지

---

33) 수출이 일본경제의 고도성장을 주도한 것은 사실이지만, 일본경제 전체가 매우 효율적이라는 의미는 아니다. 수출 이외의 산업(이를테면 농업)은 대체로 高費用 低效率이었다. 많은 산업이 높은 關稅와 非關稅障壁으로 보호되고 있기 때문에 겨우 명맥을 유지하고 있는 업종이나 기업이 많다. 물론 이들이 저효율이나마 유지되기 때문에 일본의 소득분배가 비교적 平衡을 유지할 수 있다는 긍정적인 측면도 무시할 수는 없다. 한마디로 일본의 효율은 重商主義的인 효율이었다.

않고 거의 무제한으로 성공을 거둘 수 있었을 때에는 대단한 성과를 거두었다. 1950년 초 한국전쟁 때부터 1970년대 초반 1차 石油波動이 일어날 때까지, 일본은 이 시스템을 가지고 年平均 近 10%에 달하는 고도성장을 이룩하여 일약 세계 제2의 經濟大國이 되었다.

冷戰 당시에는 그처럼 효율을 발휘하던 이 시스템은 글로벌 시대에 접어들면서 효율을 잃기 시작하여, 1990년대부터 '잃어버린 10년'을 맞이하게 되었다. 아시아 4龍, 그리고 중국의 대두는 輸出主導 下의 일본경제에게 큰 타격을 입혀 그동안 일방적으로 증가하던 수출의 증가추세가 꺾이게 되었다. 국내에는 資産디플레가 일어나고 高費用과 過剩設備로 인해 시설투자가 줄면서 불경기가 자리잡기 시작했다. 이와 같이 일본경제의 고난의 뿌리는 전후 냉전시대 때부터 내려오는 일본주식회사 구조의 성공에 있다. 때문에 일본경제의 어려움을 재정금융의 발동 등 케인즈式 微調整으로 치유하기는 어려운 것이다. 정부가 재정지출을 통해 경기를 살리려고 해도, 財政出動은 慣習化되어 있어서, 거의 새로운 需要의 증가를 유발하지 못하였다. 중앙은행이 通貨量을 늘려서 경기를 살리려고 해도, 증가된 통화량은 流動性 陷井에 빠져서 실물부문의 振作을 가져오는 데에는 거의 이렇다 할 효과가 없다. 戰後, 아니, 戰前으로부터 물려받은 일본 경제사회의 제도는 50년 지속된 自民黨의 낡은 사고와 慣行으로는 전혀 바꾸어질 수 없지 않을까. 이미 여러 번 언급했지만, 나라나 문명에도 나이가 있는 것이다. 한마디로 일본 경제와 제도는 成熟段階에 들어서 있어서, 이미 그 이상의 투자도 어렵고 소비의 증가도 어렵게 되었다.

나라의 늙음은 治癒될 수 있는가. 물론 있다. 그러나 그것은 단순한 총량의 조정이 아니라 경제구조의 혁명적인 변화와 경제 주체의 思考의 획기적인 전환을 필요로 한다. 일본의 경우, 明治維新과 같은 경제사회 전반에 걸친 개혁을 일구어내야 시스템의 老化를 방지하고 활기를 회복할 수 있을 것이다.

Ⅳ. 글로벌 經濟下의 日本型시스템 改革

1. 일본정부의 構造改革과 巨視政策 방향

이 절에서는 1990년대 일본 거시경제의 구조개혁 방향은 어떤 것이었는가를 살펴보고자 한다. 이것을 하기 위해서는 현재의 일본경제에 대해 정부 스스로는 어떻게 인식하고 있는가를 아는 것이 중요할 것이다. 우선 몇 가지 유의해야 할 사항을 지적하면 다음과 같다.

첫째, 1990년대를 통하여 일본과 OECD 선진 제국과의 성장률의 격차가 확대되었다는 것을 주목해야 한다. 1992~2000년 동안 선진 7개국의 年平均 實質成長率은 2.5%이었는데 비해, 일본의 그것은 1.2%에 불과했다. 80년대의 일본경제의 好調와는 매우 대조적인 成長패턴이었다. 이것은 일본경제가 글로벌化를 치닫는 세계 속에서 一擧에 취약성을 드러냈다는 것을 反證한다. 경제뿐 아니라 일본 사회와 정치도 세계의 대세에 適應하지 못함으로써 많은 어려움을 겪었다.

우선 需要側面을 보자. 위에서도 지적한 바와 같이, 아시아 경쟁국에 노출된 일본의 輸出은 종전과 같은 活力이 없었다. 국내의 소비, 투자 등 민간수요도 크게 감소했다. 경제와 아울러 사회, 정치 등도 모두 '高費用' 구조로 시달리고 있었다. 거의 모든 要因들이 相乘作用을 통하여 總需要 減少에 加勢했다. 글로벌화 되는 세계대세 속에서 기업 전망이 악화되고, 이것이 雇傭 惡化와 고비용 구조를 固着化

했다.

정부의 대책이 좋지 않았다. 거의 不可思議할 정도로 부실채권 처리가 지연되었고, 유례가 없는 엄청난 재정적자가 쌓였다. 사회적으로도 低出産 · 高齡化가 급격히 진행되었다. 고용 사정의 악화, 채무상환능력의 低下, 사회분위기의 침체로 인한 自殺率의 증가, 사회보장제도의 지속 가능성에 대한 不安心理 확산 등이 모두 수요 부진의 요인으로 나타났다. 수요의 부진으로 디플레가 지속되고, 그것이 또 부실채권의 증가로 이어지고, 그것이 다시 여러 가지 경로를 거쳐 수요의 감소로 연결되는 惡循環이 계속되었다.

供給側面에서는 정부의 비효율적인 각종 規制가 溫存되고, 不要不急한 公共投資가 계속되어, 民間의 心理는 만성적인 憂鬱症에 걸려 있었다. 그동안 효율을 발휘해오던 일본식 기업경영 시스템이 글로벌 시대를 맞아서 한계를 드러내는데도, 그 변화에 대한 기업의 적응은 느리기만 했다. 人才 育成과 인력 사용에 관한 舊式 시스템은 企業에게는 低效率 高費用을 가지고 왔다. 이러한 요인 등으로 생산성 증가율은 1980년대의 1.7% 정도에서 1990년대는 0.5%정도로 저하하였다.

둘째, 위에서도 지적한 바와 같이, 가장 致命的인 부문이 公共部門의 機能低下이다. 조건 없는 방만한 재정확대는 사람으로 하여금 啞然하게 할 따름이었다. '일본주식회사'의 상징이었던 효율이 사라졌다. 마치 톱니와 같이 맞물려 돌아가던 政界, 行政府 및 財界의 삼각관계에 존재했던 협조관계에 고장이 생겼다. 事前 規制型의 行政指導를 비롯한 관습과 제도가 모럴 헤저드와 기득권을 파생하면서 구조적 비효율을 낳고 있다. 한마디로, 시대가 바뀌어져서 제도와 관행이 老朽化되어 그 작동이 만성적인 고장을 반복하고 있는데도, 새로운 시스템의 개발이 없었다.

장기불황 속에서 정권이 갈릴 때마다 경기안정을 겨냥한 財政支出 확대가 이루어졌으나, 아무런 경기부양 효과가 없었다. 재정지출 확대는 너무 적고 너무 느리다는 비판도 있으나, 그래도 政府負債 殘額이 GDP의 140%에 달하도록 정부지출이 계속됐다면 경기부양 효과는 다소라도 있을 법한데, 일본에는 그것도 없었다. 오히려 재정적자 확대가 增稅 憂慮를 낳고 이것이 소비를 억제하였다. 한편, 세출의 質的 저하로 乘數效果가 감소하여 투자유발효과가 약화되었다. 급속한 少子化 · 高齡化에 의해 인구구조가 변화하면서 과거 일본경제의 특징이었던 力動性이 사라졌다. 취약한 사회보장제도는 그 제도 자체의 지속가능성과 世代間 · 世代內의 公平性 유지 가능성이 의심받기 시작했다. 한마디로 일본경제 시스템이 약발을 받을 수 없도록 낡아 있는 것이다.

셋째, 사회 네트워크는 여전히 취약하고 국민의 사회활동 참여도 적은 편이다. 자선활동이나 비영리 시민단체 활동도 취약하다. 도시환경의 개선, 보건기구의 정비, 養護機能의 확대 등의 社會 네트워크가 형성됨으로써 비로소 가능한 良質의 사회적 서비스가 低位에 머무르고 있다.

넷째, 구조개혁이 지연될수록 일본경제에는 기본적인 문제가 계속 나올 것으로 예상된다. 최근 아시아 경제의 躍進으로, 그동안 가장 확고하게 보였던 일본의 제조업 분야에 있어서도 국제경쟁력을 상실하는 업종이 續出하고 있다. 서비스 분야 등 非製造業 비중이 확대되고는 있으나, 그 生産性은 평균적으로 제조업의 수준에 미치지 못하고 있다. 민간에 있어서나 공공부문에 있어서나 구조개혁을 추진하여 創造性과 效率性을 제고하지 않으면, 일본의 潛在 成長率은 추세적으로 저하될 수밖에 없을 것으로 보인다.

구조개혁이 없는 상태에서 현재까지의 정책기조가 계속될 경우, 실질성장률은 2010년도까지 평균 0.5% 정도의 낮은 수준에 그치고, 중앙정부와 지방자치단체의 基礎 財政收支(Primary Balance)의 赤字는 계속 확대되어, 政府債務 殘高의 GDP 비중도 폭발적으로 상승하게 될 것이다.

이러한 추세가 계속될 경우 일본경제는 어떻게 될 것인가. 일본의 對外信認度는 저하되고, 경기후퇴는 지속될 것이며, 뒤늦게 재정지출을 확대하더라도 경기진작 효과는 한정적일 수밖에 없을 것이다. 이와 같은 사태가 현실로 나타날 경우 성장률은 급속하게 0%로 추락할 것이다.

일본경제는 지금도 국민의 基礎學力, 個人金融資産의 보유, 社會安定 차원에서는 강력한 경제발전의 기반을 유지하고 있다. 문제는 이러한 기반을 제대로 활용하지 못하고 있다는 데 있다. 이런 의미에서 가장 필요한 것이 강력한 경제 리더십이다. 경제정책의 정상화, 財政의 정상화를 中期 정책목표로 내걸고 다음과 같은 과제를 수행해야 할 것으로 보인다. 원론적인 이야기이지만 몇 가지를 거론하고자 한다.

첫째, 디플레를 극복해야 한다. 금후 2년 동안, 마치 환자가 집중치료실에 입원하여 응급치료를 받아야 하듯이, 일본경제는 集中調整期間을 설정하여 디플레를 극복하도록 전력을 기울여야 한다. 이를 위하여 민간수요 · 고용확대에 초점을 맞춘 구조개혁, 즉 重點化와 效率化를 겨냥한 재정 구조개혁을 단행하고, 규제개혁과 부실채권 처리작업을 촉진해야 한다. 동시에 더 이상 螺線型 디플레(Deflationary Spiral)에 빠지지 않도록 긴급대응 프로그램을 강구해야 한다.

〈표 2〉 構造改革 波及 메커니즘

구조개혁	파급효과
– 부실채권처리 촉진, 증권시장의 구조개혁, 規制改革 추진 등	→ 투자확대, 起業, 創業 촉진
– 재정적자 삭감, 지속 가능한 사회보장제도 구축	→ 장래불안 경감, 소비 확대
– 고용창출효과가 큰 세출항목에 대한 정부지출의 重點配分	→ 고용창출, 노동력 수급의 부조화 축소
– 세출의 질적 개선, 규제개혁 추진, 강력한 競爭政策 執行	→ 생산성 향상
– 여성, 고령자의 취업이 용이한 시스템 구축	→ 여성, 고령자 노동참여율 상승

이 기간에는 國內外 環境變化의 어려움, 구조개혁의 성과가 나타나기까지의 타임래그 등을 고려할 때 제로에 가까운 성장을 容認할 수밖에 없을 것이다. 그러나 구조개혁의 틀이 잡히면 디플레가 극복되고 경기가 회복될 것이며 물가가 플러스 영역으로 전환할 것이 기대된다.

둘째, 民間需要 주도의 지속적 성장을 실현해야 한다. 2년간의 集中調整 期間 이후에는 민간수요 주도의 착실한 성장을 실현을 기대할 수 있지 않을까 생각된다. 경제사회의 현상은 서로 연관되어 있기 때문에, 부분적인 수정이나 개혁으로 충분한 효과를 기대하기는 어렵다. 그러나 활력 있는 민간과 효율적인 정부를 목표로 한 지속적인 구조개혁으로 경제사회 시스템 전체가 변화하는 단계에 이르면 — 그 기간은 매우 길 수도 있다 — 개혁 성과는 加速的으로 나타날 것을 기대할 수 있다. 디플레가 극복되고 소비와 투자가 안정적으로 확대된다면, 2004년 이후에는 實質成長率과 名目成長率이 각각 1%, 2%

정도를 달성할 수 있지 않을까 내다본다.

셋째, 산업의 空洞化를 저지해야 한다. 규제개혁, 정부활동의 효율화를 통해 고비용 체질을 시정하고, 나아가 중기적으로 人的資本을 축적하고 기술력을 강화하면 새로운 성장엔진이 마련될 것이다. 그것을 통하여 산업의 空洞化가 저지되고 지역경제의 活性化가 이루어질 것으로 기대된다.

넷째, 새로운 성장엔진을 마련하여 그것을 효율적으로 가동해야 한다. 일본경제의 성장엔진은 지금까지는 거의 수출 제조업에 국한되어 있었지만, 앞으로는 제조업과 아울러 서비스산업을 振作해야 한다. 그렇게 함으로써 高齡化 社會, 循環型 社會로의 진입에 미리 대비해야 한다. 급속한 고령화 사회의 진전 속에서 일본은 세계에서 가장 환경을 중요시하는 循環型 사회를 이룩해야 한다. 이것을 위해서는 신규 수요를 창출하고 새로운 制度의 틀을 마련해야 한다.

동시에 交易財 산업에서는 동아시아 지역과 연대를 강화함으로서 코스트를 삭감하고 새로운 업종을 개발하면서 工程間, 部品間의 긴밀한 連帶를 구축할 필요가 있다. 동아시아 지역은 앞으로 경제성장에 따라 재화와 서비스 시장이 활성화되고 자금수요가 확대되어 여러 가지 종류의 수많은 비즈니스 기회가 창출될 수 있는 有望市場으로 기대되고 있다. 일본은 이 지역에 대해서 무역 · 투자활동의 내용을 정비하여 이 지역과의 共生을 지향하는 것이 바람직할 것이다.

다섯째, 새로운 성장을 실현하기 위한 科學技術을 振興시켜야 한다. 라이프 사이언스, 정보통신, 환경, 나노기술 · 재료 등 첨단기술 분야의 산업화를 지향해야 할 것이다. 이를 위해 基礎硏究와 應用技術의 징검다리 역할을 하는 시스템(Technology Platform)과 産 · 學 · 官의 연대 강화, 지적재산의 적절한 보호 등의 정책을 추진해야 한다.

이를 통해서 중소 벤처기업의 경영혁신을 촉진하고, 지역경제의 활성화를 기할 수 있다.

여섯째, 변화에 대응하는 기업시스템을 구축해야 한다. 특히 최근에는 급속한 IT혁명과 글로벌化가 동시에 진행되고 있는 추세를 감안하여, 규제개혁과 기업법제를 再整備해야 한다. 변화에 기민하고 유연하게 대응함으로써 지금 이상으로 혁신적인 技術力과 創意力을 발휘할 수 있는 기업시스템을 구축할 수 있도록 지원해야 한다.

일곱째, 지금까지의 일본경제 발전에 엄청난 짐이 되어온 재정의 亂脈을 시정하여 효율적이고 지속 가능한 재정으로 전환해야 한다. 세출 배분의 중점화, 합리화, 제도개혁, 행정사무 효율화를 중심으로 재정구조 개혁을 추진함으로써 歲出의 質的 改善과 削減을 동시에 병행하지 않으면 안 된다. 중앙과 지방정부가 하나가 되어 간소하고 효율적인 정부를 실현해야 할 것이다.

改革과 展望 기간 중의 정부의 크기(GDP 대비 일반정부 지출 규모)는 현재 수준을 상회하지 않는 정도로 하고, 受益과 負擔 관계도 계속 검토해야 할 것이다. 착실한 성장전략과 적절한 재정구조 개혁 없이는 재정 건전화는 있을 수 없다. 앞에서 본 바와 같은 민간수요 주도의 착실한 성장비전이 추진되면서 재정구조 개혁이 이를 뒷받침한다면, 중앙정부와 지방정부를 포함한 기초 재정수지 적자를 축소하여 최종연도 전후의 GDP 대비 재정규모는 현 수준(2000년도 4.3%)보다 낮게 유지할 수 있을 것이다.

개혁이 확실히 이루어지고, 재정수지 개선의 틀이 잡히고, 민간수요 주도의 시장체제가 착실한 성장을 지속함으로써 2010년대 초엽에는 基礎 財政收支는 흑자로 전환될 것을 지향해야 한다. 금리안정이 지속된다면 政府債務 殘高의 대 GDP 比重도 하락할 것으로 보인다.

2008년경에는 Baby Boom 世代가 年金受領者로 된다는 사실을 고려하면 2010년대 초엽에는 基礎 財政收支의 黑字化가 매우 절실히 요구된다.

그러나 여기에서 강조하고자 하는 것은 특히 財政의 장래 展望値가 不透明해서는 안 된다는 점이다. 기초 재정수지 전망에는 세수변동 등 불확실한 요소가 다수 존재하므로, 위에서 말한 기초 재정수지 균형의 달성시기를 전망하려면 재정수지 변동에 상당한 폭(range)을 설정하면서 구조개혁의 歸趨를 지속적으로 점검해야 한다. 이런 의미에서 개혁과 목표치는 매년 개정해야 하며, 不意의 사태로 경제가 예상을 빗나갈 경우를 감안하여 재정건전화 속도와 내용도 재점검할 필요가 있다.

최근 일본정부가 발표한 종합 디플레 대책(2002년 10월 30일 발표)을 보면 不實債權 整理와 産業再生의 동시 달성이라는 슬로건을 내건 것이 돋보인다. 그러나 이렇다 할 새로운 구조개혁을 위한 행동계획을 엿볼 수 없다. 小泉 개혁의 슬로건인 '改革 없이 경기회복 없다' 가 '경기회복 없이 改革 없다' 로 서서히 변질될 우려도 있다. 재정건전화 목표를 달성하려는 의지를 분명하게 밝히는 行動計劃을 천명해야 할 것이다.

2. 글로벌 經濟 下의 構造改革

정부의 中長期 改革目標는 일리가 있기는 하나, 글로벌 經濟秩序의 성격, 정보혁명, 네트워크 경제, 국제적 상호의존도 深化라는 세계경제의 環境變化 下에서는 그 성취 여부에 대해 半信半疑하지 않을 수 없다. 일본이 구조개혁을 한다면, 일본은 과연 앞으로 어떤 나라가 될 것인지에 대한 비전은 있는 것인지, 구조개혁의 목표와 범위는 과연 무엇인지, 그것을 달성하기 위해서 어떤 行動計劃이 필요한지를 좀 더 명확히 해야 할 것이다. 1990년대 중반까지는 금융시스템의 근본을 뒤흔들 정도는 아니었으며, 금융기관의 營業利益 조정에 의한 처리가 가능했다. 그러나 그 이후에는 세계적인 디플레 추세로 부실채권액은 오히려 증가하고 있다. 이런 추세 속에서 부실채권을 처리한다는 것은 경제 전반에 걸친 일대 개혁 없이는 불가능하다는 것이 점차 확실해지고 있다.

입만 열면 構造改革을 외치는 論者들은 소위 일본형 기업시스템의 개혁 없이는 일본경제의 不確實性을 제거할 수 없다고 주장한다. 1990년대 초기까지만 해도 일본의 壓縮的인 高度成長은 국제적으로 높은 평가를 받았었다. 그러나 그 일본시스템은 1990년대 이후 정체와 함께 문제점이 노출되고 있다. 그렇게 우수하게 보였던 일본 시스템이 왜 지금 와서는 이렇게 기능이 低下하고 있는가. 경제 시스템이란 도대체 무엇이며 그 가운데 日本型 시스템이라는 것은 무엇인가. 문제가 되는 것이 시스템 전체인가 아니면 그 일부인가. 이에 대해서는 지금까지 수많은 논의가 있었고, 그 논의는 지금도 계속되고 있다. 이에 대한 확실한 인식이 있어야 할 것이다. 이러한 인식이 있다면, 많은 構造改革案이 부질없는 卓上空論임을 알 것이다.

시장경제 시스템은 그것을 둘러싼 政治社會 시스템과 밀접하게 관련되어 있다. 시장경제 시스템을 시장경제의 주역인 기업을 중심으로 그 이해 당사자간의 관계, 즉 企業과 경영자, 기업과 은행, 기업과 종업원, 기업과 기업과의 유기적 관계로서 파악한다면, 개혁 과제도 經營權市場, 金融資本市場, 內部勞動市場, 非標準化 製品市場 전반에 걸쳐 그 특성과 장단점을 새로운 환경변화와 함께 고려하여 개혁의 방향을 살피지 않으면 안 된다.

1) 일본형 시스템 – 非標準·內部去來의 장단점

일본의 기업경영의 특징은 무엇인가. 일본의 노동시장, 금융시장, 기업간 거래시장 등 모든 시장의 특징을 단적으로 표현한다면 '長期繼續去來'라 할 수 있다. 이는 不特定 多數의 거래자들 사이의 거래가 價格을 시그널로 단기적인 거래를 일삼는 Spot市場 거래와는 달리, 서로가 잘 아는 소수의 거래당사자들이 가격만이 아니라 여러 가지 사정을 감안하여 장기간에 걸쳐 거래를 하는 시스템을 말한다. 이것은 조직 내부에서 행해지는 거래와 비슷하다. 마치 기업 내부에서 종업원의 기능과 숙련에 대한 평가가 장기에 걸쳐 상호간의 理解를 바탕으로 이루어지는 과정과 유사하다.

일본의 자동차 부품기업을 예로 들어보자. 부품업체와 자동차업체의 관계는 前者가 後者의 주문에 따라 주문받은 부품을 만들어 納品하기만 하면 모든 것이 완결되는 관계가 아니다. 부품업체와 자동차업체 사이에는 부품의 주문과 납품이 하나의 거래가 아니라, 장기간에 걸친 技術情報의 교환, 資金支援, 人的交流 등 다양하고 복잡한 형태의 거래가 이루어지는 것이 보통이다. 양자간의 繼續去來는 조직내의 거래와 같이 거래 상대가 완전히 固定되어 있는 것은 아니고 상대를 바꾸는 일도 얼마든지 이루어질 수 있는 시스템이다.[34]

34) 이러한 장기·계속거래 관계는 조직내 거래와 자주 비교되고 있다. 전자에 관해서 Dore(2001)는 계속거래로부터 형성되는 信賴構築을 중시하고 이를 日本型 자본주의의 우월성의 要諦로 파악하여, 앵글로 색슨형 자본주의의 특징인 市場去來와 對極을 이루는 것으로 보려고 한다. 그리하여 그는 일본형 자본주의가 普遍性과 優越性을 가지고 있다고 강조하고, 앵글로 색슨형의 기준을 글로벌 스탠더드로 인식하려는 최근의 경향을 비판한다. 후자에 관해서 피오리·세이블(1984)은 계속적 거래의 특징

유통시스템에서도 유통업자와 제조업자간의 장기적 협력관계와 긴밀한 정보교환이 있는 것이 보통이다. 유통시스템은 단순한 상품의 발주를 받고 그것을 운송하는 데 그치는 것이 아니며, 정보의 수집과 처리, 搬入·搬出의 타이밍 조절, 在庫리스크의 분산, 금융거래 등 다양한 경제적 기능도 함께 수행한다. 이러한 기능을 수행하는 기업간의 관계도 株式相互保有, 人的交流, 金融去來 등으로 복잡하게 얽혀 있다.

이와 같이 기업간 관계가 복잡하고 장기화되는 이유는 무엇인가. 日本文化에 그 이유의 근원이 있다. 일본에서는 기업간 거래는 장기적이고 계속적인 것이 원칙이며, 그것은 단순히 標準化된 상품의 시장거래와는 다르다는 관념이 있다. 일본인들은 기업간 거래에는 각종 情報의 不完全性과 不確實性이 존재하기 때문에 市場失敗와 組織失敗가 발생하는 위험이 있다고 본다. 기업 사이의 거래에 相互信賴가 있자면 장기적인 거래가 선행되어야 한다고 보는 것이다.

그리하여 기업간 거래는 明示的인 契約에 의존하기보다는 慣例的 : 黙示的으로 이루어지는 것이 보통이며, 이것을 繼續的 去來方式이라고 한다. 기업간 거래는 明示的 契約으로는 실행하기가 불편한 경우가 많아서 옛날부터 '以心傳心'에 의한 暗黙的 合意의 형태로 장기간의 거래가 이루어지는 것을 선호하는 경우가 많다.[35] 계약 후에 있

을 Flexible Rigidity로 표현하면서, 組織內 去來의 경쟁 메카니즘과 구별하고 있다. 그는 미국의 垂直統合 企業에 의한 대량생산체제는 효율성 측면에서 일본의 小企業間의 柔軟한 연대에 의한 Craft式의 生産體制에 미치지 못한다고 보고 있다.

35) 최근 公正去來委員會의 조사에 의하면, 日本企業의 納入 去來先 중 계속적 거래관계(5년 이상)를 갖는 기업과의 거래금액의 비중은 매우 높으며, 특히 生産財의 경우 60%가 계속적 거래이다. 그리고 최근 3년간의 去來先 변경상황을 보더라도 日本企業은 변경 없이 '단골'과의 거래를 계속하는 경우가 많아, 去來先의 固定性이 두드러지고 있다.

을 수 있는 모든 가능성을 망라한 明示的인 계약은 설사 맺었다 하더라도 일본인들은 그 완전한 실행은 거의 불가능하다고 보는 것이다.

단순한 시장거래와 비교할 경우 장기 계속거래의 장점은 일종의 '準地代'(青木, 1992)의 확보에 있다. 이를테면 母企業과 部品供給企業間의 거래에 있어서는 상호간 정보의 교환과 公有, 양자만을 위한 固有의 相互投資, 協調關係, 信賴關係가 성립하여 서로서로 돕는 좋은 순환이 저절로 나오게 된다. 短期게임을 반복해서는 실현될 수 없는 여러 가지 시너지 관계가 성립하며, 거기서 나오는 수익은 양자간에 적절히 회수된다는 것이다.

일본 기업들이 장기 계속거래를 선호하는 이유는 그 거래방식이 供給의 安定, 높은 品質, 돈독한 相互信賴 등을 확보할 수 있기 때문이다. 국제적으로 보면 高品質은 歐美에서도 계속거래의 이유가 되고 있지만, 日本에서는 歐美보다도 이것을 더욱 중시하고 있다. 이러한 신뢰관계는 株式의 保有[36]와 任員의 派遣으로 더욱 강화되고 있다.

경제이론에 의하면, 보통 시장에는 不特定 多數의 공급자 · 수요자가 존재하여 價格을 시그널로 당사자간에 거래가 이루어지고, 그 결과 資源의 最適配分이 이루어지는 것으로 되어 있다. 그러나 현실세계에 있어서는 가격이 모든 정보를 전달하는 것은 아니다. 가격만으로 거래가 결정되는 標準品이 있기는 하나, 현실적으로는 수요자의 기호는 점점 다양해지고 서비스 요구는 까다로워지며 기술혁신은 더

또한 完成品 제조업체의 調達額의 80% 이상을 계속거래하고 있는 調達先이 전체 조달업체에서 차지하는 비중은 日本이 76%로 歐洲 64.3%, 미국 37.5%에 비해 훨씬 높다.

36) 組立完成品 業體가 어느 부품업체이건 그 주식을 보유하고 있는 비율을 보면, 일본이 95.9%, 유럽이 76.7%로 매우 높지만, 미국은 15.6%에 불과하며, 任員을 파견하고 있는 기업의 비율은 일본이 87.5%인데 비해, 유럽은 22.2%이고, 미국은 6.3%에 불과하다.

욱 급속히 이루어지기 때문에, 가격만이 아니고 品質 · 서비스 · 納期 등이 중요해지는 非標準品의 거래 비중이 높아지고 있다. 이 경우 상품가격에 관해 수요자와 공급자간에 정보의 갭이 발생한다.

이 때문에 거래 상대가 특정화되지 않은 不特定 多數間의 거래에서는 賣者가 정보우위를 이용하여 결함상품을 팔 가능성이 커지고, 買者 또한 이런 가능성을 고려하게 되므로 효율적인 시장거래가 이루어질 수 없게 되는 경우가 많다.

따라서 부품공급 기업은 수요자 욕구에 맞는 제품을 개발 · 공급해야 할 필요성이 생기기 때문에, 特定 買者와의 거래를 위해 유효한 投資를 해야 할 유인을 가지게 된다. 그러나 이러한 투자는 埋沒費用(sunk cost)이 될 가능성이 높기 때문에, 투자한 측이 충분한 이익을 享有할 수 없게 되는 경우가 있다. 따라서 이러한 경우를 고려한다면 投資誘因이 줄어드는 경우가 생긴다.

이와 같은 情報의 非對稱性과 특정 거래에 소요되는 고유의 投資에 의한 이익을 충분히 享有할 수 없는 상황에서 발생하는 비효율성을 제거하는 수단으로서는, 어느 정도 거래 상대를 特定化하여 양자가 계속적 장기적인 거래를 하거나, 아니면 기업이 합병이나 수직적인 통합을 할 필요가 있다. 그러나 후자의 경우는 組織肥大, 내부조직의 복잡화 등으로 비효율성이 오히려 커지게 될 우려가 있다. 그뿐만 아니라 雙方獨占下에 여타 부품기업은 참여할 수 없게 되고, 조립업체는 부품 공급기업을 대체할 수단을 잃어버리는 閉鎖的인 市場이 된다.[37)]

---

37) 1930년대 日本의 自動車産業도 垂直統合度가 높았지만, 戰後에는 공급자간의 경쟁 시스템이 많이 도입되었다. 이로 인해 공급자의 제품개발, 납입, 이를 위한 거래관계에 고유한 투자 등 가격 이외의 분야에서 경쟁이 촉진되었다. 또한 부품가격도 적어도 반년 정도는 고정화되고 있다고 알려져 있다. 그러나 기술혁신(또는 円貨弱勢

일본의 계열관계는 情報의 偏在 및 非對稱性에서 발생하는 去來費用을 줄인다는 점에서는 효율적인 시스템이라 할 수 있다. 그러나 결점도 있다. 첫째, 위에서 이미 본 바와 같이 정보 교환, 의견 조정에 많은 시간이 소요되며, 기업의 交際費 또한 상당한 코스트부담 요인이 된다.

둘째, 경쟁적 강자인 母企業과 약자인 下請企業이 上下關係에 있는 한, 不景氣 때 下請業體에 대한 모기업의 코스트 인하 요청, 품질 · 납입 조건의 내용이 지나치게 되고, 경기변동에 따른 負擔 전가 등 계열의 부정적인 측면이 자주 나타난다. 高度 成長期에는 이러한 부담이 그리 많이 나타나지 않았지만, 低成長期에 접어들면서 부정적인 관계가 많이 나타나면서 계속경영의 유지가 어려워지고 있다. Just-in-time 등의 효율성이 많이 알려져 있지만 그 뒤에는 많은 그늘이 드리워져 있는 것이 사실이다.

셋째, 계속거래는 당사자간에는 효율적인 시스템이 된다고 하더라도, 部外者에게는 그렇지 않는 경우가 많다. 장기적 · 계속적인 거래는 제3자의 입장에서는 新規進入의 장애가 된다. 상호 固有投資가 커질수록 去來相對 변경의 機會費用도 커지기 때문이다. 특히 경제 전체의 견지로 보면 이것이 좋은 시스템인지 의심스러운 경우가 생긴

反轉)으로 코스트가 引下(혹은 수출가격 회복)되면, 공급기업의 이익을 보전해 주는 장치(적어도 그러한 신뢰관계)를 구축함으로써 상호투자의 인센티브를 보증해 주고 있다.

산업발전의 차원에서 본다면, 초기에는 관련산업도 未成熟 段階에 있으므로 거래 상대가 존재하지 않는다. 이 경우는 특정업자에의 長期 繼續發注, 즉 外注와 조직내부에서의 제조, 즉 內製를 선택해야 할 것이다. 이렇게 본다면, 일본의 경우 組立業體는 적절한 부품공급업체가 존재하지 않는 상황에서 부품의 內在化가 촉진되었고, 그후 內製에서 특정업자와의 계속거래로 進化되어온 것으로 보아야 할 것이다. 즉, 당초부터 장기 계속거래가 존재했던 것은 아니다.

다. 계속거래는 경쟁을 저해한다는 의미에서는 환영할만한 시스템은 아니다.

무릇 모든 시스템에는 長短點이 있다. 自由市場이 효율적이라고는 하지만, 자유경쟁의 제도는 경쟁이 만들어내는 外部效果(externality)를 무시하는 경우에만 그렇고, 외부효과를 감안한다면, 자유경쟁은 사회 전체에 많은 코스트를 부담시키기 때문에 좋은 시스템이라고 할 수는 없다. 자유경쟁은 사회적 코스트를 감안하면 엄청나게 많은 浪費를 만들어내면서도 그것(사회적 코스트)을 없는 것으로 보기 때문에 이 시스템에 대한 禮讚이 많은 것이다.

넷째, 계열거래 업체 사이의 '管理된 競爭(controlled competition)' 이 이루어지는 경우에는 競賣(auction)에 있어서와 같은 價格만이 고려되는 單相的인 경쟁이 아니고 多相的인 경쟁인 만큼, 거래의 내용이 不透明해질 가능성이 있다. 특히 外國企業이 일본의 系列(keiretsu)의 문제점으로 지적하는 사항 가운데는 品質 · 納期 · 價格과 같은 면에서 장점도 있지만, 거래의 制限性 내지 慣行性 등의 市場閉鎖性 등의 단점이 많이 거론된다.

최근 円高를 계기로 전기기계, 수송기계 등에서 기존 계열의 벽을 깨고 거래 상대의 多角化가 일어나고 있으며, 특히 자동차산업에서 부품기업이 모기업 이외의 기업과 거래를 개시하고, 모기업이 외국기업을 포함하여 부품공급기업의 신규진입을 촉진하는 경우도 나타나고 있다.

다섯째, 계열거래가 갖는 管理된 競爭의 결과, 最終財의 소비자이익이 저해될 수 있다는 점이다. 계속거래가 아주 고정적으로 된다면, 진입장벽→초과이윤 발생으로 최종적으로 소비자의 부담이 커진다. 이런 관점에서 정부는 獨禁法의 운용을 강화하여 公正競爭을 저해하는 거래는 금지하고, 생산계열에 내재하는 競爭메카니즘을 강화해야 한다는 지적이 많다.

일본 시스템은 1980년대 후반에서 90년대 초반까지는 매우 효율적인 것으로 평가되어 외국기업들도 이것을 모방하고자 하는 경우가 많았다. 그러나 90년대에 접어들어 세계적으로 경쟁이 치열해지고 일본경제의 不況이 長期化되면서 일본 시스템의 단점이 부각되고 있다.

2) 일본 시스템 脫皮를 겨냥한 몇 가지 提案

舊體制를 타파하기 위한 정책수단으로서 傳統 經濟理論과 通俗的智慧(conventional wisdom)에 의거한 상식적인 정책방향이 있는데, 이 두 가지 방향은 모두 금융정책의 과감한 완화, 財政出動, 그리고 構造改革 등 세 가지가 있다. 지난 10년 동안 일본은 이 정책수단들을 單一로 혹은 複數로 많이 채택해 왔지만 流動性陷穽에 빠진 경제를 구출하는 데에는 거의 쓸모가 없었다.

첫째, 財政擴大論者들은 재정출동이 지나치게 소극적이었다는 주장을 하지만, 財政擴大 一邊倒의 단순한 케인즈 主義는 거의 효과를 나타내지 못했다.

둘째, 通貨主義論者(Monetarist)의 通貨의 無制限 供給論도 실증적으로도 棄却될 수밖에 없었다. 이 이론도 유동성함정 탈출에는 거의 도움이 되지 않았다. 인플레目標 設定論도 이론상으로나 실질적으로나 모럴 헤저드만을 조장할 뿐이었다.

이렇게 지난 10년간의 전통적 재정금융정책은 실효성이 거의 없다는 사실이 증명된 만큼, 複合디플레의 陷井에서 탈출하려면 최종적인 수단은 構造改革밖에 없다. 문제는 구조개혁이라 하더라도 광범하고 개념이 애매할 뿐만 아니라 실효성 면에서 문제가 많다. 論者도 다수이고 論點도 정리되지 못한 채 論議만 분분하게 진행되고 있다. 言語的 遊戱에 그치면서 이미지만 앞서가는 감이 없지 않다. 규제완화, 新산업 창출, 행정개혁, 재정재건, 경쟁정책, 도시재생 등의 처방이 막연하게 혼합되어 있는 실정이다.

셋째, 일본경제 시스템 개혁도 이미 본 바와 같이 기존의 企業 統治構造, 長期雇用, 主去來銀行, 系列去來 등 이른바 組織 內部去來의 효율성에 지나치게 집착하여 부분적인 수정을 넘어선 拔本的인 政策 採擇을 거부하고 있는 것이 실상이다.

실제 2001년 6월 고이즈미(小泉)정권에 의해 설정된 구조개혁의 청사진 '骨太(호네부토)方針' 은 다음과 같은 7개의 구조개혁 프로그램을 열거하고 있다. ① 民營化 · 規制改革, ② 챌린저(challenger) 지원, ③ 보험기능 강화, ④ 知的資産 倍增, ⑤ 생활유신, ⑥ 지방자립 · 활성화, ⑦ 재정개혁 등이 그것이다. 이 청사진은 말은 좋으나 너무 포괄적이고 網羅的 성격이 강하여 아무런 효과 없이 끝날 염려가 있다. 개념설정이 애매모호하고 현실적으로 적용 범위도 그렇게 될 수밖에 없다면, 끝내는 財政出動論과 量的金融緩和論을 반복할 가능성이 크다.

애매하고 초점이 흐린 구조개혁론과 이에 입각한 구조개혁 대책으로는 10년 불황은 또 다른 10년 디플레로 이어질 우려가 짙다. 일본이 구조개혁의 실효성을 거두게 되자면 識者 간의 엄청난 깊이 있는 연구와 정책당국의 지속적인 인내와 열성, 그리고 일반 국민들의 換骨奪胎의 정신이 있어야 한다.

진정한 구조개혁은, 현재와 같이 戰線의 後方에는 거품붕괴 후유증으로 누적된 不實債權이, 前方에는 글로벌化와 IT혁명으로 인한 지속적인 가격하락 압력이라는 障壁이 가로놓인 상황에서는 엄청나게 어려운 일이라는 것을 느끼지 않을 수 없다. 한마디로 進退維谷인 상황이다. 이 어려움에서 탈출하기 위해서는 일본경제의 밑바닥에 깔려 있는 Ancient Regime(戰後體制: 일본의 경우 구체적으로는 1940년 體制[38])를 탈피하여 새로운 Nouveau Regime(新體制)으로 시스템 자체를 전환하는 길밖에 없다. 그런데 1940년 체제의 이면에 깔려 있는 일본문화는 가깝게는 2차대전 전의 문화, 멀리는 大正, 明治 시대 혹은 그 이전의 문화로부터 내려오는 것이기 때문에 이 구조를 一朝一夕에 개혁한다는 것은 도저히 불가능하다. 즉, 단기적으로는 歐美에 있어서와 같은 '創造的 破壞'의 길을 한꺼번에 도입할 길은 현실적으로 매우 제한되어 있다고도 할 수 있다.

이미 이러한 新體制에 대해서는 많은 유사한 제안이 대두되었다. 일본정부가 오부치(小渕) 내각 당시 사카이야 다이치(堺屋太一) 經濟企劃廳 長官의 평소지론이었던 '知價革命'에 입각한 '知價社會 10개년 계획'[39]도 이에 속한다. 이는 다음과 같은 내용을 담고 있다. ① 少子·高齡化 社會와 경제성장이 양립 가능한 2% 정도의 적정성장률 선택, ② 시장 룰과 사회안전망 정비, 위기관리, 경기변동에 대한 신속한 대응에만 정부 역할을 한정하는 작은 정부, ③ 結果 平等보다 機會平等 우선, ④ 自由를 종래의 效率, 平等, 安全과 동등한 德目으

38) 이는 전쟁수행을 위해 준비되었던 옛날체제를 말한다. 예컨대 食糧特別會計制度, 健康保險制度, 産業報國會 등으로, 인력과 기술, 물자 등을 확보하기 위한 안정장치 일반을 통칭한다. 野口(1995)는 이를 '1940년 체제'라 부르고 있다. 이러한 체제의 일부는 전후 일본정부에 의해 승계되었는데, 高度成長期를 벗어나면서 이들 구제도의 모순이 현재화되기 시작했지만 代替案을 마련하지 못하고 부분적인 修正에 그치고 말았다.

39) 본 계획의 정식 명칭은 1999년 7월 수상자문기관인 '경제사회심의회'가 首相에 답신한 2010년 경을 목표로 한 「經濟社會あるべき姿と經濟新生の政策方針」이다.

로 인식, ⑤ 외국의 지식근로자 적극 수용, ⑥ 停年制 재검토와 고령자 적극 활용, ⑦ 경기대책을 위한 재정지출과 함께 財政再建, ⑧ 현행 都道府縣制의 道州制 이행과 지방 행정단위의 廣域化 등이다.

이는 1960년대 초 所得 倍增計劃이 당시 復興과 自立 이후 일종의 목표상실 상태에 있던 국민경제에 새로운 캐치프레이즈를 제시하려던 것과도 유사하다. 다만 당시의 數値目標와는 달리 이 知價革命의 이론은 일종의 비전을 제시하려는 의도에서 출발한 것이다.

그러나 이러한 비전 제시는 별로 神通力을 지니지 못한 것으로 보인다. 비전이 구체적인 행동계획으로 현실화되고, 그에 따라 10년 이후의 가계와 기업의 B/S가 지금보다 개선되는 것인지에 관한 신빙성 있는 전망치를 제시하지 않으면 오히려 不信만을 조장할 뿐이라는 사실이 분명해지고 있다. 이후의 어떤 정부정책 제안도 민간의 기대를 근본적으로 바꾼 것이 없다.

1990년대 일본의 경우, 1회 혹은 수차에 걸친 總需要增大 정책으로 總需要曲線을 이동시키면 일시적으로는 高位 均衡点에 도달하지만, 대책 종료와 함께 원래의 均衡点 혹은 그 이하의 低位 均衡点으로 회귀한 것이 상례였다. 그것은 '期待'를 변화시키지 못하기 때문이다. 우리는 언제든 總需要管理에 성공할 수 있다는 이른바 뉴 케인지언(New Keynesian)의 주장이, 미국을 비롯한 선진국 경제에서 현실적으로 받아들여지지 못한 사례를 수없이 많이 보아 왔다. 일본의 10년 장기불황은 그 가장 두드러진 예에 불과하다. Keynes의 처방은 원래가 단기적인 것이며, 장기적으로는 오히려 得보다는 失이 많은 정책이다.

이와는 달리 民間의 期待를 바꾸어 놓은 大變革이 동반될 경우에는 사정은 다르다. 1930년대 大恐慌 이후 뉴딜(New Deal) 정책이 획기적인 변혁을 시도하기는 했으나, 2차세계대전이라는 대변혁을 겪은 후에야 겨우 미국경제가 새로운 地平을 열었다는 것을 상기할 필요가 있다. 즉, 제2차대전 중의 戰時政策으로 상향조정된 總需要가 전쟁 종료 후에도 원래상태로 복귀하지 않고 새로운 高位均衡을 실현한 것이다. 이는 세계대전이라는 경제시스템 자체의 변혁을 수반한 대사건이 모든 경제주체에게 충격을 가함으로써 종래에는 도저히 생각할 수 없었던 새로운 세계를 향해 전진할 수 있도록 했기 때문이다.

이런 의미에서 본다면, 현재 진행되고 있는 글로벌경제 질서와 IT 혁명에 따른 大競爭 요인은 마치 2차대전 직후의 일본과도 같은 새로운 期待創造의 계기를 제공할 수 있는 역사적 순간으로 볼 수 있다. 현재 진행 중인 구조개혁이 이러한 기대를 軸으로 재구성되고 단행된다면 일본경제로 하여금 高位均衡에 도달할 수 있도록 할 수 있을 것이다.

우선 국내 구조개혁은 창조적 파괴와 새로운 전망을 향한 기대양성을 목표로 다음과 같이 재구성할 필요가 있지 않을까 생각된다.

첫째, 위에서도 지적했지만, 國家戰略이 있어야 한다. 일본이라는 나라는 어떤 나라이고, 어떤 傳統과 文化를 가지고 있는가, 이 나라가 성취할 수 있는 개혁은 어떤 것인가에 대한 뚜렷한 인식이 있어야 한다.

거시정책과 미시정책을 동시 병행해야 한다. 총수요의 증가를 겨냥하는 거시정책 수단만으로는 경제의 부활은 기대할 수 없다. 기업경영이라는 微視次元의 구조개혁이 수반되지 않으면 안 된다. 구조개혁은 크게 세 가지 분야로 집약된다. 즉 ① 不實債權의 最終的인 處理를 포함, 실물부문과 금융부문을 포괄하는 개혁, ② 特殊法人이나 行政시스템의 再編 등의 행정개혁, ③ 稅制, 歲出, 歲入 등 예산구조의 재점검 및 연금 · 의료 · 복지제도 등 財政 · 社會保障 시스템의 개혁이 이것이다.

둘째, 민간 경제주체인 企業과 家計가 最適行動을 자유롭게 영위할 수 있는 場으로서의 시장시스템의 開放性, 競爭性, 公正性, 透明性, 自己責任性을 담보할 수 있도록 정부가 국가전략을 세우고 이에 따른 市場改革을 단행해야 한다. 일본은 中國 못지않게, 아니 오히려 中國보다 더, 정부의 先導的 역할을 해야 개혁이 이루어질 수 있는 나라가 아닐까. 일본은 깃발이 없으면 행동이 어려운 나라이다. 정부가 앞으로의 방향을 제시해야 한다. 明治維新도 정부가 선도했고, 戰後의 경제발전도 미국 당국과 일본정부가 방향을 설정했기 때문에 이루어졌다. 단순히 自由化, 開放化가 奏效한 결과는 아니었다.

셋째, 微視政策 중의 하나는 企業構造改革이 성공하기 위한 經營人의 意識改革이다. 기업이 활력과 창의력을 회복, 비즈니스기회에 과감하게 도전하도록 정부가 전면적으로 지원해야 한다. 동시에 기업 스스로가 각성과 쇄신을 통해 事業, 財務, 企業統治構造를 개혁해 나가야 한다. 기업이 政府와 銀行에 대한 過多依存體質에서 벗어나 리스크에 과감하게 도전해야 한다.

대부분의 일본기업은 현재 10년 장기불황 속에서 視界가 불투명하여 장래를 비관적으로 보고 있다. 현재 在庫調整으로 다소 회복기미가 보이고는 있으나, 이것을 自律成長 軌道에 진입하기 위한 본격적인 회복의 시작이라고는 믿지 않고 있다.

일본기업의 構造改革이나 意識改革도 사실 정부가 그 방향을 제시해야 하리라고 나는 본다. 한마디로, 국가전략을 설정함으로써 기업이 그것에 적응하도록 해야 한다는 것이다. 글로벌 시대에 정부가 기업의 방향을 설정하는 것은 矛盾처럼 들리겠으나, 이것은 전혀 모순된 말이 아니다. 사실, 세계 어느 나라의 역사를 보더라도 정부의 方向設定 없이 경제가 발전한 나라는 없다. 제1장에서 논한 바와 같이, 자유주의 개인주의의 나라 미국의 자본주의 발전도 예외는 아니었다. 정부가 모든 인적 물적 제도적 인프라를 마련해 줌으로써 미국 자본주의가 '靑年期'를 맞았던 것이다. 2차대전 후, 독일의 경제발전 역시 例外는 아니었다. 아데나워나 에르하르트의 정부가 제도적인 인프라를 마련했기 때문에 독일의 자유경제가 발전할 수 있었던 것이다. 과거의 일본기업의 성공은 戰前에 있어서나 戰後에 있어서나 '政'과 '官'의 후원이 있었다는 것을 상기해야 한다.

일본기업의 '成功條件'이 달라졌다는 것을 정부가 국가전략을 세워서 그 내용을 기업이나 국민에게 제시해야 한다. 단순히 부실채권을 정리하면 된다거나, 중요하지도 않은 郵政事業을 민영화하는 것이 당장 경제를 소생시킬 수 있는 것처럼 선전하고 국민이 이것을 듣고 표를 모아주는 것을 보면, 일본 정부나 국민에게는 아직도 미래를 여는 비전이 不分明하다고 보아야 하며, 따라서 기업이 장래를 비관적으로 보는 것은 당연하다고 생각된다.

혹자는 현재와 같은 일본기업의 상황을 '3 · 4 · 3구조'로 인식하고 있다. 즉, 上位 30%의 기업은 이미 세계적인 경영능력을 갖추고 21세기형 글로벌기업으로서의 경영기반을 구축하고 있다. 下位 30%는 여전히 아무런 전망을 갖지 못한채 최근 중국 등 개도국과의 경쟁에서 退出이 불가피한 상태에 있다. 그리고 中位 40% 기업은 構造調整으로 겨우 收益을 유지하고는 있지만 장래에 대한 확실한 전망을 갖지 못하고 있는 것은 마찬가지다. 구조개혁이 본궤도에 오르지 못할 경우 中位기업은 下位로 추락, 産業空洞化를 촉진하게 될 것이다.

3. 結語

일본은 지난 10년 동안 長期不況을 겪고 있다. 역대 정권은 불황을 극복하고자 巨視的인 需要創出, 微視的인 구조개혁 등 모든 정책수단들을 다 동원해 왔다. 그러나 효과는 없고 불황은 오히려 깊어 가고 있다. 앞으로의 전망은 어떤가. 결론적으로 말해, 지금까지의 방법으로는 밝은 미래를 기대하기는 어려울 것으로 보인다.

부분적인 개혁에는 성공할 수도 있겠지만, 부분적인 개혁은 오히려 전반적인 효율을 저하시킬 수도 있다. 왜냐하면 경제는 하나의 큰 有機體이며, 부분적인 규정이나 관행의 堆積物이 아니기 때문이다. 有機體 전체를 대상으로 하지 않는 구조조정은 오히려 효율을 저해할 수도 있다. 하지만 일본경제라는 큰 有機體를 拔本的으로 변화시키는 것은 당장은 엄청나게 어려울 것이다. 그렇다면 잃어버린 10년은 앞으로 얼마든지 또 하나의 10년으로 연장될 가능성이 있다고 보아야 한다.

이렇게 된 원인은 어디에 있는가. 경제이론을 몰라서인가. 그럴 리가 없다. 일본에는 우수한 學者들이 많다. 정부 당국이 無能해서인가. 그럴 리도 없다. 일본의 公務體系는 나름대로 유능하다. 기업에 문제가 있는가. 일본기업의 효율은 세계적으로 이름이 나 있다. 국민이 잘못하고 있기 때문인가. 그렇지 않다. 일본 국민은 勤勉하고 合理的이며, 지식 수준은 세계 일류이다. 그렇다면 무엇이 문제인가.

한마디로 말해, 일본 사람들은 戰後에 너무 많은 성공을 거두었다. 과거의 성공을 가지고 온 관념과 습관이 몸에 배어서, 세상이 달라졌는데도 지난날의 성공의 기억을 떠나서 앞날을 생각하지 못하는 것이다. 敗戰 당시의 일본은 군사적으로는 강국이었지만 경제적으로는 開途國과 큰 차이가 없었다. 戰後 일본은 安保와 外交는 미국에 의존하면서 오로지 經濟成長에만 注力하여 단시일 내에 세계 제2의 경제 대국이 되었다. 그동안 試鍊다운 試鍊이 없었다. 전후의 경제적 성공은 戰前에 이룬 近代化의 成功 — 그것은 절반의 성공이었지만 — 에 뿌리를 둔 것이었다.

무엇이 지난날의 성공을 가지고 왔는가. 自由民主黨에 의한 保守와 國家主義의 정치, 大藏省과 通産省을 주축으로 하는 정부주도의 경제운영, 이들과 연결된 護送船團과 같은 계열기업, 이 세 가지가 결합하여 경제발전을 일구어냈다. 政 · 官 · 産 세 가지가 서로를 돕는 鐵의 삼각관계를 이루면서, '日本株式會社' 를 만들어서 西方 先進國을 따라잡는(catch-up) 것을 국가경영의 목표로 삼았다. 경제운영의 전략은 重商主義的인 수출주도의 산업정책과 무역정책을 軸으로 했고, 기업은 終身雇傭과 年功序列을 골격으로 하여 경영자와 종업원이 일체가 됐다. 경영자는 종업원의 身分은 물론 그 가족까지 보살피고, 종업원은 기업을 위하여 모든 것을 바치는 것이 當然視됐다.

일본주식회사의 모델의 淵源은 1940년 모델, 즉 전시총동원체제라는 것은 전술한 바와 같다. 이 모델은 어디에서 나왔는가. 이 모델의 근원은 1868년의 明治維新 이후의 富國强兵, 殖産興業을 목표로 한 정치, 경제, 사회, 교육, 국민 생활의 전반에 걸친 근대화 달성을 위한 정책으로 거슬러 올라간다고 볼 수 있다. 일본 근대화의 방법은 '脫亞入歐[40]', 즉, '아시아를 이탈하여 유럽으로 들어가자' 는 정책으로 非西洋圈에서는 처음으로 근대화에 성공한 나라가 되었다. 그

---

40) 탈아입구(脫亞入歐)의 방향은 明治初期의 啓蒙思想家인 후쿠자와 유키치(福澤諭吉) 등에 의해 창도되었다. 후쿠자와는 중국을 포함한 아시아 나라들은 야만국이며, 이런 나라들은 침략해도 무방하다는 의론을 폈다.

성공의 여세를 몰아서 일본은 동북아시아 대륙에 대한 무모한 군사작전을 개시하여 그것이 마침내 2차대전의 패배로 연결되었다.

일본은 비록 2차대전에는 패했지만, 패전 후의 일본은 戰前의 체제와 방법을 살려서, 이번에는 경제적으로 또 한 번의 찬란한 성공을 거두었다. 戰前의 근대화 성취, 戰後의 경제대국의 실현은 곧 서양을 따라잡자는 목표를 달성하는 데 성공한 것이다. 그 성공 과정에서 구축한 成文, 不文의 集團主義的인 체제를 버릴 수가 없는 것이다. 그것을 버릴 경우, 일본 자체의 正體性(identity)이 손상을 입을 것이다.

이미 논한 바와 같이, 일본경제는 전후의 빈곤을 극복하고 나아가서 모든 경제주체의 힘을 총동원하여 서양 先進國을 따라잡는 데 성공했다. 그 체제와 방법은 冷戰時代에 가장 알맞은 체제였다. 전후의 빈곤을 극복한다는 목표, 그리고 서양을 따라잡는다는 목표는 누구에게나 알기 쉬웠고, 일본의 長技인 團結과 動員을 일구어내기도 쉬웠다. 이것은 또 일본의 공산화를 막기 위해 이 나라를 아시아지역의 反共堡壘로 삼으려는 미국의 정책과도 부합되었다. 政 · 官 · 産의 목표가 확실했기 때문에 日本株式會社의 모든 경제주체들은 공동목표를 달성하기 위해 전력을 경주했다. 일본은 冷戰秩序의 가장 큰 受惠國이었다.

그러나 냉전은 끝나고 英美式 個人主義, 自由主義를 주축으로 하는 글로벌 시대가 왔다. 英美式 개인주의, 자유주의는 사실 일본에게는 生疎한 새로운 시스템이다. 이 시스템 下에서는 지난날의 日本株式會社體制는 능률을 발휘할 수가 없다. 거기에다가 일본 모델도 일본경제도 이제는 늙었다. 위의 제1장에서도 말한 바와 같이, 나라나 文明에도 年齡이 있다. 熟年期를 맞은 나이에 생소한 시스템을 모방하여 성공하기는 쉬운 일이 아니다. 일본식으로 서구를 따라잡은 일본

경제가 나이가 들어 갑자기 英美식으로 변신하기란 사실상 불가능하다. 사실 英美모델 자체도 나이를 먹었다. 일본이 그 모델을 따라서 변신한다고 해도 과거 영미의 效率을 再演할 수는 없을 것이다.

회고하건대, 일본은 얼마나 〈脫亞入歐〉에 성공했는가. 脫亞에는 '성공' 했는지 몰라도 〈入歐〉에는 성공하지 못했다고 나는 본다. 아시아를 버리고 歐美의 一員이 되지도 못한다면, 일본은 세계에서 고립되어야 한다는 말인가. 이것은 일본이 바라는 바가 아닐 것이다. 일본은 그동안 心理的으로는 거의 단절의 상태에 있는 아시아와의 紐帶를 보다 돈독히 하는 방향으로 의식을 돌릴 필요가 있을 것이다. 세계정세의 큰 흐름은 歐美로부터 아시아로 경제의 중심이 옮겨지고 있다. 앞으로 아시아는 歐美보다 더 빨리 더 활기 있게 발전할 것이다. 세계의 미래를 보고 아시아를 중시하는 世界戰略을 짜는 것, 이것이 일본의 '構造改革' 의 기본이 되어야 할 것이다. 아시아에 대해서 근거 없는 優越感을 버리고 좋은 이웃이 되어 共生의 길을 찾는 것이 바람직할 것이다.

〈 참 고 문 헌 〉

김도형『일본의 변화』KIET(1994).
김도형「일본기업시스템－ 특징 · 개혁 · 과제」내부자료(2001. 10).
김도형「한일 FTA와 일본의 비관세조치에 대한 접근」(2002. 10. 11).
通商産業省 産業政策局『日本經濟の構造改革』東洋經濟新聞社(1997).
齋藤精一郎『日本經濟非常事態宣言』日本經濟新聞社(2001).
齋藤精一郎『10年デフレ』日本經濟新聞社)(1998).
伊丹敬之『日本型コーポレートガバナンス』日本經濟新聞社(2000).

經濟財政諮問會議「今後の經濟財政運營及び經濟社會の構造改革に關する基本方針」(2001. 6).
經濟財政諮問會議「改革加速のための總合對應策」(2002. 10. 30).
經濟財政諮問會議「金融再生プログラム」(2002. 10. 30).
稅制調査會「平成14年度の稅制改正に關する答」(2001. 12. 14).
稅制調査會「あるべき稅制の實現のための議論の中間整理」(2002. 9).
岡崎哲二「企業システム」岡崎哲二・奧野正寛『現代日本經濟源流』日本經濟新聞社 (1997).
宮島英昭・蟻川晴浩・齋藤直「日本型企業統治と過剩投資: 石油ショック前後とバブル期の比較分析」, 財務省『フイナンシャル・レビユー』60號(2001).
靑木昌彦『日本經濟制度分析』筑摩書房(1992).
靑木昌彦『比較制度分析に向けて』NTT出版(2001).
淺沼萬里『日本企業システム: 革新的適應のメカニズム』東洋經濟新聞社(1996).
堀內昭義「日本經濟と金融規制: 變遷と課題」, 堀內昭義 編『講座公的規制産業金融』第1章 NTT出版 1994.
小池和男『仕事の經濟學』第2版 東洋經濟新聞社(1999).
マイケル・E・ポータ・竹內弘高・榊原磨里子『日本の競爭戰略』ダイヤモンド 社(2000).

제4장 韓國의 經濟改革(1) - IMF 프로그램

Ⅰ. 20여 년의 改革

지난 20년은 전세계적인 개혁의 기간이었다고 말할 수 있다. 1980년부터 남미, 남아시아 및 동아시아의 後發國을 포함하여 많은 開途國들이 시장경제를 강화하기 위한 개혁을 시도하었다. 수많은 국가들의 基本政策 方向과 制度가 크게 변화하였다. 이들 국가의 개혁은 대체로 '워싱턴 合意(Washington consensus)' 라고 불리는 시장경제 모델을 중심으로 진행되었다. 1990년대에는 東歐, 소련, 동아시아의 구 사회주의 국가들에서도 시장경제체제로 전환하기 위한 개혁이 활발하게 전개되었다.

이와 같이, 지난 20년간의 '改革' 은 크게 보아 市場經濟體制로의 轉換이라고 규정할 수 있다. 南美의 개혁이 그러하였으며, 舊 사회주의 국가들의 개혁 역시 그러하였다. 우리나라에서도 1980년대 초 5共 정부가 시장경제체제로의 전환을 정책 목표로 설정한 후로, 역대 정부는 모두 나름대로 개혁 프로그램을 추진하였다. 그러나 1997년의 IMF위기는 그동안 우리나라가 취해온 개혁 프로그램이 얼마나 시장경제와 거리가 있었던가를 드러내는 契機가 되었다. IMF를 맞이하여 정부가 마련한 4대 부문 구조개혁 프로그램은 한 마디로 시장경제를 공고히 하기 위하여 마련된 계획이라고 할 수 있다.

지난 20년간 시장경제체제로 전환하기 위한 여러 나라들의 개혁이 당초 기대했던 것만큼 성공적이었던 것은 아니었다. '워싱턴 合意'를 기준으로 비슷한 개혁 프로그램을 추진했던 나라들 사이에도 서로 다른 결과가 나왔다. 여러 나라들의 制度(institution)와 개혁 당시 주어진 與件이 모두 달라서, 같은 내용을 가진 개혁 프로그램도 다른 결과를 가지고 온다는 것이 克明하게 나타났다. 여러 나라들의 경험은 개혁에 있어서 제도의 역할이 매우 중요하다는 것을 일깨워주었다. '워싱턴 合意'에 의존한 財政緊縮, 民營化, 開放化 등의 경제개혁이 생각보다 성공하기 어렵다는 것, 그리고 그 성공을 위한 전제조건이 많다는 것을 보여주었다.

이제 우리는 民營化나 自由化가 반드시 경제의 효율을 높이지 않는다는 사실을 잘 알게 되었다. '워싱턴 合意'에 기초하여 개혁을 추진하였던 南美의 여러 나라들이 20여년이 지난 지금에도 경제적 혼란을 겪으면서 이러한 懷疑的인 인식은 더욱 확산되고 있다. 개혁이 성공하기 위해서는 여러 조건들이 充足되어야 하며, 단순한 圖式的인 모델이 반드시 개혁을 촉진하는 것도 아니라는 것을 알게 되었다.

그간 개혁과정에서 제기된 여러 가지 문제점들을 해결하기 위하여 이론적으로나 현실적으로나 많은 연구가 이루어졌다. 정치경제 이론, 규제 이론, 腐敗 모형, 地代追求 모형 등 여러 분야에서 새로운 이론이 개발되었다. 동유럽의 '體制轉換國'의 개혁 문제는 이제는 단순히 구 사회주의 국가에만 국한된 문제가 아니라 아예 모든 체제를 포괄하는 개혁의 垂範 사례가 되었다. 제도와 지배구조 변화의 質과 정치적 안정성을 측정하는 다양한 지표들이 개발되었다. 그러나 개혁을 제대로 이해하고 성공 여부를 가리기 위하여 밝혀야 할 과제들은 여전히 많이 남아 있다.

세계은행이 설립한 글로벌 개발 네트워크(Global Development Network; GDN)는 설립 후 첫 번째 과제로 세계경제의 성장에 관하여 연구한 바 있으며, 내년부터는 '개혁에 대한 이해(understanding reform)' 를 주제로 세계 각국의 개혁에 관하여 연구할 것을 예정하고 있다. GDN이 제기한 개혁에 관련된 여러 가지 문제들 중에서, 한국과 관련된 몇 가지 질문들을 추려보면 다음과 같다. ① 왜 개혁을 추진하게 되었는가? ② 정치개혁과 경제개혁은 어떤 관계를 가지고 있는가? ③ 왜 비슷한 내용의 개혁을 추진한 나라들에서 상이한 결과가 나왔는가? ④ 개혁을 위해 필요한 합의는 어떻게 도출하는가? ⑤ 어떻게 주요 이해관계자들의 참여를 유도하는가? ⑥ 개혁의 순서가 중요한가? 중요하다면 어떤 순서로 해야 하는가? ⑦ 개혁의 추진력은 정책개혁과 제도의 변화 중 어디에서 나오는가? ⑧ 정책개혁은 정부의 분명한 개입 없이도 자동적으로 제도의 변화를 가지고 오는가? ⑨ 중앙은행, 조세징수, 사법제도 등에 관한 成文的 제도 변화는 언제, 어떻게 腐敗, 地代追求, 계약에 대한 태도변화 등의 不文的 제도 변화를 가지고 오는가?

본 절에서는 한국이 1997년 경제위기를 맞아 추진한 개혁 프로그램을 鳥瞰하고, 위에서 열거한 문제들에 대하여 해답을 마련하고자 한다.

Ⅱ. 한국의 經濟危機와 改革

1997년 경제위기 이후 마련된 한국의 경제개혁 프로그램은 그 이전의 개혁과는 근본적으로 다르다. 첫째, 1997년 이전의 경제개혁은

"舊體制(開發年代의 연장선상에 있는 체제) 하에서 경제의 효율을 제고하기 위하여 구상된 것이었음에 반하여, 1997년의 개혁 프로그램은 경제위기를 맞아 위기 극복의 일환으로 마련되었다. 둘째, 전자의 개혁은 한국정부가 자발적으로 구상한 것이었지만, 후자의 개혁은 IMF로부터 자금지원을 받는 조건으로 IMF가 마련한 개혁 프로그램에 따라 IMF와의 협의를 통하여 성안된 것이라는 점이다.

한국은 1997년 11월 外換保有高의 급감으로 외환부족 현상이 심화되자 11월 21일 IMF에 자금지원을 요청하게 되었다. 한국정부는 25일부터 IMF와 협의를 개시하여, 12월 3일 양자는 자금지원과 거시정책, 금융부문 구조조정 등에 관한 '履行 프로그램'에 합의하였다. IMF로부터 자금지원을 받는 나라(受惠國)는 IMF가 권고하는 경제정책 프로그램들을 따라야만 하는데, 이러한 조건들을 資金支援條件(conditionality)이라고 부른다. 이러한 조건부 자금지원은 1982년 이후 남미의 外債危機 처리 과정에서 광범위하게 이루어진 바 있다. 지원을 받은 나라의 입장에서 보면, 그 성과는 흡족하지 못하였다.

먼저 한국에 대한 자금지원 대가로 만들어진 IMF 프로그램의 배경과 그 내용을 간단히 서술하고, 이어서 문제점에 대하여 논의하고자 한다.

1. 危機의 原大

IMF는 보통 외환위기에 처한 국가에 대하여 조건부 자금지원을 행한다. IMF가 자금지원을 하면서 수혜국에 이행하기를 요구하는 각종 정책들을 'IMF 프로그램'이라고 부른다. 한국에 대한 IMF 프로그램은 短期 總需要調節 政策과 中長期 構造調整 政策으로 나눌 수 있다. IMF가 단순히 外貨流動性만을 공급하는 것이 아니라 수혜국들에게 구조개혁을 이행할 것을 요구하는 이유는, 수혜국들이 위기에서 벗어나기 위해서는 그들이 가지는 구조적 취약점을 해결해야 한다고 보기 때문이다. 즉, IMF는 危機 후, 환율과 물가 불안을 잠재우기 위하여 긴축적 거시경제정책을 권고하고, 다른 한편으로는 위기가 수혜국의 구조적 취약성 때문에 발생하였다고 보고 構造改革을 요구하는 것이다.

한국의 외환위기에 대처하기 위한 IMF의 처방은 나름대로의 타당성을 가지고 있다. 위기의 원인이 한국경제의 구조적 취약성에 있다고 보고 구조조정의 중요성을 강조한 것은 누구나 首肯할 수 있다. 위기발생 후 환율 급등을 억제하고 원화의 신뢰도를 높이기 위하여 금리를 높게 유지할 것을 권고한 것도 기본적으로는 옳은 정책방향이었다고 볼 수 있다.

갑작스런 경제위기의 원인에 대해서는 두 가지 견해가 대립되고 있다. 위기가 경제 구조의 근본적인 취약성 때문에 발생했다는 견해가 있고, 금융시장 참가자들의 패닉(panic) 현상에 의하여 발생하였다는 견해도 있다. 위기의 원인이 수혜국의 구조적 취약성에 있다는 설은 우선 일단 알기 쉬운 일이며, 이에 대해서는 나중에 다시 자세하게 논할 것이다. 후자의 견해에 따르면 위기의 발생 원인이 수혜국 경제의 구조적 취약성에 있는 것이 아니고, 해외투자가들의 갑작스런 資金引出과 이에 따른 금융시장의 패닉에 의하여 초래되었다고 본다. 그렇기 때문에, IMF는 금융시장의 패닉을 진정시키기 위한 消防手로서의 역할만을 수행해야 한다는 것이다.

한국을 비롯한 아시아의 경제위기가 금융 패닉의 성격을 띠는 것은 사실이지만, 근본적으로는 한국 시장의 基本要因이 취약하였기 때문임을 간과해서는 안 된다(Park and Choi, 2002). 한국 외환위기의 원인은 대외적 요인과 대내적 요인으로 나눌 수 있는데, 이 두 가지는 다 시장 기초여건이 취약해진 것을 말해준다.

대외적 요인으로 들 수 있는 것은 일본 円貨의 약세이다. 1995년 이후 엔화의 약세가 지속되어, 반도체 가격하락 등으로 수출단가가 매년 15%씩 감소한 것이 한국의 수출에 큰 부담을 주었다. 즉, 交易條件이 크게 악화되어 수출 채산성이 크게 떨어졌다는 것이다. 수출단가가 매년 15%씩 하락한 것은 1960년대 이후 수출주도 성장 과정을 통해 처음 있는 일이었다.

대내적으로는 구조조정의 遲延을 들 수 있다. 대외여건이 악화되자 그동안 드러나지 않았던 경제구조의 취약성이 밖으로 노출되었다. 高金利, 高賃金, 高地價 및 낮은 생산성과 정경유착, 관치금융, 경제력 집중 등으로 빚어진 우리 경제의 高費用 · 低效率 구조에 대해서는 모두가 익히 알고 있다. 게다가 동남아 국가들의 외환위기가 발생했는데도 정부가 신속히 대응하지 못한 것도 문제였다. 1997년 7월 태국 바트貨가 폭락했을 때, 그것이 곧 우리에게도 전파되리라고 예상할 수 있었다. 1994년 말 멕시코의 외환위기가 다른 나라로 전염되었던 사실을 알고 있었다면 만일의 사태에 대비하여 非常時局에 준하는 대책을 강구할 수도 있었을 것이다.

IMF 프로그램 중, 경제 안정을 목적으로 한 긴축프로그램이 지나치게 강력했던 것은 적절치 못한 것이었으며, IMF 자신도 이를 인정하고 있다(Chopra, *et al.*, 2001). 한국이 救濟金融을 신청한 당시 한국의 외환보유고는 겨우 37억 달러로, 거의 바닥이 나 있었다. 한국정부는 외환보유고의 부족에 따른 원貨換率의 급등을 방지하고 원화의 신뢰도를 높이기 위하여 국내 금융시장과 기업에 미치는 부작용을 무릅쓰고 高金利 정책을 채택하였다. 고금리정책의 수단은 通貨緊縮이었다. 재정은 구조조정의 재원을 마련하기 위해 긴축되어야 하나, 한국의 경우 경상수지적자 규모가 크지 않았으므로 재정적자를 허용하면서 구조조정의 재원을 마련하도록 하였다.[41)]

微視的 구조개혁과 巨視的 긴축정책이 서로 조화를 이루지 못할 때, 개혁은 所期의 성과를 거두지 못하게 된다. 한국의 경우를 보면, 개혁이 遲滯되었거나 투입된 공적자금이 당초 예상치를 훨씬 초과하게 되었는데, 이는 개혁 프로그램이 지나치게 광범위한 탓도 있었지만, 지나친 긴축으로 不實債權이 추가로 발생하는 등 여건이 악화된 탓도 있었다.

2. IMF 프로그램

우리나라 정부와 IMF는 위기의 원인이 근본적으로 經濟構造가 취약하였기 때문임을 인정하고, 시장의 안정과 원貨 切下를 억제할 수 있도록 긴축적인 통화정책과 함께 포괄적이고 구조적인 개혁을 단행하는 데 합의하였다.

정부는 첫째, 긴축통화정책과 대폭적인 금융조정을 통해 대외계정의 적정한 조정과 물가상승 압력을 막기 위한 강력한 거시경제의 틀을 만들 수 있도록 했다. 둘째, 금융부문의 구조조정을 통해 자본 분배의 효율성을 높이고, 보다 투명하고 시장중심적이며, 정치적인 간섭에서 자유로운 금융 의사결정이 가능하도록 도모했다. 셋째, 기업의 지배구조를 개선하여 기업경영의 투명성을 提高하도록 했다. 넷

41) 한국의 마이너스 성장이 심해진 후 IMF는 재정적자 확대를 허용하는 방향으로 선회하였다.

째, 資本市場 自由化를 가속화했다. 다섯째, 貿易 自由化를 진전시키고 투명하고 時宜適切하게 경제 자료를 공개하기로 하였다.

프로그램의 주요 수치적 목표를 보면, 1998년에는 실질 GDP성장률을 3%로 감속시키고, 1999년에는 潛在成長率 수준으로 회복시키며, 물가상승률을 5% 이하로 안정시키고, 2개월간의 수입을 지탱할 수 있는 외환보유고를 적립하는 목표를 세웠다. 또한 1998년에 경상수지 적자를 GDP의 1% 수준인 43억 달러로 하고, 1999년에 다시 0.5% 수준인 21억 달러로 줄어들 것으로 계산하였다.

IMF의 對韓 資金支援 규모는 570억 달러 이상으로 결정하였는데, 구체적인 지원 내용은 다음과 같다. IMF, World Bank, ADB로부터의 제1선 자금지원은 각각 210억 달러, 100억 달러, 40억 달러로 총 350억 달러로 하되, 제1선 자금지원이 충분하지 않을 때 추가로 지원 예정인 선진국으로부터의 제2선 자금지원을 220억 달러 이상으로 했다.

IMF자금은 회원국의 일시적 外貨流動性 부족사태를 해결하기 위해 低利로 지원되는 것으로서, 실제적인 자금지원은 단계적으로 지원조건 이행을 점검한 후 추가적으로 이루어지도록 했다.

이상의 IMF 프로그램을 한국정부는 4大部門 構造改革(後述)으로 바꾸어 정부 경제개혁의 핵심으로 삼았다.

3. IMF 한국 프로그램의 評價

'워싱턴 合意'를 반영하는 IMF 프로그램을 보면, 受惠國이 어떤 나라이든지 대체적으로 그 내용이 같다. 일반적으로 財政緊縮, 資本市場開放, 公企業의 民營化 등이 그 내용을 이룬다. 이와 같은 정책기조가 한국 프로그램에는 어떻게 반영되었는가를 살펴보자.

IMF 프로그램 중 가장 논란이 되고 있는 부분은 短期 總需要 조절, 즉, 재정긴축의 정도에 관련된 부분이다. IMF가 설정한 목표치와 한국경제의 실적치를 비교해 보자. 처음부터 우리 경제는 당초 IMF가 설정한 거시경제 목표와 다르게 움직였다. 먼저 IMF가 策定한 財政收支를 보면, 실업이 예상 외로 증가하는 것을 억제하기 위해 정부지출을 늘리지 않을 수 없어서, 實績値는 당초 목표보다 적자 규모가 확대되었다. 반면, 本源通貨 증가율은 당초 목표보다 下向調整됐다. 경제성장률은 해외자본의 이탈과 통화긴축 및 경제불안에 따른 信用梗塞으로 당초 목표를 크게 밑돌았다. 투자는 예상보다 위축되어 경상수지 흑자가 확대되었다. 외환보유고가 목표치를 상회하면서 환율, 금리, 물가가 모두 하락추세로 반전하였다.

그러나 이와 같은 환율과 금리의 안정추세는 마이너스 성장과 경상수지흑자 추세 지속에 따른 調整現象으로 보아야 하며, 국내통화와 국내경제에 대한 信賴度가 회복된 결과라고는 보기 어렵다. IMF의 단기 總需要調節 政策은 信賴回復이라는 소기의 성과를 거두지 못하였다고 하겠다. 이렇게 경제실적이 巨視經濟 목표치보다 크게 나빠지자 정부는 IMF와의 定例 협의를 통하여 〈표 1〉에서 보는 바와 같이 合意案을 수정하였다.

〈표 1〉 IMF 合意案의 修正

	97년 12월	1차 수정(98.1.8)	2차 수정(98.2.17)	3차 수정(98.5.6)
외환보유고	354억 달러		391억 달러	410억 달러
본원통화증가율	9%		상반기 15%대	2/4분기 13.5%
재정수지	균형, 소폭흑자	적자 용인	−0.8%	−1.75%
GDP성장률	3%	1~2%	1%	−1%(그이하)
CPI상승률	5%이내	9%	9%대	한자리수
경상수지흑자	43억 달러	30억 달러	80억 달러	210-230억 달러
실업률	3.9%	4.7%	5~6%	6.4%

IMF 프로그램이 소기의 성과를 거두지 못한 것은 IMF가 지나친 긴축을 요구하였기 때문이다. 우리나라의 경우 거시경제 여건이 다른 나라들(이를테면 南美 나라들)에 비하여 나쁘지 않은데도 불구하고 IMF는 그런 나라들에 賦課되는 강력한 巨視緊縮 프로그램을 부과하였다. IMF측도 처음에는 이러한 一律的인 프로그램의 요구를 제시할 생각은 없었다. 한국(및 아시아)의 거시경제 여건이 비교적 건실하였으므로 남미 등과는 달리 소폭의 재정적자로 충분하다고 보았던 것이다. 반면, 通貨緊縮과 高金利 정책을 요구한 것은 바닥이 난 외환보유고를 회복하기 위하여 불가피하다고 보았기 때문이다. 그러나 경기의 급속한 위축현상이 심화되고 경상수지 흑자가 엄청나게 커지자, IMF도 나중에는 고용과 복지의 증진을 위해, 재정적자의 확대를 용인하였다.

자본시장 개방의 문제를 살펴보기로 하자. IMF는 한국에 대해서도 무역과 자본시장의 과감한 개방계획을 제시했다. 그러나 흥미있는 사항은, IMF의 貿易自由化 계획에 자동차를 포함한 對日輸入의 자유화 계획이 포함된 데 대하여 많은 비판을 제기하였다는 사실이다. 또 급속한 資本自由化 계획에 관해서는 IMF 자신도 부정적인 견해를 제시하고 있다(Chopra, *et al*., 2001).

IMF는 외국인 直接投資 자유화, 상장주식에 대한 외국인 투자한도의 과감한 확대, M&A 허용 등 危機 직후 취해진 資本自由化 조치는 기본적으로 한국정부의 계획이지 IMF의 요구에 의한 것은 아니라고 한다. IMF는 시스템 위험을 줄이기 위해서 資本과 金融自由化는 단계적으로 신중하게 추진되어야 한다는 입장을 취하였다. IMF는 우리 경제가 감당할 수 없는 무리한 요구는 하지 않았던 것으로 보인다.

公企業 民營化는 나중에 만들어진 한국정부의 4대 구조개혁 프로그

램에는 포함되어 있으나, 당초의 IMF 프로그램에는 들어 있지 않았었다. IMF의 한국 프로그램의 핵심은 金融과 企業部門의 構造調整에 두어져 있었으며, 기업부문의 구조조정은 처음에는 지배구조의 확립과 경쟁 조성에 두었을 뿐이었으나, 한국과의 협상을 거듭하는 과정에서 점차로 한국 기업들의 負債를 줄이고 資本을 강화하기 위한 재무 및 사업 구조조정으로 力點이 이동하게 되었다고 한다.(Chopra, *et al.*, 2001). 요컨대 IMF의 당초 프로그램에는 資本自由化, 社會安全網 구축, 노동시장 개혁 및 稅制改革(제도 구축, 법과 규제, 투명성 등)은 附隨的인 것으로 간주되었다고 한다. 또한 무역 및 금융서비스 자유화, 公企業 民營化와 租稅改革은 枝葉的인 과제로 분류하고 있다.

금융 및 기업의 구조조정을 제외한 나머지 과제들은 프로그램의 구조적 성과 기준에 포함되지 않았으며, 실제로 성과 평가에 크게 중요하지도 않았다. 이런 과제들은 광범위한 정부 개혁과제의 일부분이었으며, 대개 한국정부의 요청에 의하여 프로그램에 포함되게 되었다.

이렇게 볼 때, IMF 본래 프로그램의 가장 큰 문제점은 바로 긴축을 통한 總需要調節에 있었다고 하겠다.

4. 4大部門 構造改革

정부는 위기 이후 추진할 구조개혁을 금융, 기업, 노동시장, 공공부문의 4대부문으로 분류하여 추진하였다.[42] 구조개혁 과정에서 수많은 금융기관과 기업들이 문을 닫았으며, 구조조정을 위해 투입된 공적자금이 156조원에 달하였다. 당초 정부는 4대부문의 개혁을 똑같이 강조하였고, IMF 프로그램에도 4대부문은 정책 간 輕重이 없이

42) 자세한 내용은 재정경제부(1998) 참조.

포함되었으므로, 사람들이 4대부문의 개혁이 골고루 진행될 것으로 기대한 것은 당연한 일이었다.

그러나 앞서 기술한 바와 같이, 원래의 IMF 프로그램의 中心은 금융과 기업의 구조조정에 있었으며, 노동시장 개혁은 附隨的, 공기업 민영화는 枝葉的이었던 만큼, 노동시장 개혁과 공공부문 개혁에는 큰 진전이 없었다. 노동시장 개혁의 경우 勞使政委員會를 설치하고 노동시장의 유연화를 도모하였으나 금융과 기업 구조조정에 비해 성과가 크지 않았다. 공공부문 개혁의 경우에도 공기업 민영화에 어느 정도 진전이 있었으나 여전히 미진한 편이었고, 정부조직의 簡素化에도 뚜렷한 진전이 없었다.

그 동안 가장 중점적으로 추진된 금융개혁과 기업개혁의 주요 내용과 과제를 요약하면 다음과 같다.

1) 金融構造調整의 주요 내용과 과제

금융 구조조정은 다음 네 분야로 나눌 수 있다(Chopra, *et al.*, 2001). ① 流動性 供給, 預金支給保障, 주요 부실기관에 대한 개입 등을 통하여 금융시스템의 안정성을 신속히 회복하기 위한 긴급 정책, ② 부실기관에 대한 개입, 부실채권의 매입, 資本擴充 등을 통하여 금융시스템의 지불능력을 復元하기 위한 구조조정 정책, ③ 國際規範에 따라서 건전성 규제와 감독체제를 정비하여 기존의 시스템을 강화하기 위한 규제 정책, ④ 高負債 기업에 노출된 금융기관의 위험을 덜어주기 위한 기업 구조조정 정책이 이것이다.

지난 5년간 한국경제에는 이러한 분야에서 괄목할 만한 진전이 있었다.[43] 하지만 남아 있는 과제들을 열거하면 다음과 같다.

우선 아직도 남아 있는 企業不實로 인한 금융기관 부실의 문제를 들 수 있다. 은행들은 자산의 건전성을 높이기 위해서 부실정리에 나서야 하며, 아울러 위험분석과 대출관행 등을 정밀화하여 대차대조표를 개선하여야 한다. 다음, 정부소유 은행의 민영화를 들 수 있다. 이 밖에도 은행들의 資本擴充, 금융기관 統合, 감독기관의 機能 强化의 문제가 있다.

2) 기업 構造調整의 내용과 과제

기업구조조정은 다음 세 분야로 나눌 수 있다(Chopra, *et al.*, 2001). ① 공정거래위원회의 기능강화와 외국인투자 자유화를 통한 경쟁강화 정책, ② 투자자 권리의 강화, 회계와 기업공개의 투명성 제고, 경영자와 대주주의 책임성 강화, 파산제도의 개선 등을 포괄하는 기업지배구조 개선을 위한 정책, ③ 기업의 자본구조와 이윤율 개선을 위한 정책 등이 이것이다.

지난 5년간의 기업 구조조정에도 불구하고 현재도 남아 있는 과제를 열거하면 다음과 같다. 우선 기업의 利潤率과 투자자 信賴度를 높이기 위해서 기업은 부채를 줄이고 비용절감, 불필요 자산의 매각, 전략적 제휴 등의 사업 구조조정을 단행해야 한다. 또한 부실기업을 퇴출시키고 회생가능 기업에 대한 부채를 경감하여 기업구조를 강화해야 한다. 지금까지 구조조정은 공적자금 투입에 힘입어 은행이 주도하였으나, 앞으로 은행들은 추가적 손실을 우려하여 기업 구조조정에 나서려 하지 않을 것이 예상되었다. 따라서 향후 기업 구조조정을 촉진시키려면 법원이 감독하는 退出에 더 크게 의존하여야 한다. 마

43) 자세한 내용은 재정경제부(2001) 참조.

지막으로 노동시장의 유연성과 자본시장의 발전도 기업 구조조정의 觸媒가 된다.

Ⅲ. 韓國 經濟改革의 評價

지난 5년간의 경제개혁을 평가하고 성공적이었는지의 여부를 가리기는 결코 쉽지 않다. 똑같은 사안에 대해서도 논자가 설정한 評價基準에 따라서 각기 다른 평가가 내려질 것이다. 경제개혁은 크게 보아 거시경제적 安定化 과정과 미시적 체질개선을 위한 構造調整 과정으로 나누어 볼 수 있다. IMF 프로그램도 단기적 안정과 중장기적 구조조정으로 나누어져 있다. Rodrik(1996)은 경제 安定化보다 구조조정이 더 어려운 과제임을 지적했다. 본 節에서는 거시경제적 안정과 구조조정으로 나누어 한국의 경제개혁을 평가하고자 한다.

1. 거시경제의 安定

지난 5년간 한국경제는 초기의 불안을 극복하고 다시 경제 안정을 이루었으나, 위기 이전과 비교하면 成長이 鈍化되고 失業이 확대되었으며 所得分配가 惡化되는 위기 이후의 전형적 모습을 보이고 있다. 외환위기 이후 우리 경제의 성장률은 연평균 4%대로 낮아졌으며, 생산성도 둔화되었다. 또한 4%대의 잠재성장도 內需의 人爲的 擴大에 의존하는 부분이 커지고 있어서 지나치게 內需가 확대될 경우 경상수지가 적자로 반전하면서 성장이 어렵게 될 우려도 있다.

內需擴大는 가계부채와 국가부채의 급증 및 외국자본의 국내자산

매입을 가져오는 등의 부작용을 수반한다. 금융기관들은 위험이 높은 기업대출을 줄이는 반면, 상대적으로 위험이 적은 가계대출을 늘리고 신용카드를 남발함으로써 주택구입과 소비를 촉진시켰다. 작년 말 현재 가계부채는 총 341.7조원(가구당 2,330만원)으로 97년에 비해 62% 증가하였다. 구조조정과 투자를 위해 총 156조원의 公的資金을 투입하여 부실채권을 처리하였는데, 그 부담이 국민에게 전가되고 있다. 또한 1998년 1월~2001년 6월 기간 중 국내자산의 低價買入을 위한 외국인 直·間接 投資는 총 721억 달러에 달했는데, 이것은 공적자금 투입의 약 절반에 해당한다. 이 중 60%가 간접투자로서 주식시장에 대한 외국인의 영향력이 증대하였다는 것을 보여주고 있다.

한편, 輸出은 성장세를 유지하고 있으나 이는 해외자본의 급격한 유출로 원貨 價値가 급격히 떨어져서 수출기업들이 수출단가를 내릴 수 있게 되었기 때문이며, 수출품의 품질이나 수출산업의 생산성이 크게 향상되었기 때문은 아니다. 원화 절하 등으로 1997~2001년간 輸出單價는 무려 32%나 하락하였으며, 수출물량이 큰 폭으로 증가했음에도 불구하고 1997~2001년간 통관기준 수출은 16% 증가에 그쳤다. 수출단가의 하락으로 交易條件(수출단가지수/수입단가지수)이 1997~2001년간 22%나 악화되어 실질소득이 187조원(연평균 47조원) 감소하였다.

潛在成長率의 둔화는 필연적으로 失業의 증가를 가지고 온다. 정부는 2001년의 실업률이 3.7%에 불과하다고 발표했으나, 失望 실업자와 不完全 就業者를 감안한 실제 실업률은 6%를 상회한 것으로 추정된다. 이렇게 취업사정이 악화된 것은 潛在成長率 低下에 一次的 원인이 있지만, 노동시장이 硬直化된 데도 원인이 있다. 청년 실업률이 전체 실업률의 거의 두 배에 달하고 있어서 壯年層의 노동시장 진입이 매우 어려운 반면, 退出이 원활하지 않았다는 것을 나타낸다.

외환위기로 성장이 둔화되고 실업이 증가하면서 所得分配가 크게 악화하였다. 所得不平等의 정도를 나타내는 지니係數는 1997년의 0.28에서 1998년에는 0.32로 악화되었다. '국민의 정부'는 成長보다 分配를 중시하면서 각종 조세와 복지지원 정책을 마련하였으나, 이런 정책이 실효를 거두지 못하고 소득분배는 오히려 악화하였다.

한국은 4%대의 성장률을 달성하기 위해서 모든 민간의 금융수단을 동원했다. 그 결과 국민의 빚이 크게 증가했다. 負債의 증가는 그만큼 미래 성장의 제약 요인이 될 것이다.

不實債權 整理 등 구조조정에 156조원을 투입하였으나 回收가 불가능하여 국민의 부담으로 轉嫁될 부분이 80조원 이상에 달한다. 80조원은 2001년 GDP의 약 15%로서 향후 20년 동안 공적자금을 상환한다고 하더라도 앞으로 한국경제는 매년 1% 정도의 성장둔화를 감내해야 한다.

정부의 支出 및 純融資의 증대로 社會保障 寄與金을 제외한 統合財政收支가 매년 적자를 보였으며 1998~2001년 累計가 60조원에 달하였다. 이 기간 동안 국가의 直接債務도 62兆원 증가하였다. IMF는 公的年金의 준비금 부족액이 2000년 기준 336조원에 달한다고 경고했다. 그러나 이에 대한 대책은 아직 취해지지 않고 있다.

家計負債는 외환위기 직후 1998년에는 크게 줄어들었으나 이후 3년간 2배로 증가하여 작년 말 현재 342조(가처분 소득의 90%)에 이르고 있다. 한편, 구조조정과 위기극복 과정에서 외국자본의 국내투자를 촉진한 결과 외국자본의 영향력은 크게 증대하였다. 1997년 말에는 전체 上場株式 중 외국인 보유 비중이 15%에 불과하였으나 2001년 말에는 37%로 증가하였다. 외국자본은 부족한 투자재원을 확충해

주며 국내 자산을 보유함으로써 국내 독점자본가의 영향을 경감하는 肯定的 역할이 있기는 하지만, 그 상당 부분은 投機資本의 屬性도 갖고 있으므로, 경제가 불안해지면 외국 투기자본은 단기간에 유출되어 不安을 深化시킨다.

2. 構造調整

微視的 구조조정에 관해서는 冒頭에서 제기된 개혁에 관련된 문제중 핵심적인 것을 중점적으로 논의하고자 한다.

1) 개혁의 順序와 緩急

改革 順序(sequencing)의 중요성은 최근 중국의 부상으로 다시 부각되고 있다. 중국은 다른 舊사회주의 국가들과는 달리 體制轉換 과정에서 漸進主義를 표방하였으며, 중국 부상의 비결은 바로 이 점진주의에 있다고 한다. 또한 급진적 금융시장 및 자본시장 자유화를 단행한 남미의 여러 나라들은 당초의 예상과는 달리 自由化의 좋지 못한 副作用이 적지 않다는 것을 실감하게 되었다.

Stiglitz(2002)는 順序의 문제가 단순히 施行過程上의 문제가 아니라 개혁의 原則에 관한 문제가 되어야 한다고 논하였다. 사실 순서의 문제는 해당국의 文化의 特性을 나타내는 경우가 많을 것이다. 중국인들은 원래 實事求是의 정신으로 일을 서서히 그러나 확실히 하는 성품을 가지기 때문에 점진주의를 선호하는 것처럼 보인다. 그러나 다른 나라가 중국을 모방하면 일이 잘될 것으로 생각할 수는 없다.

順序의 문제는 貿易이나 金融自由化에 관련하여 자주 제기되어온 문제이다. 위기 이후 취해진 한국의 정책을 보면, 위기 직후 일본으로부터의 수입에 대하여 단행된 과감한 자유화 조치나 외국인 투자에 대하여 단행된 자유화 조치가 과연 적절한 정책이었는지는 의문이다. 특히 붕괴된 국내 주식시장을 살리고 해외자본을 유치하기 위해서 단행된 자본자유화의 결과로 위기 이후 국내 주식시장과 미국 주식시장과의 同調化가 이루어졌는데, 이것이 과연 한국의 발전에 얼마나 기여했는가는 의문이 아닐 수 없다.

公企業 民營化의 문제를 생각해 보자. 민영화 이전에 먼저 市場競爭이 이루어질 수 있는 기반을 갖추어야 하는지, 아니면 민영화와 동시에 市場競爭 與件을 조성해야 하는지에 대해서도 심도 있는 논의가 이루어져야 한다.

이와 관련하여 IMF는 앞서 설명한 바와 같이 여러 구조조정 과제들 간의 重要性의 輕重을 구분함으로써 개혁의 順序를 결정할 수 있도록 하였다. IMF는 금융과 기업부문 구조조정을 核心課題로 삼고, 資本自由化, 社會安全網 구축, 勞動市場 개혁 등은 附隨的 과제로 분류하였다. 또한 무역 및 금융서비스 자유화, 공기업 민영화와 조세개혁은 枝葉的인 과제로 분류하였다. IMF는 금융과 기업부문의 구조조정은 동시에 추진하는 것이 좋다는 입장을 취하고 있다. 금융과 기업부문의 구조조정을 동시에 추진할 수밖에 없다고 하더라도, 광범위한 부실을 어떤 순서로 얼마나 빠르게 처리할 것인가의 문제는 여전히 남는다. 처음부터 156조원의 공적자금이 투입될 것을 알았다면 보다 효율적인 금융과 기업의 구조조정을 할 수 있었을 것이며, 그 결과 투입된 공적자금 규모도 줄일 수 있었을 것이다.

위기 직후 정부는 위기 극복을 위해 필요한 공적자금 규모를 50조원 정도로 추산했다. 이것은 사태의 심각성을 제대로 파악하지 못하고 臨機應變式 조치로 위기를 모면하려는 자세를 반영한 것이라고 하지 않을 수 없다. 구조조정 과정에서 발생한 大宇 사태는 많은 시사점을 던져주고 있다. 大宇 사태로 정부는 위기 이후 1999년 중반까지 단행된 금융 구조조정을 다시 시작해야만 했다. 大宇 사태는 '大馬不死' 라고 여겨져 왔던 대기업이 쓰러질 때 경제에 미치는 파장을 염려하여 정부가 그 처리를 미루려다가 더 큰 비용을 치르게 된 대표적 사례라고 하겠다. 위기 이전 起亞의 처리와 본질적으로 큰 차이가 없다.

지난 5년간 한국정부는 과감한 금융 및 기업 구조조정을 단행하였으나 과연 구조조정이 제대로 진행된 것인지에 대해서는 의문을 갖게 한다. 한국경제에는 道德的 解弛가 만연하고, 정부나 기업에 관련된 일의 여러 가지가 不透明하며, 감독 규제가 적절히 작동하지 않는 경우가 허다하다. 이런 경제에 國際的 水準의 기준을 단기간 내에 도입하여 구조조정을 이루어냄으로써 소기의 성과를 거둔다는 것은 결코 쉬운 일이 아닐 것이다. 이것을 억지로 강행하면 무리가 따르게 된다. 구조조정 착수 후 5년이 지난 지금까지도 30대 대기업집단 중 실제로 은행의 관리를 받고 있는 대기업집단이 한둘이 아니다. 利子報償比率이 1보다 낮아서 잠재부실의 위험을 안고 있는 기업이 전체 기업의 20~30%에 달한다. 이러한 통계수자는 단기간에 부실을 덜어내어 클린 뱅크나 클린 기업을 만든다는 일이 至難한 일임을 단적으로 나타내고 있다.

大宇 문제는 금융 및 기업 구조조정의 순서가 잘못되었음을 말해준다. 大宇의 부실은 위기 이전에 이미 충분히 感知되었는데도 불구하고 정부는 그것이 경제에 미칠 충격을 감안하여 그 처리를 뒤로 미루다가 결국 不實로 처리하게 된 대표적 사례이다. 大宇의 부도가 뒤늦

게 발생하여 우리나라는 엄청난 비용을 부담하게 되었다. 우선 제1차 금융 구조조정이 끝나고 정부가 클린 뱅크의 탄생을 선언한 시점에서 대우가 부도처리됨으로써 전체 구조조정이 다시 原點으로 되돌아가고 말았다.

정부는 1999년의 경제호황에 IMF 경제 위기의 早期 卒業을 선언했다. 이 선언으로 정치적 목적으로 경제개혁을 이용하려는 정부의 의도가 표출됨으로써 市場機能의 정착이 지연되고 경제회복이 오히려 늦어지는 결과를 초래하였다. 만약 大宇의 不實이 조기에 처리되었다면 부실을 처리하기 위해 투입되어야 할 공적자금 규모가 크게 줄어들었을 뿐만 아니라 外債協商 등을 보다 유리하게 진행할 수 있었을 것이다.

大宇 이외의 대기업 집단의 구조조정에 관해서도 대체로 구조조정이 未洽하였다는 평가가 내려지고 있다. 물론 대기업집단의 구조조정 과정에서 엄청난 규모의 不實이 追加的으로 발생할 것이 예상된다는 이유만을 가지고 우리 경제의 負擔能力을 초과하는 과도한 구조조정을 단행할 수는 없다고 주장하는 것은 아니다(Cho, 2001). 그러나 GDP의 30%를 넘는 公的資金을 투입하고도 이루어낸 성과는 매우 미흡했다는 것이 전문가들의 일반적인 평가이다.

금융과 기업의 구조조정을 동시에 추진한다는 것은 기업의 재무와 사업부문의 구조조정을 동시에 추진한다는 것을 의미한다. 그러나 대기업의 사업부문 구조조정 정책의 代表的 事例인 빅딜이 정부의 원칙 없는 과도한 개입으로 실패로 돌아간 이후, 대기업그룹 간에 이렇다 할 사업부문 구조조정이 이루어지지 못하였다. 이 사례는 사업부문의 구조조정 하나만도 엄청나게 어려운 일이라는 것을 일깨워준다. 정부 당국의 능력을 과대평가하지 말아야 한다.

市場經濟 與件이 갖추어지지 않은 상태에서 구조조정을 추진하려면 정부의 介入이 불가피하며, 공적자금의 투입 또한 불가피하다. 그러나 공적자금의 무기를 갖고 있는 정책당국은 보다 시장경제 원리에 충실하고 투명한 방법으로 기업의 부실을 처리하고 사업 구조조정을 도모해야 한다. 정부가 구조개혁에 성공하기 위해서는 정부의 시책이 시장경제원리에 충실해야 한다는 것이다. 정부의 개입이 필요한 경우는 보통 시장원리가 제대로 작동하지 못한 경우라는 것을 감안한다면, 정부의 개입은 처음부터 성공하기 어려운 것이었음을 알 수 있다.

2) 市場自律과 정부개입

원칙적으로 시장은 自律에 맡겨둬야 하며 정부가 개입해서는 안 된다. 그러나 이 말은 시장이 제대로 돌아갈 수 있는 상황에서나 타당하며, 금융기관과 기업의 부실로 시장경제가 제대로 돌아가지 않는 상황에서는 타당하지 않다. 시장경제의 재건을 위하여 국민들은 막대한 공적자금의 사용을 용인하였다. 그러나 지난 5년간 危機管理와 시장경제의 暢達에 있어서 정부가 제대로 역할을 하였는가에 대해서는 철저한 검증이 요망된다.

〈국민의 정부〉는 '민주주의와 시장경제의 竝行發展' 이라는 국정지표를 내걸고 출범하였으나, 5년이 지난 지금 시장경제를 발전시키는 일이 얼마나 어려운 일인지를 여실히 보여주고 있다. 〈過程의 平等〉을 중시하면서 〈結果의 不平等〉은 감수해야 하는 民主主義와, 결과의 불평등을 초래하는 시장경제 사이에는 본질적으로 葛藤이 존재한다. 葛藤이 존재할 경우, 이 갈등을 시장경제의 원칙으로 처리하면 不平

等이 增幅될 것이기 때문에, 정부 당국자는 더러는 시장경제제도를 정착시키기보다는 葛藤調整과 疎外階層 配慮라는 名分을 중시하는 경우가 있다. 정부개입에 의한 불평등의 해소도 무시할 수 없는 중요한 목표이다. 다만, 이것 때문에 정부정책이 포퓰리즘으로 흐르면 많은 폐해를 낳을 수 있기 때문에 세심한 주의가 필요하다.

현 정부의 改革課題 選定 중 가장 反市場的 정책은 과거 '業種專門化'의 전례를 따른 빅딜(대기업간 사업교환)이다. 빅딜은 5대 재벌 및 채권금융 기관간의 자율적 합의를 통한 구조조정의 형식을 취하였지만, 사실상 정부가 指目한 重複·過剩 投資 업종을 대상으로 정부의 유도와 압박에 의해 사업교환을 이루어냈다. 1998년 숱한 논란 끝에 탄생한 이른바 빅딜 기업들이 대부분 적자 누적과 통합 후유증으로 경영상 어려움을 겪고 있다.

또 다른 예로 負債比率 200% 축소를 들 수 있다. 외환위기와 유동성부족 상태에서 대기업의 부채비율은 축소되어야 했지만, 부채비율 200%라는 기준이 왜 필요한지에 대해 該當業界를 납득시킬만한 論據는 없었다. 뿐만 아니라, 실제 집행과정에서도 부채비율 감소가 계열사의 有償增資 참여로 이루어지게 함으로써 금융비용의 감소라는 실질적인 구조조정의 효과를 거두지 못했다.

2002년에는 構造調整 方式을 常時的 기업구조조정 시스템으로 전환하였으나 倒産3法 등 企業退出의 여건을 여전히 정비하지 않은 채 정부 개입에 의한 부실기업 대책이 진행되었다.

이 밖에도 권력형 不正腐敗로 정부의 신뢰가 추락하였으며, 나눠먹기식 落下傘 인사로 구조조정을 선도해야 할 공공부문이 여전히 가장 구조조정이 부진한 부문으로 남아 있다. 件數 爲主의 규제완화에 치우쳐서 여전히 行政 便宜的 규제가 만연하고 있으며, 정부 정책에 반대하면 反개혁세력으로 몰아부치는 분위기가 형성되기도 했다. 그 예로 의료보험과 교육개혁을 들 수 있다.

선진국들은 개방화, 시장경제 중시, 정부개입 축소 등 개혁의 원칙을 一貫되게 밀고 나감으로써 경제개혁에 성공하였다. 예를 들어, 미국은 70년대 이래 정부개혁, 금융개혁, 규제완화 등을 추진하면서 시장경쟁을 중시하는 원칙을 일관되게 유지하였다. 시장경제를 바로 세우려면 자율경쟁·공정경쟁의 경제시스템을 구축하여 시장에서 진정한 승자와 패자가 가려지도록 하고 시장의 弊害를 최소화하도록 하여야 한다. 경쟁력 없는 기업을 보호하고 지원하는 제도적·관행적 요소들을 제거함으로써, 부실기업에 묶여 있던 자산과 자원이 보다 효율적인 부분에 집중적으로 배치되도록 하여야 한다.

아울러 모든 경제주체는 그들의 경제행위에 대해 경제적 책임을 확실하고 過不足 없이 지도록 하는 제도를 실시해야 한다. 예를 들어, 시장에서 퇴출되는 기업이 있는 경우, 기업주는 물론 銀行과 株主도 책임을 부담하게 해야 한다. 또 경영자가 주주와 채권자들에게 피해를 주는 부당한 행위를 한 경우, 그들은 응분의 재산상 책임을 지도록 해야 할 것이다.

불필요한 경제적 규제는 철폐하고 필요한 社會的 規制(불량식품, 환경, 직업안전 등)는 오히려 강화해야 한다. 광범위한 지하경제와 음성적 소득이 정경유착의 기반을 제공하고 있으므로 國稅行政의 개혁과 검찰의 정치적 중립 등이 요망된다. 다시 말해, 부패를 방지하기 위해서는 제도의 개선, 법에 의한 지배의 확립, 부정행위에 대한 엄격한 법의 적용 및 처벌 강화 등이 필요하다. 이러한 문제를 해결하지 못한 채 개혁을 추진한다면, 겉으로는 뭔가 이룬 것으로 보일지라도 실은 아무런 소용이 없고, 오히려 안 한 것만도 못한 결과를 가지고 올 경우도 있게 된다.

한편, 시장경쟁을 강화하기 위해서는 福祉制度도 강화되어야 한다. 정부는 실업자와 빈곤층을 보호하기 위해 많은 조치를 취하였으나 醫療保險에서 보듯이 무리하고 조급한 시행을 강행한 결과는 무엇인가. 生産的 福祉를 창출했다고 할 수는 없다.

3) 개혁의 政治經濟學

사실, 經濟政策은 원래 정치가가 하는 일이지 경제관료가 할 수 있는 일이 아니다. 흔히 '경제운영은 經濟論理를 가지고 해야 하며, 정치논리를 가지고 해서는 안 된다'는 말이 있다. 그러나 모든 정책은 정치가의 몫이다. 경제개혁이란 더더욱 정치적인 프로세스이다. 경제학자나 경제관료는 개혁을 도울 수는 있지만, 모든 개혁의 의사결정은 정치가에 의하여 이루어진다. 예를 들어 1978년 이후의 중국의 경제개혁은 鄧小平이라는 정치지도자가 한 일이지 경제관료가 한 일이 아니다. 영국의 1980년대 초의 개혁은 대처 수상이 한 일이지 재무팀 차원에서 이루어진 일이 아니다. IMF 개혁 프로그램은 IMF라는 국제기관이 우리 정부를 대신해서 추진한 일이며, 거기에는 IMF 나름대로의 정치적인 목적이 있었다고 보아야 한다.

개혁이 성공하자면 나라의 미래에 대한 정치지도자의 비전과 그 비전을 실현시킬 수 있는 戰略이 있어야 한다. 전략이 있어야 전술이 나올 수 있다. 戰術이 곧 經濟政策이다. 정치지도자의 비전과 戰略이 없다면, 아무리 관료가 유능하다고 해도, 政策(즉, 전술)은 성공할 수 없다. 그런 의미에서 경제발전이 있기 위해서는 우선 유능한 정치지도자가 있어야 한다. 경제개혁은 정부, 기업, 근로자, 소비자 등이 관계되는 정치적 과정이므로, 여론의 지지와 정치적 힘이 없이는 아무리 좋은 개혁정책이라도 성공적으로 추진될 수 없다.

(1) 改革 리더십

개혁을 추진하려면 우선 지도자가 이를 추진할만한 정치적 리더십을 갖추어야 한다.

경제정책은 항상 이해당사자들 간의 葛藤을 유발한다. 경제정책은 이러한 갈등이 해소되고 당사들 간의 합의가 이루어질 때 성공할 수 있다. 갈등 해소나 합의가 이루어지기는 쉽지 않으므로 정치지도자가 리더십을 발휘하여 합의를 이루게 유도해야 한다. 합의가 어려울 경우, 여론을 조성하여 국민이 개혁을 따르도록 함으로써 迂廻的으로 정치 상대방을 설득하여 합의를 일구어내야 한다. 개혁을 성공적으로 추진한 배경에는 언제 어디에 있어서나 지도자의 뛰어난 리더십이 있었다. 중국의 등소평이나 영국의 대처수상이 경제개혁을 일구어낸 이면에는 그들의 탁월한 정치력이 발휘되었다는 것을 알아야 한다.

우리나라의 경우를 보면, 역사상 한 번도 자발적으로 개혁을 성공적으로 추진한 적이 없다. 정치지도자의 비전과 전략이 없고, 강력한 리더십이 개혁을 주도하지 못했기 때문이었다. 〈국민의 정부〉 초기에는 위기 직후 국민의 지지를 바탕으로 강력한 리더십을 발휘하며 개혁을 추진하는 듯이 보였다. 그러나 이듬해인 99년에는 개혁의 단기적인 성과에 만족한 나머지 大宇사태 해결을 지연시킴으로써 개혁의 신뢰도가 떨어진 데다가 2000년 총선에서 승리하지 못함으로써, 임기 후반에 올수록 소수정권의 한계를 보이게 되었다. 이해 갈등의 대표적 調整手段으로 도입된 勞使政委員會도 본연의 기능을 하지 못하였다. 그 위원회는 정치적 갈등의 뚜렷한 解消 裝置를 마련하지 못한 채 이 갈등을 정치적 목적으로 활용하려는 與野의 정쟁적 攻防을 촉발하였다. 이렇게 정치적 갈등이 심화되자 정치인들은 각기 자신의 정치적 기반을 찾아서 지지세력을 구축하려 하고, 이 과정에서 인기에 영합하는 정책이 만들어지기도 하였다.

(2) 파워 그룹

1997년 이후의 IMF 개혁프로그램은 우리 자신의 자발적 힘에 의해서가 아니라 위기의 渦中에서 타율적으로 IMF 주도에 의해 立案된 것이었다. 경제위기를 맞기 이전 우리 자신의 힘으로 개혁을 추진하지 못한 것은 내가 보기에는 정치 지도층이 우선 경제개혁에 대한 절실한 필요성을 느끼지 못한 데에 기본적인 이유가 있다. 각기 1970년대 1980년대의 固定觀念에 따라 주로 단기적 成長만을 추구하는 데 급급했기 때문이었다. 경제의 장래에 대한 비전과 전략이 없었으므로 서로 다른 이해집단간의 파워 경쟁이 돋보일 뿐, 상황을 개선하는 계기를 만들어내기가 어려웠다.

1960년대 이후 고도성장 과정과 뒤이은 민주화 과정에서 형성된 우리 경제사회의 파워 그룹으로는 財閥, 官僚組織, 勞動組合을 들 수 있다.[44] 파워 그룹간의 삼각구도 속에서 언론도 나름대로의 파워 그룹으로 기능하기도 하였다. 개혁은 그 본질상 3자의 이해상충을 가지고 올 경우가 많다. 이 세 개의 당사자들이 각각 개혁 추진에 거부권을 행사할 만큼 강력한 힘을 소유하고 있다면, 경제개혁은 그야말로 空念佛로 끝나게 된다.

모종린 · 임성학(2002)은 민주화 이후의 한국의 정책결정 과정은 대체로 다음과 같은 특징을 지니고 있다고 했다. 첫째, 다양한 利益集

44) 논자에 따라서는 노동조합 대신 언론을 들기도 한다.

團들이 정책결정 과정에 참여하여 자신들이 선호하는 정책을 정부가 채택하도록 영향력을 행사했다. 둘째, 정부의 중요한 결정이 공식적 절차에 의해서가 아니라 비공식적 절차에 의해 이루어지고 있다. 법안은 보통 정부가 마련해서 국회에서 통과되는 절차를 밟는 정도에 그치기 때문에 정부가 만든 법의 내용은 包括的이고 모호할 수밖에 없으며, 국회가 법의 시행과정에서 많은 재량권을 행사하고 있다. 셋째, 민주화 이후 이해당사자들의 集團利己主義가 갈수록 심각해져 합리적인 妥協과 折衝이 어려웠다. 마지막으로, 이해당사자들 간의 갈등과 대립을 조정할 수 있는 仲裁裝置가 제대로 작동하지 않았다.

위에서 말한 三角主體 각각이 영향력을 행사할 수 있는 것은 이들이 모두 나름대로 경제의 일각을 담당하고 있기 때문이며, 따라서 하나의 그룹이 무너질 때 사회 전반에 엄청난 충격을 줄 수 있기 때문이다. 금융개혁은 부실금융기관의 정리과정에서 금융권에서 실업을 발생시키며, 기업개혁은 재벌의 구조조정 과정에서 실업의 대량 발생을 불가피하게 한다. 개혁과정에서 파워그룹들의 抵抗에 당면하게 되는 것은 당연한 일이다.

改革 推進勢力은 파워그룹들의 저항에 대항하여 싸워야 하며, 장기비전과 가시적 성과의 창출로 여론의 지지를 얻어가면서 파워그룹들의 힘을 약화시켜야 한다. 즉, 파워그룹의 惰性的 행동을 저지하기 위하여 적극적으로 시장에 개입하되, 시장원리에 충실함으로써 그들의 힘이 저절로 약화되도록 하여야 한다. 그러나 우리 경제개혁은 이러한 방향에 따라 정치경제적 진전을 이루지 못하였다. 위기 직후 약화된 파워그룹의 힘은 점차 그 힘을 회복하기 시작하였다. 정부는 위기관리를 빌미로 자신의 힘을 강화시켰으며, 재벌도 강화된 정부의 힘에 대항하기 위해 더 큰 목소리를 내게 되었고, 정치적으로 정부가

약화되자 노동조합의 힘은 더 강화되었다.

4) 政策과 制度化

경제개혁은 개혁정책의 樹立, 施行 및 制度化과정으로 나누어진다. 개혁정책의 수립과정에서는 국정당당자의 비전과 전략이 그 바탕이 돼야 하므로, 국정담당자는 압력집단의 영향력에서 벗어나 경제사정에 부합되는 정책을 수립하여야 한다. 그러나 개혁이 시행되기 위해서는 의회나 이익집단의 지지를 얻어 그 개혁을 制度化하여야 한다. 만약 개혁세력이 多數黨이 아니라면 개혁의 제도화가 어려워지고, 이익집단을 조정할 능력이 없다면 개혁은 더욱 어려워진다. 개혁의 장기적 비전만 강조되고 단기적인 가시적 성과가 보이지 않을 때 구성원은 苦痛分擔을 하지 않으려 할 것이며, 개혁은 제도화 단계에 이르지 못하고 施行 단계에서 정체된다.

우리나라의 경제개혁은 법과 규제체계의 대규모 정비과정을 통해서 제도화되는 단계에 이르지 못하고 있다. 기업의 退出을 용이하게 하기 위하여 倒産法을 정비하여야 한다는 의견의 일치를 보이고 있으나 뚜렷한 이유 없이 지체되고 있다. 반면, 기업 支配構造 개선을 위한 集團訴訟制의 경우, 당사자들의 강한 반대와 법적 문제점에도 불구하고 제도화를 서두르고 있다. 지난 5년간의 경제개혁이 앞으로도 착실히 추진될 수 있으려면 개혁의 과정을 보다 합리적으로 정비하여야 한다.

〈참 고 문 헌〉

모종린 · 임성학, 「한국의 경제개혁: 무엇을 연구해야 하는가」, 『한국 경제개혁 사례연구』(모종린, 전홍택, 이수희 편), 한국개발연구원, 2002.

재정경제부, 「4대 부문 구조개혁 추진실적 및 계획」, 2001.

Cho, Yoon Je, "From Crisis to Recovery in Korea: Strategy, Achievments, and Lessons," manuscript, 2001.

Chopra, Ajai, Kenneth Kang, Meral Karasulu, Hong Liang, Henry Ma and Anthony Richards, *From Crisis to Recovery in Korea: Strategy, Achievements, and Lessons,* Asia and Pacific Department, International Monetary Fund, May 14, 2001.

Park, Won-Am and G. Choi, "What caused the crisis in Korea?" manuscript, 2002.

Rodrik, D., "Understanding Economic Policy Reform," *Journal of Economic Literature*, 34(1), 1996, pp. 9-41.

Stiglitz, J., *Globalization and its Discontents*, Norton, 2002.

第5장 한국의 경제개혁(2)
- 글로벌 시대의 경제정책의 방향 -

I. 競爭과 葛藤의 시대

運命이건 選擇이건 우리는 지금 경제의 國境이 허물어지고 자본과 상품 그리고 사람과 知識의 국제이동이 加速化되는 시대에 살고 있다. 개별경제의 통합과 함께 시장이 세계적인 규모로 넓어지고 있는 것이다. 글로벌化(globalization)라 일컬어지는 이러한 통합 과정에서 자유로울 수 있는 국가는 드물다. 자본주의 市場原理를 조금이라도 도입한 경제라면 시장의 글로벌화에 따르는 영향을 비켜갈 수는 없을 것이다.

문제는 변화의 方向이 바람직하냐의 여부이다. 글로벌화가 개별경제나 그 구성원에게 미치는 효과가 긍정적이라면 변화 자체를 둘러싼 논쟁은 크지 않을 것이다. 적어도 主流經濟學의 이론은 市場의 크기와 去來의 利得은 비례적일 것이라고 예측한다. 경험적으로 볼 때도 무역자유화가 체계적으로 가속화된 지난 10여년의 세계경제 성장률은 과거에 비해 높게 실현되었다. 물론 成長은 기술진보나 전쟁과 같은 다른 요인들에 의해 결정되기도 하지만, 새로운 시장의 발견이 富의 創出로 이어진다는 원칙은 어제 오늘에 정립된 것이 아니다.

그런데도 글로벌 경제를 둘러싼 논쟁이 끊이지 않는 것은 무슨 까닭인가. 이는 절대적인 측면이건 상대적인 측면이건, 글로벌화 과정에서 손해를 보는 측이 있기 때문이다. 삶의 질을 所得으로만 표시할 수는 없지만 가시적인 성장지표의 기준으로 볼 때, 글로벌화의 得失을 가늠하는 貸借對照表는 나라마다 차이를 보이고 있다. 또 한 나라 안에서도 지역, 계층, 집단 등에 따라 혜택의 차이가 있을 수 있다.

國家間의 격차는 競爭의 결과로 나타난다. 시장이 넓어지고 거래의 규모가 커진다는 것은 그만큼 경쟁의 폭도 넓어짐을 의미한다. 경쟁이 치열해질수록 勝者와 敗者의 격차도 커질 것이다. 그런데 이러한 국가간의 소득격차는 그 결과를 수정할 수 있는 장치가 없다는 점에서 국내의 소득격차와 구별된다. 한 국가 내에서는 적어도 개념적으로는 分配正義에 대한 사회적 합의의 도출이 가능할 수 있다.[45] 만일 기존의 분배상태가 사회적으로 바람직한 기준에 못 미친다면, 정부는 再分配政策을 시행할 정당성을 가지는 것이다.

국내시장과는 달리 '경쟁의 結果'를 조정할 수 있는 慈悲로운 解決士가(즉, 국가간의 再分配가 이루어질 경로가) 존재하지 않는 세계시장의 경우에는 '경쟁의 過程'에 대한 개별 국가들의 관심이 커질 것이다. 우리가 흔히 듣는 公正한 交易(fair trade)이라는 개념은 '公正'이라는 단어가 주는 語感과는 달리 개별 국가의 주관적인 관점에서 해석되는 것이 보통이다. 국제거래에 관련된 국제기구나 제도들도 경쟁에 관련된 節次上의 공정성을 보장하는 것을 主機能으로 삼고 있다. 세계화 과정에서 낙후된 나라들이 워싱턴을 중심으로 생성되는 국제자본흐름의 구조에 反旗를 드는 배후에는 국제자본거래에 관련된 게임의 법칙이 公正하게(level playing field) 형성되지 않았다는 인식이 있기 때문이다.

---

45) 현실적으로는 만장일치가 아닌 다수결과 같은 정치과정을 통해 결정되는 것이 보편적일 것이다.

글로벌화가 초래하는 또 다른 차원의 갈등은 국내 소득격차의 확대에서 비롯된다. 세계화의 과정에서 성장률이 현격하게 증가한 국가라 하더라도 내부적으로는 분배가 악화될 가능성이 높아진다. 자본가나 전문직 종사자와 같이 상대적으로 국제이동이 자유로운 집단은 어떤 발전단계의 국가에 속해 있건 경제통합의 주된 受惠者가 될 것이다. 반면에, 상대적으로 高賃金을 받던 선진국의 非熟練 노동자들은 개도국의 低賃金 노동력에 바탕을 둔 제품이 자유롭게 유입됨에 따라 불리한 여건에 처하게 된다.[46)]

글로벌화의 혜택을 별로 받지 못하는 개발도상국의 경우에는 成長의 停滯와 分配의 惡化라는 이중의 고통을 겪게 될 가능성이 있다. 경제는 개방했지만 필요한 외국자본과 기술의 유입이 부진하다면 평균소득의 증가는 미미할 수 있다. 대신 국내자본과 전문인력이 해외시장으로 이동할 유인과 기회는 과거에 비해 커지기 때문에 이들을 국내에 머물게 하려면 보다 높은 수준의 報償을 제공해야 할 것이다.

자유무역 확산의 수혜자로 볼 수 있는 우리의 경우에도, 분배를 둘러싼 갈등이 심화될 가능성이 크다. 우선, 금융시스템이 충분히 성숙하지 않은 상태에서 자본시장 개방이 진행된 탓에 약간의 외부충격에도 경제 안정이 흔들릴 확률이 높아졌다. 경제의 불안정이 지속되는 경우 소득분배가 악화되기 쉽다는 것은 이미 외환위기를 통해 경험한 바가 있다. 또한 서구국가와는 달리 기본적인 福祉制度가 충분하지 않은 상태에서 시장의 자유화와 개방이 진행된 것도 부담으로 작용할 것이다.[47)] 고도성장의 시기에는 다소간의 分配 惡化가 있어도 절대소

46) 유사한 논리로, 비숙련노동력의 경우 이들이 생산하는 제품의 需要彈力性이 커짐에 따라 협상력이 잠식된다는 견해도 있다(Rodrik, 1997).

47) 물론 우리의 경우에도 생산요소의 국제이동에 따르는 소득분배 악화 가능성이 존재한다.

득의 증가로 사회안정을 유지할 수 있었다. 그러나 앞으로는 성장률의 둔화가 예상되기 때문에 복지제도에 대한 획기적인 개선이 없는 한 분배를 둘러싼 갈등이 새로운 사회문제로 대두될 가능성이 높다.

요컨대 글로벌화와 시장원리의 확산은 성장가능성의 증가라는 잠재적 혜택 못지않게 경쟁과 갈등의 소지 역시 증가시켰다. 단순히 국내시장의 소득분배 문제로 끝나지 않고 국가간의 격차라는 또 다른 변수가 등장함으로써 문제의 성격이 더욱 복잡해졌다. 더구나 資本이나 熟練勞動과 같은 생산요소의 국제이동이 증가함에 따라, 계층이나 집단간의 갈등을 정부가 전통적인 재분배정책을 통해 직접 仲裁할 수 있는 여지가 점차 줄어들고 있다.

역사적으로 볼 때 經濟統合은 새로운 현상이 아니다. 19세기 말에서 1차대전에 이르는 시기에도 상품과 생산요소의 국제이동은 최근 못지않게 활발했다(Wolfe, 2001, p. 180). 그러나 이러한 量的인 비교만으로 한 세기 후에 진행되고 있는 세계화의 방향과 영향을 추측하기는 어렵다. 당시의 交易은 상대적으로 특화된 제품을 중심으로 이루어졌지만, 지금은 동일한 시장에서 동일한 제품을 놓고 여러 나라가 販賣競爭을 벌이는 상황이 두드러지고 있다. 자본과 노동의 이동도 그 구성에 있어 과거와는 현저한 차이를 보인다. 채권보다는 주식, 장기자본보다는 단기자본의 이동이 상대적으로 증가하고 있다. 노동력의 이동도 非熟練 노동의 移住는 과거에 비해 규제가 강해진 반면, 기술과 지식을 소유한 전문직 종사자의 국제이동은 그 어느 때 보다도 자유롭게 진행되고 있다.

이러한 글로벌化의 소용돌이에서 경쟁과 갈등을 극복하고 잘 사는 나라로 남기 위한 선택은 무엇인가. 생산요소의 국제이동과 국제거래의 규범이 정착되면서 성장과 분배에 관한 전통적인 정부의 기능은 제약을 받고 있다. 아직 민족국가의 개념을 대체할 수 있는 국제정부의 출현이 遼遠한 상태에서 시장의 움직임과 다국적기업의 의사결정에 의해 사회구성원의 후생이 결정되도록 하는 것이 바람직한 것인가. 시장원리의 확산이 진행되면서 여전히 효과적인 정부로 남을 수 있는 여지는 없는 것일까. 아래에서는 이러한 질문들을 중심으로 우리 경제 사회가 부딪히게 될 상황과 이에 대한 대응방안을 검토한다.

Ⅱ. 傳統的 政府機能의 제약

글로벌화의 진전, 시장논리의 확산과 더불어,[48] 정부의 전통적 역할에 대한 懷疑論이 대두되고 있다. 자원배분의 효율성, 소득분배의 형평성, 거시경제의 안정과 같은 전통적인 정책목표는 여전히 유효하지만, 이를 추구하기 위한 정책수단의 제약이 두드러지고 있다. 시장에 대한 정부 개입의 정도와 방식이 집권 정당의 이데올로기에 의해 영향을 받기에 앞서 정책수단의 可用性에 의해 제약을 받는 頻度가 늘고 있다.

경제이론은 오랫동안 성장의 기본 動力은 貯蓄에서 나온다고 가르쳐왔다. 고도성장을 경험한 아시아 국가들의 저축률이 높은 것은 우연이 아니다. 높은 저축률은 빠른 자본축적으로 이어지고, 이에 따른 생산성의 증가는 경쟁력 향상과 생활수준의 상승을 촉진하였다. 그러나 국제자본이동이 자유로워지면서 저축은 자국 내에서 투자된다는 公式이 무너지기 시작했다. 해외투자에 따르는 위험을 감안하더라도

48) 냉전시대의 종식과 함께 정부의 시장개입의 비효율을 강조하고 시장경제의 우월성을 강조하는 많은 문헌이 쏟아져 나왔다(Fukuyama, 1989; Yergin and Staninslaw, 1999 등).

국내저축이 해외시장의 높은 수익률을 쫓아 움직이는 것은 점차 例外보다는 정상적인 현상으로 자리 잡아가고 있다.

1. 國際資本 誘致를 위한 경쟁

전통적 國民國家(nation-state)의 위상은 퇴색하고 다국적 기업이 새로운 세계경제 질서의 主人公으로 등장할 것이라고 보는 경제민족주의(positive economic nationalism)의 관점에서는[49], 국제자본이 국내에 투자될 수 있는 제도적 경제적 여건을 조성하는 일이 정부의 주된 역할이라고 보고 있다. 지본괴 기업의 國籍이 無意味해지는 상황에서는 저축유인을 제공하는 식의 전통적인 수단보다는 충분한 사회간접자본, 유능한 노동인력, 신뢰할만한 法律體系, 투명한 去來慣行을 제공함으로써 外國資本을 유치하는 것이 자본축적을 위한 바람직한 정책 방향이라는 것이다.

글로벌化가 궁극적으로 국민국가의 위상을 어떻게 변화시키느냐의 문제는 이 글의 논의를 벗어나지만, 자본의 국내유치를 위한 각국의 경쟁이 가속될 것이라는 예측은 妥當할 것이다. 문제는 국제자본을 유치하려는 개별 국가의 노력에는 수반되는 불확실성과 위험이 많아지는 데 있다. 무엇보다 정부정책이 제약을 받게 되는 측면이 많아지는데, 특히 다음 두 가지 경우가 두드러진다.

우선 유치하려는 자본과 실제로 투자되는 자본의 성격이 일치하지 않을 수 있다. 投資 誘致國의 입장에서는 외국자본이 국내에 장기간 머물며 산업자본의 역할을 해주기를 기대한다. 그런데 실제로 유입되는 자본에는 투기적인 목적을 지닌 단기자본이 섞여 있을 것이다.

49) Reich(1992), Ohmae(1995) 등.

단기자본의 경우, 국내투자의 豫想收益率이 하락하거나 투자위험도가 증가하면 국내시장을 이탈할 가능성이 높기 때문에 안정적인 통화정책을 펴기 힘들고 나아가 外換危機의 원인이 될 수도 있다. 자본축적을 늘려 성장잠재력을 확충하기 위한 外資誘致가 오히려 逆效果를 낳을 수 있다는 것이다.[50)]

외국자본을 유치하려는 노력이 부딪히는 또 다른 한계는 투자유치를 둘러싼 국가간의 租稅引下 경쟁으로 인해 정부의 歲入 基盤이 잠식될 가능성이다. 다른 조건이 동일한 경우, 투자자의 순수익률을 단기에 높여주는 가장 확실한 방법은 세금을 깎아주는 것이다. 물론 세금을 깎아준다고 해서 稅收가 반드시 줄지 않을 수도 있다. 세금삭감을 통해 더 많은 자본이 국내에 투자된다면 세수는 오히려 늘어날 수도 있다. 문제는 모든 나라가 세금을 낮추는 소위 租稅競爭의 형태가 발생할 수 있다는 것이다. 조세삭감의 투자유치 효과는 불분명한 상태에서 재정수입은 줄어드는 달갑지 않은 결과가 초래될 수 있다.[51)]

자본의 국제이동이 稅收의 감소로 이어진다는 논리는 국제이동이 가능한 다른 稅源에도 적용될 수 있다. 高所得 專門職 인력의 경우 높은 세율을 피해 다른 나라로 이주할 수 있으며, 국경을 넘어서는 소비활동도 더욱 활발해질 것이다(King, 1997). 물론 국가간의 정보교환이 효율적으로 이루어지면 국제적 조세회피를 방지할 수 있는 여지가 커질 수 있다. 그러나 국제자본유치에 급급한 개별 정부가 조세정보를 자발적으로 교환한다는 것은 쉽지 않을 것이다.

---

50) 외국자본 流入의 得失에 관한 논의는 (전주성, 2001b) 참조.

51) OECD에서는 해외투자기업의 移轉價格(transfer pricing) 문제와 함께 有害한 租稅競爭(harmful tax competition)을 국제조세분야의 주요 정책과제로 삼고 있다.

2. 福祉機能의 후퇴

생산요소의 국제이동과 정부 재정수입의 감소는 정부의 전통적인 所得再分配 기능에도 상당한 제약으로 작용한다. 고소득 근로계층이나 자본의 국제이동 가능성이 커짐에 따라 이들에 대한 課稅의 實效性이 현저하게 떨어지고 있다. 국제자본시장의 통합이 본격화되기 이전에도 高稅率의 累進課稅 체계가 초래하는 비효율에 대한 논의는 많았다. 각종 控除나 免除 규정이 만연되어 있는 상태에서 높은 한계세율을 유지하게 되면 고소득자의 租稅節減 노력이 강화되고 이에 따른 비효율이 커질 것이라는 우려가 높아졌다. 실제로 1980년대 이후 대다수 서구 국가들은 控除나 減免의 폭은 줄이면서 稅率은 낮추는 방향으로 세제개혁을 단행하였다.

생산요소의 국제이동성 증가는 高稅率 累進課稅 체계의 실효성에 추가적인 제약으로 작용한다. 이동성이 강한 생산요소에 부과되는 세금은 명목적으로는 이들의 이름으로 납부되지만 실질적으로는 이동성이 적은 非熟練 노동자나 일반 소비자들에게 전가될 가능성이 높다. 경제통합이 가속화된 유럽연합 국가들이 자본과세에 대해 부담스러운 입장을 보이는 것도 이 때문이다.52)

과세를 통한 所得再分配 政策의 實效性이 낮아지면서 지출을 통한 복지정책의 중요성이 커지게 되었다. 그러나 이 경우에는 생산요소나 상품의 이동에 따른 財政收入의 減少가 제약조건으로 작용할 수 있다(Tanzi, 2000). 글로벌화의 진전으로 疎外되는 그룹이 더욱 두드러짐에 따라 소득분배가 악화될 가능성이 높아진다는 것은 이미 언

---

52) 일부 노르딕 국가들은 資本所得과 勤勞所得을 분리해서, 전자에 대해서는 낮은 수준의 단일세율을 적용하고 있다.

급한 바 있다. 이와 동시에 정부의 재정수입이 글로벌화의 영향으로 감소한다면, 글로벌화의 수혜자와 그렇지 못한 자들 간의 갈등이 더욱 심화될 수 있다. 이처럼 글로벌화의 영향으로 사회안정이 흔들린다면 장기적 眼目의 정책에 비해 정치적 타협의 산물로서 생성되는 단기 정책의 비중이 늘어날 수 있다.

3. 安定化 政策의 한계

글로벌화는 需要調節을 통해 경기안정을 도모하는 전통적인 안정화정책에도 상당한 제약으로 작용할 것이다. 케인지안식의 적극적인 재정금융정책의 실효성에 대한 논의는 이미 오래 전에 시작되었다. 經濟主體의 合理性과 시장의 效率性을 전제로 할 때 돈을 풀거나 세금을 깎아주는 식의 정책은 민간주체의 대응에 의해 상당부분 효과가 상쇄되어버릴 수 있다. 經驗的으로 赤字財政이나 通貨增發이 바람직한 성장전략이 될 수 없는 사례가 적지 않다.[53)]

글로벌화로 인한 경제통합과 정보통신수단의 발달은 恣意的인 거시조정 정책의 실효성에 또 다른 압박으로 작용하고 있다. 國際資本市場의 통합으로 인해 한 시장의 金融衝擊이 다른 시장으로 전파되는 속도가 과거와는 비교가 되지 않을 정도로 빨라졌다. 이러한 국제자본시장의 '傳染效果'는 국내 실물경제의 상황과는 無關하게 진행될 수 있기 때문에 예상치 못한 외부충격을 흡수할 수 있는 제도적 장치가 충분히 확보되어야 한다.

과거 자본이동이 비교적 제한적이었던 시절의 금융시장은 실물경

---

53) 1980년대의 南美 外債危機가 대표적인 사례이다. IMF나 세계은행에서 救濟金融을 제공하는 조건을 보면 통화긴축과 재정건전성 회복이 기본요소로 들어가 있다.

제를 반영한다고 볼 수 있었다. 投機要因에 의한 단기적 변동은 있지만 장기적으로는 국내저축과 투자수요에 따라 장기금리가 결정되고, 무역수지의 변화에 따라 환율이 움직이며, 국내경기의 豫想値에 따라 주가가 오르내렸다. 그러나 금융거래의 규모가 증가하고 금융시장 간의 통합이 가속화되면서 역으로 금융시장의 상태가 실물경제에 영향을 주는 경향이 강해졌다. 예컨대, 미국 증시의 영향으로 한국 국내 증시가 움직이고 이것이 국내 消費(자산효과를 통하여)나 投資(기업의 자본운용에 대한 영향을 통하여)에 波及效果를 미칠 수 있다. 경상수지는 분명히 흑자인데도 환율이 단기적 변동이라고는 보기 힘들 정도로 급상승하는 경우가 드물지 않다.

이처럼 금융부문의 불안정이 실물부문에 악영향을 미치는 정도가 커지고 자본시장의 대외개방이 국내 금융시장의 불안정을 증폭시키는 역할을 함에 따라 전통적인 거시정책의 효과도 점점 제한적으로 되고 있다. 예컨대 국내수요를 촉진시키기 위한 통화량의 증가가 자칫 환율과 금리의 搖動을 초래함으로써 실물경제에 부정적인 영향을 끼칠 수 있다. 수출을 촉진하기 위해 인위적으로 환율을 조정할 경우, 국내에 투자된 외국자본이 換危險을 우려하여 떠날 수도 있다. 이제 거시경제의 안정은 단순히 상품가격의 안정이 아니라 換率이나 金利, 株價와 같은 금융변수의 안정을 포함해서 생각해야 할 시대가 온 것이다. 그만큼 안정화 정책을 펴기가 힘들어졌다는 것을 의미한다.

Ⅲ. 새로운 代案의 모색

成長, 分配, 安定이라는 기본적인 경제목표는 변함이 없는데 정책의 手段은 과거에 비해 제한적이라는 사실은 곤혹스럽기는 하지만 글로벌화의 과정을 겪고 있는 국가라면 예외 없이 부딪히는 현상이다. 경제통합에 따라 성장의 기회가 늘었지만 국제경쟁이 치열해지면서 과거보다 뒤쳐질 위험도 커졌다. 생산요소의 국제이동이 활발해지면서 분배는 더 악화될 것으로 예측되지만 정부의 전통적인 再分配 機能은 오히려 약화되고 있다. 단기자본의 이동은 전통적인 경기안정의 수단을 무기력하게 할 뿐만 아니라, 불안을 국가 간에 傳染시키는 역할까지 맡고 있는 것이다.

이러한 상황에서 전통적인 정부기능을 고집하는 것은 어리석다. 효과 없는 정부 개입을 지속해 비효율을 창출하는 것보다 시장에 맡겨두는 편이 낫다는 신자유주의적 사고에 논리적인 대응을 하기는 쉬울지 모른다. 하지만 현실적인 정책수단의 차원에서 보면 대안이 궁색해지는 것은 사실이다. 시장원리를 강조하는 측도 시장이 모든 것을 해결한다고 믿는 것은 아니다. 다만 '市場의 失敗'를 치유하기 위해 개입한 정부가 제 역할을 못해 '政府의 失敗'까지 초래하는 상황을 우려하는 것이다.

사실 글로벌화를 둘러싼 논쟁에는 과격한 黑白論者들의 修辭처럼 '新自由主義와 그 敵들'만 존재하는 것은 아니다. 글로벌화에 대한 비판론을 보더라도 실업과 환경파괴를 우려해 보호주의로의 회귀를 요구하는 극단적인 입장만 있는 것은 아니다.[54] 경제통합의 큰 흐름을 인정하고 시장경제의 효율성을 신뢰하면서도 글로벌화에 따른 부

54) 무역자유화가 현재의 대세이기 때문에 보호주의적인 정책으로의 回歸는 어려울 것이라는 섣부른 예측은 금물이다. 開放化의 정도를 결정하는 것은 통신이나 교통비용의 절감이 아니라 주권 국가의 정책이라고 본다면 (Wolfe, 2001), 적어도 부분적인 무역규제는 여전히 가능할 수 있다. 또한 국제무역질서는 자유무역을 기조로 한다 하더라도, 현실적인 정책의 차원에서는 '公正한 去來'라는 名分下에 보호주의적인 색채가 농후한 수단들이 채택될 여지가 얼마든지 있다.

작용(예컨대, 국가간 성장격차와 국가내 분배악화)을 치유할 代案의 不在를 지적하는 절충적인 입장도 분명 존재하는 것이다.[55]

글로벌화라는 시장통합의 과정이 진행되면 될수록 승자와 패자의 明暗은 더욱 확실해질 것이다. 손해를 보는 국가나 계층 및 집단의 입장에서는 누군가가 개입해서 글로벌화가 초래한 不平等을 완화해 줄 것을 기대할 것이다. 국내 소득분배의 문제라면 정부에게 그 역할을 요구할 것이고, 국가간의 갈등이라면 효과적인 글로벌 거버넌스(global governance)의 정립을 놓고 논쟁이 벌어질 것이다. 정부와 시장의 역할에 대한 高踏的인 談論의 방향과는 무관하게 현실세계에서는 좀 더 효과적인 정부에 대한 수요는 멈추지 않을 것이다.

문제는 전통적인 정책수단에 의존하는 정부는 이러한 기대에 부응하기 힘들다는 것이다. 사실 글로벌화를 둘러싼 그 동안의 국내 논의를 보면 서구 학계의 담론을 소개하는 측면과 정부의 정책결정을 사후적으로 정당화하려는 노력은 눈에 많이 띄었지만 우리의 실정에 적합한 정책비전에 대한 토론은 상대적으로 부족한 상태였다. 아래에서는 經濟統合이 擴散된다는 前提 하에 앞으로 정부의 역할이 어떻게 달라져야 할 것인지를 따져본다. 구체적으로 경제정책의 주요 목표인 성장, 분배 그리고 안정에 대한 정부의 역할을 정리함으로써 대안 모색의 始發點을 삼고자 한다.

1. 效率과 衡平의 조화

장기적인 관점에서 국가경제가 발전한다는 것은 한편으로는 경제

55) 굳이 '제3의 길'(Giddens, 1998)과 같은 정책실험을 예로 들지 않더라도, 각국의 경제발전 단계나 대외개방, 시장개혁의 정도에 따라 정부의 역할에 대한 苦悶이 달라질 것이다.

가 지속적으로 成長하고 다른 한편으로는 성장의 과실이 형평하게 分配되는 것을 의미한다. 경제발전 과정에서 성장과 분배의 정책목표는 相衝關係(trade-off)에 놓이는 경우가 흔히 있다. 우선 성장이 가속화되면서 소득분배가 악화되는 경험을 한 나라들이 적지 않다. 또한, 서구 복지국가의 실험에서 보듯이, 복지재정의 규모가 커질수록 조세의 자원배분 왜곡이 심해져 성장이 위축될 수도 있다.

한국의 경우 과거의 고성장 시기에는 先成長·後分配의 논리 하에 소득분배의 문제가 정책이슈로 크게 부각되지 않았다. 그러나 과거와 같은 高成長率을 유지하기가 쉽지 않으리라 예상되는 상황에서는 소득분배를 둘러싼 계층간의 갈등이 표면화되기 쉽다. 더구나 경제개방의 진전이 가속화되면서 소외되는 그룹의 불만은 더욱 커질 수 있다. 이러한 갈등이 增幅되어 社會分裂이 계속되는 것은 바람직하지 않다. 그러나 조세경쟁과 생산요소의 국제이동으로 전통적인 再分配 手段의 실효성이 감소하고 있기 때문에 정부의 선택은 더욱 어려워지고 있다.

그렇다면 어떤 선택이 가능한 것일까. 우선 별 실효성도 없는 再分配 정책에 매달리기보다는 차라리 競爭力을 강화하는 방향으로 정책능력을 집결하는 것이 장기적으로 바람직하다는 입장이 있다. 이것은 분명 나름대로 정당성을 가질 수 있는 선택이다. 많은 서구국가들이 '큰 정부'의 실험에서 나타난 福祉의 陷井에서 벗어나려 하는데, 가뜩이나 국제경쟁의 심화로 成長潛在力이 위협받고 있는 우리가 섣불리 성장 저해적인 복지지출을 늘리는 것은 분명 모험적인 요소를 포함한다고 할 수 있다.

일부에서는 우리의 복지수준이 재정통계상의 분류관행 때문에 과소평가되어 있으며 인구고령화의 진전, 소득수준, 복지제도의 성숙화 등을 고려하면 서구 선진국 중 상대적으로 GDP 대비 복지지출의 비중이 낮은 나라들의 수준에 육박한다고 주장한다(문형표 외, 2001). 그러나 여러 나라의 복지정책을 양적인 수준만으로 비교할 수는 없다. 分配正義에 대한 사회의 평가가 다르고, 복지제도의 재정건전성도 중요한 고려 요인이기 때문이다.

보다 핵심적인 문제는 우리나라의 복지수준이나 제도를 대다수 사회구성원들이 받아들이는가이다. 현재의 복지수준이 충분하지 않아 계층 간의 갈등이 심화된다면 사회안정이 흔들릴 수 있다. 만일 정부가 복지제도의 재정건전성에 상관없이 정치적인 고려에 의해 혜택을 늘려주는 近視眼的인 정책을 남발한다면, 재정 전반의 안정성과 정부의 신뢰가 흔들려 持續的 成長을 저해할 수 있다. 이런 측면을 고려해 볼 때, 복지정책에 관한 정치이데올로기와는 무관하게 순수한 '경제논리' 차원에서 정당한 복지정책을 강구해야 할 것이다.[56)]

민주화된 사회에서는 원칙적으로 정부정책의 구성이나 수준이 정치과정을 통해 결정된다. 만일 정책결정에 관한 정치과정의 대표적인 이론인 '中間投票者理論(median voter theorem)'의 시사점을 받아들인다면, 중간계층의 선호가 조세 및 정부지출의 수준과 구성에 영향을 미친다는 것을 예측할 수 있다.[57)] 소득분배의 악화는 中間投票者가 所得階層上 下向 이동하게 되는 것을 의미하는데, 이때 이 사람이 인식하는 정부서비스의 '租稅價格(tax price)'은 낮아질 것이다(移轉支出의 受惠가능성은 높아지고, 限界稅率은 낮아질 가능성이 높다는 의미에서).

56) 衡平한 소득분배는 모든 사회구성원이 동시에 즐길 수 있는 있는 公共財라는 견해(Thurow)도 있지만, 여기에서 강조하는 측면은 분배가 성장에 보완적일 수 있다는 논리적 근거이다.

57) 관료의 의사결정이 경제주체의 사회후생보다는 자신들의 이해관계에 의해 좌우된다고 보는 정치경제이론들도 있다(Downs, 1957 등).

따라서 중간투표자는 높은 수준의 과세와 정부지출을 選好하는 방식으로 투표하게 될 것이다. 높은 수준의 과세는 인적자본이나 생산자본의 축적을 저해함으로써 성장에 負의 효과를 미칠 가능성이 높다. 이들의 선호는 과세의 구성에도 영향을 미칠 수 있다. 예컨대 자본소득과 같이 저소득계층의 소득에서 낮은 비중을 점하는 부분에 대한 과세비중이 커지는 방향의 정책전환을 요구할 것이다. 資本課稅의 강화는 자본축적을 저해하는 효과 외에도 노동이나 토지 등 국제이동이 자유롭지 못한 생산요소로 稅負擔이 轉嫁될 가능성이 크다.

이러한 논리의 示唆點은 소득분배의 악화로 사회불안정이 증폭되면, 자연히 정치적 이해관계 그룹의 地代追求行爲(rent-seeking behavior)가 증가하여 향후의 성장잠재력을 해치는 정책수단들이 채택되기 쉽다는 것이다. 비효율적인 정책들이 정치과정을 통한 압력의 산물로 결정될 수 있다는 명제는 집권 정당의 복지에 관한 입장과 무관한 것이다. 만일 이러한 논리의 현실적 蓋然性이 크다면, 적절한 재분배정책을 통해 어느 정도의 衡平性을 유지하는 것이 지속적인 성장을 위해 바람직한 선택이 될 것이다. 실제로 현 시점의 소득분배가 衡平할수록 向後의 成長 結果가 나아진다는 실증적인 증거들이 제시되고 있다.[58)]

衡平한 分配가 성장에 正의 효과를 미칠 가능성은 자본시장의 불완

---

58) 정책을 결정하는 정치과정을 模型化하는 이런 부류의 이론을 '內生的 政策理論'이라고도 부른다. 정부정책이 外生的으로 주어지는 것이 아니라 內生的으로 결정된다는 점을 중시하는 이런 연구들은 현 시점의 소득분배와 이후의 성장패턴 간에 正의 관계가 있음을 보여준다(Alesina and Rodrik, 1991; Perotti, 1992 등). 실증분석은 주로 國家間 橫斷面 分析을 통해 행해진다. 과거 Kuznets類의 소득분배 연구가 주로 소득수준의 증가에 따르는 분배상태의 변화를 연구한 반면, 최근의 분배 관련 政治經濟模型들은 특정 시점에서 분배상태의 형평성과 이후의 성장결과 간에 나타나는 상관관계를 분석하는 것이 특징이다.

전성에 근거해 제기될 수도 있다. 저소득층의 경우 教育 등 인적자본을 향상시킬 수 있을 정도의 충분한 재원을 자본시장에서 차입하기 힘들기 때문에 재분배정책을 통해 이들의 소득을 상승시키는 것이 성장을 촉진하는 효과를 가질 수 있다. 또한 분배적 목적의 재정정책은 민간부문에서 가능하지 않은 社會保險的 성격을 가지므로 민간주체의 생산적인 危險選擇(risk-taking)을 증가시킨다고 보기도 한다.

한국의 경우 과거에는 정부지출 수준이나 조세구조의 결정에 민간의 의사가 강하게 반영되었다고 보기 힘들지만, 民主化가 본격화되고 복지에 대한 수요가 급증함에 따라 정부지출의 수준과 조세수단의 구성이 정치과정을 통해 內生的으로 결정될 가능성이 커지고 있다. 특히 경제위기로 소득분배가 급격히 악화되었고 이후의 시장개방 확대로 인해 중간계층의 불안감이 커지고 있는 상황에서는, 非生産的인 地代追求行爲가 만연할 가능성이 높다.[59] 따라서 현 시점에서 사회안정을 지탱하기 위해 적절한 소득재분배 정책을 펴는 것은 정치이데올로기의 차이를 넘어 경제논리의 입장에서 설득력을 가질 수 있다.

2. 경제안정의 再照明

경제통합의 진전으로 인해 경제안정을 해칠 요소는 늘어나는데 반해 전통적인 안정화 정책의 실효성은 감소하고 있다는 점은 앞에서 언급한 바 있다. 국내 실물경제의 기본 여건(fundamentals)과는 무관하게 국제자본의 흐름에 따라 주가와 환율이 요동치는 상황에서, 物價와 失業의 전통적인 상충관계만을 가지고 경제안정을 논하는 것은 시

---

59) 최근의 醫藥分業을 둘러싼 갈등과 이후의 정부정책은 정부의 복지정책이 경제적 合理性이 아니라 정치적 이해관계에 의해 결정된 대표적인 사례라고 할 수 있다.

대착오적일 수 있다. 과거의 정부주도형 발전구도에서는 成長이 安定보다 우선적인 정책목표였지만, 앞으로는 안정이 전제되지 않은 성장을 상상하기 힘들 것이다. 나아가 경제안정의 내용과 수단에 대한 인식도 달라질 필요가 있다.

전통적인 경제이론에서는 需要調節을 통해 경기변동을 완화하는 것을 안정정책의 주요 내용으로 보고 있다. 성장과 안정을 대비하는 경우, 장기적인 성장잠재력을 향상시키는 공급측면이 아니라 물가와 실업의 상충관계를 줄이고 공급능력에 부응하는 有效需要를 확보한다는 단기적인 수요측면이 논의의 초점이 된다. 당장 돈을 풀거나 세금을 내리면 소비나 투자가 늘어나서 경기는 상승하지만 물가가 오르기 쉬우므로 성장과 안정 사이에는 적절한 선택이 필요하다는 얘기가 된다. 이러한 논리는 공급되는 물자는 풍부한데 수요가 안정적이지 않은 것이 문제가 되었던 미국의 과거 경험에서 발전된 것이다.

經濟理論은 經驗을 토대로 생성되는 것이므로 그 현실적 타당성이 시간과 장소에 따라 바뀔 수밖에 없다. 성장과 안정이 배치될 수 있다는 論理 자체가 틀렸다는 것이 아니라, 좁은 국내시장을 벗어나 수출을 통해 해외수요를 확보하는 전략을 폈던 우리의 경제현실에서는 재정금융 수단을 통해 단기적으로 총수요를 조정한다는 미국식 논리는 거시정책의 기본 틀을 움직일 정도로 비중 있게 취급받기 힘들었다. 해외시장에 공급할 경쟁력 있는 물건을 만드는 데 주력한 우리에게는 租稅나 金利가 수요조절의 변수가 아니라 생산과 공급을 촉진하기 위한 수단의 역할을 한 측면이 강했다. 정책 결정자의 성향과는 무관하게 수요측면의 안정보다는 공급측면의 성장이 보다 시급한 목표일 수밖에 없었다.

그러나 우리의 경제규모가 커지고 시장개방이 가속화됨에 따라 안정의 중요성이 급격히 증가하게 되었다. 과거에는 어느 정도의 물가 불안이 고성장으로 보완될 수 있었지만, 앞으로는 부분적인 불안정이라 하더라도 금융부분의 동요를 초래하는 경우 실물경제 전반에 대한 타격으로 이어질 수 있다.

경제불안을 실물분야의 물가상승 정도로 보는 사고도 바뀌어야 한다. 개방 환경하의 경제안정에 대한 일차적 試金石은 換率, 株式, 金利 등 金融變數들이다. 금융상품의 가격들은 현재의 수급상태뿐만 아니라 미래에 대한 豫測만으로도 搖動칠 수 있다. 더구나 세계자본시장이 통합된 상황에서는 다른 나라의 변동이 순식간에 국내로 전파될 수 있다. 그만큼 의사결정의 불확실성이 커질 수밖에 없다.

충분한 안정이 보장되지 않으면 지속적 성장을 이루기 힘들 뿐만 아니라 예기치 못한 외부충격에 의해 외환위기와 같은 위험이 도래할 수 있다는 점을 감안할 때, 향후 경제정책의 우선순위는 先安定-後成長의 방향으로 잡는 것이 順理일 것이다. 경제안정의 내용도 實物分野의 需要調整을 통해 물가를 안정시키려는 偏狹한 시각이나, 금융가격, 즉 利子率을 정책변수로 사용할 수 있다는 無謀한 시도에서 벗어나, 좀더 장기적인 안목에서 제도적인 차원의 안정장치에 눈을 돌릴 필요가 있다. 한편으로 외부충격에 쉽게 흔들리지 않는 건전하고 충분한 금융시스템을 갖추고, 다른 한편으로 일시적인 충격을 흡수해 장기간에 걸쳐 分散시킬 수 있는 財政의 政策機能을 향상시켜야 한다.[60] 아울러, 어차피 불가피한 금융가격의 단기 변동에 집착하지 말고 정책의 일관성을 유지해 경제주체 意思決定의 不確實性을 줄여주는 것이 바람직하다. 恣意的인 시장개입은 혼란과 정책의 불신만 초래할 수 있음을 인식할 필요가 있다.

60) 재정의 새로운 역할에 대해서는 전주성(2001a) 참조.

IV. 發展을 위한 선택

향후 정부정책의 기본방향은 목표 간의 조화를 추구하는 데 초점을 두어야 한다. 무엇보다 成長과 分配, 成長과 安定을 대립시키는 이분법적인 정책사고에서 탈피해야 한다. 사회안정을 위한 적절한 所得再分配가 成長의 不足을 補完한다는 점과 經濟安定이 前提되지 않는 지속적 成長은 불가능하다는 점을 인식할 필요가 있다. 정책결정의 정치과정을 무시한 채 효율과 형평의 관계를 이데올로기적 차이나 단기적인 상충관계로만 평가하거나, 경제안정을 물가와 실업간의 調整 정도로 인식하는 편협한 시각으로는 세계시장의 통합에 따르는 갈등과 불확실성에 대처하기 힘들다. 그렇다면 우리에게 주어진 代案은 무엇인가.

1. 政治論理와 經濟論理의 調和

우리가 개혁을 원하는 것은 현상에 만족하지 않기 때문이다. 그런데 사람에 따라 불만의 내용이 다를 수 있다. 예컨대, 정부의 福祉支出이 지나치다고 보는 사람이 있는 반면에, 충분하지 않기 때문에 정책이나 제도를 바꾸어야 한다는 사람도 있다. 복지의 향상을 인정하는 사람들 간에도 복지정책의 方式에 대한 異見이 존재할 수 있다. 결국 대다수의 사람들이 변화를 원한다 하더라도 변화의 방향과 내용이 일치하지 않는다면 선택이 불가피해질 것이다. 경제정책이란 본질적으로 선택이 될 수밖에 없다. 민주사회에서는 이러한 선택이 정치과정을 통해 이루어진다.

흔히들 정치논리 때문에 경제논리가 희생된다고 하지만, 經濟政策이 失敗하는 주된 이유 중의 하나는 정책의 수립과 집행과정에 포함되는 政治的 要素를 무시하기 때문이다. 앞의 章에서 지적한 바와 같이, 경제이론 자체는 정책의 대안을 만들고 평가하는 것 이상의 역할을 하기 힘들다. 실제로 어떤 대안이 선택될 것인가는 정치과정의 문제이다. 정책결정자는 현실정치에서 수용되기 힘든 최선의 代案보다는 실현가능한 대안 중에서 가장 나은 선택을 하는 '次善의 解法(the second-best solution)'을 채택할 수밖에 없다. 경제논리로는 최선을 택하는 것이 당연하겠지만, 정치논리는 차선을 택할 수밖에 없다. 경제이론가가 정치논리에 의해 채택된 정책을 잘못이라고 비난할 수는 없다. 정책을 채택하고 집행하는 것은 정치과정의 산물이라는 것은 충분히 인정되어야 한다. 經濟論理의 입장으로 보면 次善인 정책이 政治論理로 보면 最善일 수 있는 것이다.

政策은 주어지는 것이 아니라 만들어지는 것이다. 정치과정의 현실에 어두운 경제전문가들에 의해 外生的으로 결정되는 정책은 실패한다. 경제정책의 채택 여부는 시민 개개인의 선호를 收合·評價하는 정치과정의 內生的 산물이어야 한다. 最善의 정책을 추구하다가 次善도 놓치는 愚를 犯하는 가장 큰 이유는, 政治過程이라는 현실을 무시한 채 經濟論理의 결과에 집착하기 때문이다. 改革이 어려운 것은 개혁정책의 내용을 몰라서가 아니라, 이러한 변화가 궁극적으로 가져다주는 여러 가지 혜택과 개혁의 코스트의 부담에 대해 이해관계자(국민)들이 합의를 하지 못하기 때문이다.

우리나라가 민주화된 이후 경제개혁을 주된 국정목표로 삼았던 政權들이 변화를 열망하는 국민 대중의 요구에도 불구하고 상당부분 漂流하게 된 주된 이유는, 정책 입안자들이 정책의 결과에만 치중한 나머지, 그 정책으로 이익을 보고 손해를 보는 집단들의 요구와 그 정책을 집행하는 세력의 성향에 대한 이해를 하지 못했기 때문이다. 변화가 초래하는 바람직한 결과를 국민들에게 설득하는 일에는 노력을 쏟으면서 변화로 인해 損失을 입는 계층의 反撥과 정책을 집행하는 官僚集團의 성향을 過小評價했던 것이다. 輸入 이데올로기에 근거한 개혁의 談論들은 무성했지만, 우리의 현실에 부합되고 일반 국민들도 개혁의 결과에 대해 합리적인 판단을 할 수 있게 만들 정도의 具體化된 비전은 제시하지 못했다.

예컨대 '文民政府'의 '世界化' 구호는 시장을 중심으로 한 분권화된 의사결정을 강조하는 新自由主義的인 입장을 정리한 政綱이라기보다는 先進經濟의 틀 속에 조속히 들어가고 싶은 市場主義者들이 開發年代의 구호정치에 대한 鄕愁에 젖어 만들어낸 작품이라고 해석할 수 있다. 정책이념의 관점에서는 進一步했다고 볼 수 있는 '국민의 정부'의 市場經濟論이나 '生産的 福祉'라는 개념도 시장원리 적용의 범위와 그 한계에 대한 일관성 있는 實事求是的 정책비전이 결여되었다는 평가를 면하기 어렵다.

현실세계에선 理念은 말로 주장하는 것이 아니라 정책으로 보여주는 것이다. 추상적인 담론이나 구호보다는 '民主主義'와 '市場經濟'를 구체적인 정책의 차원에서 병립시키려는 노력이 필요하다. 예컨대, 이 글에서 강조하듯이, 民主化된 정치과정이 정책의 수준과 구성에 미치는 현실적인 영향을 따지고, 시장개혁의 과정에서 불가피하게 발생하는 정치갈등을 해소할 대안을 강구하는 노력이 있었다면 개혁의 과제를 실천하기가 보다 용이했을 것이다.

2. 社會安定을 위한 정책

社會安定은 정책 이데올로기와 무관하게 고려해야 할 조건이다. 소득분배의 지나친 악화로 사회갈등이 심화되면 장기적인 성장잠재력을 저해하는 정책들이 채택되기 쉽다는 점은 앞서 언급한 바 있다. 이념적으로 신자유주의적인 市場原理를 강조하는 정권이라도 大衆宥和的(populist)인 단기정책을 濫發할 여지가 있다. 財政健全性을 담보하지 않은 각종 사회보장제도, 자원배분의 효율성을 고려하지 않은 恣意的인 조세수단의 남발, 정치적으로 세력화한 기존 노동자들의 혜택을 위해 노동시장 新規參入者를 희생시키는 노동정책 등 社會葛藤을 조장하는 政治過程이 초래할 수 있는 잘못된 선택의 예는 무수히 많다.

보다 장기적인 안목에서 成長과 分配의 조화를 이루게 하려면 창의적인 정책수단의 개발이 필수적이다. 分配 目的을 이루면서 資源配分의 효율성을 가급적 해치지 않는 정책이 바람직하지만, 부득이하게 단기적으로 成長沮害的인 분배정책을 펴는 경우라도, 이것이 사회분열을 막아 장기적인 성장능력을 확보하는 방안이라는 확신과 설득이 필요하다. 또한 글로벌화 과정에서 생산요소의 이동이나 조세경쟁에 따른 잠재적인 세수감소가 복지정책의 제약요건이 된다는 점을 고려하여 정부의 힘(財政)은 아끼고 시장의 힘은 빌리는 방식으로 정책수단을 개발하는 것이 바람직하다.

이런 관점에서 볼 때, 租稅手段을 통한 再分配 정책은 實效性이 가장 떨어지는 대안이다. 國際 移動性이 높은 고소득 인력이나 자본에 대한 과세는 이동성이 떨어지는 생산요소에 轉嫁될 가능성이 높다. 설사 어느 정도의 실질적인 과세가 이루어진다 하더라도 이에 따른 費用(效率의 감소)은 높을 것이다. 衡平을 위한 조세정책은 累進稅率體系를 통한 재분배보다도 조세부담의 '水平的 衡平性(horizontal equity)'을 강조하는 방향으로 진행되는 것이 바람직하다. 우리의 조세제도와 같이 非課稅와 減免이 蔓延되어 있는 경우에는 '公評한 課稅'의 시행만으로도 衡平性이 증가될 수 있고[61], 나아가 넓어진 세수기반에서 이루어지는 조세수입의 증가는 지출을 통한 복지정책에 사용될 수 있을 것이다.

조세를 통한 再分配政策이 축소된다면 자연히 지출을 통한 복지정책이 상대적으로 커질 것이다. 복지제도의 성숙도나 지출수준이 서구 선진국의 수준에 미치지 못하는 우리의 상황에서는 추가적인 移轉支出의 사회효용이 상대적으로 클 수 있다. 따라서 복지재원의 확보 과정에서 발생하는 효율성의 상실을 고려한다고 하더라도, 기초적인 사회보장제도의 확충은 사회안정의 틀을 마련하기 위해 필요하다고 할 수 있다. 다만 이 과정에서 사회복지의 모든 부문을 정부가 담당해야 한다는 식의 사고는 버려야 한다. 우리나라의 사회보험제도는 역사는 길지 않은데도 벌써 재정건전성의 문제가 부각되고 있다. 서구 복지국가의 過去形 제도를 그대로 답습할 것이 아니라 처음부터 민간부문에서 시장원리에 의해 사회적 위험을 해소할 수 있는 여지를 찾는 것이 현명할 것이다.[62]

장기적으로 볼 때 재분배정책의 가장 기본적인 방향은 稅前所得分配의 형평이 유지되도록 하는 것이다. 租稅手段이나 福祉支出을 통한 再分配 효과에는 한계가 있다. 이런 관점에서 볼 때 財政政策과 人力政策을 결합하는 방식으로 복지정책의 틀을 전환하는 것이 바람직하

---

61) 低所得階層일수록 전체 소득에서 租稅回避가 상대적으로 힘든 근로소득의 비중이 클 것이다.

62) 만일 서구 국가들이 복지예산의 비중을 현재와 같은 수준으로 올리지 않았더라면 老後保障과 같은 사회적 위험을 해소할 방안이 시장을 통해 개발되었을 것이라는 주장도 있다(Tanzi 2000).

다. 정부지출 중에서도 교육과 재훈련에 해당되는 항목은 경제 전반의 성장잠재력과 저소득계층의 생산성 향상 모두에 도움이 될 수 있다.[63] 빈곤계층의 경우 流動性의 제약 때문에 충분히 自己發展을 할 기회가 주어지지 않을 수 있기 때문이다. 失業對策도 사후적인 보험요소도 필요하지만 사전적으로 再就業이나 就職能力을 증가시켜 주는 정책이 보다 효과적일 것이다. 궁극적으로 개인의 소득창출 능력을 향상시켜 계층간의 수직이동을 원활하게 만드는 것이 가장 효과적인 소득재분배 수단인 것이다.

3. 정부 역할의 재조명

글로벌화의 영향으로 경제가 통합되고 시장원리가 확산됨에 따라 전통적인 정부기능이 축소되고 있는 것은 사실이다. 그러나 시장이 넓어지고 경쟁이 치열해진 만큼 '自由放任'의 결과로 초래될 수 있는 비효율과 不公平의 영역도 넓어지고 있다. 정부가 시장을 이끌고 경제주체의 의사결정을 유도하던 과거의 慣行은 설 자리가 좁아지고 있지만, 자유경쟁의 수호자, 사회갈등의 중재자로서의 정부기능에 대한 수요는 줄지 않고 있다.

정부도 선택을 해야 하고, 또 자신이 결정한 정책의 결과를 놓고 유권자와 국제자본의 선택을 받아야 한다. 좋은 정책을 펴는 효과적인 정부라면 생산요소의 국제이동에 따르는 재정수입의 감소를 겁낼 필요가 없다. 정책 結果의 타당성과 정책 執行의 현실성을 함께 이끌어 낼 유능한 정부라면 개혁과 변화에 따르는 고통을 국민들에게 설득할 수 있을 것이다. 웬만한 외부충격은 자체적으로 흡수할 수 있을

---

63) 최근의 內生的 成長理論은 인적자본의 중요성을 특히 강조하고 있다.

만큼 튼튼한 금융제도와 건전한 재정구조를 갖춘 국가라면, 같은 외국자본이라도 단기적 투기자본보다는 장기적 생산자본의 비중이 커지도록 유도할 수 있을 것이다.

정책 이데올로기는 다른 나라에서 생성된 이념의 짜깁기로 이루어지는 것이 아니다. 혜택과 비용을 투명하게 점칠 수 있는 실천 가능한 정책을 제시하는 과정에서 사회에 대한 價値觀과 정부와 시장의 境界線이 구체화되는 것이다. 지금 우리 사회가 필요로 하는 것은 고답적인 理論이나 정치구호의 下向注入이 아니라, 다수의 유권자들을 납득시킬 수 있는 代案의 창출이다. 민주사회가 성숙해 중간계층의 목소리가 커질수록, 경제통합과 함께 국제경쟁이 치열해질수록, 이데올로기에 의해 구분되는 경제정책의 차이는 좁아질 것이다.[64)]

시장원리를 제대로 작동시키기 위해 제도나 법질서, 투명한 거래관행이 필요하다고 말하는 입장이나, 기존의 부족한 제도나 관행의 기반 하에서 시장원리를 무리하게 확산시키는 것은 위험하다고 보는 측이나, 구체적인 정책의 수준에서는 동일한 정책을 共有하는 바가 클 수 있다. 개혁의 이유를 市場의 失敗에 있다고 보건, 政府의 실패에 있다고 보건, 우리 사회가 필요로 하는 제도개혁의 방향에 대해서는 상당 부분 공감대가 형성되어 있다고 할 수 있다. 문제는 어떤 이데올로기 집단이 집권을 하느냐가 아니라 누가 보다 설득력 있는 정책 비전과 현실성 있는 개혁 프로그램을 내놓느냐이다.

한때 글로벌화를 '國是'로 까지 삼은 나라에서 經濟開放을 선택이

64) 예를 들어 2000년도의 미국 선거에서 부시와 고어 중 자신이 지지하지 않는 후보가 당선되었다고 해서 향후 4년 내에 개인의 경제적 입지가 크게 위축될 것이라고 생각하는 유권자의 비중은 높지 않을 것이다. 1980년도에는 'Reagan Democrats'라는 新造語가 나올 정도로 경제정책 支持의 脫이데올로기 경향이 심화되었다. 한편 중간투표자의 代議政治에 대한 시사점은 사상적으로 온건한(중도적 성향이 강한) 후보가 당선될 확률이 높다는 것이다.

라고 말하기를 주저할 수 있다. 그러나 경제통합을 선도한 미국조차 자국의 규범에 근거한 '公正한 去來'의 논리를 내세우는 상황에서, 우리가 워싱턴에서 수입한 이데올로기를 조건 없이 숭배해야 할 이유는 없다. 우리가 保護主義를 거부한다면 그것이 바람직한 대안이 아니기 때문이어야 한다. 경제통합의 결과로 국가 간의 갈등이 조성되고 글로벌 거버넌스에 대한 논의가 활발하지만, 국제적 합의에 의해 경쟁과 갈등이 줄어들 것이라고 보는 것은 순진한 생각이다.

최근 들어 국제금융시스템의 개편을 요구하는 목소리가 높지만, 이러한 시도에 대한 기대보다는 다시 올 수 있는 예기치 못한 외부충격에 대비해 국내의 제도개혁을 서두르는 것이 현실적인 선택이 될 것이다. 글로벌화로 불리는 시장 확산의 과정은 우리의 선택 범주를 넘어설지 모르지만, 이에 수반되는 경쟁을 기회로 전환하고 갈등을 안정으로 반전시키는 일은 우리의 몫인 것이다.

〈 참 고 문 헌 〉

문형표 · 오영주 · 이희숙, 「우리나라 복지지출 수준의 평가와 전망」, 『국가예산과 정책목표』, 비봉출판사, 2001.

전주성, 「경제위기극복을 위한 재정의 역할」, 『한국재정학회 정책토론회』, 2001a.

------, 「외국자본은 구세주인가」, 『계간 사상』, 여름호, 2001b.

Alesina, Alberto and Rodirik, Dani, "Distributive Politics and Economic Growth", *Quarterly Journal of Economics*, Vol. 109, pp. 465-90, 1994.

Downs, Anthony, *An Economic Theory of Democracy*, Haper and Brothers, New York, 1957

Giddens, Anthony, *The Third Way: The Renewal of Social Democracy*, Andrew Numberg Assoicates, London, 1998.

King, Mervyn, *Tax Systems in the XXIst Century,* Visions of the Tax Systems of the XXIst Century, The Netherlands: Kluwer Law International, 1997.

Ohmae, Kenichi, *The End of the Nation State: The Rise of Regional Economics*, The Free Press, New York, 1995.

Perotti, Roberto, "Income Distribution, Politics, and Growth", *American Economic Review*, Vol. 82, pp. 311-26, 1992.

Reich, Robert B., *The Work of Nations*, Random House, 1992.

Rodrik, Dani, *Has Globalization Gone Too Far?*, Institute for International Economics, 1997.

Tanzi, Vito, *Globalization and the Social Protection*, IMF Working Paper, January, 2000.

Thurow, Lester C., "The Income Distribution as a Pure Public Good," *Quarterly Journal of Economics*, May 1971, pp. 327-36.

Wolfe, "Will the Nation-State Survive Globalization?", *Foreign Affairs*, January/February, 2001.

Yergin, Daniel and Joseph Staninslaw, *The Commanding Heights*, Simon & Schulster Inc., New York, 1998.

제6장 중국의 經濟改革과 글로벌 경제

Ⅰ. 序言

21세기를 맞이한 지금 세계에서 가장 주목받고 있는 나라는 중국이다. 1978년 이후 오늘(2001년)에 이르는 23년 동안, 10억 인구를 가진 가난한 大國 중국은 역사상 처음으로 '社會主義的 市場經濟'의 기치를 내걸고, 세계 어디에도 없는 독특한 방법으로 개혁개방 정책을 추진하면서 빠른 성장을 지속하고 있다. 이 나라의 경제는 곧 破綻할 것이라는 서구 경제전문가들의 論調는 점차 설득력을 잃어가고 있다. 그러나 이 나라가 앞으로 어디로 갈지, 세계 역사에서 어떤 역할을 할지 아는 사람은 없다. 세계는 숨을 죽이고 이 나라의 動態를 주시하고 있다.

1841년 阿片戰爭 이후 제국주의의 희생물이 되어 100여 년 동안 신음하던 중국은 1949년 共産國의 문패를 달고 海內를 통일, 半植民地의 굴레를 벗고 세계무대에 다시 등장했다. 통일국가 달성의 餘勢를 몰아서 1958년부터 영국을 따라잡을 목표로 大躍進 운동을 펼치다가 실패했다. 그후 1966년부터 추진된 文化大革命에서 또 한 번 크게 실패하여 나라의 장래가 불확실한 지경에 빠졌다.

그러나 大躍進이나 文化大革命을 단순한 실패로만 볼 수는 없다.

이 두 개의 사건은 부분적으로는 실패했지만, 보다 긴 역사적인 안목에서 그 의미를 살핀다면, 그 실패는 중국의 미래를 위해 '필요한' 것이었다고 본 것이다. 이 나라가 국민의 지지를 얻어 공산주의의 문패를 달고 創業된 이상, 그 문패를 떼고 「社會主義的 市場經濟」라는 자본주의의 냄새를 풍기는 새로운 문패를 달고 새 출발을 한다는 것은 建國에 準하는 혁명적 전환이었다. 이러한 전환을 국민이 받아들이기 위해서는 共産主義體制가 엄청난 실패를 겪을 필요가 있었다. 大躍進과 文化大革命 두 개의 실패는 「사회주의적 시장경제」를 출범시키기 위해서 치러야 했던 '必要한' 災殃이었다. 그런 대혼란이 없었던들 공산주의에 대한 기대에 부풀었던 중국 국민이 자본주의를 受容하려는 '改革 · 開放'을 받아들일 수는 없었을 것이다. 大躍進과 文化大革命이 만들어낸 危機가 바로 社會主義的 市場經濟를 낳게 한 機會가 된 것이다.

1978년 鄧小平(덩샤오핑[65])의 리더십으로 중국이 〈社會主義的 市場經濟〉를 향해 방향 전환을 한 것은 世界史的인 대사건이었다. 社會主義的 市場經濟라는 개념은 역사상 처음 보는 것이고, 10억의 인구를 가진 나라에서 이 제도를 살려낸다면 세계에 주는 임팩트도 그만큼 클 것이다. "經濟改革 · 對外開放"의 새로운 발전모형은 자본주의를 모방하거나 중국을 자본주의 나라로 개조하자는 것은 아니다. 그것은 사회주의를 포기한 것이 아니라 시장경제체제를 통하여 국민의 창의성을 살려서 中國式 社會主義의 발전을 성공시키자는 것이다. 그것은 또 소련식 '페레스트로이카', '글라스노스트'를 모방하자는 것도 아니다. 소련이 '急進的'으로 一擧에 政治改革, 經濟改革, 社會改革을 전면적으로 추진하여 '民主主義' 나라를 이룩하려고 시도한 데 반하여, 중국은 중국의 특성을 감안하여 實事求是的으로 정치개혁은 우

---

65) 이 글에서는 중국의 人名과 地名은 원칙적으로 우리 漢字發音으로 쓰되, 필요한 경우에는 중국 원음을 괄호 속에 표시하도록 할 것이다.

선 뒤로 미루고 경제개혁을 먼저 성공시키자는 '漸進的' 改革開放의 길을 걸어가자는 것이다.[66]

개혁 · 개방 정책의 채택 이후 24년 동안, 약 10억에 달하는 가난한 인구를 거느린 중국은 연평균 10% 내외의 實質經濟成長을 이룩하였다. 경제개혁 · 대외개방정책의 채택은 결과적으로 중국으로 하여금 自進해서 1991년 소련이 붕괴한 후 미국이 주도하는 '글로벌 경제' 의 體制를 실천한 나라로 만든 것이었다. 중국은 중국의 필요에 따라서 이 체제를 채택한 것이지 어떤 다른 나라를 모방하고자 한 것은 아니었다.

중국은 스스로의 필요에 따라 開放化 정책을 追求하였지만, 그것은 세계경제의 추세에 대한 다음과 같은 이해에 기초를 둔 것이었다. 첫째, 중국은 앞으로 세계의 대세에 따라야 발전할 수 있으며, 세계시장의 룰을 따르는 것이 중국의 持續的 發展을 위해서 필요하다. 둘째, 정치와 경제를 분리하여, 정치체제는 종래의 形態를 유지하되, 경제개혁은 漸進的으로 그러나 持續的으로 추진해야 한다. 셋째, 중국은 앞으로 상당기간 동안 국제정세의 변화에 介入하지 말고 내부의 개혁을 추진하여 그 體質을 강화하도록 해야 한다. 넷째, 중국이 발전하기 위해서는 세계의 평화를 절실히 필요로 하며, 따라서 미국과 러시아를 포함한 大國은 물론 세계 모든 나라, 특히 隣接 나라들과 평화적인 관계를 유지하기 위해 노력해야 한다.

이러한 생각은 중국의 國力의 分散을 막고 內實을 다져야 한다는 인식을 반영하는 것이며, 대체로 周恩來(저우언라이) 전 총리의 〈平和共存 5個原則[67]〉과 부합된 방향이라고 할 수 있다. 이것은 또 중국의

66) 지난 4년간은 연평균 7~8%의 경제성장, 1%대의 물가상승률 유지, 15%대의 수출증가율을 기록하고 있으며, 외환보유고도 2,427.6억 달러(2002년 6월말, 세계 2위)에 달했다.

전통과도 부합되며, '繼往開來(지난 것을 승계하여 미래를 연다)' 의 의미도 가지고 있다.

중국은 이러한 政策基調에 입각하여 적극적으로 개방개혁을 추진해 왔다. 그 결과, 개혁·개방을 채택한 지 만 23년이 되는 2001년에는 세계 6위의 경제규모(1조 1,500억달러)와 1인당 소득 905달러에 도달함으로써, 중국인들이 말하는 〈小康〉의 시대를 맞고 있다. 1인당 소득보다도 훨씬 더 중요한 것은 10억 이상의 人口大國이 가난한 인구를 먹여살리는 데 성공하고 있다는 사실이다. 이것은 중국 역사에 빛나는 큰 업적이라 할 수 있다. 그리하여 2003년이면 1인당 소득이 1,000달러를 넘어섬으로써 거의 전 국민이 絕對貧困 상태를 벗어날 수 있는 수준에 도달할 것으로 보인다.

개혁·개방 정책 이후 중국은 아이러닉하게도 글로벌 경제체제의 최대 受惠國으로 부상하면서, 미국과 함께 정치 경제면에서 세계의 발전과 안정을 위해 노력하는 모습을 보이고 있다. 특히 아시아 경제위기를 거치면서 중국은 元貨 平價切下를 할 것으로 본 세계의 예상과는 달리 그 切下를 끝내 自制함으로써 세계로부터 높은 평가를 받았다.

이 章에서는 중국 경제개혁의 주요 내용과 그 경과를 살려보고, 向後 중국의 개혁·개방의 방향을 전망하고자 한다. 특히 1990년대 초반을 중국의 經濟改革·對外開放 과정에서 획기적인 시기로 보고, 그 때부터를 보다 중점적으로 서술한다.

---

67) 1953년 12월 中·印會談에서 周恩來가 제창한 것으로서, 모든 나라가 영토의 보전과 주권의 相互尊重, 相互不可侵, 相互 內政不干涉, 平等互惠, 平和共存을 달성해야 한다는 내용이다.

Ⅱ. 중국 개혁 · 개방의 經過

중국은 1978년 〈共産黨 제11차 全黨大會 제3中央委員會 全體會議〉[68] (11期3中全會)에서 개혁 · 개방 정책기조를 채택한 후, 약진적인 발전을 이룩해 왔다. 국내적으로는 개혁 · 개방 정책을 통해서 경제체제를 世界潮流에 맞추고, 국제적으로는 2001년 세계무역기구(World Trade Organization-WTO)에 가입함으로써 중국의 고립을 탈피하여 세계경제의 추세에 동참했다. 많은 세계경제 전문가들이 중국은 WTO 가입의 부담을 감당할 수 없으리라고 보았다. 그러나 중국 정부는 WTO가입이 國民意識 轉換과 제도의 現代化 및 국제통상의 길을 열기 위한 필수조건으로 간주한다. 중국 당국은 WTO의 前身인 GATT시대 때부터 이 세계기구에 가입할 것을 추진하여, 西歐의 牽制와 反對에도 불구하고, 15년이라는 긴 세월 동안 GATT-WTO가입을 위해 많은 공을 들였다[69]. 드디어 2001년, 朱鎔基(주룽지) 총리의 결단으로 미국이 제시한 차별적인 조건을 甘受함으로써 중국의 WTO 가입이 성취되었다.

개혁 · 개방 정책을 추진하자말자 곧 중국의 驚異的인 경제성장이 시작되었다. 비단 量的으로 성장만 한 것이 아니라 質的으로 경제사회의 체제와 구조를 완전히 개조했다. 經濟的으로는 공산주의의 中央集權的 計劃經濟 체제를 자유시장경제의 分權的 체제로 改造하고, 자급자족의 폐쇄적 경제운영을 탈피하여 여타의 세계와 相互依存的 개

68) 중국공산당은 5년마다 한 번씩 全黨大會를 열고, 대회 후 次期 全黨大會까지의 기간 동안, 연 2會씩 중앙위원회 전체회의를 열어서 당의 정책방향을 심의한다.

69) 중국은 1986년 WTO의 전신인 GATT에서부터 회원국이 되기 위한 노력을 傾注해 온 바 있다.

방체제로 바꾸었다. 社會的으로는 집단주의 평등주의적 체제를 개인주의 경쟁주의의 체제로 대체했다. 文化的으로는 一元的 劃一的인 체제를 多元的 多面的 모양으로 전환시켰다. 이 모든 개혁은 그 자체가 일종의 文化大革命이었는데, 共産黨이 종래의 강력한 統制力을 통하여 그것을 〈漸進的으로〉 추진하여 오늘에 이르고 있다. 이 모든 개혁은 역사상 前例가 없는, 따라서 중국인의 '獨創' 에 의하여 추진될 수밖에 없는 것이었다. 이 정책이 채택된 지 이제 24년이 지났는데, 그 동안의 경과를 보면, 시행착오도 있었으나 전반적으로는 성공을 거두고 있는 것으로 평가된다.

1. 개혁 · 개방 정책의 背景

중국은 건국 이후 지금에 이르기까지 네 世代의 국가 최고지도자, 즉 毛澤東, 鄧小平, 江澤民, 胡錦濤의 정권에 의해 통치되어 왔다. 개방 · 개혁의 기간은 鄧小平 이후의 기간인데, 이 기간을

(1) 鄧小平 시대의 개혁 개방의 始動, 定着, 調整期(1978-1996),[70]

70) 1989년 6월의 '天安門事件' (중국인은 이것을 6 · 4 사건이라 한다) 직전인 5월 27일, 鄧小平을 頂点으로 하는 공산당 원로들에 의해 江澤民이 黨總書記로 발탁되었으나, 당의 경제운영은 그 후 오랫동안 鄧小平에 의해 指揮되었다. 鄧小平은 이미 1979년부터 여러 번 자신이 終身執權의 뜻이 없다는 것을 밝혔다. 그는 1987년 第13期全黨大會에서 중앙위원회를 퇴임하고 政治局常務委員職도 사임했다. 다만 中央軍事委員會主席職을 유지하고 있었으나, 그 위원회의 모든 일은 독단이 아니라 당의 중진들과의 협의에 의해 수행되었다. 1989년 9월 그는 그의 마지막 공직인 政治局員, 中央軍事委員會 主席도 사임하여 아무런 공식 직책이 없는 '平民' 이 되었다. 그러나 天安門事態 이후 중국경제의 방향을 정립하고 추진하는 데에는 그의 역할이 필요했으므로, 그는 실질적으로 96년경까지는 최고지도자의 역할을 수행한 것으로 볼 수 있다. 경제개혁의 견지로 보아, 중국은 1996년까지 '鄧小平 시대' 였다고 볼 수 있다. 江澤民은 1997년 第15期 全黨大會에서 그 자신의 〈三段階發展構想〉(本文 참조)을

(2) 江澤民시대의 高度成長 및 政策調整期(1997-2002), 그리고
(3) 胡錦濤시대의 西部開發 및 東北部開發期(2002 이후 현재)

로 구분할 수 있다고 생각된다. 이 시대 구분은 이 글의 便宜에 따른 것이고, 물론 중국경제의 발전단계를 경기변동이나 그밖의 관점에서 이와는 달리 구분할 수도 있다. 이 글의 고찰 대상이 되는 것은 중국 경제의 발전 자체를 설명하자는 데 있는 것이 아니라, '개혁 · 개방의 方向 設定과 그 추진' 이고, 이 작업의 '主役' 은 정부의 領導者였다고 할 수 있으므로 이 장에서 나는 그 동안의 경제발전을 역대 영도자의 관점에서 설명하고자 하는 것이다.

중국의 경제발전은 사회발전 및 政治, 行政, 都市, 農村 등의 총체적인 변화를 수반하며, 經濟外的인 분야의 발전과 변화도 경제 못지않게 중요하다. 그러나 이 짧은 글에서 이러한 것을 다 다룰 수는 없으므로, 여기서는 이 章의 主題인 경제 부분, 특히 개혁 · 개방에 관한 부분에 관해 개괄적으로 논할 수밖에 없다.

2. 鄧小平 시대(1978-1996)

1978년 12월 중국공산당 11期 3中全會(前述참조)에서 경제개혁 · 대외개방의 기본방침이 採擇된 지 24년이 지난 오늘(2002년 11월), 당시(1978년 말)를 회고하면, 그 동안의 중국의 行步가 얼마나 모험적이고 '영웅적(heroic)' 인 것이었는가를 절감하지 않을 수 없다. 78년 당시의 중국의 모습은 보통 西歐人의 상식으로는 이 나라가 개혁 · 개방을 통

발표하였고, 鄧小平도 1997년 2월에 사망하였으므로, 1997년부터 '江澤民 時代' 가 개막된 것으로 보고자 한다.

하여 경제발전을 이룬다는 것은 어림도 없는 일이었다. 당시의 중국에는 세상에 존재할 수 있는 모든 악조건, 모든 모순이 凝縮·集積되어 있었다.

사실 이 나라는 도저히 정상적인 '하나의 나라'라고 할 수도 없었다. 一例를 들면, 2002년 이 나라의 인구는 세계인구의 20.8%였고, 그 2/3가 농촌에 살고 있었다. 농민들은 「農業戶籍」을 가지고 있어서, 그들은 도시로 가서 「都市戶籍」을 가진 도시민이 될 수도 없었다. 도시로 移住하는 것이 아예 금지되어 있었다. 농민은 교육, 의료, 취업, 공공서비스 등에 관해 도시민이 가지는 '惠澤'을 누릴 수 없었다. 도시민과 농민은 같은 나라의 국민이라고 할 수 없었다. 이런 나라에 사회질서를 확립하고, 시장경제를 도입하여 工業化를 달성하며, 地域間의 균형발전과 種族間의 和諧를 이루면서 近代國家를 건설한다는 것은 꿈과 같은 이야기라고 해도 과언이 아니었다. 그런 나라에서 공산주의를 버리고 개혁·개방 정책을 통하여 근대국가를 건설하려는 비전을 실천하려 든다는 것은 鄧小平을 수반으로 하는 개혁파의 乾坤一擲의 大冒險이었다.

그러나 개혁·개방 정책의 채택은 어느 날 卽興的으로 이루진 것은 아니었다. 文化大革命이 끝나기 전 1974년, 文化大革命으로 야기된 중국의 혼란을 감지한 毛澤東은 文革은 이제 一段落되었다고 하면서 사회안정과 국민단결을 호소했다. 이것을 계기로 周恩來는 다음 해 1975년 제4期人民代表大會 第1回會議에서 이른바 「4個(農業, 工業, 國防, 科學技術)의 近代化」 구상[71]을 제시하여, 20세기 말까지 그 목표

---

71) 「4개의 近代化」는 文化大革命이 시작되기 전인 1964년에 毛澤東이 朱恩來와 더불어 제3期全人大 第1回會議에서 발표한 것과 거의 같은 내용의 것이었다. 문화대혁명 때문에 집행 정지가 돼 있던 〈4개의 근대화〉를 朱恩來가 11년 후에 다시 그것을 발굴하여 제시한 것이다.

를 달성할 것을 천명했다. 그 전 해인 1973년 鄧小平이 周恩來의 後光으로 이미 副首相으로 복귀하여, 그를 중심으로 하는 實務派 幹部들이 당과 정부의 지도적인 역할을 담당하고 있었다. 鄧小平은 臥病 중에 있는 周恩來를 대신하여 〈4개의 近代化〉 보고의 초안을 작성한 것이다. 그러나 周恩來가 그 다음해(1976년) 1월에 사망하여 文革派가 권력을 회복, 鄧小平은 다시 실각하고 나라는 또다시 혼란에 빠져 들었다.

1976년 9월 毛澤東이 사망하여 華國鋒이 일시 나라의 實權을 잡고, 야심적인 〈國民經濟發展 10個年計劃 要綱〉을 발표하여 실시했으나, 비현실적인 내용을 담은 그 계획은 끝내 실패하고 말았다. 1977년 3월 黨中央工作會議에서 복권된 鄧小平은 文革路線을 완전히 탈피하여 개혁 · 개방 노선을 추진하기 시작했다. 이와 같이 개혁 · 개방 노선은 건국 이후 30년의 風霜을 겪는 동안 중국 지도부가 苦惱 끝에 도달한 결론으로서, 臨機應變으로 어느 날 갑자기 創案된 것은 아니었다. 鄧小平의 개혁 · 개방의 前身은 周恩來(그리고 멀게는 毛澤東)의 「4개의 近代化」를 이어받은 것이라고 할 수 있다.

중국의 경제발전은 매 5년마다 개최되는 中國共産黨 全黨大會[72]와 밀접하게 연관되어 있다. 중국 공산당과 중국 정부는 새로운 5년 會期를 시작할 때마다 공산당과 정부 首腦部를 새로이 선임한다. 그들은 그 전당대회에서 국내외 정세변화에 비추어 국가정책의 기본방향을 공포하고, 동시에 경제사회의 분위기를 쇄신하는 계기로 삼고 있다. 이하에서 설명하는 중국 경제발전의 軌跡은 바로 전당대회의 결정사항의 실천과정을 반영하는 것이다.

---

72) 2002년 11월 8일부터 14일까지 개최된 제16차 全黨大會에서 지도부의 世代交替 方式을 결정하여 평화적 정권교체를 이루도록 하였다.

1) 鄧小平의 중국 近代化〈2段階構想〉

毛澤東의 사망으로 중국의 최고지도자가 된 鄧小平은 文化大革命 동안에도 미래의 중국경제에 관해 銳意 구상하고 있었다. 1978년 12월의 공산당 第11期3中全會에서 천명한 開放·改革은 그 구상을 실천하기 위한 것이었다. 그 구상은 중국경제의 발전은 앞으로 〈2段階〉를 거쳐 이루어진다는 것이었다. 첫째 단계는 20세기의 남은 20년 동안인데, 우선 당장 많은 極貧者를 포함한 인구를 다 먹여 살리고, 20세기 말에는 모든 국민이 무난히 살 수 있는 정도의 農業과 工業의 생산을 할 수 있는 수준, 즉 〈小康〉[73]의 상태에 도달하는 단계이다. 둘째 단계는, 21世紀 上半期에 보다 고도의 경제 수준, 즉 豊饒로운 사회를 달성하여, 2050년에는 중진국 수준에 도달한다는 것이었다.[74]

이 구상은 그 후 1981년 趙紫陽 總理를 통해 第5期全人代 第4回會議에서의 보고에서 언급되기도 했는데, 이 비전이 당에서 전략목표로 채택된 것은 1982년 공산당 第12期全黨大會에서였다. 구체적으로는 20세기의 殘餘 20년 동안을 활용하여 2000년의 중국은 공업과 농업의 생산을 1980년의 그것의 4배로 증가시킨다는 것이었는데 이 목표가 앞으로 20년 동안의 중국경제의 戰略目標로 채택되었다.

---

73) 〈小康〉이라는 표현은 『禮記』의 「禮運」편에서 인용한 것인데, 이상사회인 「大同」 社會의 直前 段階의 사회를 말한다.

74) 이러한 구상은 鄧小平이 처음 착상한 것은 아니다. 鄧小平의 구상은 앞에서 설명한 周恩來의 〈4개의 近代化〉를 이어받은 것인데, 그것도 毛澤東과 朱恩來가 이미 1954년에 내놓은 구상에 기초를 둔 것이었다. 中國共産黨이나 全國人民代表大會에서 심의·채택되는 모든 議案은 중국공산당의 黨論이지 개인의 구상은 아니다.

2) 개혁 · 개방의 始動과 定着(1978–1996)

(1) 개혁 · 개방의 始動(1978–1984)

1979년부터 1984년에 이르는 기간 동안, 중국경제에는 역사적인 개혁 · 개방의 鼓動이 울려 퍼졌다. 이 중 가장 중요한 이벤트로는 첫째, 도시 공업부문에서는 동남부의 4개 해안도시[75]를 經濟特區로 선정한 것, 그리고 둘째, 농업부문에서는 농촌과 농민의 桎梏이었던 人民公社를 철폐한 것을 들 수 있다. 이것이 제1단계 개혁이었다.

우선 經濟特區의 선정과정을 살펴보자. 중앙당은 1979년 말로부터 80년 3월에 이르는 기간 동안 廣東省의 深圳(선쩐), 珠海(주하이), 汕頭(샨토우) 및 福建省(푸젠성)의 廈門(샤먼) 등 4개 도시를 경제특구로 지정하여, 대외정책을 수행하는 특수한 지구로 삼았다. 특구의 목적은 鄧小平이 말한 대로, 對外開放의 〈4개의 窓口〉, 즉 技術, 管理, 知識 및 對外政策에 관한 외국 시스템 도입의 〈窓口〉로 삼는 데 있었다. 단순히 수출이나 고용을 증가시키자는 목적이 아니라 나라의 모든 管理制度를 바꾸는 데 필요한 출입구로 삼고자 한 것이다. 이 네 개의 특구 지정의 과정에는 나라의 大變革期에 즈음한 중국인 특유의 장기적 안목, 實事求是的이고 經驗主義的인 접근, 漸進主義 '實驗主義' 의 방법이 나타난다.

네 개 도시가 선정된 이유에는 몇 가지가 있는 것으로 보인다. 첫째는 이 지역이 모두 옛날부터 외국과의 접촉이 많았던 지역으로서

---

75) 홍콩 인근의 深圳(선쩐), 汕頭(샨토우), 珠海(주하이)와 福建省(푸젠성)의 廈門(샤먼)임. 이 4개 특구는 홍콩 및 臺灣(타이완) 경제인을 1차적으로 겨냥했음을 알 수 있다.

앞으로도 중국인이 이 지역에서 외국인을 상대하기가 비교적 쉬우리라고 보았기 때문이다. 둘째, 같은 脈絡에서, 이 지역은 대만이나 홍콩 등의 華僑와의 관계가 깊어서 在外 華人들의 資本과 企業을 유치하기가 비교적 원활하리라고 기대한 것이다. 셋째, 중앙으로부터 거리가 멀어서 정치의 영향을 덜 받을 수 있고, 또 동시에 외국으로부터 들어오는 바람직하지 못한 行態나 風潮가 직접적으로 중앙에 들어오는 것을 차단하고자 하는 의미도 있다.

요는 改革·開放 政策이 가장 성공하기 쉬운 곳을 經濟特區로 선정하여, 거기서 特區가 일단 성공하면 그 경험을 살려서 특구를 점차 다른 곳에도 설정하여 중국의 경제 사회 및 문화에 새로운 바람을 불어넣자는 것이었다. 우선 당장 급한 것이 경제였으므로 경제특구는 우선 外資와 기업유치를 위하여 課稅, 外換管理, 기업활동 등을 自由化하고 특수한 優待를 베풀었다.

중국 당국이 바란 바와 같이, 경제특구는 외국자본과 기업을 유치하여 경제를 활성화하는 데 큰 성공을 거두었다. 외국자본이 殺到하고, 내국기업과 근로자도 몰려들어, 외국기업과 내외국인의 合作企業이 크게 대두했다. 이들의 활동을 돕기 위한 도시의 인프라도 급속도로 정비됐다. 道路와 주거는 물론 교육기관, 오락시설, 쇼핑몰 등 볼거리, 먹거리, 할거리가 마련되었다.

이 기간 동안 농민의 桎梏이었던 人民公社가 폐지되고, 營農自律化 도입이 이루어졌다. 개별 농가를 생산주체로 인정하는 한편, 개별농가의 생산이 할당된 責任生產量을 초과하는 경우, 그 초과분을 농가별로 시장에서 처분하여 個人所得을 올릴 수 있게 했다. 농민의 생산 및 노동의 自主權이 인정되었다.

이미 1977년경부터 四川省(쓰촨성) 安徽省(안후이성) 일부에서 농촌의 책임자들이 자발적으로 人民公社의 大單位 勞動組織이었던 하나의 〈生産隊〉를 여러 개의 〈作業그룹〉으로 '細分' 하여, 세분된 작업그룹 단위로 농업생산에 종사할 수 있게 했다. 그 결과 세분된 작업그룹이 생산한 農産物 總量은 人民公社의 生産隊가 생산하는 量보다 훨신 많다는 것이 입증되었다. 이것이 農業生産 請負制인데, 이것이 인민공사의 非效率을 증명한 것이다.

그 후 농민들은 農業生産 請負制를 다시 세분화하여, 끝내는 個別農家를 기초단위로 하여 營農에 종사하게 하였다. 그 결과 개별농가들이 생산하는 농산물 총량은 적은 노동량을 들이고도 인민공사로부터 할당받은 양을 훨씬 초과하는 생산량을 올릴 수 있다는 것을 보여주었다. 이것이 農家別 生産請負制인데, 이것을 본 정부 당국도 인민공사를 고집할 수 없게 되었다. 이것이 '밑으로부터의 개혁' 으로 시작된 인민공사 解體의 시발이었다. 이 운동이 전국적으로 확산되어 1983년에는 농민의 95%가 農家別 生産請負制를 실시하게 되어, 인민공사는 실질적으로 그 기능을 상실하여 마침내 해체되었다. 인민공사는 공산당에 의해서가 아니라 농민에 의하여 解體된 것이다.

제1단계 개혁 기간에 중국은 사회주의 계획경제를 근본적으로 바꾸어 시장경제체제를 도입하기 위한 大轉換의 기본방향을 잡은 것으로 볼 수 있다. 특히 문제를 최소화하기 위한 접근으로 漸進的 개혁방법을 채택했다는 데에 그 특징이 있다. 점진적이라는 말은 개혁의 속도를 느리게 한다는 말이 아니라 미리 정한 順序에 따라서 차근차근 개혁을 추진하는 것을 말한다. 예를 들어 國有企業을 당장에 民營化하는 것이 아니라 기업의 所有權은 從來와 같이 국가에 두되, 우선 기업경영자에게 그 운영을 일정 범위 내에서 自由化함으로써, 점차 국가의 권한을 축소하여 기업의 效率을 改善하는 것 등을 들 수 있다.

이 기간 동안 중국은 놀랍게도 年平均 9~10% 정도의 성장을 달성했다. 당초 鄧小平(그리고 共産黨 指導部)은 5%정도의 성장목표를 설정했는데, 실제로는 그 倍가 달성된 것으로서 중국경제의 潛在力을 말해주는 것으로 볼 수 있다.

(2) 改革 · 開放의 확대(1984-1988)

개혁 · 개방 정책은 1984년부터 1988년에 이르는 기간 동안 크게 확대되었다. 경제특구의 실험이 성공을 거두는 것을 확인한 정부는 1984년부터 沿岸地域 14개 도시[76]를 〈對外經濟技術開發區〉로 지정하여 종래의 4개 도시에서와 같은 정책을 시행했다. 새로 지정된 14개 도시들은 모두 과거에 외국과의 접촉이 많았고 주민의 商術이 유명한 도시로서, 특구로 성공할 가능성이 많은 곳이었다.

1985년 정부는 長江델타 지역, 珠江델타 지역, 福建省 南部를 선정하여 개방정책의 확대를 실시하기로 하는 한편, 遼東半島와 山東半島 全域을 〈沿海經濟開發區〉로 지정했다. 정부는 또 1988년 海南島를 省으로 승격시키고 그 全域을 경제특구로 지정했다.

이와 같이 초기의 4개 경제특구는 14개 〈經濟技術開發特區〉로 확대되었고, 끝내는 중국 東南部海岸의 거의 전 지역이, 이름은 지역에 따라 달랐지만, 실질적으로 모두 경제특구처럼 되었다. 경제활동은 엄청난 탄력을 받았다. 10년이 채 못 되는 짧은 기간 동안에 중국의 경제지도의 색깔은 딴판이 되었다. 중국의 개혁작업은 우선 성공하기 쉬운 곳부터 시작하여 점진적으로 어려운 곳으로 옮겨가는 방식이었

---

76) 1984년 5월에 지정된 14개의 對外經濟技術開發區는 다음과 같다. 大連, 秦皇島, 天津, 煙臺, 靑島, 連雲港, 南通, 上海, 寧波, 溫州, 福州, 廣州, 湛江, 北海가 이것이다.

다. 쉬운 곳에서부터 시작해야 성공하기 쉽고, 성공을 해야 정부사업의 정당성이 입증되고 국민이 따라올 것이기 때문이다. 점진적 방식은 중국에서 큰 성공을 거두었다.

(3) 企業經營, 銀行, 政府部門의 개혁(1980년대 상반기)

경제특구의 확대와 더불어, 기업경영의 合理化를 위한 정부의 많은 조치가 취해졌다. 여기서 이들을 다 논하기는 불가능하므로, 그 項目만을 열거하기로 한다. 1984년부터 기업부문에서는 경영자의 主權이 크게 확대되었다. 기업의 생산, 고용, 임금, 판매 등에 관한 工場長(社長)의 권한이 認定됨과 아울러, 성공적인 기업경영자에 대한 우대, 실패한 기업경영자의 감봉 내지 면직 등의 제도가 도입되었다. 이 기간 동안 國營企業체제에도 부분적인 개선이 이루어졌다. 원래 중국기업의 大宗을 이루는 국영기업은, 이름은 企業이지만, 생산만 하는 조직이 아니라, 黨組織의 지도를 받는 政治組織인 동시에 행정기관의 지시를 받는 行政機關이기도 하고, 종업원의 후생을 관리하는 사회적 책임도 맡고 있는 厚生機關이기도 했다. 이것을 개혁하여 기업체를 보다 순수한 생산기관으로 만드는 것이 중국의 과제였다. 이러한 개혁의 일환으로 1984년 中央黨과 國務院은 여러 번의 條例와 規定의 개혁을 통하여 전문지식과 경험을 가지고 기업의 생산임무에 전념할 수 있는 工場長(社長)을 임명하여, 공장장에게 雇傭, 生産, 販賣, 投資 등에 관한 自主權을 부여하도록 했다.

이런 개혁을 계기로 여러 국영기업체에서 많은 剩餘人員이 삭감되었다. 한국의 構造調整과 같은 것이었다. 경쟁제도의 도입으로 종래의 〈三鐵〉을 폐지 내지 완화하고, 여러 면에서 成果制度가 도입되었다.

기업개혁과 동시에 중앙 관청 및 지방행정기관의 개혁이 이루어졌다. 중앙관청이 통폐합되고 인원이 정비되었다. 특히 금융기관의 개혁이 획기적으로 이루어졌다. 1984년부터 人民銀行이 中央銀行으로 改編되면서 미국에 있어서와 같이 주요 지방에 分院이 두어졌다. 중앙은행을 중심으로, 國有銀行으로 4대 專門銀行(中國工商銀行, 中國農業銀行, 中國建設銀行, 中國銀行)이 신설되고 그 밖의 각종 국유투자은행이 정비되었다.

1983년경부터 농촌지역에 鄕·鎭 政府가 생겨난 것을 계기로 1984년경부터 〈鄕鎭企業〉이라 불리는 개인 소유의 소규모 농촌기업들이 크게 대두되었다. 농촌지역에는 종래 인민공사 체제하에서 농민들이 농업과 아울러 수공업, 상업, 서비스업을 兼營하던 集團所有의 〈社隊企業〉이 140만 개나 있었는데, 이것이 개인 소유의 鄕鎭企業으로 바뀐 것이다. 향진기업은 농촌지역의 고용문제를 완화하는 데 큰 기여를 했다. 이러한 다양한 변화는 1984년 이후의 개혁·개방정책이 엄청난 탄력을 받아서 중국 도시와 농촌의 모양을 바꾸고 있었다는 것을 말해준다.

(4) 大인플레이션(1986-1989)

중국에는 원래 국민생활 必需品의 가격이 통제되어 人爲的으로 조정되었는데, 1985년에는 食糧을 포함한 주요 농산물의 가격이 현실화되고 많은 농산물의 가격이 자유화되었다. 공산품의 가격도 現實化 내지 자유화되어 價格體系가 대폭 시장경제에 맞도록 조정되었다.

그러나 86년부터 가격 자유화에 便乘한 물가 전반의 상승이 큰 인플레를 불러왔다. 가격현실화 내지 자유화가 지방정부에 의한 亂開發, 에너지와 原資材의 공급부족 등과 맞물려 景氣過熱이 나타나면서 경제성장률이 鈍化되고 두 자리 수의 큰 인플레가 일어났다. 88년에는 도시 주민의 生活費 價格指數는 전년 대비 24.6 % 포인트 상승하고, 自由市場 價格指數는 무려 36.8% 포인트나 상승하는 등 최악의 인플레가 일어났다.

인플레와 더불어 나라 전체에서 不正腐敗가 만연하여 民衆, 특히 학생들 사이에 體制에 대한 불만이 터져 나왔다. 88년 8월에는 價格改革을 중지하고 물리적인 물가통제에 나서는 등의 소요가 벌어지기도 했다. 이에 대처하기 위해 1988년 9월 黨13期 3中全會에서는 緊縮財政政策을 채택했다. 이와 같이 88년대의 중국경제는 경제과열 현상을 해소하기 위해 중국식 Go, Stop의 巨視政策이 반복되었다.

(5) 鄧小平의 〈3段階論〉(1987년)

중국경제는 1980년대를 거치면서 당초 예상치 못한 高度成長이 지속하여 종래의 鄧小平의 〈2段階 構想〉을 수정할 필요가 생겼다. 또 중국은 2050년까지 "社會主義 初期段階"에 있다는 것을 '확인' 할 필요가 있었다. 그래서 鄧小平은 1987년 共産黨 13次全黨大會에서 중국 근대화에 관한 〈3段階論〉을 제기하여 종래의 〈2段階論〉을 새로운 〈3段階論〉으로 대체했다. 이 구상에 의하면, 중국이 사회주의 근대화를 실현하자면 적어도 건국 이후 100년은 걸려야 할 것으로 보고, 이 기간은 사회주의의 초기단계를 달성하는 기간이라고 하였다. 즉, 2050년까지는 중국은 社會主義 初期段階에 있을 것이라는 전망을 한 것이다. 구체적으로, 1990년까지의 제1단계 동안에 중국은 1980년 GDP의 2배를 달성하고, 2000년까지의 제2단계 동안에는 1990년 GDP의 2배를 달성하여, 〈小康狀態〉를 실현한다. 끝으로 21세기 중반(2050년)까지 1인당 소득을 중진국 수준으로 끌어올림으로써 국민생활을 윤택하게 만든다는 것이었다.

지금 이 구상을 회고해보면, 黨 指導部는 중국의 潛在 성장능력을 지나치게 保守的으로 본 감이 없지 않으나, 지도부는 이렇게 함으로써 국민의 인내심을 고취하여 그들의 '自彊不息'의 노력을 유도하며, 국민의 과도한 기대를 억제하는 동시에 지도부의 伸縮性 喪失의 우려를 未然에 방지하자는 의도가 있는 것으로 볼 수 있다. 경제의 고도성장의 지속으로 인플레가 만연하고 부정이 만연하며 소득분배가 균형을 잃는 등 경제불안이 일어날 가능성이 있다고 보고, 미리 '頂門의 一針'을 加고자 하는 의도가 있었던 것으로 짐작된다.

(6) 天安門사태, 江澤民 발탁, 개혁·개방 정책의 조정(1989-1991)

개혁·개방이 몰고온 大인플레와 不正腐敗 만연의 와중에 개혁·개방 정책에 대한 비판이 전국적으로 일기 시작했다. 당시의 黨總書記 胡耀邦, 國務院總理 趙紫陽 등을 비롯한 改革派는 경제개혁과 아울러 정치까지 개혁해야 한다고 주장했다. 이에 대해 陳雲, 李先念 등의 당 '長老'들은 당의 통제 약화는 정치적 사회적 혼란을 가중시킨다고 맞섬으로써 共産黨 內에 理念鬪爭이 고조되었다. 1989년 4월 15일 黨總書記 胡耀邦이 사망하여 22일 그의 장례식이 거행되는 것을 계기로 북경의 학생들을 중심으로 自由化, 不正腐敗의 剔抉(척결) 등을 외치는 시위가 일어났다. 시위는 지방으로 확산되어 끝내는 전국 341개의 주요 도시에 퍼져서 나라가 위태로운 지경에 빠져들었다. 鄧小平 자신도 개혁파에 가까운 사람이었고, 그를 포함한 당의 長老들도 처음에는 결단을 못 내렸다가 사태가 위급해지는 것을 보고 鄧小平의 결단으로 6월 3일 북경에 戒嚴令을 선포하였다. 마침내 1989년 6월 4일 武力의 行使로 시위는 진압되고 天安門 廣場의 시위대는 해산되었다.

이 사건은 중국에 대한 국제적인 制裁를 불러일으킴으로써 그동안 순조로웠던 외국자본의 유입이 거의 중단되었다. 黨內에서는 保守派가 改革運動에 제동을 걸기 시작하여 정치적인 불안이 일어날 조짐도 나타났다. 위기에 몰리게 된 개혁 · 개방 정책이 坐礁될 우려가 국제적으로 퍼졌다. 天安門 사건이 있기 전 5월 27일 胡耀邦의 뒤를 이은 黨總書記 趙紫陽의 후임으로 江澤民(장쩌민)이 黨總書記로 발탁되었다.[77]

1989년 11월 개최된 13期5中全會에서 鄧小平은 경제개혁 · 대외개방의 기본방향을 밀고 나가되 재정의 均衡化와 경제의 效率化를 도모하기 위해 성장률을 5~6%로 下向調整하는 방침을 천명했다. 그러나 1990년 초부터 정부는 개방 · 개혁을 되돌릴 수 없는 정책기조로 재확인했다. 국내의 정세는 改革路線으로부터 후퇴하는 것은 혼란을 불러올 뿐이라는 것을 보여주었다. 국제적으로도 자유화 바람이 東유럽 공산국에 밀어닥쳐서 베를린市의 障壁이 무너져내렸다. 이러한 國內外情勢의 대세는 중국의 개혁 · 개방이 올바른 방향임을 입증하였다. 다만 중국은 經濟의 개혁 · 개방 정책은 밀고 나가되 政治의 급진적인 自由化는 허용할 수 없다는 기본방침을 재확인했다.

1989년부터 정부는 인플레의 진정을 위한 강력한 긴축정책을 집행함으로써 물가는 일단 안정됐다. 그러나 貧困層 구제를 위해 재정의 확대가 이루어짐으로써, 이것이 재정을 압박함으로써 경제는 전반적

77) 黨總書記 選出을 위한 元老 모임에서의 鄧小平의 최초의 意中 人物은 李瑞環이었고 江澤民은 아니었다. 그는 李瑞環을 추천하였으나 다른 원로들의 동의를 얻지 못했다. 그는 9명의 장로들의 의견을 종합하여 그의 최초의 선택을 접고 江澤民에 落點을 한 것이다. A. J. Nathan and Perry Link (ed.), *The Tiananmen Papers*, New York, Public Affairs, 2001, pp. 256-312.

으로 크게 추락했다. 89년의 成長率은 3.9%의 증가에 그치고, 失業도 증가했으며, 鄕鎭企業의 생산도 20% 이상 감소했다. 정부는 90년부터 다시 금융을 완화하여 경제의 추락을 막음으로써 경제는 서서히 정상화됐다.

前述한 바와 같이, 개혁·개방의 始動期(1978~1984)에는 농업부문의 생산의욕이 왕성해서 농산물 공급이 크게 증가했으나, 80년대 후반기에 접어든 후로는 농산물가격의 하락으로 농민의 생산의욕이 沮喪되고 농업생산도 많이 감소했다. 이것을 본 정부는 다시 1989년 부터 농업진흥을 경제정책의 중심으로 삼게 되었다. 89년 11월「中長期農業發展戰略」을 채택하여, 농민 부담의 경감을 목표로 농산물 價格設定, 판매, 생산, 營農技術 등 모든 면에서 농업을 지원하기로 하는 한편, 보다 拔本的으로 농지의 개량, 농업에 대한 과학기술의 보급, 농산물유통체계의 효율성 제고 등의 농업기반 鞏固化 정책을 시행했다.

天安門 事態 이후 중국에 대한 외국의 制裁가 이루어지면서 외국으로부터의 자본과 기술의 도입, 移轉契約 등이 크게 줄었다. 그러나 90년대 초부터 정치 사회가 안정을 회복하고, 정책 기조가 개혁·개방으로 복귀하면서 대외거래도 다시 활성화되어, 天安門 事態의 後遺는 점차 수습됐다. 천안문 사태가 불러온 경제위기를 돌파할 수 있게 된 데에는 홍콩·대만을 중심으로 한 華僑資本의 유입이 큰 공헌을 했다. 또 한국, 동남아제국 등으로부터의 자본도입 등도 상당한 역할을 했다.

이 과정에서 1990년 및 1991년 深圳(션쩐)과 上海(샹하이)에서 證券去來所가 설립되어 財産權의 海外移轉이 가능하게 되어 개방개혁 정책은 일층 강화되었다.

(7) 개혁개방의 지역적 확대와 新經濟圈의 出現(1990년대 상반기)

중국은 1979년에는 深圳(션쩐) 珠海(주하이)를, 1980년에는 汕頭(샨토우)와 廈門(샤먼)을 경제특구로 지정했다. 이어서 83년에는 海南島를 省으로 승격시켜서 경제특구로 지정하고, 84년에 다시 동부해안의 14개 도시를 〈對外經濟技術開發區〉로 지정했다. 85년에는 長江三角洲 지역, 珠江三角洲 지역, 福建省南部 지역을 경제특구로 지정하고 88년에는 遼東半島, 산동성 연안 지역, 광동성 연안 지역을 〈沿海 經濟技術開發區 地區〉로 지정했다. 그리하여 중국은 개혁개방 정책의 초기 10년 동안에 동부 연안의 거의 전 지역을 경제특구로 삼았다.

중국은 90년대 초부터는 上海 浦東區를 대대적으로 개발하여, 세계 일류기업을 유치하여 정보산업을 비롯한 첨단과학기술과 금융산업의 중심으로 만드는 계획을 추진했다. 그곳을 起點으로 하여, 長江 中上流 지역으로 개혁개방을 확대하여 경제발전을 점차 내륙지역으로 확대시킨다는 遠大한 계획을 추진하는 전략을 추진했다.[78] 동시에 90년대 초부터는 北京, 天津, 山東半島 등 渤海灣 沿岸에 공업지대를 개발하여 이 지역을 기점으로 하여 東北三省과 內蒙古 지역을 개발할 전략을 추진하기 시작했다.

1991년에는 朱鎔基가 부총리로 임명되어 공업생산 부문의 지도를 맡아서 특히 중국경제의 痼疾이라고 알려진 國有産業의 생산능력을 강화하는 정책을 추진하기 시작했다.

---

78) 중국은 上海 浦東을 龍의 머리에 비유하고 장강 中上流 地域을 龍의 脊椎에 비한다. 浦東과 長江에 沿한 지역, 黃河에 沿한 지역, 國境에 沿한 지역(이것을 三沿地域이라 한다)을 우선 개발하여 隣接地域을 순차적으로 개발한다는 전략이다.

(8) 南巡講話, 인플레의 수습, 고도성장의 加速化(1992–96)

1989년 이후 공산당의 이념논쟁이 수습되어 〈社會主義的 市場經濟〉의 성취를 위한 개혁 · 개방 정책기조가 재확인됨과 동시에 經濟構造 高度化를 위한 국유기업의 합리화, 사회보장제도의 개혁 등이 이루어졌다. 경제는 고도성장이 가속적으로 이루어지면서 큰 인플레가 발생하였으나, 정부는 유연한 정책대응으로 물가안정을 달성하여 경제를 '軟着陸' 시키는 데 성공했다. 또 경제의 고도성장이 본격화되면서 이에 따른 景氣過熱, 부분적인 過消費와 紀綱의 解弛 등이 나타났으나, 정부의 대응 능력도 향상되어 경제의 合理化가 전반적으로 정착되기 시작했다.

1992년 鄧小平은 당내의 理念的인 혼란을 잠재우기 위해 廣東 지방을 巡視한 후, 그해 1월 이른바 〈南巡講話〉로 알려진 講論을 발표하여 개혁 · 개방 정책이 돌이킬 수 없는 정책방향임을 다시 확인했다. 1992년 10월에 개최된 제14期 全黨大會에서 〈社會主義 市場經濟〉의 달성을 국가목표로 채택하고, 그것을 추진하기 위한 黨組織과 行政組織의 분리, 행정관리체계의 合理化 등을 적극적으로 추진하기로 했다.

이것이 觸媒가 되어 대규모 해외자본이 유입되어 고도성장이 가속화되었다. 이 시기의 대표적인 조치로서는 대외개방의 전국적 확대, 二重 換率制 폐지, 은행의 개편, 세제의 개혁 등이었다. 은행을 정책은행과 상업은행으로 분리시키고, 租稅를 國稅와 地方稅로 구분하여, 조세의 稅目을 명확히 규정했다. 그리하여 정부의 경제정책의 微視부분과 巨視부분이 점차 조화되었다.

92년의 鄧小平의 남방순시 이후 중국은 다시 경제발전의 열기가 고조되었다. 각지에서 건설 붐이 일어나고 외자유입이 활발해졌다. 固

定資産 투자가 급증하여 92년 前年比 37.6%, 93년 50%, 94년 24%를 기록했다. 실질경제성장률은 92년 前年比 12.8%, 93년 13.4%, 94년 11.8%의 고도성장이 이어졌다. 산업구조도 고도화하여 철강, 화학, 섬유, 자동차 등이 대폭 증가하고 농업도 93년 이후 높은 성장을 기록했다.

(9) 大인플레의 再演과 國有企業 개혁(1992~96)

경제가 활성화되면서 92년 경부터 물가가 다시 오르기 시작하여 마침내 94년에는 24.7%라는 하이퍼-인플레에 가까운 물가상승으로 이어졌다. 그러나 이 무렵부터 정부의 정책은 보다 柔軟性을 가지게 되어 점차 직접통제로부터 間接誘導로 전환되었다. 물가정책은 전과 같은 물리적인 Go-Stop의 반복에 의존하는 일이 적어지고, 물가동향을 사전에 파악하여 미리 대책을 강구하는 시장원리에 따른 "巨視經濟政策"이 도입되었다. 정부의 역할이 구체적인 微細한 干涉으로부터 거시적인 調整으로 전환한 것이다. 96년부터는 朱鎔基 부총리가 實物과 貨幣(인민은행 행장)를 일괄하여 관장함으로써 강력한 總需要 억제 정책을 통하여, 경제는 고도성장을 유지하면서도 물가는 안정세로 진정되기 시작했다. 이때부터 중국정부는 경제정책에 관한 이론과 경험을 바탕으로 자신감을 가지고 정책을 시행함으로써 국민의 신뢰를 얻게 되었다. 朱鎔基 부총리는 이후 1998년 4월 총리로 승진하여 개혁 · 개방 정책에 영향력을 확대하게 되었다.

정부의 정책이 보다 柔軟하고 효율적으로 된 데에는 정부의 능력이 향상된 탓도 있지만 市場原理가 국민 생활에 미치는 영향이 커진 데에도 이유의 一端이 있다. 경제구조가 고도화됨에 따라 경제사회의 '成熟度'가 높아진 것이다.

社會主義的 市場經濟가 성공하기 위해서는 國有企業 改革이 이루어짐으로써 국유기업이 시장경제체제에 適應할 수 있어야 한다. 이를 위해 기업의 經營者 主權이 인정되어, 나라는 기업의 所有權을 가지고, 기업은 經營權을 가지는 방향으로 개혁이 이루어졌다. 나라와 기업의 권리 및 책임의 한계가 명확하게 된 것이다. 1994년 말 국무원은 전국에서 국유회사 중 중요한 500개 회사를 선정하여, 그 경영을 고도화하기 위해 財政資金을 지원하여 개혁을 추진했다.

3. 江澤民 시대(1997~2002)

1) 江澤民 시대의 槪觀

전술한 바와 같이 江澤民은 1989년 천안문 사태 당시 黨 總書記로 발탁되었는데, 당시 그에게는 건국 이래 최대의 비상시에 처하여 당의 선두에 서서 나라를 호령할 만한 배경과 권위는 없었다. 그에게는 毛澤東, 鄧小平과 같은 카리스마나 비전이 없었고, 그들과 같은 경력도 없었다. 1989년 9월 鄧小平이 모든 公職에서 물러나서 일개 자연인이 된 이후로도 그의 권위는 전혀 줄지 않았다. 그는 여전히 최고지도자였다. 중국의 발전 방향은 鄧小平이 아니고는 일구어낼 사람이 없었다.

이것은 江澤民에게는 오히려 다행이었다. 90년대 중반기의 중국은 高度成長期에 있었기 때문에 경제는 순조롭게 성장했고, 개혁 · 개방 역시 기존의 방침에 따라서 바람직한 성과를 거둘 수 있었다. 그는 사실 13년 동안의 '집권'을 통하여 큰 危機없이,[79] 순조롭게 임기를

79) 1999년을 전후하여 法輪功(화룽공)이라는 일종의 종교단체가 나타나서 한동안 위세

마칠 수 있었다. 경제운영은 朱鎔基 總理라는 청렴하고 유능한 인물이 선두에 서서 陣頭指揮를 했다. 총서기와 총리 사이에는 여러 가지 의견차이가 있었으나, 兩人은 이를 참고 넘김으로써 많은 난관을 극복할 수 있었다.

1997년부터 드디어 江澤民의 시대가 열리기는 했으나, 黨에는 여전히 經綸에 있어서나 인간관계에 있어서나, 江澤民에게는 마음 놓고 지도력을 행사하기에는 부담이 되는 인물이 많았다. 그는 우선 그에 同調하는 인물을 要職에 심어서 그의 지도력을 공고히 했다. 동시에 그는 또 지방정부의 肥大를 막고 중앙정부의 권위를 세우기 위해, 稅制를 개혁하여 지방정부의 財力을 줄이고 중앙정부의 稅收를 늘리는 개혁을 단행했다.

그의 집권 동안에 이룬 가장 획기적인 業績으로는 부정부패를 척결하는 운동을 벌인 일, 그리고 〈三大代表論〉을 提起하여 그것을 黨憲에 채택시킴으로써 공산당의 面目을 一新하였다는 사실을 들 수 있다. 그의 재임 중에 西部開發의 구상이 본격적으로 제기된 것도 특기할만한 일이었다. 서부개발의 기본방향은 대체로 鄧小平의 비전, 이를테면 〈2大局論〉 등에 이미 천명되어 있었던 것이기는 하나, 어쨌든 이 사업이 구체화되기 시작한 것은 特記할만한 일이었다.

(1) 江澤民의 〈3段階 發展論〉

중국경제는 개방개혁 이후 1990년대의 중반에 이르는 기간 동안 여러 가지 난관을 극복하면서 고도성장을 지속하였다. 그 발전은 개혁·개방 정책을 추진한 鄧小平의 〈3段階 發展論〉의 비전에 따른 것이었는데, 발전의 결과는 원래의 비전을 훨씬 능가하는 것이었다. 이

를 떨친 일이 있었다.

를테면 등소평의 2000년의 목표치는 이미 1995년에 도달되었다. 비단 量的인 목표뿐만 아니라 構造改革도 원래 예상했던 것보다 빠르고 성공적으로 이루어졌다. 중국경제는 새로운 비전과 새로운 목표의 제시를 필요로 하였다.

경제의 고도성장으로 鄧小平 시대에 설정된 近代化計劃의 목표가 조기에 달성되고 있을 무렵, 江澤民은 1997년 第15期全黨大會에서 새로운 그의 〈3段階 發展論〉을 제시했다. 江澤民은 보고를 통해, '오늘부터 2010년까지는 제2단계의 목표를 달성한 후, 제3단계의 목표를 달성하기 위해 매진하는 가장 중요한 시기' 임을 강조했다. 그는 21세기 최초의 10년 동안에 GDP를 2000년 수준의 倍로 증가시켜서 국민생활을 윤택하게 하고, 그 다음의 10년 동안에 各種 制度를 改革하고, 다음 단계에서는 富强한 민주적이고 문명적인 社會主義 國家를 건설한다고 천명했다. 이것은 사실 등소평의 〈三段階 發展論〉과 본질적으로 차이가 없는 것이었으나, 당의 총서기로서 江澤民이 앞으로의 經濟社會 發展에 관한 指針을 제시했다는 점에서 의미가 있다. 이하에서는 江澤民 시대에 이루어진 주요 개혁의 내용과 성과를 간단히 살펴보기로 한다.

(2) 조세, 금융, 정부, 기업의 構造調整(90년대 말까지)

중국이 본격적으로 개혁을 추진하면서 제일 먼저 강조했던 것이 中央政府 權威의 확립이었다. 중앙정부의 권위를 강화하려면 그 財力이 강화돼야 하고, 그렇게 하기 위해서는 지방정부의 租稅徵收의 일부를 중앙정부로 돌리지 않으면 안 된다. 그동안 외국투자 기업의 誘致 權限이 지방정부에 위임되어 있어서, 지방정부는 각기 중앙정부의 開發區에 준하는 特區를 설정하여 경쟁적으로 外資를 도입하고, 외자기업으로부터 세금을 받아 재정을 擴充했다. 그리하여 중앙정부와 지방정부 사이에는 稅收를 둘러싼 對立이 있었다.

중앙과 지방의 葛藤 관계가 가장 첨예하게 나타난 것은 1994년의 租稅改革때부터였다. 당시 중앙정부의 租稅收入[80]은 전체 稅收의 30~40%에 미치지 못함으로서 중앙의 세수가 매우 빈약하였다. 이를 시정하기 위해서 江澤民 정부는 국세와 지방세를 나누어서 중앙정부의 조세수입을 전체 조세수입의 50% 정도로까지 끌어올렸다.

90년대 초부터 개혁의 대상은 정부, 금융 그리고 국유기업으로 확대되었는데, 그 중 일부분은 이미 설명한 바와 같다. 행정부의 경우, 사회주의 計劃經濟体制 하의 部處 제도를 시장경제체제 하의 부처제도로 개편하여 단순화하였다. 각 산업별 管掌 부처를 통합하거나, 개별기업의 管掌을 담당하는 經濟貿易委員會 傘下의 局으로 편입시키는 등의 조치를 통해서 종래의 42개 부처를 29개 부처로 대폭 축소시켰다. 이미 1992년 이후 시장요소가 급진적으로 도입됨으로써 정부의 권한 · 역할 축소가 이루어졌다. 중국 당국이 행정부의 주요 기능을 거시조정으로 축소하였고, 공무원 인원이 대대적으로 감축되었다. 90년대 후반에는 中央部處, 省정부, 縣정부 등에서 공무원 수를 반으로 줄이는 大作業이 시행되었고, 지금은 거의 마무리된 상태[81]에 있다.

金融改革의 경우, 中央銀行 제도를 확립하고 부실대출 문제를 해결하기 위한 은행개혁이 이루어졌다. 종래에는 중앙은행은 일반은행에 대하여 信用限度 할당을 통해 직접적으로 지시 · 감독을 행하였다. 중앙은행의 권한이 축소된 이후에도 銀行貸出에 대한 간섭을 하고 싶

80) 1993년의 경우 중앙정부의 조세수입은 전체의 22.0%에 불과하였다.

81) 그러나 중국의 통계에서는 그 狀況變化가 明確하게 나타나지 않는다. 현재 正規公務員은 국가기관, 정당, 사회단체 취업인구로 잡고 있다. 이 수가 1998년에는 107만 명이었는데 2000년에는 1,086만 명으로 나타난 데서 잘 알 수 있다.

은 중앙은행의 誘惑은 지속되었다. 중앙은행의 지방 조직은 管轄地域 은행 사업에 간섭하고 대출 결정에 많은 영향력을 행사하였다. 이를 시정하기 위해 중앙은행인 中國人民銀行은 전국을 8개 지역본부[82]로 나누고 이를 통해서 일반은행의 통제는 間接統制에 한하는 것을 내용으로 하는 금융구조의 개편을 단행했다. 1998년부터 非銀行 금융기관의 감독관청인 證券監督委員會와 保險監督委員會를 中國人民銀行 조직에서 분리하여 독립시켰다.

또 하나의 중요한 문제가 商業銀行(일반은행)의 健全性 提高이다. 중국은 1994년 國家開發銀行, 農業開發銀行, 輸出入銀行 등 3개 特殊銀行을 신설하여 정부의 산업정책에 관련된 政策性 貸出業務를 관장하도록 조치한 바 있었다. 이로써 나머지 상업은행들이 지고 있던 정책금융의 부담은 경감되었다. 그런데도 이들 상업은행들은 1994년 이전에 안고 있던 不實政策貸出과, 사회안정 차원에서 불가피하게 지원된 일부 부실 국유기업에 대한 대출 때문에 그 건전성이 계속 문제시되어 왔다. 중국의 상업은행은 자본의 해외조달이 거의 전무한 상태에 있기 때문에 상업은행의 부실이 바로 外換危機로 번질 위험은 상대적으로 약한 상태에 있다. 그러나 사회주의 계획경제를 자본주의 시장경제로 이행하는 데 있어서는 상업은행의 안전성이 절대적으로 중요하다. 중국 당국은 이것을 가급적 조속히 시정하고자 4개의 資産管理公社를 신설[83]하여, 이들에게 惡性 不實債權의 대부분을 引受시켰다. 그럼에도 불구하고 현재까지 상업은행의 부실채권이 전체 부실채권의 25~50%에 달하는 것으로 推定될 정도로 그 건전성 제고는 갈 길이 멀다고 평가되고 있다. 이는 기본적으로 주요 대출자인 국유

82) 天津(톈진), 沈陽(션양), 上海(샹하이), 南京(난징), 濟南(지난), 武漢(우한), 廣州(광조우), 成都(청두), 西安(시안)이 그것이다.

83) 중국의 대표적인 4大銀行은 각기 산하 資産管理公社를 거느리게 되었다.

기업의 개혁이 재산권 처리 등 난제로 말미암아 그 진전이 더딘 데 1차적인 원인이 있다.

다음이 國有企業 문제이다. 중국의 국유기업은 많은 문제가 있지만 그 就業人口比重(전체경제활동 인구의 11.1%, 도시 취업인구의 37%), 정부재정에 대한 기여도, 사회 안정성 확보 등의 차원에서 아직도 무척 중요한 역할을 하고 있다. 朱鎔基 총리가 취임하면서 3년 이내에 국유기업을 완전히 개혁하겠다고 선언했지만, 그 약속은 당초부터 선언적인 것으로 받아들여졌다. 많은 국유기업이 과중한 社會安全保障의 부담을 지고 있어서, 그 부담으로부터 해방되지 않으면 국유기업의 정상화와 수익성 제고는 불가능할 것으로 보인다.

현재 중국 당국은 정부가 꼭 관여해야 할 국유기업을 남기고 나머지는 上場, 賣却 등으로 정리하는 한편, 기업의 營業外 負擔이 되는 종업원에 대한 주택지원 및 사회보험 부담 등은 漸進的으로 개인에게 移轉시키고 있다. 따라서 당초 朱總理가 내걸었던 약속시간은 지키기 어렵다 하더라도, 민간기업의 創業이 증가하면 국유기업의 인원을 흡수할 수 있을 것이므로, 국유기업의 비중은 加速的으로 縮小[84]될 것으로 보인다.

이러한 3大 改革에서 빼 놓을 수 없는 것이 公務員의 精銳化와 大大的인 인재의 발탁이다. 중국은 2002년 11월의 16代 全黨大會를 계기로 집권세력의 세대교체가 진전되었다. 이 과정에서 문화대혁명 이후 正規 大學敎育을 받은 세대들이 대거 정부요직에 발탁되었다. 특히 해외에서 교육받은 인재들이 國籍에 관계없이 정부 부문에 등용되었다.

---

84) 이미 국유기업의 製造業生産 比重은 1979년 78.5%에서 1999년에는 27.3%로 하락했다.

(3) 디플레의 出現과 경제의 軟着陸(1998-2000)

90년대 후반의 중국경제 발전 중 한 가지 특기할만한 일은 물가 동향이다. 94년에 거의 하이퍼-인플레에 가까운 물가폭등이 있었다는 것은 위에서 서술했다. 1997년부터 2001년의 기간 동안의 實質經濟成長率은 각각 8.8%, 7.8%, 7.1%, 8.0%, 7.3%였고, 物價上昇率은 각각 2.8%, -0.8%, -1.4%, 0.4%, 0.7%였다. 1998년 중국에 처음으로 디플레가 나타나기 시작한 것이다. 1998년 3월의 全人代에서는 앞으로 중국은 경제성장률 8%, 물가상승률 3% 以內를 목표로 운영될 것이라고 천명되었다.

이에 정부는 消費 振作을 비롯한 과감한 內需開發 정책으로 이에 대처했다. 당시 나는 北京을 방문할 기회가 있어서 중국 관리들과 대화를 나누었는데, 나에게 가장 큰 충격을 준 것은 그들이 週5日制를 주저 없이 채택한 사실이다. 중국과 같은 '開途國'에서 이렇게 과감한 정책을 쓰는 데 대해 나는 깜작 놀랐다. 그러나 그러한 과감한 정책으로 정부는 국민의 旅行, 觀光 등을 獎勵하고 끝내는 신속히 물가안정을 달성하는 데 성공하였다.

사실 중국경제는 開途國의 양상을 가지고 있는 것도 사실이지만 그 경제의 生産力은 생각보다 컸으며, 이제는 섬유, 의류 등의 '雜貨'로부터, 電子, 通信器機, 家電 등 耐久財의 공급이 총생산의 主軸을 이루는 단계에 진입해 있었다. 한마디로 중국은 이미 大量消費社會의 특징이 나타나고 있었다. 중국 정부는 이러한 국민의 생산력과 소비성향의 변화를 잘 파악하고, 이제는 輸出 爲主의 성장전략으로부터 內需를 보다 중요시하는 發展戰略으로 轉換하고 있었다.

중국은 이제부터는 국민생활 必需品의 부족으로 만성적인 인플레에 시달리는 나라가 아니라, 그런 必需品의 供給過剩으로 디플레를 염려해야 하는 나라가 된 것을 보여주었다. 중국정부는 適時에 適切한 정책을 구사하여 디플레도 무난히 制御하였다.

이 기간은 또 정부가 경제구조를 강화하기 위해 농업에 있어서는 農家負擔의 輕減策을 강화하고, 공업에 있어서는 국유기업의 再編과 근대적 기업제도를 향한 지배구조 개혁이 이루어진 시기이다.

(4) 大中華經濟圈의 胎動 (1990년대 후반)

90년대 후반 중국은 東部 沿岸地方의 개발을 성공적으로 이루어냈고, 오랫동안 대망했던 「大中華經濟圈」이 구체화되기 시작한 意味深長한 기간이다. 즉, 중국, 홍콩, 마카오, 대만, 싱가포르 및 동남아지역의 華僑들을 포괄하는 一大經濟圈이 형성되기 시작한 것이다.

東南아시아지역에는 중국 대륙 이외에 홍콩, 臺灣을 포함하여 3,000만 이상의 중국계통 사람들(華人)이 살고 있다. 이들은 동남아시아 각국에서 壓倒的인 경제력을 가지고 있는데, 1980년대 이후 이들은 母國인 중국에 대해 엄청나게 많은 투자를 해왔다. 위에서 본 바와 같이, 1989년 天安門 事態 이후 세계의 對中投資가 격감했을 때에도 東南亞 華人들의 투자가 지속됨으로써 중국은 큰 어려움 없이 위기를 극복할 수 있었다. 중국도 동남아 華人을 통해 세계시장으로 진출함으로써 서로의 相互依存度는 급속히 늘고 있다.

개혁 · 개방이 시작된 1980년대에는 華人投資와 華人企業은 주로 半製品, 原資材 등을 加工, 組立하는 수준이었으나 점차 하이테크 등 기술집약적인 산업으로 옮아가고, 90년대 후반기에는 투자는 제조업을 넘어서 유통, 금융 등 서비스산업으로 확대되고 있다. 중국과의 관계가 가장 많은 곳은 홍콩이고, 다음이 대만, 그 다음이 싱가포르이지만, 중국은 華人들과의 네트워크를 통해 여타의 동남아 나라들과의 관계도 크게 개선되고 있다. 이들의 對中협력관계는 政治·安保 등의 계산에서 나온 것이 아니라 血緣과 地緣을 통한 自然發生的이고 超國家的인 紐帶 관계이기 때문에, 通常的인 '外國人' 과의 관계와는 질적으로 다르다. 이와 같이 90년대 후반부터는 중국과 동남아 나라들 사이에는 자연히 「大中華經濟圈」이 형성되는 분위기가 나타나기 시작했다.

(5) 企業組織의 改編(1995년 이후)

다음으로 기업조직의 再編을 살펴보자. 중국은 1995년 10월 黨14期5中全會에서 國有企業개혁의 기본방향은 「조대방소(抓大放小)」, 즉 '큰 기업은 잡아두고, 작은 기업은 외부에 내 보낸다' 는 것을 천명한 바 있다. 大型 國家基幹産業에 대해서는 국가가 여러 가지 원조를 통해 경영을 합리화하여 이들을 大企業으로 육성하여 이 기업을 중심으로 〈기업그룹〉을 만들어서 날로 激化하는 국제경쟁에 대비하고, 작은 기업에 대해서는 그 類型에 따라 여러 가지 형태로 구조를 조정하여 민간기업과의 競爭를 통하여 그 自生力을 높인다는 것이 정부의 목표이다.

이 기본방향에 따라 정부는 전국의 국유기업을 大型基幹企業, 一般中型企業, 小型企業, 斜陽企業의 네 가지로 분류하여, 이들 기업에 대하여 각기 다른 지원정책을 써서 모든 기업을 잘 보살피겠다는 것이다. 이 기본구상에는 서구에서는 도저히 생각할 수 없는 思考가 담겨져 있다. 중국인은 분명히 企業經營이 잘 되기 위해서 기업이 꼭 個人所有가 돼야 할 필요는 없다고 보고 있다. 외국인들은 個人企業이어야만 합리적인 경영이 가능하다고 보는 데 비해, 중국인은 큰 個

人企業은 공공기관과 크게 다를 바 없고, 그들의 非理도 國有企業에 못지않다고 본다. 文化의 차이이다. 중국인이 個人主義의 效率을 否認하는 것은 아니다. 그들은 다른 국민 못지않게 개인주의적이다. 그러나 그들은 오랜 역사를 통하여 개인주의의 폐단도 알고 集團主義에도 장점이 있다는 것을 인정하게 된 것이다.

1997년에 特記할만한 사건은 그 해의 제15차 黨大會에서 국영기업에 대한 一大 構造調整을 단행했다는 사실이다. 정부는 국민경제의 모든 기업체를 「戰略的 分野」 50業種과 「一般的 競爭分野」 146業種으로 나누고, 전자를 다시 獨占的 地位를 허용하는 15개 업종, 국가가 일정한 支配權은 유지하되 獨占權은 부여하지 않는 35개 업종으로 분류하였다. 獨占 15개 업종에 대해서도 기업의 所有權은 국가가 보유하되 經營權은 기업경영자에 주도록 함으로써, 이제부터는 〈國營企業〉은 없어지고 〈國有企業〉 내지 〈國家投資企業〉이 종래의 국영기업을 대체하도록 했다. 國營企業의 경영의 독립성을 認定한 조치로서 중국으로서는 劃期的인 이노베이션이었다.

15가지 독점기업은 모두 國家基幹産業 업종에 속하는 기업이며, 정부는 앞으로 이들을 積極 육성하여 '規模의 經濟'를 비롯하여 이들의 경쟁력을 강화하여 외국의 대기업과 충분히 경쟁할 수 있도록 키울 것이라고 한다. 35개 업종에 대해서는 국가가 일정한 지배력을 유지하도록 했다. 146개 일반경쟁 분야는 민간기업과의 경쟁 속에서 生成할 수 있도록 했다.

역사상 類例가 없는 이와 같은 기업의 구조조정의 결과는 앞으로 과연 어떻게 될지, 자본주의 경제이론에서는 이런 企業體制의 成功可能性에 대해서는 아마 대체로 懷疑的일 것이다. 그러나 중국은 국유기업이 반드시 非效率的으로 되어야 할 이유는 없는 것으로 보고, 경우에 따라서는 오히려 이런 기업에 대해 中國經濟發展에 대한 先導役割을 賦與하려는 자세를 보이고 있다. 중국 기업의 구조조정은 앞으로도 계속될 것이지만, 이 시스템이 채택된 지 5년 밖에 되지 않는 지금으로서는 그 성공 여부를 점치기에는 아직 이르다. 어쨌든, 1997년의 企業再編成은 중국경제 성패의 試金石이 될 것이다.

97년 말에 아시아 금융위기가 터져서 세계의 모든 나라들은 중국이 人民幣(元貨)를 절하할 것으로 예상했다. 그러나 중국은 換率의 切下를 하지 않고 끝내 經濟運營基調를 바꾸지 않음으로써 세계로부터 칭찬을 받고, 중국 경제정책에 대한 신뢰를 높였다.

(6) 西部開發 戰略(1998～)

鄧小平의 중국 발전전략 중 〈3段階 發展戰略〉과 〈2大局論〉이라는 비전이 있었다는 것은 전술한 바와 같다. 전자는 生産量 및 所得額 등의 거시적인 總量의 변화에 관한 戰略이고, 후자는 지역경제발전의 단계에 관한 基本方針이라 할 수 있다.

〈3段階 發展戰略〉은 이미 위에서 설명한 바와 같다. 〈2大局論〉은 地域發展의 順序(sequence)에 관한 비전인데 다음의 〈2大局〉의 순서를 밟아야 한다는 것이다. 〈大局 1〉은 중국의 改革 · 開放 政策이 우선 東部 沿岸지방부터 시행되어 이 지방의 발전이 일정 수준에 도달하는 국면이다. 중국의 발전이 이 국면에 있는 동안, 다시 말해서, 개혁 · 개방이 東部 沿岸地方에 실시되어 이 지방이 中西部의 內陸地域보다 먼저 발전하는 동안, 中西部의 내륙지방은 大局的인 見地에서 이 정책을 이해하고 지지해야 한다는 것이다. 〈大局 2〉는 동부가 일정 수준까지 발전하면 改革 · 開放 政策은 中西部의 內陸地域으로 옮아가서 개혁 · 개방 정책의 초점이 중서부 개발에 두어지는 局面이다.

東部 沿岸地方은 이 大局을 이해하고 內陸地方의 발전정책을 支援해야 한다.

중국은 1998년까지 위의 〈3段階 發展戰略〉의 제2단계를 달성했다고 볼 수 있다. 〈2大局論〉의 견지로 보자면, 중국은 1998년에는 이미 〈大局 1〉을 달성했다고 볼 수 있다. 이제부터는 〈大局 2〉, 즉 西部開發에 착수해야 할 단계에 도달했다. 東部 沿岸地域의 주민들은 이제부터는 서부개발을 도와주어야 하는 단계에 와 있다.

중국정부는 1999년에 西部 大開發計劃을 결정하여 2000년 3월 全人代에서 이 계획을 포함한 國家 長期發展計劃을 승인했다. '서부'는 陝西省, 甘肅省, 靑海省, 寧夏回族自治區, 新疆위글族自治區 등 西部 3省 · 2自治區와 四川省, 重慶市, 雲南省, 貴州省, 티베트 藏族自治區 등 西南 3省 · 1自治區 · 1直轄市를 포괄하는 광대한 지역이며, 면적은 중국의 57%(540만 평방㎞)이고, 인구는 중국의 23%에 달한다. 이 지역은 세계에서도 가장 높은 高原, 草原, 沙漠, 肥沃한 平原 및 기후 좋은 山間 등 다양한 자연환경을 가진 지역이며, 지난 날 높은 文化水準에 도달한, 그러나 그 문화의 痕迹은 지금 사막의 모래 밑에 묻혀있는 部族國家들이 生成衰亡한 지역이다. 중국의 50여 개 少數民族의 대부분이 이 지역에 거주하고 있다. 이 지역은 또 水資源, 鑛物資源, 電力資源 등 東部地域에는 없는 자원의 寶庫이며, 중국의 견지로서는 이 지역은 文化的으로나 經濟的으로나 또 安保的으로나 엄청나게 중요한 지역이다. 그동안의 亂開發로 인해 자연이 많이 훼손돼 있고, 수질이 오염되고, 表土가 유실되고, 삼림과 초원이 파괴되는 등 자연환경은 많은 몸살을 앓고 있다.

이 지역의 개발 없이는 중국의 발전은 跛行的인 것에 불과하기 때문에 이 지역의 개발은 중국의 가장 큰 宿願事業이 되어 왔다. 금년에 登場한 제4세대 지도자인 胡錦濤(후진타오) 黨書記는 다년간 서부 지역(貴州省, 西藏 —티베트)의 黨書記를 지낸 사람으로서, 鄧小平에 의해 발탁되었다고 알려지고 있다. 그가 제4世代 指導者로 등용된 것은 중국의 발전이 이제는 위에서 말한 제3단계 제2대국으로 진입했다는 것을 말하는 것으로 볼 수 있지 않을까 생각된다.

(7) 三大 代表論(2001)

江澤民은 2001년 7월 1일 共産黨 創黨 80주년 기념식 석상에서 〈3大 代表論〉을 제기하여 이것을 黨憲에 채택하도록 했다. 〈3대 대표론〉은 중국공산당의 正體性(identity) 변화에 관한 획기적인 것으로서, 그 의미는 "中國共産黨은 앞으로 세 가지 社會階層을 '代表' 해야 한다"는 것이다. 그 세 가지란 첫째, '높은 生産性', 둘째, '높은 文化', 그리고 셋째, '전 국민의 福祉增進' 이다. '代表' 한다는 것은 선두에 서겠다는 것, 즉 그것을 위해서 앞장서서 노력하겠다는 말이다.

첫째, 높은 生産性을 대표한다는 것은 높은 생산성을 확보하기 위해 공산당이 앞장서서 힘쓰겠다는 것인데, 이를 위해서 앞으로 資産層과 企業人을 共産黨에 가입시킨다는 것이다. 둘째, 높은 文化를 대표한다는 것은 文化水準을 높이는 데 공산당이 앞장선다는 것인데, 이를 위해서 앞으로 知識人, 文化人을 공산당에 가입시킨다는 것이다. 셋째, 전 국민의 福祉增進을 대표하는 것은 공산당이 전 국민의 복지증진을 위해서 앞장서겠다는 것인데, 이는 종래의 공산당의 이념 그대로 이어받겠다는 것이다.

이로써 중국공산당의 基本理念이 공식적으로 바뀌어졌다. 즉, 이제부터 중국공산당은 門牌는 共産黨의 이름을 그대로 달고 있지만, 그

집의 食口는 종래와 같이 無産階級 사람만이 아니라 앞으로는 企業家, 資産階層, 知識人, 文化人, 學者 기술자 및 그밖의 다양한 優秀人材를 그 집의 식구로 끌어들인다는 것이다. 한마디로 중국공산당은 이미 〈프롤레타리아黨〉이 아니라 실질적으로는 전국민을 망라한 '中國國民黨'이 되어야 한다는 방향을 공식화한 것이다. 사실 이미 私營企業人의 상당수가 공산당원으로 활동하고 있다. 원래 공산당원이 기업활동을 통해 기업인으로 된 경우도 많고, 이미 일부는 私營 기업인 신분으로 공산당원이 된 경우도 있다.

2) 對外改革

(1) 持續的인 對外依存의 심화(개혁 · 개방 이후)

초기의 개혁 · 개방을 성공으로 이끈 요인 중에 가장 중요한 것은 수출의 호조였다. 중국은 다른 아시아 국가와 마찬가지로 경제발전 초기에 소위 수출주도형 전략을 채택함으로써 초기 자본형성을 이루는데 성공하였다. 개혁 · 개방을 시작한 1978년부터 환율제도를 變動管理換率制로 변경함으로써 일시적인 換率平價切下 효과를 가져왔다. 이를 계기로 수출이 급증하여 중국경제의 높은 성장률을 달성했지만 對外依存度는 크게 심화됐다. 교역이 전체 GDP에서 차지하는 비율은 1978년에는 9.8%에 불과했는데 79년 11.3%, 85년 23.1%, 91년 33.4%, 94년 43.6%로 급격히 증가했다. 1995년 이후 일시적으로 대외의존도는 30%대로 다시 하락했다가 WTO 가입이 이루어진 2001년을 전후하여 다시 40%를 넘어서서 2001년에는 44%를 기록하기에 이르렀다.

한편, 또 하나의 중요한 사실은 수출의 好調와 直接投資 流入의 好

調로 外換保有高가 상승하고 있다는 점이다. 중국은 1990년대 이전에는 貿易收支가 적자였으나, 그 이후에는 1993년을 제외하고는 매년 수백억 달러의 흑자를 기록, 2001년 말 현재에는 累積 黑字가 1,555.7억 달러에 달하고 있다. 이러한 무역수지의 흑자와 더불어 資本計定의 흑자로 중국의 외환보유고는 2001년 현재 연간 GDP의 18.3%에 해당하는 수준으로 증가했다. 여기서 특히 중요한 것은 東南亞 지역에 있는 華僑系 人口가 많은 국가로부터의 對中投資이다. 이 나라들의 투자가 전체 외국인투자에서 차지하는 비중은 1995년에는 47.2%였으나 2001년에는 무려 68.0%로 크게 상승하였다. 외국으로부터의 資本導入이라고 해도 실질적으로는 자본의 〈大中華圈〉 내의 移動이라는 성격을 가지고 있는 것이다.

(2) WTO 가입(2001)

중국은 1986년 〈關稅 및 貿易에 관한 一般協定(GATT)〉에 가입을 정식으로 신청함으로써 1970년 UN 가입에 이어 세계무대에 완전히 복귀하는 수순을 밟기 시작했다. 그러나 가입 조건에 대해 기존 회원국가와의 의견 차이가 많아서, 1994년 GATT체제가 WTO체제로 轉換된 시점에도 중국의 가입은 이루어지지 못했다. 그러나 1999년 11월 15일 중국은 미국과의 兩者間 協商을 타결시키고, 이어서 2000년 5월 EU와의 협상을 타결시킴으로써, 2001년 9월 17일 WTO 가입이 확정되고, 이후 WTO 전체회의를 통해 2001년 말을 기해 정식회원국으로 가입하게 되었다. 중국은 WTO 가입을 적절히 改革의 加速化에 활용하고 있다.

WTO 가입을 계기로 전세계가 자본과 기술을 들고 중국으로 몰려오기 시작함으로써 제2차 〈차이나 붐〉이 일어나게 되었다. 많은 국유기업의 民營化가 이루어지고, 경제전체의 市場經濟化가 크게 進展되고 있다. 財産權의 보호가 강화되면서 외국인의 직접투자가 급증하여, 2002년에는 外資系 기업의 수출입 총액은 전체 수출입의 50% 정도를 차지하게 되었으며, 또 시장경제화의 진전도 부분적인 재산권을 제외한 약 75% 정도로 추정되고 있다.

중국 국가통계국에 따르면, 중국은 2002년도 상반기의 성장률을 당초 7.0%로 예측하였으나 실적은 7.8%로 추계되었다. 2001년 말 중국의 WTO가입을 계기로 진행되고 있는 제2차 차이나 붐은 제1차 붐과 마찬가지로 외국인투자 流入에 의해 牽引되고 있다. 2002년에는 외자 유입이 전년 동기 대비 25% 이상 증가했고, 수출은 14.1% 이상 신장된 것으로 추계되고 있다.

중국정부는 시장개방에 따른 충격을 管理하기 위해 필요한 法的 措置를 취해 왔다. 1995년 5월 〈對外貿易法〉의 제정, 1997년 3월 〈反덤핑, 反補助金 條例〉 제정, 2000년 1월 〈個人獨自企業 法〉 등 각종 법적인 장치를 마련하였다. 또한 2000년 10월 말 〈外資企業法〉과 〈中外合作經營企業法〉을 修正함으로써 輸出義務 조항과 外換收支均衡 의무 조항, 국내물품 우선구매 조항 및 생산경영계획 보고의무 조항 등을 削除 또는 修正하고 외자기업에 대해 內國民 待遇를 부여했다.

중국의 WTO가입은 정치·경제적으로 중요한 의미를 갖는다. 첫째, 정치적 의미로서 중국은 멀리는 阿片戰爭 이후 가까이는 문화대혁명 등 잃어버린 시간을 찾기 위해 刻苦의 노력을 하고 있다. 현재 중국의 최대 목표는 富國의 달성이다. 중국은 국제분쟁을 최소화하면서 국력을 경제부흥에 투입하고 있다. 중국의 WTO 가입은 중국의 낙후한 법규와 국민정신을 현대화함으로써 조속히 세계일류 국가로

탈바꿈하기를 바라고 있다.

둘째, 미국과의 通商摩擦에 보다 효율적으로 대처할 수 있게 되었다. 多者間 構圖의 틀 속에서 미국과의 兩者間 대결을 피할 수 있게 된 것이다. 최대 교역상대국이면서 중국에 최대 흑자를 가져다주는 나라가 미국이다. 미국과 원활한 관계를 유지한다는 것은 중국의 원활한 발전을 위해 매우 중요하다.

셋째, 국유기업 개혁 등 일부 어려운 구조조정의 과제를 해결하는 데 있어 정부의 立地가 강화되었다. 세계화가 불가피한 만큼 이에 대비하기 위해 국내의 구조조정이 필요하다는 논리가 설득력을 가지게 되었다. 중국으로서도 외국에게 많은 양보를 하고 시장을 내주어야 하지만, 중국도 해외시장을 확보하고 해외진출을 가속화할 수 있게 되었다.

한편, 중국이 WTO에 가입함으로써 미국은 중국을 미국 주도의 세계체제에 끌어들여서 세계경제의 지도력을 발휘할 수 있게 되었다. 세계 10대 이내의 巨大 交易國[85]의 하나인 중국이 참여함으로써 WTO중심의 세계질서가 강화되었다. 兩者協商을 통해 중국시장의 빗장을 제도적으로 제거함으로써 미국의 국익을 최대한 확보하는 데 성공했다. 나아가서는 침체에 빠져 있는 세계경제를 활성화시키는 계기가 될 수도 있다.

中國社會科學院은 2005년까지 중국의 무역규모는 6,000억 달러로 확대될 것으로 전망했고, 세계은행은 WTO 가입으로 인해 중국 경제성장률은 연간 2~3%씩 더 증가하고, 고용이 年間 천만 명 이상 증가할 것이며, 2005년 기준으로 연간 1,000억 달러 이상의 外資가 중국으로 유입할 것으로 전망했다.

85) 2001년 기준으로 중국은 세계 7위의 국가가 되었다.

중국의 WTO 가입은 중국의 市場經濟化를 촉진시키는 계기가 될 것이다. 國有企業, 金融, 行政府 개혁 등의 3대 개혁을 가속화시킬 것이고, 민간기업의 활성화도 가속화할 것이다. 금융, 통신, 유통, 전문 서비스 분야에 대한 시장규제가 완화됨으로써 이 분야에 대한 외국투자가 증가할 것으로 전망된다. 民營化 · 分權化가 더욱 加速化될 것이며, 무역에서도 민간업체의 비중이 높아질 것이다. 이에 따라 費用 개념이 중요해지고, 수출입 절차가 간소화되어 경제 效率性이 높아질 것이다.

4. 胡錦濤(후진타오) 體制

1) 胡錦濤 시대의 비전

2002년 가을 중국공산당 제16기 당대회에서 정치 리더십 세대교체가 단행됐다. 江澤民, 朱鎔基 등의 제 '3世代' 체제가 물러나고 胡錦濤를 정점으로 한 제 '4世代' 지도체제가 들어섰다. 胡總書記는 1942년생으로 문화대혁명 이전에 정규교육을 받은 마지막 세대에 속한다. 胡錦濤를 포함한 9명의 政治局常務委員들이 전부 理工系의 배경을 지닌 기술과 전문성 및 행정경험을 구비한 인물들이다.

文化大革命 때에는 10년 동안 大學의 문이 닫혀 있었으므로 대학의 정규교육은 空白 상태에 있었다. 문화대혁명 이후 대학이 다시 문을 열어 정규교육이 재개되었는데, 앞으로 그 교육을 받은 젊은이들이 리더십 지위에 오르면서 중국의 고위 리더십의 연령은 一擧에 젊어질 것이다.

(1) 均衡發展의 비전

제16차 전당대회를 통해 등장한 胡錦濤 체제의 경제정책의 특징은 무엇인가? 새로운 지도층은 어떤 방향으로 정책을 펼쳐나갈 것인가. 가장 확실한 것은, 이들은 첫째, 개혁 · 개방 정책을 과거보다 더욱 확실하게 추진하리라는 점이다. 둘째, 중국의 발전이 〈大局 2〉에 접어들었으므로 西部 開發 東北部開發을 추진하여 균형성장을 강조하리라는 점이다. 셋째, 교육과 환경을 중요시하고, 국민생활의 質的 향상을 지향하리라는 점이다.

구체적으로 2002년 중국의 GDP는 1980년 대비 4倍를 실현함으로써 絕代貧困의 퇴치가 이루어지고 〈小康〉社會의 초기를 달성했다. 이 시점에서 중국 지도부의 비전은 무엇인가. 그것은 대략 다음과 같은 것이 아닐까 생각된다. 중국은 이제 小康狀態에 진입했다. 그러나 아직도 그 小康은 不均衡成長 속에 있다. 앞으로 20년 후(2020년)에는 불균형성장은 拂拭되고 중국 전역에 均衡發展이 완성되어 전 국민이 발전의 惠澤을 누릴 수 있는 보다 완전한 〈小康〉社會가 될 것이다. 2020년에는 다시 2000년 대비 소득 4배가 달성하고, 동시에 和諧社會, 즉 '평화롭고 調和 있는 사회' 를 이룰 것이다. 그 이후 30년, 즉 2050년이 되면 중국은 선진국 수준으로 진입한다. 이렇게 함으로써 중국은 1949년 中華人民共和國 건국 후 100년 만에 다시 세계적인 文化國家로 거듭나는 遠大한 꿈이 실현될 것이다.[86)]

이 비전은 鄧小平시대, 江澤民 시대의 〈先富論〉, 즉 우선 富裕해지기 쉬운 곳의 주민들이 먼저 부유해진 후에 다른 지방이 부유해지게 한다는 理論과는 다른 것처럼 보인다. 이 비전은 말하자면 〈均富論〉,

---

86) 이 理想社會는 小康을 지나서 豊饒롭고 평화로운 大同社會를 의미할 것이다. 小康, 大同 등의 말은 중국의 고전 『禮記』의 「禮運」편에 나오는 孔子의 말에 연유한다.

즉 모든 사람이 고르게 부유해져야 한다는 이론이다. 이 두 개의 〈富民論〉은 겉으로는 전혀 다른 것 같지만 사실은 똑같은 이론이다. 전자는 후자의 前段階이고, 후자는 전자의 終着段階인 것이다. 부유해지는 데에도 순서가 있다. 즉, 漸進的이어야 한다는 중국인의 사고방식이 여기에서도 엿보인다.

중국정부는 경제의 중 · 장기 발전계획을 수립하여 실시하고 있다. 현재 2005년에 끝나는 제10차 5개년계획이 進行中에 있는데, 중국은 향후 5년간 연평균 7~8%의 지속적인 성장과 산업구조의 고도화를 추진 중에 있다. 이 계획에 의하면, 중국은 앞으로 機械, 電子, 油化, 自動車, 建築業 등 전통적인 산업을 주축으로 성장하되 電子通信, 生命工學, 新素材, 核物理, 宇宙 · 航空, 海洋 등 新産業을 보강하는 방향으로 나아갈 계획이다. 특히 신산업의 육성과 관련하여 北京 소프트웨어 團地, 上海 浦東 소프트웨어 團地, 沈陽 東北대학 소프트웨어 團地, 成都 서부 소프트웨어 團地 등을 개발하는 데 주력하고 있다.

(2) 21세기 經濟政策의 方向

새 領導層은 어떻게 제10차 計劃을 추진할 것인가. 첫째, 인재양성과 환경보호에 주력할 것으로 보인다. 胡主席은 교육투자를 강조할 것이고, 정책도 전국민 생활의 科學化를 슬로건으로 내놓고 있다. 둘째, 都市化의 가속화이다. 중국은 현재 도시화 1% 진전에 따라 경제성장률을 1~2% 정도 높일 수 있다고 계산하고 있다. 현재 농업인구가 전체 인구의 약 70%인데, 20년 후 이것을 약 50%로 낮추려는 목표를 세우고 있다.

셋째, 西部大開發의 추진이다. 胡主席은 淸華大學에서 水力工學을 전공하고, 甘肅省 당서기 宋平의 추천으로 拔擢되어 나중에는 중앙

共産青年會의 서기를 거쳐서 西部 南部의 산악지대, 소수민족 지대인 貴州와 西藏(티베트)의 당서기를 역임한 경력을 가지고 있다. 鄧小平이 그를 중앙당총서기로 발탁한 뜻은, 이들 落後地域의 개발이 없이는 중국의 진정한 국가개발이 없다는 것, 그리고 이제 동부연안 개발이 일단락된 마당에 서부에 눈을 돌릴 때가 되었다는 것을 인식한 증좌이다.

서부개발 전략은 지금 猝地에 成案된 것이 아니고 오래 전부터 검토를 거듭해 온 중국의 宿願事業이다. 東西 横斷鐵道의 건설, 青海와 西藏을 잇는 철도의 건설, 고속도로망의 건설, 草原의 확대와 樹林의 植栽 등을 포함한 인프라의 정비와 환경의 보호, 주민 생활수준의 제고, 교육의 보급, 가스 및 전력 등 에너지의 개발과 동부에의 공급, 남부 수자원의 북동부 送達 등을 그 계획의 중점으로 삼고 있다. 이 외에도 사회주의시장경제 체제의 완비, 민영·개인 기업의 활성화, 자금, 기술 등 無形資産의 重視에 의한 시장경제의 활성화, 그리고 外資의 지속적인 유치에 의한 성장동력의 확보 등을 계획에 담고 있다.

여기서 胡錦濤 총서기의 개인 이력과 관련해서 주목되는 것은 젊은 人材 重視의 발전전략 추진이다. 胡錦濤 자신이 政治局 常任委員으로 발탁된 이유도 당시 鄧小平이 50세 미만의 인물을 상임위원으로 발탁하고자 하여 당시 49세의 胡錦濤가 選定된 것이다. 胡總書記는 항상 교육과 인재양성을 중요시해 왔다. 중국 최고의 貧困省 중의 하나인 貴州省 당서기 재임 당시(1985~1988), 그는 전체 豫算은 동결한 상태에서 교육예산만은 10% 증가를 지속하였다. 빈곤층에 대한 직접지원 보다는 빈곤을 타파하는 교육과 기술습득을 지원해야 한다고 본 것이다. 향후 중국의 進路가 교육의 강화를 통한 內生的 발전의 경로를 채택하리라는 것을 보여주고 있다.

둘째, 胡主席 下에서는 엘리트 관료에 의한 세련된 정책입안이 예측된다. 새로운 지도자의 특징은 文化大革命 이전에 정규교육을 마친 60학번 이전 인사의 지도하에 文化大革命 이후 정규교육을 받은 67학번 이후 인사들이 實務를 담당하는 역할분담이 이루어질 것이다. 이를 위해 이미 장관급인 省長이나 중앙부처 次官에 40대 인사가 상당수 포진[87] 하고 있다.

셋째, 이들의 학력이 대체로 이공계 전공을 지닌 實事求是型 인사라는 점을 주목해야 한다. 과거 혁명시대에는 공산당은 '黨性'을 중요시했지만 이제는 혁명시대가 아니라 발전시대가 되었으므로, 黨性보다도 專門性이 중요시되는 것이다. 이제는 학교 성적이 우등생이 아니면 공산당에 입당하기가 어렵게 되었다. 거기에다가 중국은 行政經驗, 對民事業을 매우 중요시한다. 行政官僚는 중앙-지방 순환근무를 통해서 山戰水戰의 實戰 경험을 거치지 않으면 안 되도록 한다. 이들은 과장에서 국장, 국장에서 차관보급, 차관급에서 장관급으로 승진할 때마다 지위에 相應하는 實戰經歷을 평가받는다. 실무경험이 없는 사람이 어느 날 갑자기 요직에 발탁되는 것은 거의 불가능하다.

(3) 향후 중국경제의 전망

최근 몇 년간 성장을 牽引한 가장 중요한 요인이 財政支出 확대였다. 사회주의 나라이므로, 돈이 정부에서 나와야 社會間接資本이 건설될 수 있다. 4년간 8차에 걸친 金利引下(1년 만기 預貸金利는 각각

87) 40대 省長으로 최연소인 趙樂際(44세, 青海省), 李克强(46세, 河南省), 習近平(48세, 浙江省)과 王毅 외교부차관(49세), 한장빈 농업부차관(48세), 汪洋 국가발전계획위원회차관(47세), 婁勤儉 정보산업부차관(46세), 孟曉駟 문화부차관(46세) 등이 있다.

2.25%, 5.85%)와, 380억 달러에 이르는 사회간접자본 개발을 위한 국채발행은 모두 成長을 위한 지출이었다. 수출물품에 대한 부가세 還給率 引上 등을 통해 수출의 안정적인 증가를 지속시킨 것도 중요한 성장 요인이다. 관료집단은 이제 경제발전을 위한 정책집행에 상당한 know-how를 쌓았다.

중국은 경제 외적인 면에서도 경제성장에 유리한 상태에 있다. 북경올림픽 개최로 중국의 경제력 규모는 2010년에 2조 5천억 달러로 늘어날 것으로 추정되고 있다. 경제성장률은 WTO 가입으로 1~2%, 올림픽 유치로 0.3~0.5% 추가 증가[88]되어 양자의 시너지효과는 GDP 성장률 증가에서 약 2% 정도로 추계되고 있다. 아주 극소수이긴 하지만 일부에서는 10차 5개년 계획기간(2001~2005)의 성장률을 당초 7%에서 8%로, 11차 5개년 계획기간 중에는 9%의 고도성장을 달성할 가능성도 있는 것으로 추정하고 있다.

수요측면으로 보아 중국도 아시아 여타 국가와 마찬가지로 과거 20년간 주로 海外需要에 의존했다. 홍콩과 대만 등 華僑系의 투자를 받아들이고 국내의 싼 임금을 활용하여 경공업을 중점 육성해서 外貨를 가득하여 이를 다시 국가건설에 투입했다. 그러나 지금은 중산층의 형성이 중요해지고 있다. 현재, 중국의 소비자 階層構造에 관한 연구는 McKinsey 등 컨설팅회사의 서베이, 홍콩 貿易發展局 推計

---

88) 올림픽 개최에 따른 부문별 産業發展 효과도 상당할 것으로 예상되고 있는데, 우선 ① 競技關聯 SOC 등 건설투자 유발(道路, 地下鐵, 上水道 등에 210억 달러, 경기장 건설에 16억 달러 투자로 총 226억 달러 투자 예상), ② 건설투자 확대로 년간 1,500만명 수준의 雇傭創出 효과, ③ 건설투자 증가와 소비증대로 도시인구 4.5억명 중 2.5억 명이 자동차, 주택 구매 등 고도 消費階層으로 변모, ④ 精密技術의 올림픽으로 電子·情報通信 산업의 발전과 環境·綠色 올림픽으로 하수도 건설 등 環境·産業의 발전 예상, ⑤ 외국인 직접투자(FDI)의 증가(연간 400억달러)로 經濟成長을 加速化할 것으로 보인다.

등에서 이루어진 것이 있다. 우선 McKinsey는 가구당 연소득 5만 달러 이상을 전체의 0.52%(650만명 상당)로, 25,000달러 이상을 전체의 2%(2,600만명 상당)로 推定하여 이를 주요 소비계층으로 파악하고 있다. 香港貿易發展局은 가구당 연소득 10만元(한화 1,600만원 상당)이상의 부유층 소득자를 80만호(0.3%), 연소득 3~10만元(한화 480~1,600만원 상당)의 중산층은 680만호(2.8%)로 각각 잡고 있다. 한편, 홍콩의 學界에서는 현재 연소득 100만元(한화 1억 6,000만원 상당) 이상 소득자가 100만 명에 달한다고 추정하고 있다. 정확한 내용을 알기는 어려우나, 이미 중국에서는 소득계층의 분석이 많이 이루어지고 있는데, 사회주의 경제체제에서는 중요시되지 못했던 消費者에 관한 분석이 앞으로는 더 중요해질 것으로 보인다.

자본, 기술, 人力 측면도 큰 문제는 없을 것으로 보인다. 중국은 문화대혁명을 거치면서 인력 양성에 매우 큰 空白을 만들어냈다. 그러나 70년대 말 이후 대학을 복원하여 고급인력을 양성하는 데 역점을 두고 있고, 鄧小平의 결단으로 해외유학이 적극 권장되고 있다. 1978년 이후 대륙에서 공식 · 비공식적으로 약 400만 명이 移民과 留學 등의 형태로 해외로 나갔다. 이 가운데 100만 명이 학생 및 연수생 신분을 가진 사람들이었는데, 이제는 이들이 대거 회귀하고 있다. 여기다가 빼 놓을 수 없는 요소가 華僑人力이다. 대만 · 홍콩을 제외한 3,300만 화교(또는 華人)는 모두 중국의 경제부흥에 많은 역할을 하고 있다. 예를 들어 노벨물리학상을 받은 양쩐닝 등 수 명의 중국계 석학들을 비롯 저명한 인사들이 상당수 있다. 건축가 I. M Pei, 티엔창린(田長霖) 前버클리대학 총장, 上海 浦東 건설을 성사시킨 T. Y. Lin(林桐源) 등의 기여도 컸다. 이처럼 국내외 중국계 인력의 공급은 앞으로도 중국경제를 끌어가는 데 상당한 기여를 할 것이다.[89] 이밖에 기존의 고위 관료, 海外歸國派, 그리고 홍콩, 대만, 싱가포르의 華僑人士의 결합이 새로운 경제정책 방향을 잡아나갈 것으로 관측된다. 게다가 중국에는 아직도 경공업에 종사할 수 있는 무한한 노동력의 공급이 있어서 중국 발전을 단시일 내에 일구어낼 요인이 될 것이다.

資本調達 전망도 밝은 편이다. 중국은 현재 2,400억 달러가 넘는 可用外換을 보유하고 있다. 개발도상국 중에서는 1위이고 전세계적으로도 일본에 이어 2위이다. 그러나 돈만 있다고 경제발전이 이루어지는 것은 아니다. 더욱 중요한 것은 기술 및 설비의 적절한 조달이다.

세계가 중국의 앞날을 밝게 보고 있다. 세계 400대 다국적 기업이 중국에 대해 상당한 정도의 투자를 하고 있다. 포춘지가 선정한 세계 500대 기업 중 400개 기업이 중국에 진출, 2,000개 이상의 프로젝트에 투자하였다. 이들 다국적 기업들은 컴퓨터, 전자, 통신기기, 의약품, 석유화학, 발전설비 등 첨단기술 분야에서 중국시장에 진출하였다. 자동차 시장은 독일의 폭스바겐이 중국시장의 55.4%를 占有하고 있다. 휴대폰 端末機 시장은 모토로라 33%, 노키아(핀란드) 10%, 에릭슨(스웨덴) 9.7%, 지멘스(독일) 7.3%, 필립스 4.2% 등 5대 歐美企業이 중국시장의 85%를 장악하고 있고, 일본 NEC와 마쓰시다 통신도 합계 5% 정도의 市場占有率을 차지하고 있다. 石油化學分野는 독일 BASF, 로얄 더취 셸, 다우 케미컬, 엑슨모빌 등이 모두 각각 10억 달러 이상을 투자하여 세계 석유화학 산업이 중국을 중심으로 재편되고 있는 추세이다.

高級人力도 풍부해지고 있다. 순수 국내파인 復旦(푸단)大學 교수가

---

89) 中國科學院의 高級人材 초빙 계획 : 中國科學院은 이미 400여명의 在外 科學者를 유치한데 이어서 2001년부터 5년간 10억원(미화 1.2억달러 상당)을 투입하여 500명의 과학자를 초빙할 계획으로 있다.(평균 연봉 400만원)

영국의 유명 대학총장으로 초빙된 경우도 있다. 마이크로소프트, 모토로라, GM, GE, JVC, 루슨트-벨, 삼성, 노텔, IBM, 인텔, 듀퐁, 에릭슨, 노키아, 파나소닉, 미쓰비시, AT&T, 지멘스 등이 중국에 100여 개 R&D센터를 설립하였다. 특히 모토로라는 2억 달러를 투자하여 연구인력이 650명인 電子技術研究所를 설립하였고, 마이크로소프트도 중국의 연구기관에 8천만 달러의 개발자금을 투자한 데 이어 上海에 5천만 달러를 추가 투자, 마이크로소프트 아시아 기술센터를 설립한다는 계획을 발표하였다.

중국의 成長軸은 매우 다양하다. 중국경제의 핵심지역은 華北圈, 華東圈, 華南圈, 內陸圈 등 4대 圈域으로 나누어 고찰할 수 있다. 외국인들의 활동이 크게 활발해지고 있는 가운데 특히 대만 기업인이 華東圈의 上海지역에 약 40만, 華南의 홍콩을 중심으로 한 지역에 20만 등 총 70만 명이 상주하고 있다.[90] 보다 구체적으로, ① 北京, 天津圈, ② 上海, 南京圈, ③ 成都, 重慶圈(四川省), ④ 홍콩圈, 經濟特區, 廣東圈 등이 각기 머리, 심장, 몸통, 다리처럼 4개의 다른 성장축이 움직이고 있다. 이는 언제라도 예기치 않게 爆發·融合力을 발휘하여 그 결과가 어떻게 귀결될지 예단하기 어려워지고 있다. 즉, 정부 당국이 과거의 연안지역 중심 개발의 한계를 인지하고 지금은 동서연결이 중요하다는 점을 간파, 그 출구인 上海 浦東지역의 개발을 거의 마무리한 가운데, 그 통로로서의 長江 三狹댐 건설이 2010년 정도까지는 마무리된다고 한다.

90) 대만의 대륙투자는 2000년末 현재 300억 달러에 달하고 있으며 廣東省 34.6%, 華東地域(江蘇, 上海, 浙江省 포함) 35.8%, 福建省 11.2% 등으로 되어 있다.

Ⅲ. 1978년 이후 중국경제의 개혁·개방의 평가

세계 대부분의 평론가들은 중국의 개혁·개방이 현재까지는 성공적인 것으로 평가하고 있다. 그 성공의 요인은 무엇인가. 정치적, 문화적, 경제적인 요인으로 대별해서 평가해 보자.

우선, 정치적 統治力을 들 수 있다. 정치나 경제나 모두 궁극적으로는 사람이 하는 일이다. 경제학자들은 경제발전을 논할 때 勞動, 資本, 資源 등 物的인 변수를 중심으로 論議하며, 사람은 경제적 변수가 아니라고 보고 논의의 대상에서 除外한다. 그러나 이 分析方法은 경제학을 자연과학과 같은 과학으로 만들고 싶은 경제학자에게는 편리할지 모르지만, 경제학을 有用한 學文으로 만드는 데에는 장애가 되어 왔다. 경제발전에는 物的인 요소도 중요하지만 사실 그것보다 훨씬 더 중요한 것은 행동하는 사람이다. 특히 경제발전의 문제는 역사적이고 동태적인 문제이다. 사람이 없이는 역사도 경제도 없다. 사람의 역할이 빠진 발전론은 쓸모가 없다.

사람 중에서 가장 중요한 사람은 국민을 지도하는 지도자 내지 지도층이라 할 수 있다. 중국은 9인으로 구성된 공산당 政治局常任委員會의 集團指導體制에 의해 통치되고 있다. 중국의 政治局員이나 常任委員은 어느날 갑자기 彗星과 같이 바람을 타고 그 지위에 오른 人士가 아니라 대부분 다년간의 경력을 통해 그 능력을 檢證받은 인물들이다.

정치국상임위원 9인은 名實 共히 領導者들이며, 그 頂點에 있는 總書記는 9인의 代表이지 上官은 아니다. 여러 文獻과 報道를 종합하면, 영도자들은 모두 役割分擔에 따라 임무를 수행하고 당과 국가의 중요사안의 결정은 그들의 合意에 의해 결정된다. 70이 넘으면 정치국원이 될 수 없기 때문에 그들에게는 연령 제한이 있다. 그러나 그들에게는 임기가 끝난 후에도 일정한 역할이 주어진다. 그들은 모두 다양한 경험을 가지고 있고 끊임없는 研修와 教育을 받기 때문에, 그들의 思考나 行動에는 예기치 못한 '突發的인' 일은 없다.

중국에는 선거에 의해 당이나 인민회의의 지도자를 뽑는 범위는 제한되어 있기 때문에 歐美式 民主主義는 물론 아니다. 그러나 民心의 동향을 살피는 노력을 소홀히 하는 일은 없다. 오히려 민주주의 나라에 못지않기 민심의 동향을 살핀다. 국민의 바람과 어긋나는 의사결정이나 정책 수행은 일단 없는 것으로 보아야 한다.

두 번째로 중요한 것이 중국인의 性禀과 能力이다. 외국 사람들은 중국인은 더럽고, 사람 잘 속이고, 짝퉁 만드는 능력이 탁월하고, 믿을 수 없는 族屬이라는 先入見을 많이 가지고 있다. 이런 견해에도 一理는 있을 것이다. 그러나 이것은 중국이 가난한 人口大國이라는 점을 감안하면, 당연한 일일 것이다. 중국의 인구는 유럽과 미국을 합친 것보다 많기 때문에, 중국 국민 중에는 매우 유능한 사람들이 있으며, 각 분야에서 세계 최고급의 인물도 있다는 것을 인정해야 할 것이다. 중국은 漢族의 나라라고는 하지만, 지금의 漢族은 동북아시아의 거의 모든 민족의 混血로 이루어진 민족이다. 때문에 중국인은 혈통의 '單一性', '純潔性'을 자랑하지 않는다. 일찍이 미국의 닉슨 대통령은 '중국 국민은 세계에서 가장 유능한 민족(world's ablest people)'이라고 했지만[91], 그의 이 말은 중국 국민이 세계 최대의 帝

91) 닉슨은 중국에 대해 다음과 같이 썼다. "--- if they(Communist Chinese leaders) decide, as Zhou (Enlai) did, that they are going to be more Chinese than Communist, China in the twenty-first century will not need to be concerned about the Soviets to the north, the Indians to the south, the Japanese to the northeast , or even the

國을 여러 번 만들어내고, 전통 문명을 斷絕없이 유지 · 발전시키고 있다는 사실을 두고 한 말일 것이다.

둘째, 경제적으로 보면 중국이 채택한 개혁 · 개방 정책의 내용, 그리고 이것을 실현하기 위한 방법이 時宜에 맞았다. 중국의 개혁 · 개방 개혁은 미국이 추진하고 있는 글로벌화보다 10여년 앞서서 추진되어 시기적으로 매우 적절했다. 중국의 개혁 추진 방법은 舊소련의 그것처럼 急進的 敎條的인 것이 아니라 '漸進的', '實事求是的' 방법인 것으로 알려져 있다. 점진적이라고 하는 말의 의미는 개혁의 속도가 더디다거나 그 목표와 방법이 어정쩡하다는 의미는 아니고, 경제의 過熱과 過冷을 피하고 柔軟하게 개혁을 추진한다는 의미이다. 어떤 중대한 改革事案을 한꺼번에 전국적으로 시행하는 것이 아니라 미리 정한 順序에 따라 실시하는 것, 즉 개혁 · 개방이 쉬운 지역 또는 부분을 먼저 실시하여 그 결과를 평가한 후에 점차적으로 그 정책의 시행을 넓혀서 나중에는 전국적으로 시행한다는 의미도 있다. 예를 들어, 중국이 개혁 · 개방의 추진 始動期에 經濟特區를 지정했을 때, 우선 廣東省, 福建省의 4개 지역을 특구로 선정하여 그 성공을 확인한 후에 동부 연안 14개 도시를 경제기술특구로 지정한 사례, 그리고 개혁 · 개방이 東部 연안지방에서 성공한 것을 확인한 후에 그것을 西部 및 東北部로 擴大한 사례 등을 들 수 있다.

중국의 개혁 과정을 보면, 준비만 되면 개혁의 추진 속도는 엄청나게 신속하다. 중국인은 漫漫的(만만디)라는 표현이 말하듯 느리다는

Americans to the east. China - with one billion of the world's ablest people and with enormous natural resources - can become not only the most populous, but also the most powerful, nation in the world." Richard Nixon, *Leaders - Profiles and Reminiscences of Men who Have Shaped the Modern World*, Warner Books, New York, 1982, p. 248.

印象을 주지만, 일의 추진속도는 세계 어느 다른 나라에 비해서도 빠르다. 중국의 개혁정책의 방향과 규모는 기본적으로 중국공산당 전당대회 또는 중앙위원회에서 결정한 事案을 最高人民會議에서 채택하는 것이 상례이다. 어떤 의미로는 중국의 投資方向과 내용은 개인주의적 자본주의 나라의 그것보다 오히려 더 '透明'하고 확실하다고 할 수 있다.

중국의 정책은 공산당이 국민의 所願과는 전혀 다르게 추진하는 무리한 것이라고 이해해서는 안 된다. 정책의 기본방향은 대부분 국민들의 소원을 반영하는 것이기 때문에, 전반적으로는 국민의 의사와 合致한다. 이를 테면, 江澤民이 추진한 三大代表論은 그것을 추진하기에 앞서 각처에서 공산당에 관한 여론조사를 행한 후에 세밀한 검토를 거쳐서 그 내용이 채택된 것이었다. 人民公社 解體도 中央黨이 下向的인 지시를 함으로써 이루어진 것이 아니다. 일부 지방농민 들이 자발적으로 영농의 자유화를 시행하여, 인민공사가 없으면 농업생산이 더 늘어나고 농민이 더 부유해질 수 있다는 것을 증명한 후에 실시된 것이다. 공산당이 인민공사를 해체한 것이 아니라 인민이 해체한 것을 공산당이 追認한 것이다.

중국은 개혁 · 개방 정책을 시작한 후로 공산당 내에서도 그 타당성에 대해 많은 논의가 있었으나, 天安門 事態를 겪으면서도 '점진적' 개혁의 기조를 떠난 일이 없다. 이러한 확고한 방향이 국내외적으로 알려지면서 많은 外資가 들어왔다. 중국이 빠른 성장을 하는 데에는 外資, 특히 화교가 많은 동남아 나라들로부터 외자가 많이 들어 온 것이 중국 개혁정책의 큰 버팀목이 되었다.

중국발전의 동력 중 중요한 것이 華僑資本이다. 세계 3,300만(대만, 홍콩 제외) 해외 화교 가운데 재벌급 인사들이 對中 투자에 적극적으로 나섬으로써 對중국 기술이전을 촉진했다.[92] 특히 화교권이 기존에 확보한 비즈니스網을 적극 활용할 수 있는 여지가 그만큼 컸다. 최근에는 西部大開發 정책 추진과 함께 화교들의 투자가 지역적으로도 서부로 이동하고 있다.

개혁 · 개방이 진행되어 資本의 蓄積이 이루어지면서 內國人의 자본이 외자에 못지않은 중요한 역할을 하게 된 것을 간과할 수 없다. 사실 중국의 전통은 個人主義的이며, 정부를 믿지 않고, 믿을 수 있는 유일한 것은 자기 자신의 財力과 能力이라는 관념이 국민의 마음속에 깔려 있다. 중국인은 競爭에 익숙하며, 기업정신이 왕성하다. 지금 중국은 내국인의 자본이 점점 중요한 역할을 해야 할 단계에 접어들었다.

여기에 관련된 한 가지 간과할 수 없는 것이 國營企業의 역할이다. 중국의 국영기업은 개혁 · 개방의 초기에는 사회의 安全을 유지하는데 막중한 기여를 했고, 이제는 그 효율이 점차 크게 개선되어 私企業에 못지 않은 效率을 나타내는 경우도 있다. 앞으로 중국은 국영기업이 사기업이 할 수 없는 넓은 영역의 사업을 맡아서 추진할 것으로 보인다. 서구의 경제이론에 젖은 사람들은 국영기업은 항상 민영화돼야 그 효율이 증진되며, 정부는 작아야 좋은 세상이 된다는 관념이 당연한 것처럼 되어 있다. 그러나 이 관념은 항상 타당한 것은 아니다.

셋째, 문화적으로 보아도 중국의 개혁 · 개방 정책은 중국인의 성품에 맞다. 중국 국민은 現世的이고 創意的이며, 오직 자기능력에 의존해서 사는 사람이 가지는 知慧와 自尊心, 勤勉과 創意性, 忍苦와 包容性을 구비하고 있다. 이 性向이 30년 동안 중국이 준수한 舊소련식

---

92) 외국인의 전체 대중 투자의 70% 이상 점유해 온 바 있었다.

경제제도를 청산하고, 그것과는 전혀 다른 지난 20년 동안의 개혁·개방을 일관되게 추진하는 원동력이 되고 있다.

중국 文化의 長點 중의 하나는 다른 문화를 包容하는 능력이 강하고, 따라서 融通性과 宥和力이 강하다는 점이다. 중국 문화에는 사실 중국 '固有'의 것이 없다고 해도 과언이 아니다. 현존하는 문화 중에 중국 고유의 문화가 있다면 그것은 무엇인가. 옛날 殷나라 것인가, 周나라 것인가, 아니면 元나라, 淸나라 것인가. 그 어느 것도 아니다. 반면, 이러한 古代 및 現代의 문화가 다 어느 정도 남아 있다. 중국의 현대문화는 많은 나라의 문화의 합작품이다.

그러면서도 중국 문화에는 뚜렷한 특성이 있다. 그 문화는 現世的이며, 和諧的이며, 伸縮的이다. 이러한 문화가 빚어내는 정치와 정책은 모순된 말 같지만 個人主義的이면서도 全體主義的이어서, 각자의 장단점을 시대의 흐름에 잘 맞추면서 살 수 있다는 신축성이 있다. 이렇기 때문에 중국인은 어려운 상황변화에 견딜 수 있는 강인한 능력이 있다.

중국 국토와 인구의 크기는 중국 경제의 성공을 가지고 오게 하는 가장 중요한 요인 중의 하나가 될 것이다. 전통경제학은 西歐 先進國을 모델로 성립된 理論體系이기 때문에 경제발전을 나라의 크기와 聯關시키는 경우는 별로 없다. 실제로 先進國들은 美國을 제외하면 다 국토가 작고 인구가 적은데도 모두 세계적인 나라로 발전했다. 그들에게 부족한 것은 資源과 市場이었는데, 이런 것들은 植民地 아니면 당시의 後進地域에서 손쉽게 입수할 수 있었다.

그러나 이제 21세기에 들어와서는 사정이 달라졌다. 지금은 後進地域의 주민들도 다 경제발전을 희망하고, 모두 그것을 달성하기 위한 지식과 방법을 알고 있다. 情報化 時代가 펼쳐지면서 경제발전을 위한 여러 가지 조건은 후진국이 오히려 선진국보다 유리한 경우가 많아졌다. 이제 앞으로는 先後進國의 차이가 별로 없어질 것이다.

이에 따라 자원을 손쉽게 입수하기 어려워졌고, 후진 지역도 모두 나름대로의 산업을 발전시키고 있어서 선진국에 무조건 시장을 제공하지도 않는 세상이 되었다. 나라가 커야 자원도 많고 시장도 클 것이기 때문에, 앞으로의 경제발전은 나라가 크고 인구도 많아야 성공적으로 이루어질 수 있게 되었다. 중국과 인도, 그리고 브라질 같은 '大國' 들이 차세대의 경제대국으로 각광을 받고 있는 데에는 그만한 이유가 있는 것이다.

경제학에서는 '규모의 경제(Economy of scale)' 의 중요성이 강조되지만, 여기서 말하는 것은 '국토면적의 경제(Economy of the Size of Nations)' 라고 할까, 나라의 면적과 인구가 일정 수준이 되어야 국내에서 수요와 공급이 어느 정도 自己完結的으로 될 수 있는 경제를 만들어낼 수 있다. 지구상의 국가들 중에서 이런 나라는 극소수에 불과한데, 중국은 그런 나라이다. 시장이 크기 때문에 생산자는 시장이 작아서 공급과잉이 될 걱정을 할 필요가 없다.

중국의 장래를 전망하는데 있어 人文이나 社會에 관련된 문제는 그리 많지 않아 보인다. 앞으로 중국은 教育發展에 力點을 둘 것이며, 人材養成과 登用에도 국가적인 노력을 기울일 것이 예상되므로, 이 분야에서 생기는 發展沮害 事由는 그리 많지 않을 것으로 보인다. 科學技術, 經營技法, 國家管理能力의 '落後' 등에 대해서는 큰 걱정이 없을 것으로 보인다. 많은 사람들이 腐敗의 만연을 우려하고 있으나 이것도 致命的인 發展沮害 要因이 될 수는 없을 것이다. 다만 한 가지 중국의 발전을 멍들게 할 수 있는 요인이 될 수 있는 것이 있다면 그것은 指導層의 自慢(hubris)과 過慾이 아닐까 생각된다. 지난날의

中華帝國을 포함한 세계적인 大國들의 沒落은 대부분 指導層의 傲慢과 過慾에 의해 촉발되었다. 내가 보기에는 이 두 가지의 인간심리의 陷井(human fallibility)은 중국의 경우에도 예외가 아닐 것이다. 잘 나갈 때에 조심하지 않으면 돌이킬 수 없는 過誤를 범하게 된다.

중국이 존재하는 한, 극복할 수 없는 문제는 그 나라의 自然의 문제이다. 중국은 西部는 지대가 높고 東部, 특히 長江 이북의 지역은 낮아서 旱魃과 洪水를 비롯한 天災地變이 많다. 수천 년에 걸친 集中的인 耕作으로 土壤은 酸化되고, 北部와 西部 지역에는 砂漠化가 진행되면서 水資源 不足이 심화되고 있다. 沙漠化를 방지하기 위하여 중국은 엄청난 노력을 경주하고 있으나, 물 부족의 문제는 앞으로 중국 경제발전의 足鎖가 될 것으로 보인다. 長江의 물을 華北地域으로 보낸다고 하지만, 長江의 물 자체가 넉넉하지 못할지도 모를 일이며, 인구밀도가 조밀한 광대한 공업지대의 수자원 부족을 人工의 시설로 해결한다는 것은 참으로 정신이 아득해지는 엄청난 문제이다. 중국은 인간이 해결할 수 있는 문제라면 무엇이든지 해낼 수 있다고 보지만, 水資源 부족을 인력으로 해결할 수 있는지는 두고 보아야 할 것이다. 어쨌든 중국은 앞으로 現代版 萬里長城을 여러 개 쌓아야 할 것이다.

에너지 不足도 중국의 恒久的인 큰 문제이다. 그러나 에너지는 海外로부터의 조달이 가능하다. 環境保護의 문제에 대해 중국은 아직까지는 可視的인 노력을 하지 않고 있으나, 이 문제가 심각하게 대두될 것은 시간의 문제이다. 어려운 문제이기는 하지만, 중국은 이런 문제는 능히 해결할 수 있을 것으로 보인다.

外交的으로도 중국에 대한 挑戰은 많다. 美·中 관계의 風向이 間歇的으로 악화되고 있다. 冷戰의 終熄 이후 對소련 抑止力으로서의 중국의 역할이 감소되고 있다. 부시 정권의 出帆과 함께 美軍偵察機

海南島 不時着, 베오그라드 중국 대사관 空襲 등은 美·中間 마찰의 波高를 예고하고 있다. 중국은 세계에서 가장 긴 그리고 가장 많은 나라와 國境을 나누고 있다. 중국은 북한, 러시아, 몽골, 카자흐스탄, 키르기스스탄, 타지키스탄, 아프가니스탄, 카슈미르, 인도, 네팔, 부탄, 미얀마, 라오스, 베트남 등 매우 사납고 끈질긴 14개 국(내지 지역)에 의해 포위되어 있다. 1949년 이후로는 臺灣도 아직도 실질적으로는 獨立國이나 마찬가지여서 중국에게는 많은 고민거리가 되고 있다. 거기에다가 홍콩은 아직도(2002년) 영국의 식민지이고, 마카오는 포르투갈의 식민지이다. 동남아 나라들과는 '南沙群島'를 둘러싼 領有論議가 아직 해결되지 못하고 있고, 일본과도 '釣魚島'에 관한 분쟁이 남아 있다.

중국을 둘러싼 나라들 중에는 세계적인 강국도 있고, 그렇지 못한 보잘 것 없는 나라도 있지만, 'the importance of being unimportant'라는 영국의 成語도 있다시피, 보잘 것 없는 나라라 할지라도 무시해도 좋을 나라는 하나도 없다. 중국은 有史 以來로 精悍하기 짝이 없는 북방의 '匈奴'에 의해 엄청난 시달림을 받았고, 지금의 西藏, 新疆, 青海, 甘肅省 등은 원래가 몽골族, 중앙아시아族의 나라들이었다. 萬里長城이라는 터무니없이 엄청난 성을 쌓은 것이 中原의 漢族이 당한 시달림을 웅변으로 말해준다. 지금 이 나라들은 항상 중국에 대해, 크게 敵對하지 않고는 있으나, 그들과의 관계는 진정한 友好關係라고는 볼 수 없다. 중국은 앞으로 인접 나라들과 善隣友好關係를 잘 유지해야 하며, 그렇게 하기 위해서는 應分의 代價를 치러야 할 것이다. 중국은 위에서도 지적한 대로 항상 平和를 필요로 하는 나라이다.

종합적으로 평가할 때, 나는 중국은 向後 상당기간 동안 젊음을 유지할 것이며, 경제뿐 아니라 모든 방면에서 큰 발전을 성취할 것으로 전망한다. 그리하여, 세계역사에 처음 보는 매우 독특한 발전모형을 만들어낼 것으로 본다. IMF를 포함하는 세계의 많은 미래 豫測機關들이 중국경제는 20년 후에는 세계 1위가 될 것이라는 전망을 내놓았지만, 과연 그렇게 될지는 물론 알 수 없다. 분명한 것은, 중국은 서구선진국을 따라잡는 데 만족해서는 안 된다는 것이다. 高水準의「사회주의적 시장경제」의 成就가 없이는 중국의 경제발전의 의미는 없을 것이며, 또 중국의 存續 自體가 불가능하리라는 점이다.

〈참 고 문 헌〉

Campbell, Robert W.(1974), *The Soviet-type Economies*, 3rd ed., Boston: Houghton Mifflin Co.

Chang, Gorden G.(2001), *The Collapse of China*, New York: Random House.

Cheong, Young-Rok(1998), *The Korean Financial Crisis: Challenges and Prospects*, Vol. 27 No. 2, GER, Yonsei University.

Cheong, Young-Rok(1999), *Comparison of FDI into China*, Vol. 28 No.1, GER, Yonsei University.

Cheong, Young-Rok(2000a),"Entry Mode of Overseas Chinese Foreign Direct Investment in China," in *New Studies on Chinese Overseas and China*, IIAS, Leiden, 2000, Netherlands.

Cheong, Young-Rok(2000b), The Impact of China's Entrance to the WTO on Neighboring East Asian Economies, Vol. 11, Number 2, 2000, *China Economic Review*, pp. 419~422.

Cheong, Young-Rok(2002), "The Huaqiao Community in Korea: Its Rise, Demise, and Reemergence," *Journal of International and Area Studies*, Vol. 9, Number 1, June 2002, pp. 37~56.

De Brunhoff, Suzanne(1976), *Marx on Money*, New York: Urizen Books.

Perkins, Dwight H.(1988), "Reforming China' s Economic System," *The Journal of Economic Literature*, Vol. 26, No. 2, American Economic Association.

WEFA(2001), *World Economic Outlook*, Second Quarter 2001.

World Bank(1997), *China 2020: Development Challenges in the New Century*, New York.

Xu, Mingqi(2002), "East Asian Monetary Cooperation from the Perspective of China' s Financial Reform and Opening," Papcr presented at the KERI Seminar on November 8, 2002.

國家統計局(1982~2001), 『中國統計年鑒』, 각년판. 北京: 國家統計出版社.

―――――, (2002), 『中國統計摘要』, 北京: 國家統計局.

國務院發展研究中心(1999), 『未來20年我國經濟發展前景分析』, 北京: 中國發展出版社.

謝平(2000), "中國銀行業的改革與對外開放," 王夢奎 主編, 『中國2010』, 北京: 中國發展出版社.

吳勇錫(2001), "중국의 WTO 가입 이후 대외경제정책변화 효과와 대외파급영향," 『東北亞經濟研究』, 제13권 제1호, pp. 91~128.

―――(2002), "중국 무역체제개혁의 전개와 방향." 『比較經濟研究』 제9권 제2호, pp.235~285.

王夢奎 主編(1999), 『中國經濟轉軌二十年』, 北京: 外文出版社.

外經貿部(2000), 『中國對外經濟貿易白皮書 2000』, 北京: 中國社會科學出版社.
———(2002), 『中國對外經濟貿易白皮書 2002』, 北京: 中國物資出版社.
劉國光(2000), "21世紀初中國經濟發展與經濟結構調節問題," KIEP 중국경제연구회 발표자료.
李京文(2001), "21世紀中國經濟發展趨勢," 中國宏觀經濟信息網.
李善同 · 翟凡 · 侯永志(2000), "中國經濟增長的前景," 王夢奎 主編, 『中國2020: 目標,政策与前景』, 北京: 中國發展出版社, pp.18~31.
李成勛 主編(1999), 『2020年的中國』, 北京: 中國發展出版社.
人民日報.
日本經濟研究センター(2000), 『2020年の中國』.
張卓元(1999), "國有企業改革 — 二十一世紀初中國經濟改革的主題." 『企業改革之聲』 第4期.
정영록(1997. 11), "동북아시대에 대비한 한국의 경제적 진로", 『한국북방학회논집』.
정영록(1998), "중국 원화환율 전망과 정책과제", 『대외경제정책연구』, 대외경제정책연구원.
정영록(2002), 중국의 이동통신시장 진단과 전망, *Telecommunication Review*, Special Issue 2002, July 2002.
丁元竹, 胡鞍鋼, 王紹光(2002), "最强的警告 — 經濟繁榮裏面的社會不安," 『戰略与經營』, 香港.
趙德馨 主編(1989), 『中華人民共和國經濟史』, 鄭州: 河南人民出版社.
한국산업은행(2001), 『中國의 改革戰略과 成果』.
胡淑珍 主編(2000), 『中國經濟熱点研究報告 1』, 北京: 社會科學文獻出版社.

〈 부 록 〉

1) 16차 전당대회 이후 주요인사의 간단한 이력

이 름	출신지	생년월일	학력	주요경력(현직)
胡錦濤 (60)	타이조우, 원적: 安徽 績溪	42. 12	清華大 水利과	공칭톈 깐수성 당서기, 꿰이조우 당서기, 티베트 당서기(부주석)
溫家寶 (60)	天津	42. 9	베이징 지질학원 지질학과	지질광산부 부부장, 중공중앙위원회 판공실 주임(정치국원)
吳邦國 (61)	安徽 肥東	41. 7	清華大 무선전자과	상해시 당서기(정치국원)
李瑞環 (68)	天津	34. 9		천진시 당서기, 시장(정치협상회의 의장)
曾慶紅 (63)	江西 吉安	39. 7	베이징 공업학원 자동차과	상해시 당비서장, 부서기, 중공판공실 부주임(판공실주임)
羅幹 (68)	山東 濟南	35. 7	독일 프라이브루크광산 야금학과	당정법위원회 서기
曾培炎 (64)	江蘇 紹興	38.	칭화대 라디오과	전자공업부 장관, 국가발전계획위원회 장관
黃 菊 (64)	浙江 嘉善	38. 9	칭화대 졸업	상하이시 당서기
賈慶林 (62)	河北 泊頭	40. 3	석가장 공업관리학교	전 베이징 당서기
吳官正 (64)	江西 余幹	38. 8	칭화대학 동력학부	우한 시장
李長春 (58)	遼寧 (吉林태생)	44. 2	하얼빈공대 전기과	1987. 10 공산당 중앙위원 1990 하남 성장
習近平 (49)	陝西	53. 6	칭화대 화공과	푸젠성성장, 져장성 성장
宋德福 (57)	河北	46. 2	중학교학력	푸젠성 당서기
李克强 (47)	安徽	55	베이징대 법학과	허난성 성장
令計劃 (45)	山西	57	공칭퇀학교	중공중앙사무실 부주임

2) 최근 중국경제 주요지표

	1997	1998	1999	2000	2001	2002.6말
경제성장률(%)	8.8	7.8	7.1	8.0	7.3	7.8
물가상승률(%)	2.8	△0.8	△1.4	0.4	0.7	△0.8
수출증가율(%)	21.0	0.6	6.0	27.8	6.8	14.1
무역수지(억불)	404	436	292	241	225	134
외환보유고(억불)	1,399	1,450	1,547	1,670	2,122	2,428
FDI(억불, 도착기준)	453	455	403	407	468	270

[자료 : 중국통계년감 2002 및 통계월보]

3) 국별 직접투자추이

	1995	1996	1997	1998	1999	2000	2001
홍콩 · 마카오	20.50	21.26	21.03	18.93	16.67	15.85	17.03
미국	3.08	3.44	3.24	3.90	4.22	4.38	4.43
버이진도	0.30	0.54	1.72	4.03	2.66	3.84	–
일본	3.11	3.68	4.33	3.40	2.97	2.92	4.35
대만	3.16	3.47	3.29	2.92	2.60	2.30	2.98
싱가폴	1.85	2.24	2.61	3.40	2.64	2.17	2.14
한국	1.04	1.36	2.14	1.80	1.27	1.49	2.15
영국	0.91	1.30	1.86	1.17	1.04	1.16	1.05
독일	0.39	0.52	0.99	0.74	1.37	1.04	1.21
기타	3.17	3.91	4.06	5.17	4.87	5.56	11.54
총계	37.52	41.73	45.26	45.46	40.32	40.71	46.88

제7장 結語

이상에서 우리는 글로벌 秩序의 推移와 이에 대한 東北아시아 세 나라들의 對應을 개관했다. 다음에는 지금까지 論한 事項 중에서 論旨가 불확실하여 補完을 요하는 점 및 추가해야 할 사항을 補完하여 결론을 맺고자 한다.

I

글로벌 秩序는 냉전 후 미국의 主導로 전개되어 왔다. 이 질서는 세계경제의 力動的인 발전의 推進力으로서의 역할을 함으로써 90년대의 세계경제를 주도하였다. 반면에 이 질서는 市場原理主義의 이념에 따라 自由至上, 競爭至上의 원칙을 전세계에 지도이념으로 삼아온 결과, 미국 경제를 포함하여 세계경제에 大量生産, 大量消費, 大量廢棄, 環境의 破壞, 資源의 枯渴 등을 촉진하고, 社會的으로는 富와 所得의 分配의 兩極化를 초래하는 등의 부작용이 나타나고 있다.

이와 때를 같이하여 전세계의 地域主義가 확산되고 있다. 유럽에 있어서는 유럽연합(EU)이 2004년까지는 러시아를 제외한 전 유럽 25개국을 포괄하는 큰 블록으로 등장하려 하고 있고, 또 군사적으로도 NATO의 회원국이 전 유럽으로 확대되고 있다. 그렇게 된다면 세계는 머지않아 미 · 유럽의 二極體制로 될 가능성이 있다.

이와 때를 같이 하여 아시아에 있어서는 일본경제의 沈滯와 중국경제의 擡頭가 두드러지며, 중국이 이 지역에서의 세계경제의 軸으로 부상할 가능성이 있다. 이에 따라 앞으로 동아시아圈이 세계의 一極을 형성하게 되면 세계는 三極體制가 될 것으로 보인다.

지금까지의 一極體制와 앞으로 오는 二極체제 내지 三極체제 사이에는 몇 가지 중요한 차이가 있어 보인다.

一極체제 시대에는 霸權國이 劃一的인 基準(新自由主義와 워싱턴 合意 등)에 따라 세계경제의 질서를 잡아 왔지만, 二極 시대(또는 三極 시대)에 있어서는 劃一的인 기준이 아니라 3개의 '極'이 각기 그 特性을 감안한 기준을 따르지 않을 수 없게 됨으로써, 3極이 서로 調整되는 시대를 만들어낼 것으로 보인다.

一極체제는 미국의 군사력 및 경제력이 세계질서를 유지하였지만, 二極체제(그리고 三極체제)는 군사력보다는 오히려 文化力이 세계질서 유지의 기본이 될 것이다. 一極 시대에는 패권국가가 있었지만, 앞으로의 多極체제 下에서는 세계 유일의 패권국가는 없어질 것이다.

一極체제 下에서는 각국이 독자적으로 방향을 설정하는 범위는 적었지만, 多極체제 下에서는 지역별 또는 문화별로 가까운 나라들끼리 '共生' 하는 방향을 설정하거나, 아니면 국가별로 글로벌化되는 세계에서 세계경제의 대세에 따라 국가의 이익을 추구하는 시대가 전개되지 않을까 생각한다.

Ⅱ

지금까지 東아시아에서는 日本이 압도적으로 강한 경제력을 유지해왔다. 그러나 일본은 경제대국은 되었지만 경제에 상응하는 政治力, 文化力이 부족하여 글로벌 질서 속에서의 역할이 적었다. 거기에

다가 일본은 1990년대 이후 긴 불황기를 맞이하여 경제가 크게 추락하여 지금도 이 난국 타개의 방향을 잡지 못하고 있다.

중국경제가 1978년에 개혁 · 개방으로 방향전환을 한 후 지난 24년동안 고도성장을 지속함으로써, 2020년이 되면 중국은 '社會主義的 市場經濟'의 초기단계를 완성하여 역사상 처음으로 歐美와 대등한 一極을 형성할 수 있게 되었다. 그러나 중국이 글로벌경제의 一極으로 자리매김 하자면 몇 가지 벅찬 조건이 달성되어야 한다.

첫째, 중국이 3極 중 1極이 되어 그 역할을 수행하자면 경제적으로 西部 開發이 큰 차질 없이 성공하고 계속 高度成長을 이룩함으로써 先進國 班列에 들어가거나, 아니면 후진국이면서도 다른 후진국의 기수가 될 만한 영향력을 가질 수 있어야 한다. 아울러 정치적으로도 中國式 民主主義(내지 民本主義)에 기초를 둔 政治가 制度化되어야 한다. 이 모든 것이 다 엄청난 조건이기 때문에 이 시점에서 중국의 성공을 점치기는 어려울 것이다.

중국이 개혁 · 개방의 방향을 잡은 것이 이제 24년(2002년 현재까지), 그동안 아주 어려운 조건하에서 큰 성공을 거둔 사실을 중시해야 한다. 앞으로도 20년 동안 이와 같은 성공이 계속된다면, — 나는 계속된다고 보지만 — 중국은 미 · EU와 비견되는 하나의 軸을 형성할 것이다.

중국은 글로벌 秩序의 세계 최대의 受惠國이다. 앞으로 중국은 글로벌 질서를 적극 遵守할 것이고, WTO와의 合意 내용도 최대한 履行할 것으로 보인다. 중국은 미국과의 마찰을 최소한으로 줄이고, 아시아의 近隣國들에 대해서도 友好平和의 정책을 固守할 것이며, 覇權을 추구하려 하지 않을 것으로 보인다. 이렇게 하는 것이 중국의 國益에 도움이 된다는 것을 중국 지도층이 잘 알고 있을 것이기 때문이다.

둘째, 日本도 달라져야 한다. 일본의 방향은 지금까지 不分明하였는데, 앞으로 世界化 → 地域化의 추세에 뒤지지 않기 위해서는 정치와 경제의 패러다임을 拔本的으로 改革해야 할 것이다.

여러 번 지적한 바와 같이, 일본은 冷戰秩序의 최대의 受惠國이었다. 이 기간 동안에 일본은 세계 제2의 경제대국이 되었다. 그 과정에서 일본경제는 항상 總供給이 總需要를 능가함으로써 經常收支의 흑자구조가 固定化되어, 그것이 디플레 경향을 만성화하는 체질을 구축했다. 일본의 정치는 自由民主黨의 執權이 長期化되어 新鮮味를 잃었고, 文化도 개방의 폭을 넓히는 것이 바람직할 것이다. 국제적으로는 일본은 미국을 추종하면서 국제사회에서 경제력에 상응한 존재감을 확보하지 못하고 있다. 아시아의 인접국에 대해서는 協力과 共調에 대해서는 소극적으로 대해 왔다. 明治維新 이래 脫亞入歐의 슬로건이 일본 사람들의 의식 속에 깊이 뿌리박혀, 아시아 속의 白人임을 자처해 왔다. 앞으로 일본은 근거 없는 우월감을 불식하여 이웃나라에게 좀 더 대범하게 대하기를 바란다.

1985년 이후로 일기 시작한 거품 속에서 資産디플레 現象이 나타났는데, 일본은 계속 케인즈式 膨脹財政 및 金融政策을 써 왔다. 이제 政府負債가 GDP의 150%에 달하고, 금리가 0%에 가까운 상태가 연출되었는데도 투자도 늘지 않고 소비지출도 늘지 않고 있어서 디플레 현상이 일고 있다. 일본이 현재의 디플레體質을 치유하고 세계의 대세에 뒤지지 않기 위해서는 아시아 諸國과의 공존관계를 확립하여야 할 것으로 보인다.

셋째, 한반도의 문제가 순조롭게 해결되어야 한다. 한국도 일본과 같이 아시아에 있어서의 冷戰의 受惠國이다. 開發年代의 경제정책은 철저하게 일본을 벤치마킹함으로써 산업구조, 무역구조, 기업경영 등의 모든 면에서 일본과 비슷한 체질을 구축했다. 일본과 근본적으로 다른 면이 있다면, 한국은 주로 일본으로부터 수입한 중간재를 가공 조립하여 완제품을 만들어 수출함으로써 산업화를 추진했기 때문에 對日依存度가 매우 높고, 일본의 경우와는 정반대로 만성적인 인플레가 정착되고 있다. 기업은 금융기관으로부터 過多貸出을 받아서 과잉투자를 하고 금융기관은 기업에게 과다융자를 함으로써, 금융기관의 不實債權이 늘어났다.

IMF의 구제금융이 이루어진 후로 IMF의 프로그램에 따라 재정의 긴축, 기업·금융의 구조개혁을 함으로써 일단 외환위기를 "克服"하였다. 금융의 부실을 막을 수 있도록 하기 위하여 정부는 158조원에 달하는 공적자금을 투입하였고, 기업의 재무구조를 개선하기 위해서도 여러 가지 개혁조치가 이루어졌다. 한국경제는 IMF 受援國 中에서는 가장 좋은 回復勢를 보인 것으로 국제적으로 널리 알려져 있다.

그러나 이 글을 쓰는 2002년 11월 24일 현재, 한국경제는 낙관을 불허하는 양상을 보이고 있다. 그동안 많은 改革이 이루어진 것은 사실이지만 改革은 아직 未完의 상태에 있고, 정부나 정치권, 그리고 국민은 中心을 잡지 못하고 있다. 한국경제가 앞으로 제대로 되자면 기존의 開發年代의 패러다임을 완전히 불식하고 아시아 共生의 길을 성취할 수 있도록 改革을 제대로 마무리해야 한다.

앞으로 地域化의 시대를 맞아 한국은 친근한 이웃나라도 적고, 현재 상당히 고립된 상태에 있다. 한국은 중국과 일본을 포괄하는 동북아시아 FTA를 결성할 용의가 있는 것으로 보도되고는 있으나 이를 위한 정치적인 결단은 내리지 못하고 있다. 일본은 한국과는 양국간 FTA를 결성할 용의를 내비치고 있고 한국 정부도 이에 동조하는 듯하다. 그러나 韓日만의 FTA는 오히려 한반도의 긴장을 조장할 뿐 아니라 냉전시대의 패러다임을 뿌리치고 共生의 패러다임을 도입하는 데 장애요인이 될 것이다.

한국에게 가장 큰 어려움은 北韓의 존재이다. 북한은 경제적으로나 정치적으로나 세계로부터 고립된 상태에 있고, 국민은 饑餓에 직면하고 있다. 북한의 이러한 苦境은 오래갈 수 없을 것이고, 만일 북한이 쓰러지는 경우가 발생한다면 그것은 南韓에게 견디기 어려운 부담을 안겨줄 것이다. 북한의 어려움의 상당부분은 앞으로 어떤 형태로든 남한이 떠맡게 될 것이기 때문이다. 남한이 과연 그렇게 하고도 발전할 수 있는 餘力이 있을 것인가? 독일의 경험에 비추어 보건대, 불행하게도 대답은 "否"일 수밖에 없다. 따라서 남한은 한반도의 긴장을 완화하고 북한이 自立할 수 있는 길을 마련하는 데 최선을 다해야 할 것이다. 누구나 統一을 바라지만, 북한이 붕괴하면 통일이 올 것이라고 바란다면 그것은 너무나 단순한 생각이다. 한반도에서의 平和의 정착, 한반도의 共生의 길의 성취, 이것은 韓民族에 지워진 歷史의 使命이다.

동북아시아 地域의 세 나라는 하루바삐 獨生의 패러다임을 버리고 共生의 패러다임을 設定해야 할 것이다.

| 제 2 부 |

기타 연구 논문

1990년대 이후의 한국경제*

Ⅰ. IMF 이전

1. 냉전시대의 종식

그동안 한국경제는 엄청나게 많은 변화를 겪었다. 해방 후부터 1980년대 말까지 한국경제가 달성한 고도성장은 당시의 국제질서였던 冷戰秩序에 힘입은 바가 컸다는 점에서, 이 기간 동안의 한국은 한마디로 冷戰體制의 受惠國이었다고 할 수 있다.[1] 冷戰이 끝나고 전세계가 글로벌化(Globalization 또는 Globalism)의 시대에 접어든 이후로는 한국경제는 여러 가지 어려움을 맞이하게 되었다. 이러한 어려움에 적절히 대응하지 못함으로써 한국 경제는 끝내 1997년 11월 '국제통화기금(IMF)' 의 구제금융을 받게 되었다.[2]

---

* 이 글은 저자가 『韓國經濟改造論』(茶山出版社 刊, 2006)의 補論으로 쓸 예정으로 2003년에 집필한 것임. 아직 未發表 상태임.

1) 1960년대 초부터 1980년대 말에 이르는 기간 동안 한국이 달성한 이른바 '한강의 기적' 이라고 불리는 고도성장은 한국만이 아니라 다른 나라에 의해서도 성취되었다. 한국과 비슷한 부존자원을 가진 일본과 대만 등의 동북아시아의 反共國家들도 한국에 못지않은 기적적인 고도성장을 성취한 것이다. 그 이면에는 당시의 국제경제의 질서, 즉 冷戰秩序가 이 나라들의 수출주도형 壓縮成長의 달성을 위해 매우 유리한 국제환경을 마련해 주었기 때문이다. 이러한 의미에서, 당시의 동북아시아의 발전은 냉전시대의 受惠國이었다고도 할 수 있다.

2) 냉전시대의 다른 수혜국, 즉 일본이나 대만은 IMF의 구제금융을 받지는 않았으나

90년대에 접어들 무렵, 한국경제는 설사 냉전질서가 계속되었다고 하더라도 기존의 성장방식을 가지고는 고도성장을 지속할 수 없는 처지에 놓여 있었다. 70년대 후반부터 시작된 경제성을 무시한 무분별한 중화학 투자의 後遺로 말미암아, 한국경제는 큰 난관에 봉착하고 있었다. 모든 실물 및 금융자원은 중화학공업의 추진을 맡은 대기업에 투입되고 중소기업으로는 들어가지 못하고 있었다. 그 결과 임금·물가의 폭등과 기업이윤의 저하로 국제경쟁력은 惡化一路에 있었다.

이러한 현상에 비추어 기존의 정책 선상에서는 한국경제는 조만간 위기를 맞을 것이 분명했다. 즉, 풍부한 노동력, 낮은 임금, 높은 생산성 등은 없어지는 반면, 정부 정책의 합리성은 날이 갈수록 줄어들고 있었다. 한마디로 그 당시까지 한국경제의 성장을 지탱했던 요인들은 점차 사라지고 있었기 때문에 성장의 활력을 되찾기 위하여서는 새로운 패러다임에 의한 政策基調의 변경이 절실히 필요하게 되었다.

정책기조의 변경은 90년대 글로벌化의 시대에 접어들면서 더욱 절실해졌다. 어떤 변경이 필요했는가. 위에서 지적한 바와 같이 수출증가율 극대화, 성장률 극대화를 목표로 하는 重商主義的 정책을 떠나 경제주체(사람)의 능력의 향상과 인스티튜션의 합리화, 경제구조의 균형과 조화를 중요시하는 정책 시각을 말한다. 정부의 명령, 지시 및 통제를 통한 강제적 성장 대신에 시장질서를 통한 창조와 파괴가 자연스럽게 이루어지는 방식을 말한다. 보다 구체적으로 말하자면, 거시적으로는 임금·물가의 안정, 그리고 미시적으로는 산업·기업 등의 구조개혁, 그리고 나아가서는 교육의 개혁, 정치의 개혁을 指向함

그 나라들의 경제도 글로벌화의 시대를 맞은 이후로는 전에 비해 성장률도 낮아지고 활력도 현저히 줄었다는 것은 주목할 만한 일이다.

을 말한다. 그러나 90년대에 접어든 이후에도 새로운 시각이나 패러다임의 도입은 없었다.

2. 〈文民政府〉[3]의 정책기조

1990년대 이후, 특히 이른바 문민정부의 경제정책의 기조도 개발독재시대의 고도성장 정책과 거의 다름이 없었다. 정치의 운영, 정부의 역할, 행정의 스타일 등에도 변화가 없었고, 민간부문의 기업경영의 행태, 금융의 관행 등에 있어서도 하등의 기본적인 변화가 없었다. 정치적으로 1960년대 이후로 30년의 긴 세월을 통하여 이른바 개발독재에 반대해 온 "문민"정부가 경제개혁에 대해서는 별다른 정책비전이 없었다는 것은 기이한 일이었다.

1) 新經濟 百日計劃

1993년 3월 김영삼 대통령이 취임함으로써 문민정부가 출범했다. 이 정부는 출범하자마자 '신경제 100일 계획'이라는 지침 하에 "새로운" 방향을 추진했다. 1930년대의 미국의 'New Deal'을 연상케 하는 이름을 가진 이 "계획"의 목적은 한마디로 우리 경제를 침체에서 구하여 성장을 촉진하는 정책을 담은 것으로, 경제의 체질 강화를 위한 정책상의 이노베이션은 별로 없었다.

---

3) 김영삼 대통령의 정부는 엄밀하게 말하면 제6공화국의 제2기 정부라 불러야 마땅하겠으나, 그 정부는 문민정부로 불리기를 선호하였으므로, 여기서도 문민정부로 부르기로 한다.

2) 고도성장과 국제경쟁력

문민정부는 금리를 낮추고 금융을 완화함으로써 투자를 활성화하고 성장률을 촉진하기 위한 정책을 썼다. 이 성장정책은 때마침 국제적으로 진행된 円高가 몰고온 한국 수출의 대폭증가에 힘입어 큰 성공을 가지고 오는 듯이 보였다. 정부가 바라던 높은 성장률은 〈표 1〉에서 보듯이 1993년에 5.5%에 불과하던 것이 1994년에는 8.3%, 1995년에는 8.9%로 해마다 가속적으로 촉진되었다. 그러나 95년부터는 일본의 円貨가 약세로 돌아서면서 반도체 가격을 포함한 수출 單價의 하락으로 교역조건이 크게 악화됨으로써 한국 수출산업의 채산성이 크게 악화됐다. 이에 따라 표에도 나타나 있는 것과 같이 성장률도 1996년에는 6.8%, 1997년에는 5.0%로 감소하였다. 성장률의 감소와 아울러 경상수지는 대폭적인 적자로 돌아섰고, 완만한 인플레가 재연되고 있었다. 반면, 구조면에서는 재벌은 크게 비대해지고 있었으나[4] 그 경쟁력은 떨어지고 있었다. 전부터 내려오던 한국 산업의 취약점인 고금리, 고임금, 고지가 등의 고비용과 낮은 생산성은 더더욱 확고하게 정착되었다.

3) OECD가입

1996년 한국은 OECD에 가입했다. OECD 가입은 한국인의 숙원이었던 선진국 클럽에의 진입을 의미했다. 당시 식자들 가운데는 이 나

---

4) 1970년대부터 재벌은 눈부시게 성장했다. 재벌 중에서도 상위 5대재벌은 10대재벌보다, 10대재벌은 30대재벌보다 빨리 성장했다. 평균적으로 1970년대에는 상위 10대재벌은 년평균 28% 성장했다. 70년대 80년대를 통하여 최대 재벌이었던 〈현대〉는 년평균 38%, 〈대우〉는 54%의 성장률을 보였다. (E. M. Kim, 1997 참조.)

라가 과연 OECD에 가입하여 선진국 수준의 자유경쟁체제를 무난히 운영할 수 있느냐, 선진국 행세를 하기는 너무 이르지 않느냐 등 회의적인 논의가 많았다. 반면, OECD에 가입하는 것이 경제체질 개선에 도움이 될 것으로 기대하는 여론도 많았다.

OECD의 회원국이 된 한국은 富國으로의 행세를 하기 위해 많은 부담을 지게 됐다. 특히, 국제 자본이동에 관한 개방의무를 준수해야 했다. 정부는 세계화라는 구호를 내걸고 OECD 회원국으로서의 금융 자유화 정책을 추진했다. 정부는 자유화를 추진하고자 전 정권 때 마련된 금리 자유화 계획을 실행하고, 대외개방으로서는 국민은 외국은행 계정을 열 수 있고, 외국 증권을 살 수 있게 허용했다. 반면, 외국인은 원화 표시의 증권을 발행할 수 있게 됐고, 한국의 주식 및 회사채 소유의 한도는 폐지되었다.

〈표 1〉 문민정부 시대의 주요 경제지표

	1993	1994	1995	1996	1997	1998
GDP 성장률(%)	5.5	8.3	8.9	6.8	5.0	–5.8
소비자물가상승률[1]	4.8	6.2	4.5	4.9	4.5	7.5
경상수지(억 달러)	9.9	–38.7	–85.1	–230.0	–81.7	405.8
상품수지	23.2	–28.6	–44.4	149.6	–31.8	416.3
수출[2]	822.4	960.1	1,250.6	1,297.2	1,361.6	1,323.1
수입	658.0	1,023.5	1,351.2	1,503.4	1,446.2	932.8
자본수지	27.4	103.0	167.9	233.3	13.1	–32.5
외채잔액[3](억 달러)	–	969	1,272	1,643	1,581	1,494
단기외채	–	537	716	930	632	308
외환보유액(억 달러)	202.6	256.7	293.5	294.2	88.7	485.1
실업률 (%)	2.8	2.4	2.0	2.0	2.6	6.8

주: 1) 전년동기 대비
2) 통관기준
3) 연말기준, IMF방식에 따른 총 대외지불부담
자료: 이종규, IMF/IBRD 경제개혁프로그램과 앞으로의 경제정책방향, (금융경제총서 제1호, 2000)에서 轉載.

한국 기업은 외국 금융기관으로부터의 장기차입은 할 수 없도록 돼 있었으나 단기차입은 할 수 있도록 허용됐다. 그리하여 기업은 외국 금융기관으로부터의 단기차입을 조달하여 장기투자에 충당했다. 그 결과, 해외 금융기관으로부터의 단기차입은 급격하게 증가하여 표에서 보는 바와 같이 1996년에는 이미 930억 달러에 달하는 거액이 됐다.

결과적으로 기업과 은행에서는 부채(liabilities)는 단기가 많은 반면 자산(assets)은 장기가 많게 되어, 양자 사이에 큰 불일치(mismatch)가 일어났다. 외국인들이 만일 한국의 은행으로부터 한꺼번에 그들의 예금을 인출하면 한국의 은행들은 당장 현금 고갈에 직면할 위험성이 커졌다. 실지로 1997년 6월경부터 한국의 은행의 부채상환 능력에 대한 의심이 확산되면서 외국의 채권자들이 일시에 자금을 회수함으로써, 한국의 은행들은 현금 부족으로 부채상환이 불가능하게 되었다.

뿐만 아니라, 한국의 은행이나 기업의 자산은 원화로 되어 있고 부채는 대부분 달러화로 되어 있어, 원화의 (대달러) 가치가 하락하면, 은행의 자산에는 변동이 없지만 원화표시 부채는 자동적으로 커지기 때문에 은행은 자동적으로 손해를 보게 되어 있었다. 실지로 원화 가치의 하락에 따라 한국의 은행과 기업들은 큰 손해를 보았다.[5)]

4) 외환위기

문민정부 시대의 한국경제는 수출의 증가율 감소, 교역조건의 악화, 경상수지의 적자 누적 등의 현상이 일어남으로써 원화는 줄곧 고평가되고 있었다. 정책 당국은 환율의 현실화를 위한 조치를 취하지

---

5) 이상에서 본바와 같이, 사후적인 시각(hindsight)으로 볼 때 한국은 1996년 당시 아직 OECD에 가입할 만큼 경제체제상의 준비가 돼 있지 못했던 것으로 보아야 한다. OECD에 가입함으로써 외환위기를 맞을 수 있는 조건이 쉽게 조성되었던 것이다.

않고 계속 고정 환율을 고수했다. 기업들은 계속 외국으로부터 단기 자금을 차입하여 무리한 투자에 충당했다.

1994년에 이미 한국 제조업부문 기업들의 총 차입액은 총자산의 45%에 달했고, 1997년에는 이 숫자가 60%에 육박했다.[6] 한국기업의 채무상환 능력에 대한 외국인의 신임이 있을 때에는 부채의 상환기간 연장(roll-over)이 가능했다. 그러나 1997년 1월부터 한보철강의 부도를 비롯하여 대기업들이 연쇄적으로 부도 내지 부도유예의 처분을 받게 됨에 따라,[7] 그동안 가려져 있었던 한국기업과 금융의 취약성이 노출되기 시작했다. 6월 이후, 동남아에서 외환위기가 발생하여 한국의 기업과 금융기관의 부채상환 능력이 의심을 받기 시작했다. 외국의 채권자들은 부도사태가 날 것을 두려워하여 일시에 자금을 인출했다. 이에 따라 한국의 외화보유액도 일시에 고갈됐다. 이 추세가 계속되면 한국은 보유외환의 부족으로 국가부도가 날 수밖에 없었다. 그래서 한국은 결국 IMF의 구제 금융을 신청하지 않을 수 없었다.

3. IMF는 왜 왔는가 – 요약

한강의 기적을 이룩한 한국이 急轉直下함으로써 IMF의 도움을 받게 된 원인은 무엇인가. 그 근본적인 원인은 1970년 후반 이후, 80년대를 통하여 한국경제의 고도성장이 정부의 절제 없는 방만한 경제운영, 이로 인한 재벌기업의 비대화와 수익성을 무시한 부실한 투자,

---

6) Organization for Economic Cooperation and Development, *OECD Economic Surveys: Korea 1999,* E. M. Graham, *Reforming Korea's Industrial Conglomerates,* p.100.

7) 1997년 1월 한보철강부도, 3월 삼미그룹 부도, 4월 진로그룹 부도유예, 5월 대농 부도유예 협약 적용, 7월 기아 부도유예협약 적용 등, 1997년 중 한국경제의 부실상이 많이 노출되었다.

부실한 기업에 대한 방만한 은행의 융자 등으로 한국 산업의 국제경쟁력이 줄곧 떨어지는 추세에 있었다는 데에 있다. 이 추세가 무제한 계속될 수는 없었다. 조만간 거시적으로 하이퍼-인플레가 거품을 만들어서 경제가 파탄하든지, 미시적으로 기업이 연쇄도산을 하든지, 아니면 국제수지가 악화되어 외환보유가 고갈되든지 함으로써, 경제가 硬着陸(hard-landing)을 맞을 것이 예견되었다. 1997년 초부터 대기업의 연쇄부도가 일어남으로써 드디어 올 것이 오고 말았다. 경착륙의 신호가 온 것이다.

대외적으로는 이미 위에서 지적한대로 준비 없이 OECD에 가입하여 부실기업들이 단기외채를 질 수 있는 법적인 길을 열어주었다. 많은 기업들이 이 기회를 타서 분별없이 단기차입으로 조달하여 그것으로 장기투자를 감행했다. 그 결과 외체를 진 기업은 부채를 상환할 현금이 없었고, 나라는 외화보유가 고갈되어 외채를 상환할 수 없게 됐다. 외환위기에 감염될 좋은 조건이 갖추어 있었던 것이다. 그해 6월부터 동남아로부터 불어온 외환위기의 열풍이 한국에 상륙하자 보유외환이 순식간에 고갈되었다. IMF의 구제 없이 국가부도를 면할 길이 없게 됐다.

IMF의 구제금융 사태는 이와 같이 오랜 기간 동안에 걸친 모든 경제주체의 방만한 경제운영이 빚은 결과이다. 따라서 IMF 災殃의 책임은 1970년대 이래로 경제와 관련 있는 모든 경제주체에 있다고 보아야 할 것이며, 어떤 특정인에 있는 것은 아니었다. 그러나 가장 직접적으로는 1993년 3월 집권을 시작한 문민정부의 정책이 너무나 안일하게 성장 一邊倒로 추진된 데에 그 원인의 상당부분이 있다고 하지 않을 수 없다. 국제경쟁력이 줄곧 떨어지고 있었음에도 불구하고 경제구조와 그 운영방식의 개선 노력은 하지 않고 부실한 성장을 촉진시키는 정책을 계속한 것이다. 그 결과 경제성장률은 유지되었으나, 성장을 할수록 국제경쟁력은 더욱 약화되는 결과를 초래했다. 1997년에 접어들 무렵, 특히 문민정부의 마지막 경제팀이 등장한 후로, 정부는 금융감독의 강화를 위한 세 개의 감독기관(은행감독원, 보험감독원, 증권감독원)의 일원화, 금융정책의 효율화를 위한 은행법과 한국은행법의 개정 등의 입법을 추진했다. 그러나 벌써 임기가 끝나가는 정권으로서는 강한 입법 추진이 어려웠고, 또 그런 정도의 조치로는 효과를 기대할 수 없을 정도로 사태는 악화돼 있었다. 때는 이미 늦어 있었던 것이다.

기업도, 재벌기업을 포함하여, 너무나 방만하게 외국은행으로부터 단기차입을 하고 경제성을 무시한 장기투자를 감행하는 무모한 경영을 한 경우가 많았다. 금융기관도 융자 신청에 대해 심도 있는 심사를 하지 않고, 특히 재벌기업에 대해서는 너무 안일하게 대출을 함으로써 은행의 불량자산이 늘어났다. 언론이나 일반국민도 경제성장률이 6%대 정도로 떨어져도 벌써 불황이라고 안달을 내면서, 경기부양을 해야 한다고 야단을 쳤다. 한국의 언론이나 일반 국민들은 겉으로는 시장경제를 외치면서도 다소의 어려움만 있으면 정부가 이것을 해결하라고 요구하고 고도성장을 위한 정부의 개입을 재촉한다. 정부도 평소에는 시장경제 제도의 구축을 소홀히 하고 있다가 문제가 터지면 부랴부랴 미숙한 개입을 하는 악순환을 되풀이했다.[8] 이 모든 것이 IMF를 불러왔고, 앞으로도 이 행태의 개선이 없으면 이와 비슷한 재앙이 반복될 것이다.

---

8) 이 경향은 IMF가 지나간 오늘에 있어서도 계속되고 있다. 그러나 경제는 점점 더 복잡해지고, 국민의 정부에 대한 기대는 점점 더 커지고 있는데, 정부의 능력은 점점 더 줄어가고 있는 데에 문제가 있다.

Ⅱ. IMF

1. IMF의 목적

어떤 나라가 IMF의 구제금융을 받는다는 것은 경제정책에 관한 한 일시적으로나마 主權의 일부를 포기하고 IMF의 "신탁통치"를 받는 것이나 다름이 없다. 그 과정에서 受援國은 IMF의 조건을 수용해야 하는데 그 조건 중에는 受援國의 사정에 맞지 않는 것이 많이 포함돼 있기 때문에, 受援國은 거의 반영구적으로 무거운 멍에를 지는 경우가 있다.

국제금융질서는 외환이나 자본의 거래가 이루어지는 시스템을 말한다. 현존 국제금융질서는 일차적으로 뉴욕이나 런던의 금융가의 주역들—금융업자들, 투자자들 및 투기꾼들—이 금융거래를 영위하는 시스템을 말한다. 세계금융시장의 질서를 유지한다는 것은 현실적으로는 그 금융가의 주역들의 이익을 보호하는 것을 의미한다. 이를테면 미국 정부기관 및 IMF를 포함하는 국제경제기관들은 직접 간접으로 금융가의 주역들과 밀접하게 연관되어 있으므로 양자의 이익은 대부분 일치한다. 국제금융질서의 유지를 목표로 하는 IMF의 정책 역시 이들의 이익과 부합한다.[9] 미국의 對開途國 정책의 골자인 '워싱턴의 합의(Washington Consensus)'라는 것도 이들의 입장을 대변한다는 것은 이미 논한 바 있다.

일반적으로 IMF의 구제를 받는 나라들에 대한 IMF의 정책기조는

---

9) 따라서 국제금융질서를 유지하는 데 일차적인 목표가 있는 IMF의 "이익"과 수원국의 "이익"과는 일치하지 않는 경우가 많다.

(1) 수원국인 채무국에게 재정 금융의 긴축을 통하여 경상수지의 흑자를 이룩하여 채무를 갚도록 하며, (2) 채무국의 금융자산이나 실물자산을 외국인에게 매각할 수 있도록 자본시장을 개방시키도록 하며, (3) 채무국의 기업, 금융 및 그 밖의 경제구조의 취약점을 개선하는 개혁정책을 쓰도록 함에 있다고 할 수 있다. 이 중 (1)은 거시경제정책의 목표이고, (2), (3)은 미시경제 정책상의 목표인데, 세 가지 목표의 중요성도 대체로 이 순서대로라고 볼 수 있다.

2. IMF 융자의 조건

한국경제는 1997년 상반기까지만 해도 겉으로 보기에는 아주 순조로운 고도성장을 하는 것 같이 보였다. 그 당시 한국정부와 관변 이코노미스트들은 한결같이 한국경제의 기초(fundamentals)는 튼튼하다고 말하고 있었다.[10] 1997년 3/4분기에도 GDP 성장률 6%, 물가 상승률 4% 수준을 보인 한국경제의 기본이 IMF를 포함한 국제기관에게는 무난한 것으로 보였고, 외환문제는 일시적인 것으로 비춰졌었다. 한마디로, 국제기관은 한국경제에 대해 "호의적"으로 보고 한국의 거시경제지표가 많은 취약한 체질을 가리고 있는 것을 몰랐다.

이에 비하여 한국정부는 자발적으로 구조개혁을 이룩한다는 것이 엄청나게 어렵다는 것을 잘 알고 있었을 것이다. 마치 일본에서 어떤 개혁성 정책을 추진하기 위해선 흔히 가이아쓰(外壓 outside pressure)가 필요하듯이, 우리나라에 있어서도 외부의 압력 없이 자발적으로 기득권의 반대를 물리치고 대규모의 개혁정책을 성공시키는 것은 매우 어

10) 경제관료들 중에는 경제의 장래를 낙관적으로 보지 않는 사람들도 상당수 있었지만, 겉으로 그런 견해를 드러내놓는 경우는 거의 없었다.

려웠다. 이러한 어려움을 누구보다도 잘 아는 한국정부의 관리들은 경제위기가 온 기회를 활용하여 평소 생각하던 한국경제의 취약점을 개혁하고자 여러 가지 계획을 추가했을 것으로 추측된다.

이러한 기본적으로 낙관적인 견해를 가진 IMF와 독자적으로 추진하기 어려운 많은 것을 IMF의 후견을 얻은 좋은 기회에 밀어붙이고자 하는 한국 정부당국 사이에 1997년 12월 3일, 제1차 IMF 대기성 차관의 협정이 이루어졌다. 이 협정에 의하여 한국은 570억 달러의 대기성 차관을 받게 되었다.[11]

제1차 협정의 합의가 이루어진 이후, 경제상황의 변화에 따라 협의의 내용도 여러 번 바뀌었는데, 그 내용의 일부는 〈표 2〉와 같다. 그러나 IMF 프로그램의 기본성격은 최초의 양해각서에 잘 나타나 있다.

〈표 2〉 한국경제에 대한 IMF의 전망

협정문 작성 시기	전망년도	경제성장	물가	경상수지
제1차 (1997. 12. 3)	1998	3%	5%이하	23억 달러 적자
제4차 (1998. 2. 7)	1998	1%	10%를 약간 미달	80억 달러 흑자
제5차 (1998. 5. 4)	1998	–1%	10% 이내	210~230억 흑자
제6차 (1998. 7. 24)	1998	–4%	9%	330~350억 흑자
제7차 (1998. 10. 27)	1998	–7%	9%	330~350억 흑자
	1999	플러스성장	5%	200억 달러 흑자
제8차 (1999. 3. 10)	1999	2%	3%	상당규모의 흑자

3. IMF의 정책

1) 거시정책

11) 그 중 IMF가 210억 달러, 세계은행이 100억 달러, 아시아 개발은행이 40억 달러, 미국정부가 50억 달러, 다른 나라들이 10억 달러를 공여하기로 했다.

대기성차관의 조건으로 한국이 지켜야 할 경제정책 중 단기적인 성과를 내야 할 거시정책[12]의 주요 목표를 보면, 〈표 2〉에서 보듯이 1998년에 경제성장률 3%, 물가상승률 5% 이하, 경상수지 적자 23억 달러(GDP의 1%), 재정적자의 소폭 흑자 또는 균형, 금리 14~16% 등이었다.[13] 이러한 목표를 달성하기 위하여 IMF는 강도 높은 통화 및 재정의 긴축을 요구했다.

물가상승률 5%를 달성하기 위하여 M3 증가율을 9%로 억제하고, 금리는 14~16%로부터 "시장 안정을 위해 추가상승을 용인" 했다. 실지로 금리는 그 후 30%대로 올라간 적이 있다. 강도 높은 통화정책과 병행하여 IMF는 또 강력한 재정의 긴축을 통하여 통화정책의 부담을 덜고 금융 구조조정의 비용을 마련할 것을 요구했다. 경제성장의 둔화로 세입이 감소할 것이므로, 세출도 GDP의 1.5%정도 줄이도록 할 것과 교통세, 특별소비세의 세율을 인상하고 법인세, 소득세, 및 부가가치세 등의 세원을 확대할 것을 요구했다.

거시정책에 관한 韓-IMF 간의 합의, 및 그 후의 정책집행을 보면, 한국경제에 관한 IMF와 한국정부의 이해가 매우 낙관적이었다는 것을 알 수 있다. 한국경제가 일찍이 경험하지 못한 강도 높은 재정금융의 긴축도 능히 견뎌내면서 3%의 성장률을 달성하고, 물가는 5% 이내로 유지될 것으로 본 것이다. IMF는 또 금리는 30%라는 높은 수준으로 끌어 올렸다. 이러한 고금리를 부담하면서 투자를 할 기업은 없었는데도 경제성장률 3%를 이룩할 것을 기대한 것이다.

그러나 현실은 이와 달랐다. 98년 2/4분기 동안에는 투자는 전년대

12) 여기서 "거시정책", "미시정책" 으로 구분한 것은 설명의 편의를 위한 것이지 IMF의 구분에 따른 것은 아니다.

13) 이러한 전망치를 보아도 IMF가 한국경제의 장래를 매우 낙관적으로 보고 있었다는 것을 알 수 있다.

비 −56%라는 감소를 보여, 경제는 불황이라기보다는 恐慌(depression)에 가까운 양상을 보였다. 공정거래위원회 리스트에 올려져 있는 30대 "재벌" 중 11개가 도산 내지 도산에 가까운 형태로 몰락했다. 성장률도 1998년도에는 −6.8%의 마이너스 성장을 기록했다. 당초의 목표 3%의 기대에 비해 무려 10%라는 차이가 있었다. 수입과 소비도 격감했다. 환율도 대폭 상승했다. 그 상승의 속도와 폭은 일찍이 보지 못한 극적인 것이었다. 1997년 7월말에는 1달러 당 800원 선이었던 환율은 12월 12일에는 1달러 당 1,790원으로 올랐다. 그 후 환율은 거의 2000원 수준으로까지 상승한 때도 있었다. 환율은 그 후 경제가 안정을 되찾으면서 서서히 1200~1300원 대로 내렸다.

이 기간 동안 한국경제가 필요 이상으로 많은 어려움을 겪었다는 인식이 국내외에 피지면서, IMF는 한국경제의 예측을 잘못하고 지나친 over-kill의 정책을 한국에 강요했다는 비판을 받기 시작했다. IMF 자체도 그 비판의 타당성을 시인하여 제5차 협정이 이루어진 1998년 4월경부터는 거시경제 운영에 관해서는 한국정부의 판단에 맡기는 폭을 늘렸다.

그러나 어쨌든, IMF의 이와 같은 강도 높은 긴축정책의 덕택으로 경상수지는 98년에 이미 403.7억 달러라는 흑자를 기록했다. IMF로 보아서는 가장 중요한 거시정책 목표를 달성한 것으로 볼 수 있다.

2) 미시정책

거시정책 목표를 달성한 IMF는 98년 하반기부터는 정책의 力點을 미시 쪽으로 돌리기 시작했다. 그 정책 내용은 대체로 "워싱턴 합의"에 기초한 IMF 프로그램 중 미시정책에 관련된 것과 본질적으로 같은 것이다. 한국의 경우, 금융의 구조조정, 기업의 구조조정, 국영기업의 민영화 및 자본시장의 개방 등을 들 수 있다.

한국정부와 IMF 사이의 합의 중 어디까지가 한국 정부의 제안이고 어디까지가 IMF의 주장이었는지는 잘 알 수 없다. 다만 그 당시 한미간의 협상에 주도적인 역할을 한 IMF측 人士의 증언(Chopra, *et al.*, 2001)으로 미루어 볼 때, 금융부분의 대외개방, 기업 부채의 축소 등의 조치에 있어서는 IMF에 못지않게 한국측이 적극적이었다고 추측된다.

한국정부는 문민정부 초기부터 세계화라는 이름 하에 무역과 금융의 과감한 개방정책이 추진되었다. 그러나 특히 금융에 있어서는 은행을 비롯한 금융기관에 대해, 대내적으로는 강한 정부의 통제를 유지한 채, 대외적으로는 자유화의 폭을 과감하게 넓히는 정책이 취해졌다. 이를테면 은행의 경우, 대내적으로는 통제, 대외적으로는 자유화가 추진되어 외국기관에 비해 국내금융기관은 逆으로 差別받는 결과를 가지고 온 예가 많다. IMF측의 설명에 의하면, 급속한 자본자유화 계획과 관련해서는 IMF 자신도 부정적인 견해를 제시했다고 한다(Chopra, *et al.*, 2001). 외국인 직접투자 자유화, 상장주식에 대한 외국인 투자한도의 과감한 확대, M&A 허용 등, 위기 직후 취해진 자본자유화 조치는 기본적으로 한국 정부의 계획에 의한 것이며 IMF 측은 오히려 자본과 금융자유화는 단계적으로 신중하게 추진되어야 한다는 입장이었다고 한다. 무역자유화 계획에 있어서도 한국측이 자동차 등 대일수입의 자유화 계획을 포함한데 대하여 외국인들조차도 많은 비판을 제기하였다고 한다.

IMF측의 설명에 의하면(Chopra, *et al.*, 2001), IMF의 프로그램의 핵심은 금융과 기업부문 구조조정이었으며, 기업부문 구조조정도 처음에는 기업의 지배구조의 확립과 경쟁 조성에 그 초점이 두어졌으나, 점차로 한국측의 비전에 의하여 기업들의 부채를 줄이고 자본을 강화하기 위한 재무 및 사업구조 조정으로 프로그램의 관심이 이행하게 되었다고 한다. 자본자유화, 사회안전망 구축, 노동시장개혁, 체제개혁(제도 구축, 법과 규제, 투명성 등)은 IMF의 입장으로 보면 부수적이었다고 한다. 또한 무역 및 금융서비스 자유화, 공기업 민영화와 조세개혁은 지엽적인 과제로 분류하고 있다.

금융 및 기업 구조조정을 제외한 나머지 과제들은 IMF측에서는 크게 중요한 것으로 본 것 같지 않다. 이런 과제들은 광범위한 정부 개혁과제의 일부분이었으며, 대개 한국 정부의 요청을 반영한 것 같다. 마지막으로 공기업 민영화는 나중에 만들어진 정부의 4대 구조개혁 프로그램에는 포함되어 있었으나 IMF 프로그램에는 들어있지 않은 것이었다.

3) 4대 부문 구조개혁

IMF의 개혁정책 중 중요한 것은 금융구조 개선과 기업구조 개선 중 어떤 것을 먼저 착수해야 하느냐의 문제였다. 금융을 정상화해야 기업에 대한 자금의 공급이 정상화될 수 있다는 시각에서는 금융의 구조개선이 우선되어야 한다고 볼 수 있다. 반면, 기업이 정상화되어야 금융기관의 부실자산을 가려낼 수 있다는 견지에서는 기업의 구조개선이 선행되어야 한다는 견해가 설득력을 가질 수 있다. 그러나 한국의 금융 不實과 기업 不實은 사실 銅錢의 양면과 같아서 兩者가 다 똑같은 원인에 의하여 동시에 조성된 것이기 때문에, 양자 간에 어떤 시간적인 선후나 질적인 경중이 없는 것이다. 그리하여 결국 정부와

IMF는 금융과 기업의 구조개혁을 동시에 추진하기로 결정하였다.

(1) 금융구조개혁

우선 해결해야 할 문제는 어떤 기관이 구조개혁 작업을 수행하느냐의 문제이다. 여러 가지 고려 끝에 정부는 1998년 4월 1일, 민간인으로 구성된 「金融監督委員會」를 만들어서 이것으로 하여금 이 작업을 담당하도록 하였다. 당연직 위원 3인, 임명직 위원 6명으로 구성되는 금융감독위원회는 금융에 관하여는 금융기관의 퇴출, 매각, 합병 및 기타 금융업무의 내용에 관한 모든 권한을 행사할 수 있도록 하였고, 기업에 관하여도 역시 기업의 퇴출, 합병, 처분, 경영심사 등에 대한 광범위한 권한을 행사할 수 있게 하였다. 형식적으로는 일개 民間機關인 금융감독위원회가 어떤 정부부처보다 강한, 금융과 기업의 生殺與奪의 권한을 가지게 한 것은 다른 나라의 경우에는 예를 찾기 어려운, 평상시 같으면 도저히 생각할 수 없는 일이었다.

금융감독위원회는 설립 이후, 우선 BIS 자기자본 비율 8%를 기준으로 하여, ㉠ 이것을 달성할 가망이 없는 은행 5개를 합병, 청산 등을 통해 퇴출시키고, ㉡ 회생 가능한 기관에 대해서는 自救努力을 전제로 公的資金 157조원을 투입하여 경영의 정상화를 도왔고, ㉢ 두 개의 은행을 외국 금융회사에 賣却하였으며, 또 공적자금의 투입으로 인하여 국유화된 은행을 합병시킴으로써 은행을 대형화하였고, ㉣ 많은 非銀行 금융기관을 退出 또는 合倂시켰다. 그리고 ㉤ 금융부실의 再發 防止를 위해 운영의 개선에 관한 지도를 행하였다. ㉥ 成業公社(나중에 資産管理公社로 개칭)로 하여금 금융기관의 부실자산을 매입하여 정리하도록 하였다. IMF 당시 33개였던 은행은 2003년 2월말 현재 19개로 줄고, 총 2,068개의 비은행 금융기관은 1,484개로 줄었다.

한국은 또 자본시장 개방에 있어 당초에 IMF가 요구한 이상으로 대폭적으로, 그리고 빠르게 과감한 개방을 단행하였다. 그리하여 외국인이 한국 증권시장에 참여하여 주식이나 채권의 거래를 하는 데 있어서의 종래의 여러 가지 한도와 제한을 철폐 내지 완화함으로써 내외국인의 차별을 철폐하였다. 금융감독위원회는 이와 같은 중요한 금융구조조정 작업을 매우 강력하고 신속하게 수행함으로써 국내외로부터 많은 칭찬을 받았다. 이것이 한국의 신용평가의 개선에 크게 기여했다.

(2) 기업구조개혁

기업구조조정은 한국 특유의 재벌기업의 취약점[14]을 바로잡고 업종의 전문화를 유도하자는 목표를 가지고 추진되었다.

구조조정의 집행기구로 정부는 금융감독위원회 내에 「부실기업 판정위원회」와 「구조조정기획단」을 두어 이 작업을 담당하게 하였다. 구조조정의 기본방향으로 ① 기업경영의 투명성 제고, ② 상호 재무보증의 해소, ③ 재무구조의 개선, ④ 지배주주의 책임 강화, ⑤ 핵심부문의 설정 등의 5대과제를 들어, 주로 재벌기업을 대상으로 정책을 폈다.

---

14) 여기서 한국의 재벌기업에 관한 상세한 논의를 할 수는 없다. 한국의 재벌은 1970년대부터 시작된 한국경제의 고도성장을 주도한 대기업그룹인데, 종래는 각 그룹 당 50~60개의 회사를 거느린 5대 재벌을 필두로 상위권 30개의 기업그룹을 지칭한다. 이들은 오너(owner)로 불리는 창업주 내지 그의 가족에 의해 지배되며, 각기 1차산업으로부터 3차산업에 이르는 많은 분야에 업체를 가지고 있어, 회장 기획실을 중심으로 인사와 사업이 관리되어 왔다. 재벌에는 기업 차원에서는 장점도 있으나, 단점으로 지적되는 점으로는 여러 분야에 걸친 경영 때문에 전문성이 없어 기업의 焦點이 흐리고, 수익률보다는 규모의 확장을 중시하는 경영으로부터 과잉투자 내지 중복투자가 많아지는 점 등이 지적되고 있다.

보다 구체적으로, 가장 중요한 것으로는 재벌기업의 과다차입을 억제하고 재무지표를 건전화하기 위하여 기업의 부채비율을 당시의 300~500%를 1999년 말까지 200%로 낮추고, 계열사 사이의 상호 지급보증을 금지하도록 하였으며, 재벌기업의 소유 및 지배구조의 개선을 위하여 결합재무제표의 작성, 소주주의 권리 강화, 지배주주 및 경영주의 책임 강화 등을 추진했다.

정부는 구조조정으로 말미암은 손실 부담 능력이 큰 5대 재벌기업군은 기업 스스로 손실을 흡수하도록 하고, 6~64대 기업군은 채권은행과 기업 간에 그 손실을 나누어 부담하는 소위 기업개선 작업을 추진함으로써, 기업의 크기에 따라 구조개혁의 방식을 달리하는 정책을 썼다.[15]

(3) 빅딜(big deal)

5대재벌기업에 대해서는 특히 업종 전문화와 과잉설비 축소를 목적으로 한 사업교환(소위 big deal)과 금융기관과의 재무구조개선 약정을 특기 할만하다.

1998년 12월, 재계, 정부, 금융계의 간담회에서 ㉠ 계열회사 수의 대폭 감축을 통한 주력업종의 선정, ㉡ 상호 지급보증의 해소, ㉢ 자본증자 등을 통한 재무구조의 개선, ㉣ 대규모사업의 교환(빅딜) 등이 합의 되었다. 이 합의에 따라 5대 재벌기업과 채권금융기관 간에 재무구조개선 약정이 이루어지고, 이것을 토대로 구조조정 작업이 이루어져 왔다.

이 중 ㉣은 5대 재벌기업의 산하 264개의 계열사를 130개 내외로

---

15) 이 밖에 중견기업 및 중소기업의 구조조정은 또 별도의 원칙에 의하여 추진되도록 하였다.

축소하여 기업의 전문화를 유도하고자 5대재벌이 7개 사업부문(반도체, 석유화학, 자동차, 항공기, 철도차량, 발전설비 및 선박용 엔진, 정유)에 걸친 기업의 교환을 할 것을 합의한 것을 지칭한다. 이를테면, A재벌과 B재벌이 다 같이 자동차와 반도체의 업체를 가지고 있는 경우, A는 반도체를 B에게 주고 그 대가로 자동차를 B로부터 받는 "deal"을 말한다. 빅 딜은 모두 5대 재벌기업들이 역점을 두고 추진하고자 한 분야이기 때문에 재벌기업이 이러한 deal을 자발적으로 한 경우는 거의 없었고 대부분 정부의 강력한 권유에 따라 많은 우여 곡절을 겪은 후에 교환이 이루어졌다. 이 중 반도체, 정유, 철도차량, 항공기, 발전설비, 선박용 엔진 등의 6개 부문은 "deal"이 성사되었으나, 나머지 부문은 무산되었다.

(4) 기업 개선작업(workout)

재벌기업 중 이윤을 내지 못하여 부실해진 기업에 대해 주거래은행이 워크아웃의 대상기업으로 선정하면, 채권 금융기관들이 모여서 그 기업의 회생 가능성을 판정하여, 회생가능성이 있을 경우 금융기관과 워크아웃 대상기업 간에 「기업구조조정 협약」을 체결하고, 그 협약에 따라 출자 전환, 신규대출, 대출금 회수 연기 등의 방법으로 기업을 도와주며, 그 대신 신규 증자, 자산매각 등의 자구노력 의무를 부가하는 조정을 하도록 하는 것이다. 이 규정에 의하여 많은 기업이 퇴출당했거나 구제금융을 받았다.

대부분의 워크아웃은 1999년 말까지 이루어졌으나, 그 후에 이루어진 건수를 포함하여 2003년 상반기말까지의 성과를 보면, 워크아웃으로 선정된 업체 108개, 워크아웃 적용업체 83개, 완결된 업체 55개, 중단된 것 17개, 진행 중인 것 11개이다.

Ⅲ. IMF 이후

1. 경제 회복(1999~2000)과 IMF졸업

위에서 본 바와 같이, IMF를 맞은 한국경제는 구조가 매우 취약하여 1998년 동안에는 IMF의 강도 높은 긴축정책으로 경제활동이 크게 위축, GDP 성장률 −6.7%를 기록했다. 그러나 그 와중에도 금융과 기업 등의 구조조정이 금융감독위원회의 과감한 정책집행으로 활발히 이루어짐으로써 기업과 금융기관의 재무구조는 크게 개선되었다. 다음해 1999년에는 세계경제의 호황과 IT 산업의 대두에 힘입어 벤처기업들이 활발하게 일어나서 경제의 활기를 주도했다. 또 IMF 이후 환율이 크게 올라서(원화가 크게 절하되어), 이것이 한국 수출의 가격경쟁력을 개선함으로써 수출이 크게 증가하였고, 부실요인이 크게 완화된 기업의 투자도 활발한 회복을 보임으로써 1999년에는 GDP 성장률 10.7%의 驚異的인 數値를 나타냈다.

이러한 활성화된 경제의 모습을 보고 정부는 재빨리 IMF의 "졸업"을 선언하였다. 그러나 한국경제가 IMF를 졸업했다고 믿을만한 확실한 근거는 아무데도 없었다. 구조조정은 공적자금의 투입과 기업과 금융기관의 해외매각으로 일단 몇 개의 지표상의 목표를 달성한 것은 사실이나, 기업과 금융의 "정상화"는 아직도 그 시작단계에 있었다. 5대 재벌기업 중 2개는 IMF 때에 비하여 훨씬 많은 부채를 진 채 유동성 위기를 벗어나지 못하고 있었다. 기업의 외채는 다소 줄기는 하였으나 1999년 당시 아직도 수출액과 맞먹는 높은 수준에 있었다. 그 밖의 대기업이나 중견기업들에 있어서도 자산의 매각, 합병 등으로 영업상의 지수는 개선된 것처럼 보이지만 새로운 출발을 하기 위한 Innovation은 아직 나오지 못했고, 기업의 수익률은 개선되지 못하고 있었기 때문에 상장 기업의 평균 이자보상비율은 20%대에 있어 한국 경제가 IMF를 졸업했다고는 도저히 볼 수 없었다. 정부의 IMF 졸업 선언은 많은 경제주체로 하여금 그 동안의 긴장을 풀고, 나만 손해 볼 수 없다는 인식을 심어주어, 한국경제의 痼疾인 "제몫 챙기기" 경쟁을 격화시켰다. 정부는 이 경쟁에 제동을 걸만한 이론적 현실적 근거를 상실하고 있었다.

어쨌든 한국경제는 1999년의 높은 성장의 여세를 몰아 2000년에는 GDP 성장률 8.8%를 기록하였고, 투자와 수출도 전년에 이어 활발하였으며, 경상수지 흑자도 100억 달러를 넘어섰으며, 실업률도 4.1%의 낮은 수치를 나타냈다. 그러나 이 성장은 기초가 박약하여 도저히 지속가능한 것은 아니었다. 2000년 4/4 분기부터 경제는 急轉直下, 10%대의 성장으로부터 4%대로 추락하기 시작한 것이다.

2. 경기침제로의 回歸(2001~2003)와 위기의 심화

2000년 하반기부터 현재화하기 시작한 재벌기업들의 유동성 위기와 미국경제의 침체 등으로 인하여 기업의 투자가 위축되고 많은 벤처기업이 도산하였다. IMF 졸업 선언의 거품이 빠진 2001년에는 GDP 성장률 3.0%를 달성했다. 급격한 경기침체에 당면하여 정부는 투자를 촉진시키고자 외국에서 유행한 低金利정책을 집행하여 경기부양을 추진했다. 그러나 저금리정책은 전혀 아무런 효과가 없었다. 저금리정책과 아울러 정부와 은행은 소비를 진작시키기 위한 가계대출의 확대, 신용카드의 남발 및 건설사업의 활성화를 장려하는 이른바

內需 위주의 성장정책을 썼다. 내수의 진작으로 경제성장을 유도하자는 정책은 지난날 한국에 있어서는 거의 보지 못한 정책전환이었다.

내수진작 정책이 '奏效' 하여 2001년 하반기부터 경기가 상당히 회복하여 2002년에는 GDP성장률 6.3%를 달성했다. 이 해 상반기에는 소비가 대폭 늘었으나 하반기에는 수출이 크게 증가하기 시작하여 성장을 주도했다.[16] 외국의 신용평가기관들은 이것을 매우 바람직한, 일본에서는 보지 못한 현상으로 보고 한국의 국가신용등급을 크게 올렸다.

내수에 의한 성장이 이를테면 지역간 · 소득 계층간 · 산업간 등의 균형 위에 서 있는 것이라면 이것은 물론 바람직하다. 이 경우에는 소비가 투자를 유발하고, 그것이 또 승수효과를 통해 경제 전반에 확산함으로써 경제가 발전하는 것이다. 그러나 한국경제의 구조는 IMF 이후로 현저하게 균형의 악화를 나타내고 있다. 소득분배가 악화하여 중간계층이 몰락하고, 소수의 부자와 다수의 빈자 사이에 貧益貧의 현상이 나타나고 있다. 산업에 있어서도, 주로 재래기술에 의존하는 중소기업은 일률적으로 어려움을 겪고 있다. 지역간의 격차는 현저하게 확대되어, 이제 인구의 절반 이상이 수도권(서울시 · 인천시 · 경기도)으로 몰리면서, 지역적으로 盛益盛, 衰益衰의 현상이 급격히 진행되고 있다. 이러한 불건전한 불균형 하에서 내수진작을 통한 성장정책이 성공을 거둘 수는 없다.

그리하여 한국정부가 2001년부터 추진한 내수진작을 통한 발전정책은 결국 경제 전체에 골고루 퍼지지 못하고 일부 경제주체에만 혜

16) 이 무렵부터 한국 수출의 증가는 주로 중국에 대한 수출의 대폭 증가로 이루어지기 시작했다. 이 추세는 현재에도 지속되고 있는데, 이것은 중국에 대한 한국경제의 "의존"을 나타내는 것이다. 이것은 한국경제에 나타나기 시작한, 잘 보이지는 않지만, 하나의 획기적인 전환이라고 볼 수 있다.

택이 돌아감으로써, 2002년에는 실물경제의 침체현상과 때를 같이 하여, 부유층에 의한 수도권 지역 부동산에 대한 투기의 열풍이 일어나서 경제를 파탄으로 몰아넣었다. 2003년 하반기부터 부동산투기 억제를 위한 정부의 강력한 직접 통제로 소비와 건설의 거품이 꺼지면서 내수는 급격히 위축하기 시작하였다. 2003년 동안 경제는 수출을 제외하고 소비와 투자가 모두 크게 침하하여 GDP 성장률은 거의 3%선으로 추락하였다. 2001년의 불황기에 무모하게 남발한 신용카드로 인해 소비가 일시 진작되기는 하였으나, 신용불량자의 수는 증가 일로에 있어, 2003년 말에는 信用不良者의 수가 무려 330만 명에 달하여, 이대로 가면 금융 전체를 부실하게 만들 위험이 임박하게 되었다. 통계숫자에는 정확하게 나타나지 않고 있으나, 소득분배의 兩極化 현상은 갈수록 악화하여, 2003년 현재 지니계수는 0.31로, 이 역시 악화일로에 있다. 일부 수출기업을 제외하고는 기업의 수익이 크게 악화하여 상반기 말 현재 상장 기업 중 이자보상배율이 1 이하인 기업이 32%에 달하게 되었다. 금융기관은 기업금융은 하지 않고 소비대출을 통한 이윤 올리기에 열중하고 있다. 많은 사람이 현재의 어려움을 IMF 당시에 못지않은 것으로 보고 있다.

결론적으로, 한국경제는 IMF를 맞은 지난 5년 동안 IMF를 극복한 것이 아니라 IMF의 위기가 지금까지 지속되고 있는 것이다. 5년 전 IMF 때에 비해 한 가지 달라진 점이 있다면, 그 당시에 비해 위기가 만성이 되고 있다는 것과, 기업이나 금융의 부실이 나타날 때마다 한국은 주식, 부동산, 금융기관, 기업체 등의 자산을 해외의 '독수리 펀드'에 매각하여 위기의 현재화를 피할 수 있는 길이 손쉽게 마련되어 있다는 점이라 하겠다. 결국, 한국경제는 IMF의 구제를 받은 이후로 정력적으로 그것을 극복하기 위한 구조개혁 노력을 하기는 하였으나 개혁은 미완성으로 끝났다. IMF를 몰고 온 경제의 취약점은 대부분 되살아나서 IMF위기는 점차 만성화되면서 오늘에 이르고 있다. 이리하여 지난 5년은 '잃어버린 5년' 이 되고 말았는데, 만성화된 위기에 대한 처방은 IMF 때보다도 오히려 더 어렵게 되어 있는 것으로 볼 수 있다.

전통정치와 국가발전*

1. 정치리더십이란 무엇인가

나라가 잘 되고 잘 안 되고는 첫째, 그 나라 사람들의 質, 둘째, 그 나라의 제도(Institution)[1)]의 質에 달려 있다. 사람들의 질이 나쁜 경우에 나라가 잘 될 수 없다는 것은 누구나 알 수 있다. 그러나 사람의 능력은 좋다고 하더라도 나라의 제도가 나쁜 경우에는 사람들의 능력은 좋은 일을 하는 데 쓰이지 않고 나쁜 일을 하는 데 쓰인다. 사람들의 질은 나쁘지 않는데도 제도가 나빠서 사람들이 정직한 일을 하면 손해를 보고, 不正을 해야 잘 살 수 있는 나라가 적지 않다. 특히 후진국 가운데 그런 나라가 많다. 사실, 후진국이란 제도가 잘못돼 있는 나라를 말한다고 해도 과언이 아니다.

제도는 사람이 만든다. 그러나 일단 제도가 만들어지고 나면 사람은 그 제도에 따라 행동할 수밖에 없다. 좋은 제도도 세월이 지나면 나빠질 수 있다. 이런 경우에는 제도를 고쳐야 한다. 제도를 고치는 것을 개혁이라 부른다. 적절한 때에 적절한 개혁을 함으로써 국민의 노력을 건설적으로 이끄는 노력은 정치리더십의 몫이다.

정치의 목적은 다양한 국민의 소원을 收攬하고 나쁜 제도를 개혁함

---

* 2005년 10월 6일 미발표 상태의 연구 논문임.

1) 여기서 제도(Institution)라 함은 법령이나 규정과 같은 成文的인 것과 전통, 관습, 사회통념 등 사람들의 사고와 행동을 제약하는 不文的인 것을 포함한다.

으로써 국민이 건설적인 능력을 발휘할 수 있는 조건을 마련하는 데 있다. 이러한 일을 주도하는 사람이 지도자(Leader)이고, 지도자의 능력이 곧 지도력(Leadership)이다. 일국의 발전은 여러 가지 요인에 의해 결정되지만, 가장 핵심적인 요인은 정치지도자의 지도력이라 할 수 있다. 사회주의 국가에서나 민주주의 국가에서나 나라의 발전을 위해 지도자의 지도력이 중요하다는 점에는 전혀 차이가 없다.

정치리더십의 質은 몇 가지 조건에 의하여 결정된다. 첫째, 나라의 장래에 대한 지도자로서의 비전(Vision)이 있어야 한다. 나라의 제도가 나쁘다면 그것을 고칠 비전을 가져야 한다. 지도자의 비전이란 그가 바라는 나라의 未來像에 관한 "큰 그림"이다. 그것은 지도자가 실현하고자 하는 "꿈"이라 할 수 있다. 지도자의 꿈은 단순한 희망사항이 되어서는 안 된다. 그것은 어디까지나 실현 가능성 — 완벽한 것은 아니라 하더라도 — 이 있어야 하며, 동시에 국민 대다수의 정서에도 부합해야 한다.

둘째, 지도자는 그의 비전을 달성할 수 있는 戰略을 가지고 있어야 한다. 전략이란 최종목표로 가는 도중에 표적으로 설정하는 可視的인 中間目標이다. "큰 그림"의 성취는 단숨에 이루어질 수는 없다. 마치 登山家가 높은 山頂에 도달하자면 등반 도중 적절한 곳에 캠프를 치는 계획이 있어야 하는 것과 같다. 그 계획이 등산가의 전략이다. 그는 거기에 도달하기에 필요한 人員, 裝備 등이 무엇이며, 그것에 드는 비용이 얼마인가에 대한 이해가 있어야 한다.

전략이 있어야 전술이 나올 수 있다. 전술은 곧 우리가 "政策"(이를테면 經濟政策)이라고 부르는 행동계획이다. 전술, 즉 정책을 만들어내는 것은 전문가 내지 기술자(Technocrat)들의 몫이다. 전략이 없이 전술만 있는 경우를 흔히 보는데, 이런 경우는, 전투(Battle)에는 이겨도 전쟁(War)에는 진다. 목표 없는 전투를 하기 때문이다. 山頂으로 향하는 등반대가 목표가 어디에 있는지도 모르고 숲 속을 헤매는 격이 되기 때문이다.

셋째, 정치지도자는 사람을 잘 알아보고 사람을 잘 쓰는 능력이 있어야 한다. 지도자는 그의 비전을 달성하기에 필요한 전략과 전술을 집행할 수 있는 사람들(參謀 및 각급 中間 指揮者)을 필요로 한다. 지도자의 성공 여부는 이들의 質에 크게 의존하기 때문에 이들을 발탁하여 適材適所에 임무를 맡기는 일이 결정적으로 중요하다. 지도자가 지향하는 큰 일의 성패는 麾下의 사람들이 작은 일들을 잘 하느냐 못하느냐에 의해 판가름난다.

이상의 논의를 예를 들어 설명해 보자. 아마도 가장 선명하게 이것을 예시할 수 있는 것은 鄧小平의 경력이 아닌가 생각된다. 그에게는 비전과 전략이 있었고, 또 사람을 등용하고 제도를 마련하는 안목이 있었다. 그가 아니었던들 오늘의 중국은 있을 수 없었을 것이고, 세계정세도 오늘날의 그것과는 크게 달라져 있을 것이다.

등소평의 '비전'은 ① 사회주의의 목적은 부강한 나라가 되기 위한 것이고, 따라서 가난한 사회주의 국가란 있을 수 없으며, ② 중국은 시장경제를 통하여 중국식 사회주의를 만들어야 한다는 것, 그리고 ③ 이데올로기를 벗어나서 實事求是를 통해 중국식 사회주의를 실현하여야 하며, ④ 21세기 中葉에는 중국은 중진국 정도를 달성할 수 있다고 보았다.[2] 그의 '전략'은 성공하기 쉬운 부문부터 시장경제원칙을 도입하여 단계적, 점진적으로 어려운 부문으로 확대하여 끝내는 전국적으로 시장경제를 확대함으로써 중국을 부강하게 만든다는 것이

---

2) 이 비전은 중국발전의 능력과 속도를 너무 보수적으로 잡은 감이 있지만, 이것이 현재의 중국으로서는 필요하다고 본 것 같다.

었다. 이를테면 우선 쉬운 廣東省, 福建省 南部 4개 도시에 '經濟特區'를 만들어 외국의 투자를 유치하여 무역을 활성화하고, 그것이 성공한 다음에는 중국 해안 14개 도시에 '經濟技術開發區'를 설정하여 沿岸지방을 발전시키고, 이것이 성공한 후에 중국 西部를 개발하는 전략을 채택했다. 경제특구의 4개의 '點'으로부터 시작하여 연안지방의 14개 경제기술 개발구를 '線'으로 연결시키고, 그 선을 다시 넓혀 광활한 西部의 '平面'으로 확대한다는 전략이었다.

鄧小平은 인재 등용에 관해서는 오늘까지도 시행되고 있는 원칙을 제도화했다. 共産黨과 정부의 간부급에는 ① 혁명적이어야 하며, ② 젊어야 하며, ③ 일정 수준의 지식이 있어야 하며, ④ 전문성이 있어야 한다는 것이다.[3] 그는 또 중요 직책에는 年齡制限을 설정하여 권력의 장기화를 막고, 인재의 발탁에는 일종의 '합의제'를 제도화했다.[4] 이와 같은 원칙에 따라 인사가 진행됨으로써 지금의 당 간부나 정부의 공무원들은 높은 수준의 능력을 가지게 됐다.

2. 전통 정치이론과 행태

한국 정치의 전통적 리더십은 유교의 정치관에 의하여 형성되었다.

---

3) 예를 들어, 胡錦濤를 비롯한 지금의 '제4세대' 지도자들은 모두 1982년의 14次 黨大會 때에 이러한 원칙에 의해 발탁된 인물들이다. Q. J. Nathan and B. Gilley, *China's New Leaders -The Secret Files,* (New York, 2004) 參照.

4) 예를 들어, 1989년 6월 천안문 사건 때, 趙紫陽 총서기의 후임으로 江澤民이 발탁되었는데, 이때 鄧小平의 최초의 선택은 江이 아니고 李瑞環이었다. 8명의 중진들이 각기 다른 이름을 지명했는데, 점차 중의가 江으로 쏠리는 것을 보고 鄧小平이 고개를 끄덕이면서 다수를 따랐다. A. J. Nathan and P. Link, *The Tiananmen Papers,* New York, 2002, 參照. 지금의 제도는 70세가 된 사람은 정치국원이 될 수 없고, 그 밖의 다른 고위직에도 다 연령제한이 설정돼 있다.

조선시대의 우리나라는 중국 이상으로 유교를 숭상하였는데, 초기에는 世宗의 開明한 지도력으로 유교의 장점을 십분 활용하여 높은 수준의 정치와 문화를 이룩하여 나라가 크게 발전하였다. 그러나 17세기 이후로는 朱子學 一邊倒의 고식적인 문교정책과 정치행태가 고질화되어 유교의 본질이 왜곡되었다. 붕당정치와 세도정치가 이어짐으로써 국세가 기울기 시작하여, 끝내는 그것이 망국으로 이어지고 말았다.[5)]

유교의 이상은 『禮記』에 천명되어 있는 '大同社會' 의 실현에 있다고 할 수 있다. 대동사회라 함은, 堯舜시대와 같은 古代 도덕사회, 福祉社會라 할 수 있는데, 禮記에 나오는 孔子의 말에 그 理想이 서술돼 있다. 「큰 道가 (천하에) 펼쳐질 때에는 天子의 지위를 (세습하지 않고) 聖人에게 전하게 된다. 사람들은 자기의 어버이만을 어버이로 여기지 않고, 자기의 자식만을 자식으로 여기지 않는다. 늙은이에게 적절한 최후를 맞게 하고, 젊은이에게 적절한 일감을 주며, 어린이를 잘 기른다. 홀아비, 홀어미, 부모 없는 고아, 자식 없는 노인, 신체장애자들(모두 보호를 필요로 하는 사람들)을 모두 잘 돌보아준다. 남자에게는 직분이 주어지며, 여자에게는 가정이 주어진다. 돈(錢)이 땅에 버려지는 것은 좋지 않으나, 그것을 꼭 내 주머니에 간직해야 하는 것은 아니며, 힘(力)은 내 몸에서 나오지 않는 것이 좋다고는 할 수 없으나, 그것을 꼭 나를 위하여 써야 하는 것은 아니다. 이렇게 되면 모략은 가두어져서 밖으로 나오지 않으며, 절도나 난적은 일어나지 않는다. 그래서 대문은 (바람을 막을 뿐) 잠글 필요가 없게 된다. 이런 세상을 '大同' 이라 한다.」[6)] 이것은 일종의 원시 사회주의 사상이라

5) 고려가 망한 것이 불교의 잘못이 아니었듯이, 조선의 망국도 주자학의 잘못이라고 보는 것은 아니다. 모두 중용과 균형을 잃은 고식적인 성향이 빚은 결과라고 보아야 한다.

고 할 수 있는데, 그것이 실현되기 위한 필요조건은 위의 글의 벽두에 천명돼 있듯이, 지도자가 聖人이어야 한다는 것이다. 이와 같이, 유교의 이상은 道義社會의 실현에 있으며, 이것은 도의와 정치를 확실히 구별하는 「마키아벨리」를 원조로 하는 서양정치사상과 기본적으로 다른 점이라 할 수 있다.

이러한 道義社會를 실현하기 위한 지도자는 마음의 수양이 되어 있어야 하고 도의적으로 하자가 없어야 한다. 「修己治人」, 즉 자기의 덕성을 닦아야 사람을 다스릴 수 있기 때문에 修身齊家를 한 후에야 비로소 제대로 나라를 다스리고 천하를 평안하게 할 수 있다는 것이 유학의 기본사상이다. 그래서 지도자는 일정수준의 학문이 있어야 한다. 『大學』에서 말하는 "大人之學"의 일정 수준의 학문은 지도자의 필요조건이었다.

유교정치사상의 특징 중의 하나는, 특히 교육을 중요시한 점이라 할 수 있다. 교육의 내용은 어떤 특정의 기술이나 기능을 가르치는 것이 아니라, 그것보다는 오히려 인간의 덕성을 향상시키는 것, 다시 말해서 사람의 질을 좋게 만드는 것을 중요시하였다. 성인이나 현인은 특수한 사람이 아니다. 좋은 교육과 수양을 통해서 사람은 누구나 다 堯舜과 같이 될 수 있다는 것이다.[7] 이 사상을 이어받아, 李栗谷은 그의 『擊蒙要訣』에서 소년들에게 가장 절실히 필요한 것은 立志, 즉 뜻을 세우는 일임을 강조하고 그 뜻은 나도 요순과 같은 성현이

---

6) 원문은 다음과 같다. "大道之行也. 天下爲公. 選賢與能. 講信脩睦. 故.人不獨親其親. 不獨子其子. 使老有終. 壯有所用. 幼有所長. 矜寡孤獨廢疾者 皆有所養. 男有分. 女有歸. 貨惡其棄於地也. 不必藏於己. 力惡其不出於身也. 不必爲己. 是故.謀閉而不興. 盜竊亂賊而不作. 故.外戶而不閉. 是爲大同." 『禮記』 「禮運第九」.

7) 맹자가 특히 이것을 강조했다. 『孟子』에는 「舜은 어떤 사람이고 나는 어떤 사람이냐. 뜻만 있으면 나도 舜과 같은 사람이 될 수 있다」(舜何人也. 予何人也. 有爲者亦若是也.) (『孟子』 滕文公 上章)는 뜻이 강조되고 있다.

되겠다는 의지를 말하는 것으로 보았다.8) 이 지침은 비현실적인 것으로 들릴 수도 있으나, 꼭 그렇다고 할 수는 없다. 불교에서도 '見聖' 즉 도통함으로써 성불하는 것이 신자의 목적인 것과 다를 바 없는 것이다.

성인이나 현인이 위에서 정치를 담당하면 좋은 인재가 등용되고, 좋은 교육을 시행하면 국민의 도의수준과 문화수준이 높아진다는 것이다. 한국의 成均館의 이념대로, "人材가 이루어지지 않은 것을 이루게 하고, 풍속이 고르지 않은 것을 고르게 하는(成人材之未就. 均風俗之不齊.)" 것이 정치의 창달을 위한 교육의 목적이었다.

이상의 정치이념과 실제를 세종의 예로 다소 부연해 보자. 세종의 비전은 조선을 『禮記』에서 말하는 이상적인 대동국가로 만들고, 자기자신은 堯舜과 같은 聖君이 되겠다는 것이었다고 생각된다. 세종의 조선은 실질적으로 아직 창업의 시대였다고 해도 과언이 아니었다. 태조의 재위7년, 정종의 2년, 태종의 18년 동안에는 이씨왕조의 임금들은 도덕적 정당성(Legitimacy)의 확보를 위해 많은 무리를 하는 와중에, 창업의 기본을 확고하게 다질 겨를이 없었다. 겨우 세종 때가 돼서야 나라가 다소 안정되어, 그의 재위 32년 동안에 비로소 국기가 확실히 잡힌 것이다. 세종은 창업의 임금답게 나라가 기본적으로 필요로 하는 제반제도를 확립했다.

그는 유교국가의 표본으로 중국(당시의 明나라)을 본받기로 하고, 事大의 禮로써 중국황제에 대했다. 오늘날의 관념으로는 세종의 대중국 외교방식은 우리의 마음에 들지 않을 수도 있으나, 당시의 관념으로는 매우 자연스러운 實事求是의 외교정책이었다. 당시의 明은 永樂帝의 盛世를 맞아, 국세가 크게 신장되고 문화가 크게 발전한 때였다.

---

8) 「初學. 先須立志. 必以聖人自期.」『擊蒙要訣』立志章第一.

세종으로서는 事大정책을 통해 대외관계를 안정시키고 국내의 창업과 제의 완성과 개혁을 추진할 의도도 있었을 것이다.[9)]

세종은 놀지 않고 공부와 연구를 추진했으며, 인재 등용에 힘쓰고, 公論을 중요시했다. 그의 공부는 詞章이나 空理空談을 일삼지 않고, 유교의 기본정신인 實事求是의 정신에 따라 국리민복에 도움이 되는 공부에 주력했다. 그는 효자였고 형제에 대해서도 돈독한 우애를 베풀었다. 유교국가를 지향하면서도 불교에 대해서도 상당한 배려를 아끼지 않음으로써 민심의 균형을 유지했다. 중국의 고대 성군들이 나라의 기본적인 제도, 이를테면, 曆法, 文字, 治水, 농업기술의 개선, 인재등용의 방법 등을 마련하였듯이, 그는 여러 가지 과학 발명을 하였고, 한글을 제정하였으며, 새로운 농업기술을 도입하였다. 集賢殿을 창시하여, 각 방면의 전문가를 육성하였고, 貢法을 시행하여 국민의 조세부담을 덜도록 조치했다. 그는 그의 비전과 '전략'에 따라, 그의 理想에 가까운 나라를 만드는데 성공했고, 李栗谷이 평가한대로 賢君으로서의 이름을 역사에 남겼다. 세종의 '창업' 이후, 이의 守成을 할 만한 임금은 없었다. 나라의 年輪이 싸임에 따라 생겨나는 모순을 更張할만 한 비전과 전략을 가진 임금도 없었다. 朝臣들 중에도 경장이론에 밝은 사람이 없었고, 草野에 묻혀 살던 지성은 國政과는 거리가 멀었다. 지배계급은 四色黨爭으로 세월을 보냈고 이노베이션 없는 無氣力이 수백 년 계속된 끝에, 나라는 맥없이 쓰러지고 말았다.

3. 전통정치사상의 평가에 관한 몇 가지 견해

---

9) 孟子는 以小事大도 있고 以大事小도 있으나, 以小事大를 하면 나라를 보호한다고 했다. 『孟子』 梁惠王下章.

사람들은 유교 내지 유교 · 불교 · 도교를 중심으로 하는 동양사상은 나라의 발전을 저해하는 사상이며, 따라서 앞으로의 세계에도 맞지 않는 정치사상으로 보는 경향이 있다. 지난 150년 동안 조선과 중국의 처참한 몰락을 회고할 때, 그렇게 생각하는 것은 무리가 아니다. 그러나 나라가 망한 원인을 유교에 돌릴 수는 없다. 긴 눈으로 보면, 유교(내지 유교 · 도교 · 불교의 혼합형) 정치이론은 매우 수준 높은 開明된 사상이며, 앞으로의 세계질서를 바로잡는데도 유용한 내용을 가지고 있다고 생각된다.

사실 동아시아 3국(한국 · 중국 · 일본)의 역사를 보면, 유교적인 정치사상은 세계의 다른 어떤 정치사상에 비해서도 훌륭한 업적을 남겼다고 볼 수 있다. 중국의 경우를 보면, 유교(유교 · 도교 · 불교의 혼합형) 정치사상은 秦始皇의 焚書坑儒로 혹독한 서리를 맞은 후, 이 사상은 漢, 唐, 宋, 明, 清 등의 세계 최대의 帝國들을 창출하였고, 찬란한 문화를 만들어내는 데 정신적인 기반을 이루었다. 이러한 帝國들이 2천년의 긴 역사를 통해, 『大學』에 천명되어 있듯이, 도의국가, 和諧사회, 新民 · 至善의 나라를 지향하여 많은 최고급의 지식인들을 등용하여 국정을 수행한 것은 특기할만한 일이라 할 수 있다. 중화민국의 國父인 孫文은 항상 '天下爲公'을 座右銘으로 삼았고, 심지어 유교와 공자를 배척한 毛澤東도 현실정책에 있어서는 항상 實事求是와 人本主義를 표방하였다. 지금의 胡錦濤도 '以人爲本', '實事求是', '與時俱進', '和平崛起' 등의 유교적인 구호를 시정목표로 삼고 있는 사실은 중국의 현 지도부가 유교를 내세우고 있지는 않지만, 결과적으로는 유교사상을 사회주의 사상과 결부하여 중국식 사회주의를 만들어내자는 것으로 보아도 무방할 것이다.[10]

---

10) 중국은 앞으로 국정의 방향을 설정하는 데 있어 공자의 사상을 많이 수용하지 않을

17세기 이후의 일본의 발전을 보면, 유교의 공헌이 중국이나 한국의 경우보다도 더 현저했다는 것을 알 수 있다. 16세기 후반까지의 일본은 戰國時代를 거치면서 混亂속에 빠져 있었고, 그 동안 壬辰倭亂을 일으켜 조선을 침략하기도 했다. 1603년 德川幕府가 開創된 이후로 德川時代 300년의 평화가 계속되면서 문화와 교육 및 산업이 찬란하게 발전하였고, 역사상 처음으로 이웃나라들에 대한 침략도 없었다. 그 기간 동안 중앙에서는 昌平黌(창평횡)이라는 막부 직속의 학당이 설립되고 각 藩에서는 藩校가 설립되었으며, 전국 각지에서 많은 私塾이 개설되어 전례 없이 교육이 보급되었는데, 그 교육내용은 주로 유교경전이었다. 德川 300년의 평화적 발전은 이러한 교육의 덕택이었다.[11] 명치유신 당시의 젊은 무사들은 武人다운 기풍과 아울러 유학이나 한문의 기본도 갖추고 있어서 이것이 명치유신의 밑거름이 됐다. 유신 후에도 일본이 開化 改革의 대업을 성취하고 서양문물의 도입을 쉽게 한 것은 유교의 실사구시의 정신과 漢字의 덕이었다고 볼 수 있다.[12] 여러 가지 의미로 일본에 대한 유교의 기여는 한국의 경우를 훨씬 능가한다고 나는 본다.

유교를 바탕으로 하는 전통 정치사상에 대해서는 많은 오해가 있고, 그 오해 때문에 이 사상이 가지는 장점과 유용성이 항상 輕視 내

수 없으리라는 것을 주장한 拙稿를 참조하기 바람. Cho Soon, "Economic Development and Cultural Change in East Asian Countries" - Paper Presented at the Beijing Forum, Peking University, August 14, 2004.

11) 德川時代에 일본은 많은 훌륭한 유학자를 배출하였는데, 그들의 특징 중의 하나는 性理學에 집착한 것이 아니라 실천적인 측면을 중시하는 살아 있는 유학을 한 점이라 생각된다.

12) 漢字의 기여가 매우 컸다고 보는 이유는, 한자의 뛰어난 '造語能力'을 십분 활용할 수 없었다면 서양으로부터 들여온 그 많은 새로운 개념을 日語로 표현 내지 譯出하기는 대단히 어려웠으리라고 보기 때문이다.

지 무시되어 왔다. 이러한 잘못된 인식은 나라의 발전을 위해 대단히 좋지 않다. 여기서는 이러한 허다한 오해에 대해 詳論할 수는 없으나, 이 중 한두 가지에 대해서는 나의 견해를 요약 형식으로 제시할 필요를 느낀다.

첫째, 유학 정통사상은 고루하고 반개혁적이며 무기력하다는 견해가 있다. 이 견해는 옳지 않다. 전통 정치사상은 고루하지도 않고 기본적으로 보수적인 것도 아니다. 그 사상은 어떤 사상보다도 合理的, 인간중심적이며, 개혁 지향적이다.

전통 정치사상이 보수적 · 소극적으로 보이는 이유는 자연을 정복 대상으로 보는 서양사상에 비해 인간은 자연의 일부분이며 따라서 좋은 정치란 자연과 인간의 調和를 중시하는 정치라고 보기 때문에 억지로 자연을 分解, 變形, 征服하려 하지 않고 자연을 존중하고 이에 순응하려고 하기 때문이다. 이것은 동양인들의 과학적 능력의 부족을 의미하는 것은 아니며 '天人合一'의 관념이 그들의 철학의 기본에 깔려 있기 때문이다.

전통 정치사상에는 요즘 우리가 알고 있는 의미의 '발전'이라는 관념은 없었다고 나는 본다. '발전'이라는 말은 산업혁명 이후의 세계에서 소득이나 소비수준이 낮은 곳으로부터 일방적으로 높은 곳으로 올라가는 것이 당연하다는 관념을 반영하는 말이다. 이 말은 모든 나라는 이런 의미의 발전을 할 수 있고 또 그렇게 해야 한다는 의미를 함축한다. 先進國, 開發途上國 등의 어휘 자체도 이런 의미를 함축한다. 대량생산, 대량소비, 대량폐기 및 이에 따른 자연파괴, 환경파괴에 인류가 무감각하게 된 것도 '발전'에 대한 조건 없는 찬미를 반영한다. 산업혁명을 겪지 않은 시대의 동양사상에는 분명히 이러한 발전에 대한 이해는 없었다. 그러나 그 전통사상이 요즘의 '발전'에 대해 장애요인이 되느냐 하면, 그런 것은 전혀 아니다.

동양의 전통사회에는 "자유주의(Liberalism)"가 없고, "人權"에 대한 존중도 없으며, 인민은 항상 전제군주(Despot)의 억압에 의해 시달려 왔다는 것이 서양인의 통념이 돼 있다. 이것도 아주 잘못된 편견에 불과하다. 동양에도 역사상 폭군이 많은 것은 사실이나 폭군은 오히려 서양에 더 많았고, 그 폭정의 내용도 더 가혹했다. 중국이나 한국의 전통사회에서 중앙정부가 국민생활을 완전히 장악하고 억압한 것은 아니었다. 주민의 수에 비해 관리의 수는 매우 적었고, 주민의 장악은 느슨한 편이었다.

근대화 이후의 서양에 있어서는 '자유'는 보통 개인의 權利, 義務의 차원에서 논의한다. 이에 비해 동양에 있어서는 개인이 자유보다는 사회라는 文脈 속에서 自省, 自謙, 自任, 自得 등의 인생 내면의 修養의 차원에서 인간의 문제를 고려해 왔다. 이러한 수양을 몸에 지닌 賢人이 좋은 정치를 함으로써 국민의 정신적 물질적 생활수준은 자연히 높아진다고 본 것이다. 국민 개개인에 대해서도 교육과 정신수양은 존중했지만, 개개인의 법적인 '자유'는 부차적인 중요성밖에 없었다. 「仁에 依하고 德에 據하는」것이 곧 자유를 얻는 길이라 보았던 것이다.

현실적으로 사회라는 단체의 존재 자체가 그 속에 사는 개인의 자유를 제한한다는 것은 부인할 수 없다. 인구가 많아지고 사회가 복잡해질수록, 또는 종교의 힘이 크면 클수록 개인의 자유는 좁아질 수밖에 없다. J. S. Mill 流의 자유는 그의 『자유론』에서 여러 번 직접 간접으로 지적된 대로 서양에 있어서도 얼마나 존재하고 있는지 의문이다.

동양에 있어서는 '인권'이라는 것도 인간개인의 權利·義務의 차원에서보다는 사회적인 文脈 속에서 이해하는 것이 타당하다고 보아왔다. 이를테면, 국가나 사회 전체의 생존이 위협받고 있는 사회에서는 현실적으로 개인의 인권이 존중될 수는 없다. 인권을 존중한다는 미국에 있어서도 9·11 이후 많은 시민에 대해 법적절차(Due process of law)없이 시민을 구속, 억류하는 예가 많아진 것은, 사회의 안전을 보호하기 위해, 개인의 인권을 제한하는 본보기가 된다.

4. 21세기 국가 발전을 위한 전통의 활용 가능성

지난 150년 동안 서양의 세계 지배가 확립됨으로써 동양의 전통적 정치사상과 행태는 거의 괴멸적인 타격을 받았다. 일본은 서양의 식민지가 되지는 않았으나 아시아를 지키려는 포부는 없었다. 그 나라는 아시아의 나라로 행세하기를 거부하고 스스로가 서양 제국주의의 一員이 됨으로써 아시아 대륙에 대하여 침략을 감행하면서, 일본 이외의 동양의 가치를 송두리째 파괴하다가 마침내 파멸의 길을 택했다. 대전이후 일본은 경제대국이 됨으로써 눈부시게 부흥했지만, 내가 보기에는 靖國神社의 경우가 나타내듯이 정신적으로는 아직도 正常을 회복하지 못하고 있다.

지금 세계는 급속히 달라지고 있다. 앞으로 세계가 어떤 방향으로 변화할 것이냐를 점친다는 것은 위험하고 어려운 일이지만, 이미 앞날을 예고하는 조짐이 많이 나타나고 있는 것도 사실이다. 이 글의 주제와 관련이 있는 범위 내에서 아주 간략하게나마 나의 견해를 제시하고자 한다.

한 마디로 말해, 서양이 만들어낸 세계질서는 지금 일대 전환기를 맞이하고 있다. 그 질서가 지금의 모양 그대로 유지되기는 어려울 것으로 보인다. 구미의 우월적 지위는 앞으로도 당분간 계속되겠지만, 「서방」(The West)이라는 개념이 焦點을 잃어감으로써 세계는 다극화의 방향으로 分立되는 추세가 불가피해 보인다. 세계는 앞으로 많은 우여곡절을 겪겠지만, 인류에 지혜가 남아 있다면 동서양을 아우르는 다양화 추세 속에서 평화로운 새로운 질서가 차츰 형성될 것으로 나는 본다. 이에 따라 아시아의 가치관과 세계관은 앞으로 오는 세계가 옳은 방향을 찾는 데 응분의 기여를 하게 될 것이라 생각한다.

지금까지 미국에 의하여 추진돼 온 世界化(Globalization)의 추세(Trend)는 계속될 것이지만, 그 추세는 그 방향과 내용에 있어 많이 달라질 것으로 나는 전망한다. 국제경제 질서는 아시아권의 대두와 더불어, 많은 변화가 있을 것으로 예상된다. WTO를 중심으로 하는 자유무역은 이미 관리무역의 방향으로 상당한 변화를 겪고 있고, 지금의 신자유주의(Neoliberalism)적인 세계경제의 기준(Global Standard)은 앞으로 선진국 스스로의 필요에 의해 상당한 수정을 받지 않을 수 없을 것이다. 그렇게 됨에 따라 「질서」로서의 지구화는 정치의 다극화와 더불어 점차 지역화(Regionalization) 방향으로 역점이 옮아갈 것이다. 아이러니하게도 자유무역질서를 유지하려는 노력은 구미의 선진국보다도 오히려 아시아, 남미 등의 후진국들에 의해 더 활발히 이루어질 것으로 전망된다.

이상과 같은 전제를 두고 전통과 국가발전에 관련된 한국의 문제를 고려해 보자. 한국의 발전은 주로 냉전시대에 경제발전을 중심으로 이루어졌다. 냉전시대의 세계질서는 아시아의 반공국가(일본 · 한국 · 대만)에 관한 한, 미국의 영향력이 절대적인 질서였다. 이 질서는 아시아반공국가의 리더십으로서는 비전과 전략을 쉽게 잡을 수 있는 단선적인 질서였다. 냉전 당시의 아시아적인 권위주의 국가관리 방식은 냉전 하에서의 미국의 요구와 서로 아무런 모순이 없었다. 강력한 정부(일본의 자민당, 한국의 군사정권, 대만의 국민당)는 미국이 바라는 바였다. 정부주도 하의 개발전략, 수출전략 등은 반공을 지상시하는 당시의 미국으로서는 환영하는 바였다.

이러한 국제정세 속에서 군사정권 하의 한국은 정부주도[13]의 저축과 투자 및 수출의 극대화, 새마을 운동, 근검과 절제 등의 아시아적인 가치를 발휘함으로써 '한강의 기적' 이라 불리는 발전을 이룩했다. 이 발전이 세계 경제사상에도 빛나는 것이며, 해방 후 참담한 시대를 잘 기억하고 있는 사람은 오늘의 한국의 생활수준이 선진국에 비해 손색이 없게 되고, 이 나라가 지금 국제적으로 세계 유수의 공업국으로 발전할 수 있는 계기가 당시에 마련됐다는 사실을 매우 높이 평가한다.

그런데 好事多魔라 할까, 제4공화국으로 접어들면서 한국은 여러 방면에서 전통적인 덕목인 절제와 균형, 겸손과 중용을 상실하기 시작했다. 小成에 만족하고 大局을 보지 못함으로써 정치, 경제, 사회, 문화 등 모든 면에서 많은 무리한 정책이 채택됐다. 3선 개헌에 이어 대통령 종신집권을 위한 유신헌법 제정은 치명적인 무리수였다. 이 무리를 정당화하고자 채택된 경제정책에는 불합리한 것이 너무 많았다. 많은 부실투자가 이루어지면서 하이퍼 인플레에 가까운 임금, 물가의 상승이 이어졌다.

제 5 · 6 공화국의 리더십은 경제구조의 왜곡을 바로잡고자 나름대

13) 제1공화국은 초기의 공업화에 상당한 기여를 했다고 나는 본다. 그러나 정치에 실패함으로써, '창업' 의 기반을 확실히 다지지 못했다. 제2공화국은 단명으로 끝났고, 경제에 관한 한 대한민국의 창업은 실질적으로는 제3공화국에 의하여 이루어졌다고 할 수 있다. 제3공화국은 제도와 정책면에서 상당한 新機軸(Innovation)을 도입했다. 이 점에 관해서는 나의 『韓國經濟改造論』(다산출판사, 1998) 참조.

로 상당한 노력을 경주했지만, 정권의 정통성(Legitimacy)의 취약성과 장래에 대한 비전 · 전략의 결여로 국민경제가 필요로 하는 구조개혁은 이루어지지 못했다. 구조개혁 작업은 테크노크라트만으로 이루어질 수는 없었다. 반면, 집단이기주의가 만연하여 국제경쟁력의 약화는 계속되었다.

문민정부가 들어서면서 경제정책의 어려움은 일층 가중되었다. 세계적으로는 냉전이 종식되고 글로벌화가 시작되면서 국가관리의 패러다임은 냉전시대 때와 같은 單線的인 것으로서는 안 되게 되었으나, 정치리더십은 새로운 시대에 적응할 비전과 전략을 내놓지 못하였다. 1996년, 숙원의 OECD가입이 실현되었다. 그러나 이것이 오히려 준비 없는 개방화를 촉진함으로써 단기외채의 과다, 부실투자의 과다를 초래했다. 1997년 동남아로부터 밀려오는 외환위기의 바람으로 한국은 끝내 IMF의 구제금융을 받지 않을 수 없는 궁지에 몰리게 됐다. 한강의 기적은 한강의 위기로 돌변했다. 이렇게 된 이유는 경제정책이 한 마디로 전통적인 덕목인 절제와 조화, 겸손과 중용을 잃고, 나라의 빈약한 知性이 세계의 새로운 풍향을 바로 읽고 앞으로의 방향에 대한 설득력 있는 전망을 내놓지 못했기 때문이었다.

IMF는 이 나라의 경제와 경제정책에 큰 분수령을 그은 획기적인 사건이었다. 이것을 계기로 정부, 기업, 그리고 국민생활의 방식은 완전히 달라지기 시작했다. IMF는 미국이 주도하는 신자유주의적인 정책(이를테면, 금융시장 및 자본시장의 개방, 공기업의 민영화, 작은 정부 등)을 추진함으로써 受援國 경제를 글로벌경제에 편입시키는 정책을 추진하는 국제기관이다. 이에 비해, 한국경제의 모든 경제주체(정부, 기업, 국민)는 아직도 냉전시대의 獨自發展 방식을 벗어나지 못하고 있었다. 양자 사이의 엄청난 이론적, 현실적 乖離를 메울만한 비전이

나 전략이 없는 가운데, 정부는 결국 IMF를 따르는 이외의 選擇肢는 없었다. 한국은 IMF를 따를 바에야 화끈하게 따라야 한다고 보고, IMF가 요구한 이상으로 전반적인 구조조정을 단행했다. 또 한 번 절제와 균형과 중용을 떨쳐버리고 IMF도 놀랄 정도로 화끈하게 정책방향을 돌렸다. 종래의 민족주의적인 정책은 일조에 돌변하여 글로벌화로 치닫게 되었고, 한국경제는 세계에 유례없는 극적인 변화를 겪기 시작했다.

IMF의 우등생 한국은 단기적으로는 외환위기를 '극복'한 것처럼 보였다. 그러나 신자유주의 정책은 이 나라의 먼 장래를 위한 최선의 방향은 아니었다. 금융기관의 상당부분이 퇴출되고 외국에 매각되었고, 많은 기업이 쓰러지면서 나라의 많은 富가 순식간에 외국인의 수중에 들어갔다. 그 후 8년이 지난 오늘에도 갖가지 불균형은 더욱 확대되면서 성장동력은 약화되었다. 한국경제는 南美 및 아시아의 여러 나라들에서 익히 보아온 신자유주의의 덫에 걸려들어 몸부림치고 있다. 몇 개의 품목에 집중된 수출은 잘 되고 있다. 그러나 경제 전반에 걸쳐 양극화가 확대되어 어려움을 겪고 있다.

경제뿐 아니라 정치, 사회, 문화에서도 한국은 평탄한 발전의 궤도를 이탈하고 있다. 모든 영역에 있어 이 나라는 극에서 극으로 요동치고 있다. 이런 요동 속에서 中正을 얻은 사고와 행동이 설 땅을 잃고 있다. 과거의 전통이 너무 쉽게 放棄됨으로써 아시아의 한 가운데에 있으면서도 아시아 나라의 장점은 많이 퇴색된 상태에 있다.[14] 東

14) 나 자신도 1979년 말, 정부에 제출한 보고서 『中長期 開發戰略에 관한 硏究』에서, 당시의 정책으로는 경제위기는 피할 수 없을 것이기 때문에 경제구조 개혁이 이루어져야 한다는 취지의 건의를 한 바 있다. 흥미로운 것은 1998년 中日平和友好條約 締結을 기념하기 위한 日本主催의 국제회의에서 대만의 학자는 한국은 아시아에 있으면서 아시아 나라와 같지 않게 됐기 때문에 외환위기를 맞게 됐다고 주장하였고, 중국의 학자도 한국경제에 관한 상세한 분석을 행하면서 이와 비슷한 인식을 은근히

方禮儀之國의 가족제도는 공적으로나 사적으로나 깨어지고, 자라는 아이들은 '孝' 자는 들어보지도 못한 채 성인이 된다. 출생률은 단숨에 세계 최저가 되고, 자살률은 OECD나라들 중에서 최고가 되었다. 한동안 자랑하던 勤儉節約의 버릇도 이제는 거의 없어졌다. 학문과 교육에 대한 정성이 강하다지만, 그 맹목적인 '정성'이 오히려 人性과 知性의 涵育을 해치고 있다. 이 나라의 역사가 생긴 이래로 쓰던 漢字는 아낌없는 버림을 받았다. 한글만 가지고도 골프도 치고 자동차도 만들 수는 있지만, 그것이 知性의 약화를 가지고 오고, 빈약한 지성으로는 우수한 문화를 만들기 어렵다는 인식은 없다. 한자 자체가 중요한 것이 아니라 우리와 우리의 미래가 중요한 것이다. 우리란 무엇인가. 과거가 만들어낸 존재가 아닌가. 미래란 무엇인가. 과거의 연속이 아닌가. 과거 없는 미래가 어디 있는가. 이 나라에서 한자문맹이 이 나라의 과거를 어떻게 알겠는가. 과거를 모르고 앞날을 어떻게 헤쳐 나가겠는가. 어떤 나라를 막론하고 과거를 모르는 훌륭한 지성은 있을 수 없다. 과거를 모르는 진정한 애국자도 있을 수 없다.

5. 결론

우리의 전통은 무엇인가. 실사구시의 합리성, 과학성을 존중하는 철학이라고 나는 본다. 우리의 문제는 한 마디로 무엇인가. 나는 그것은 正體性(Identity)의 상실이 아닐까 생각한다. 정체성 위기(Identity Crisis)에 걸려 있는 것이다. 우리가 누구인지를 모르고 있고, 우리의 가치에 대한 기준이 무엇인지 모르고 있다. 그래서 우리 사회는 갈기

표시했다는 점이다. (後藤康男 편저, 『東洋思想と新しい世紀』, (東京, 有斐閣, 1999)의 魏蕚 및 黃範章의 논문 참조.)

갈기 찢겨 있고, 국민의 사고와 행동은 어떤 외국인이 평한 바와 같이, '들쥐' 와 같이 종잡을 수 없이 몰려 달린다. 국민으로서의 진정한 긍지가 없고 남의 눈치만 살피고 유행을 쫓게 된다. 그래서 우리가 하는 일에는 알맹이 없는 겉치레가 많다.

앞으로 국가발전을 위하여 어떻게 전통을 활용해야 하는가. 우리의 사고와 행동에 절제와 균형, 중용과 겸손, 그리고 실사구시의 정신 등을 살려야 한다. 이 나라는 그런 덕성을 잃음으로써 많은 손해를 봤고, 정체성 위기에 걸려 있다. 그러나 아무리 전통을 살리는 일이 필요하다고 하더라도 무모하게 과거로 돌아갈 수도 없다. 옳은 일을 하는데도 역시 절제와 균형이 필요하다. 좋은 약도 한꺼번에 너무 많이 먹으면 오히려 해가 된다. 이 경우에도 우리가 현재 무엇을 할 수 있는가를 잘 알아야 한다. 「知彼知己면 百戰不殆」라는 孫子의 말은 글로벌 경쟁세대의 국가경영에도 그대로 들어맞는다. 왜냐하면, 지금의 국가경영은 바로 총칼 없는 전쟁을 의미하기 때문이다.

어떤 개혁을 할 때에는 새로운 방안을 한꺼번에 전국적으로 실시하기 전에 부분적으로 실험을 해보는 신중성이 중요하다. 實事求是를 하자면 이러한 신중성이 필요하다. 좋다고 생각한 정책이 정말로 좋은 결과를 가지고 올 것인지 실험을 해보는 것이 좋을 것으로 본다. 교육의 평준화, 한자 교육의 가부, 균형발전을 위한 행정기관 지방이전 등 모두 실험이 가능하다. 우리나라의 세종, 중국의 등소평 등은 모두 이 방법으로 비용(Cost)을 최소화하면서 많은 개혁을 성공시켰다. 철저한 實事求是의 태도, 이것이 전통을 살리는 길이며, 사실 그것만이 국가발전의 기틀을 잡을 수 있는 길이다.

한국의 경제학 연구*

Ⅰ. 서론

1. 이 글의 목적과 서술방법

이 글의 목적은 지난 60년 동안, 한국경제학의 기본 이론분야의 발전의 궤적을 중점적으로 서술하고 그것을 평가하는 데 있다. 따라서 이 글의 내용은 한국의 경제이론 발전의 세밀한 서술을 담은 '핸드북(handbook)' 이 아니라, 그 발전의 주요 특징을 고찰하고 특히 이론의 변천이 현실경제 발전과 어떻게 관련돼 왔는가에 대한 고찰이 될 것이다.

경제학이란 원래 실천적인 학문이며, 따라서 언제 어느 나라에 있어서나 경제이론은 그 나라의 국민경제의 동향과 밀접하게 관련되어 있다. 한국의 경우도 예외는 아니다. 현실경제의 발전이 경제이론의 발전을 先行한 경우도 있었고, 반대로 경제이론의 발전이 현실경제의 발전 방향을 유도한 경우도 있었다.[1] 어떻든, 이 글에서 경제이론의 발전을 서술함에 있어서는 필요한 범위 내에서 현실경제의 발전의 요

---

* 대한민국학술원, 『한국의 학술연구』 인문사회과학편, 제6집, 2005, pp. 1~22.

1) 한국의 경우, 이론과 현실과는 거의 아무런 관련이 없는 듯이 보인 경우도 적지 않았다. 그러나 이 경우에도 경제이론은 '시대정신' 의 산물이라는 점에 있어서는 현실과 전혀 무관하지는 않다.

점을 아울러 서술할 것이다.

2. 경제이론과 현실경제의 상관관계의 개요

1884년 갑신정변 직후 어용선(魚瑢善)이라는 사람이 「경제학개론」이라는 논문을 발표하여 우리나라에 경제학을 최초로 소개한 지가 이제 120년이 넘었다.[2] 그 동안 우리나라의 실물경제는 천지개벽의 대변화를 겪었고, 경제이론 역시 이에 못지않게 극적인 발전을 이룩했다. 경제이론의 현실적합성(Relevance)도 시대에 따라 크게 달라졌다. 100년 전 우리나라의 경제이론은 하나의 珍奇한 서구의 이론에 불과했고, 이것이 우리나라 발전에 유익한 기여를 하리라고는 기대할 수가 없었다.

일제시대의 우리나라 경제학은 당시의 일본의 학문을 이해하고 소화하는 수준일 수밖에 없었다. 일본의 경제학 자체가 대부분 서구의 경제이론을 소개하는 정도였다. 1928년 서울에 설립된 경성제국대학 법문학부에는 경제학부나 정치학부는 존재하지도 않았고, 일본에 유학한 한국학자 중에는 경제사에 관해서는 좋은 업적을 남겼지만 경제이론에 관해서는 거의 없었다.[3]

해방 이후 군정 때에도 경성대학에 경제학부는 없었다. 국립서울대학교가 신설된 이후로 상과대학에 경제학과가 신설되었다. 당시의 경제학이론은 대부분 일본을 경유하여 도입된 마르크스의 이론이 그 주류를 이루었다. 非마르크스이론, 이른바 근대경제학 이론도 도입되기 시작했으나, 현실적합성을 이룰 수 있는 수준은 못되었다.

---

2) 우리나라 경제학 도입기의 광범위한 연구에 관하여는 이기준(1985) 참조. 이기준(1980; 1982)은 이외에도 해방 이후의 경제학 도입에 관하여 좋은 연구결과를 남겼다.

3) 경제사의 저술로는 백남운(1938), 최호진(1942) 등이 가장 저명하다.

1948년 정부 수립 이후, 한국은 미국의 경제원조에 힘입어 부흥작업이 활발하게 이루어졌으나 이에 대한 당시의 경제학계의 기여는 별로 없었다. 제1공화국은 경제에 관한 한, 취약한 기반 위에서나마 수입대체산업을 중심으로 공업기반을 조성했고, 해방 이후 50년대 전반까지 이 나라를 흔들던 인플레를 수속하는 데 성공했다.[4] 이러한 업적을 뒷받침하는 경제이론은 주로 미국의 원조당국 주변의 미국 이코노미스트 및 이들의 정책을 집행하는 한국의 실무자들이었다. 시대의 조류를 반영하여 마르크스이론은 점차 퇴색하고, 일본의 저명학자들의 저작을 통한 근대경제학이 활발히 도입되기 시작했다.[5]

그 후 제3공화국 이후로는 경제학도들의 수도 많아졌고, 이론도 그 깊이와 범위에 큰 발전이 있었다. 당시는 냉전의 시대였는데, 냉전체제는 아시아의 반공국가의 공업화를 위해 매우 유리한 국제환경을 제공해 주었다. 60년대 이후의 한국의 경제정책은 강력한 군사정권에 의하여 성안되어 집행되었고, 경제학자들이 개입할 여지가 거의 없었다.[6] 그러나 60년대 후반부터 70년대에 이르기까지 경제학자들의 현실 참여가 많아졌다. 당시의 한국경제 발전이 경제논리(예를 들어, 가격기구의 존중)에 따라 합리적으로 이루어진 이면에는 경제이론도 상당한 기여를 했다.

70년대 후반부터 한국경제에 나타난 정책의 무리가 심화되어 끝내는 IMF를 불러온 데 대한 책임도 경제학자들에게 지나친 책임을 물을 수는 없다.[7]

---

4) 해방 후부터 1960년까지의 한국경제의 공업화에 관한 우수한 분석은 이대근(2002)의 勞作에 자세하게 이루어지고 있다.

5) 이를테면 波多野鼎, 舞出潮五郎 등의 원론이 많이 유행했다.

6) 군사정부는 당시의 일부 학자들의 조언을 얻어 화폐개혁을 단행했으나 소기의 성과를 거두지 못했다.

IMF 이후, 세계는 냉전시대로부터 글로벌화시대로 진입했다. 이에 따라 우리나라는 종래의 국가주의적(Nationalist)인 발전정책을 포기하고 一朝에 '자유화', '개방화', '민영화' 등의 글로벌시대의 정책기조를 수용하게 되었다. 이 과정에서 한국경제는 세계에서도 유례가 드문 극적인 구조적 변화를 겪었다. 이러한 변화를 이루는 데 있어 경제학자들이 수행한 역할은 그리 크다고 할 수는 없다. 가장 큰 몫은 IMF자신의 이론〈신자유주의적 이론에 입각한 이른바 워싱턴의 통념(Washington Consensus)〉과 경제 당국 및 정부 주변의 이코노미스트들이었다. 이러한 변모의 결과는 아직도 완전히 나타나 있다고 할 수는 없지만 그리 좋은 것이라고는 볼 수 없고, 장래에 대한 전망 역시 아주 밝은 것이라고는 할 수 없다. 이러한 때를 당하여, 우리 경제학도들은 새삼 우리의 경제학이 어디까지 와 있으며 앞으로 어떤 발전을 해야 하느냐에 대한 성찰이 있어야 할 것이다.

한국의 경제학은 무엇인가? 한국경제학은 다양하게 정의할 수 있을 것이다. 예를 들어 한국에서 학자들이 연구하고 학교에서 교육하는 경제학으로 정의할 수도 있고, 한국의 경제문제를 다루는 경제학을 말할 수도 있을 것이다. 한국의 학자가 경제학을 하는 궁극적인 목적은 한국의 경제문제를 찾아내서 그것을 해결하는 데 둘 것이므로, 위의 두 가지 정의 사이에는 별 차이가 없다. 여기서는 한국의 경제학자들이 그들의 경제문제를 인식하고 그것을 해결하기 위해 직접 간접으로 필요한 이론을 개발하고 그 적용방안을 모색하는 연구프로

7) 독자들 중에는 경제이론의 발전과 경제정책은 별개의 문제인데, 필자가 너무 경제정책 위주로 이론의 발전을 논한다는 인상을 가질 것이다. 필자도 이론과 정책의 차이를 무시하는 것은 아니지만, 경제학은 실천적인 학문이며, 정책에 의한 직접 간접의 기대가 있어야 이론의 발전이 촉진된다는 사실을 중요시하는 것이다. 한국의 경우, 60년대 이후로 경제학자의 기여가 있기는 하였으나 그것은 능동적인 것이 되지는 못했고 어디까지나 정치리더십의 필요에 따라 소극적으로 이루어진 것이었다.

그램으로 정의하기로 한다. 이렇게 정의할 경우, 한국경제학의 범위는 일반경제학의 범위와 거의 같은 넓은 범위를 가지게 된다. 다만, 한국사람들이 하는 경제학이기 때문에 한국 '식' 으로 경제문제를 인식하고 한국 '식' 으로 연구를 전개하게 될 것이다. 마치, 독일의 경제학이 독일 '식' 문제를 독일 '식' 으로 인식하고 독일 '식' 으로 해결하려는 과정에서 자연히 특수한 성격을 가지게 되는 것이나 다름이 없다. 그래서 자연히 한국경제학이 형성되는 것이며, 우리 현실에 부합되는, 우리 체질에 알맞게 재단된 경제학[8)]으로 정의할 수도 있다.

이렇게 볼 때, 한국의 경제학은 선진국 경제이론의 단순 수입, 단순 가공하는 모방학습 단계에서 탈피해서 한국 현실에 맞는 창조적 이론 및 정책론을 만들어내는 일련의 과정을 말하는 것으로 볼 수 있다. 이러한 견지에서 볼 때, 지금 한국경제학은 과연 형성되고 있는가. 확실히 형성되고 있다고 단언하기 어렵다고 본다. 그러나 한국의 경제문제가 한국 사람들의 정서에 맞는 해결책을 발견할 수 있는 분위기나 풍토는 아직 형성되지 못하고 있다고 볼 수 있다. 경제학자는 모두 자기가 배운 구미의 경제학을 이리저리 祖述하고, 정책 담당자는 그때그때의 편의에 따라 이렇게도 하고 저렇게도 하는 수밖에 없다.

이러한 견지에서 생각한다면, 한국이 1997년 IMF의 위기를 맞은 것도, 그리고 위기를 제대로 해결하지 못하여 이 나라 경제가 양극화에 시달리면서 성장 잠재력을 살리지 못하고 있는 것은 한국경제학이 아직 확실히 형성되지 못하고 있기 때문이라고도 할 수 있다. 이러한 때를 당한 한국의 경제학자들의 임무와 과제는 더욱 무거워지고 있다

8) 김병주(2001), 이준구(1989)의 자주적 한국경제학이 이와 어느 정도 유사성이 있다고 볼 수도 있다.

고 할 수 있다. 이 글은 한국의 경제학 연구를 이론일반의 관점에서 포괄적으로 접근하여 한국에서의 경제학 발전성과를 일별하고 한국경제학의 과제를 보다 구체적으로 살펴보고자 한다.

Ⅱ. 해방 이후 한국경제학의 발전

한국의 경제학의 발전과정은 위에서도 지적한 바와 같이 경제 발전 정책의 수행과 밀접한 관련이 있다. 이러한 견지에서 이 문제에 관한 연구자의 시대구분에 따르면, 한국의 경제학은 크게 해방 이후부터 한국전쟁까지의 혼란기를 거쳐, 한국전쟁 이후부터 박정희 군사 쿠데타까지의 이식기, 박정희 정부의 경제개발계획이 추진된 1979년까지의 발전기, 1980년 정변을 거치면서 민주화가 추진된 시기의 전환기, 1997년 IMF 위기를 기점으로 지금에 이르는 기간을 새로운 패러다임을 찾기 위한 모색기로 나누어 볼 수 있다.[9] 이러한 과정에서 경제학은 한편으로는 주로 미국에서 돌아온 학자들에 의해 추진된 영미경제학을 따르는(경제이론 일반을 고전파로부터 신고전파로 이어지는 이론체계로 보는 견지와, 시장실패와 국가개입을 강조하는 케인즈학파를 포괄하는) 주류경제학과 제도학파, 마르크스학파 등을 포괄하는 비주류경제학의 두 그룹으로 나누어 살펴보고자 한다.

---

9) 초기의 시기 구분은 임종철(1983)을 따르되, 임종철은 1982년까지만 검토하였으므로 발전기를 우리나라 경제발전의 주요한 계기인 박정희 정부 집권 시기를 중심으로 잡고(따라서 1962~1979), 성숙기를 1980~1997, IMF 이후의 경제학의 상황을 반성기(1997~2004)로 잡아보았다. 이러한 시기구분은 경제학의 발전단계에 따라 구분된 것이라기보다는 정치적 단계에 따라 구분된 느낌이 강하지만, 한국에서 경제학이 단순한 이론의 영역이 아니라 현실참여적인 학문임을 고려할 때 정당화된다.

1. 혼란기(1945~1953)[10)]

해방 이후 한국의 경제학은 피폐화된 한국경제와 다를 바 없었다. 당시의 미천한 연구 기반으로 인하여 이 시기는 국제적으로 노도와 같았던 케인즈경제학조차 우리나라에는 쉽게 도입되지 못했으며, 연구 활동도 이론, 역사, 체제와 같은 분야에 걸쳐 일본으로부터 도입된 일반적인 수준에서 벗어날 수 없었다. 그 당시 우리나라는 좌우익 사이의 정치투쟁의 와중에 있었고, 대부분의 지식층도 이 정치투쟁에서 초연할 수 없었다. 고전학파, 신고전학파의 경제학은 적었고, 케인즈도 도입되지 못했으며, 경제학이라면 거의 대부분 일본으로부터 도입된 마르크스 경제학을 의미했었다(임종철, 1983, p.120). 이 시기의 경제학 저술, 번역 등에 대한 조사연구 〈표 1〉에 의하면, 당시는 마르크스주의가 양적으로 압도적 우위를 차지하고 있음을 쉽게 알 수 있다.

〈표 1〉 혼란기 경제학의 조류

학파	인원	저술	번역
신고전파(정통파)	18명(43.9%)	26권(38.8%)	13권(22%)
신경제학(케인즈파)	3명(7.3%)	4권(6%)	3권(5.1%)
마르크스경제학	20명(48.8%)	36권(53.7%)	43권(72.9%)

자료: 임종철, 1983, p.116에서 작성

하지만, 한국전쟁을 거치면서 이념적 편향은 좌파에서 우파로 급속히 넘어가기 시작했다. 특히 1952년 동란 중 부산에서 한국경제학회가 설립되면서 해방 직후부터 계속되던 이념대립이 쇠퇴하고 사회주

10) 이하의 자료는 임종철(1983)이 이기준 편(1980)의 자료집에서 재구성한 것이다.

의를 표방하던 사회과학자들은 월북, 납북, 또는 변신하지 않을 수 없었다. 마르크스의 경제이론은 6 · 25사변을 계기로 거의 자취를 감추게 됐다(한국경제학회, 1991, pp.1~2).

2. 이식전환기(1954~1961)

전쟁이 끝난 후 한국사회의 과제는 경제적으로는 전쟁으로부터의 복구, 정치적으로는 민주주의의 창달, 그리고 사회적으로는 시민적 자유의 확대였다. 이러한 과제 중, 이승만 정부가 비교적 성공한 부문은 경제였다. 전쟁의 폐허 속에서 산업을 효과적으로 재건할 수 있는 기반은 너무도 취약했었다. 당시 한국경제를 지탱한 가장 큰 요인은 미국으로부터의 원조였다. 미국의 무상원조는 자세한 숫자는 알 수 없지만 GNP 대비 15%에 달하는 것으로 추정되었다. 이러한 원조의 관리에 정부가 유능했다고는 할 수 없었지만, 그래도 전쟁 당시의 하이퍼인프레이션은 50년대 후반에 들어서는 서서히 수습되고, 무상원조로 제공된 공업원료를 이용하여 여러 가지 생필품의 수입대체산업이 설립되기 시작했다. 부정부패도 많았으나 원조물자의 판매대전으로 조달된 이른바 對充資金은 초기의 공업화를 위한 투자에 활용되었다. 경제에 있어서는 그런대로 업적을 남긴 이승만 정부는 정치와 사회에 관한 정책에서 많은 실패를 거듭했다. 시민적 자유의 억압에 대한 국민의 불만이 극에 달하고, 1956년의 이른바 四捨五入에 의한 무리한 3選改憲, 그리고 연이어 감행된 1960년 3월의 부정선거 등이 1960년 4 · 19 학생 혁명의 발발을 유도하였다. 대한민국 초대정부와 대통령이 이런 모습으로 종말을 고한 것은 나라의 큰 비극이었다.

이 시기의 경제학계는 서구 경제학파의 이론을 광범위하게 수입,

이식하여 경제개발에 적용하려는 노력을 하기 시작했다. 이 과정에 영미의 미시이론과 아울러 케인즈의 거시경제학이 광범위하게 도입되었다. 이 시기의 경제원론 서적들에는 집필자의 이론적 경향과 무관하게 대체로 케인즈적 표현과 영향이 발견된다. 이 시기의 전체적 경향은 일본을 경유한 미국 경제학의 수입의 과정이라는 성격이 짙다.[11]

한국경제학회(1991)는 이 시기에 대해 한국의 경제학계가 한편으로는 영미식 개인주의 자본주의를 주장하면서도 다른 한편으로는 국가의 대폭적인 개입을 통한 발전을 바라는 등 양자 간의 이론적 긴장을 인식하지 못하였다고 자평하고 있다. 그러나 이러한 이론적 긴장은 한국뿐 아니라 구미 각국에서도 항상 존재하고 있었다.

3. 발전기(1962~1979)

제1차 5개년계획이 1962년부터 시작되면서 한국경제는 본격적인 산업화가 추진되었다. 이때부터 한국경제는 고도성장기로 진입하는데, 국제적으로 보면 이 시기는 냉전질서의 시기였다. 그 당시 한국 국민이 바란 것은 민주주의나 시민사회보다도 경제발전이었다. 이러한 시대적인 배경이 군사쿠데타로 집권한 박정희 정부에게 경제개발의 기회를 주게 되었다. 경제발전은 당시의 관념에서는 국가의 개입에 의해 추진되는 것이 당연한 것이었다. 이승만 정권은 자신의 고유한 반계획주의적 편견에도 불구하고 경제개발7개년 계획안을 수립하였는데, 이 계획이 이후 군사정권에 의해 1차 경제개발5개년계획으로

---

11) "학문적으로 사회주의 및 공산주의에 대한 관심으로 점철된 일본으로부터 지식을 수입하다가 자본주의에 대한 철저한 신념을 기저로 하는 미국경제학으로 기울어지게 되었다." (한국경제학회, 1991, p.27).

발전·확정되어 1962년부터 실천된 것이다.

박정희 군사정권이 변신한 공화당정부는 계획의 방법, 자금조달의 방법, 공업화의 방법, 성장과 분배 등의 다양한 경제적 문제에 부딪치게 됐다. 처음에는 가격기구의 원칙을 준수함으로써 비교적 합리적으로 경공업을 우선 육성하여 수출을 증대시킴으로써 경제를 운영했다. 박정희정부는 또 정부조직과 그 운영방식에 상당한 새로운 방식을 도입했다. 뿐만 아니라, 정부의 일을 돕기 위한 경제 연구기관의 설립 등, 당시로서는 파격적인 공공부문의 이노베이션을 도입함으로써 고도성장 정책을 뒷받침했다(조순, 1996, pp.46~48).[12)]

그러나 제1, 2차 5개년 계획이 성공적으로 집행되고 경부고속도로, 포항제철회사 등 遠視的인 프로젝트의 성공으로 크게 고무된 정부는 대통령의 종신집권을 겨냥한 또 한 번의 3選改憲에 이어, 정당과 정치활동을 금지하는 유신헌법의 제정을 감행했다. 유신의 정통성(Legitimacy)의 결여를 메우기 위한 수단으로 수출 촉진, 소득증대 촉진을 위한 중화학공업화의 추진을 채택하게 했다. 준비없이 무리하게 추진된 일련의 정책으로 강제적으로 고도성장은 달성한 것처럼 보였으나, 결국 이것이 파탄을 초래하고 말았다.

공화당정부는 자원의 배분에 있어 시장기능을 무시 억제하고 명령으로 대신하며, 의사결정 과정을 최고권력층에 집중하여 국가 주도의 경제발전 모델을 운영하였다. 그 과정에서 일부 재벌기업의 육성은 이루어졌으나 경제의 불균형이 여러 면에서 조성되어, 그동안 발휘되

---

12) 발전이란, 언제 어디에 있어서나 이노베이션(innovation)의 산물이다. 초기의 박정희정권의 성공은 5개년계획 자체에 있었던 것이 아니라, 정부조직과 운영, 경제정책의 목표와 운영상의 이노베이션의 결과였다. 박정희 정권이 제3차계획 이후 실패의 길로 접어든 것은 후속 이노베이션이 국내외 정세에 역행한 말하자면 일종의 "mal-adjustment" 내지 "mal-innovation" 때문이었다.

던 효율은 떨어지고 비용은 증대하는 체질이 강화됐다. 또 이는 산업화의 주요 주체로서 재벌과 노동을 만들어내는 과정이기도 했다. 정부는 특히 금융부문을 거의 완전히 장악하여 정책금융이라는 이름으로 정부가 자금 대출을 거의 독점적으로 통제하는 정책으로 성장을 유도했다. 이러한 정책을 쓴 구소련의 경제가 파탄했듯이, 한국경제도 순조로운 성장을 기대할 수는 도저히 없었다. 한마디로 박정희 정부 하에서 시작된 산업화는 국민경제에 존재하는 모든 인적 물적 자원이 정부에 의해 배분 사용됨으로써 정권의 초기에는 적어도 상당한 효율을 발휘함으로써 이른바 압축성장을 이루었다. 이 시기의 한국경제와 경제정책은 수출 중심 공업화 정책의 성공으로 인한 소득 증대, 산업구조 고도화, 실업 해결 등의 성과를 낳아 소위 '한강의 기적'이라고 불리워졌다. 그러나 다른 한편 농업의 정체, 독점의 강화, 대외의존의 심화, 저임금 구조화 등 구조적 모순도 분명해진 시기였다.

그렇다면 동 시기 경제학의 발전은 어떻게 진행되었는가. 사회의 안정, 경제성장에 대한 높은 기대를 반영하여 경제학에 대한 사회적 수요가 고조됨에 따라 경제학의 양적, 질적 발전이 현저하게 이루어졌다. 60년대로부터 미국 및 영국의 경제학 교과서가 그대로 교과서로 채택된 경우도 많았고, 미국에서 교육받은 학자가 귀국함에 따라 미국경제학이 많이 직수입됐다. 번역에 비해 저술의 비중이 급증하였고, 동시에 경제학 이론은 신고전파의 그것이 압도적으로 많게 됐다. 물론 신고전학파라고 해도 그 이론의 기본관점과 방법은 똑같은 것은 아니었다. 저서, 학술연구, 학위논문 등 모두 양적으로 팽창하였으며 정부용역 연구보고서도 급증하였다. 1971년에 한국개발연구원(KDI)이 경제기획원 산하에 설립됨에 따라 미국으로부터 귀국한 소장학자들이 다방면에 걸쳐 활기 있는 연구를 행하였다. 주로 미국식 일색이었기는 했지만 이론과 분석의 수준 역시 성숙단계에 접어들었다. 수입된 이론을 나름대로 소화하여 재구성하려는 시도도 어느 정도 이루어지기 시작했다. 이 기간 동안 주로 미국의 교과서를 모방했기는 했으나 한국의 사례를 염두에 두면서 쓰인 교과서도 많이 나왔다. 남덕우의 『가격론』(1965), 조순의 『경제학원론』(1974), 김신행의 『국제경제론』(1977), 김종현의 『경제사』(1979) 등의 교과서들은 선진국의 경제이론을 소개하고 나름대로 한국의 실정도 고려한 점에서 당시의 한국의 경제학의 노력을 엿보이게 한다.

이러한 발전과정에서 경제학이론은 날이 갈수록 다양해지고 점차 수리분석이 가미됨으로써 이론과 현실 경제정책의 괴리 역시 나타나기 시작하였다. 사회과학, 경제학의 연구가 일천한 상황에서 특유한 방법론을 가진 '한국경제학'의 성립은 기대하기 어렵다고 하더라도 서구이론의 응용, 적용, 재구성 및 한국현실에 대한 인식을 담은 교과서나 경제이론은 나오지 못하였다. 아이러니하게도 경제학의 추상이론 수준이 발전할수록 현실괴리 역시 급속해졌다. 한국현실을 반영한 한국적 경제학이 필요한 상황에서 경제학의 현실괴리는 "자국의 실정에 맞는 이론정립을 위하여 용감한 반역자가 되지 못하고 구미적 편견에 물든 구미경제이론을 일반이론으로 신앙하여 그 충실한 추종자가 된 데서"(Myrdal, 1959, pp.101~104) 나타나는 결과였다고 볼 수 있다. 다시 말해, '이론 따로 현실 따로'의 현상 — 비단 한국에서뿐만 아니라 구미제국에서도 항상 보는 현상 — 이 나타나고 있었던 것이다.

한편, 이러한 상황을 고민한 연구결과도 상당수 있었다. 김병하의 『한국경제사상사』(1977), 김준보의 『한국자본주의사 연구』(1977), 변형윤 · 김윤환의 『한국경제론』(1977), 박현채의 『민족경제론』(1978)

등의 연구는 한국적 상황 속에서 적용 가능한 한국의 경제학을 구성하려는 진지한 노력을 보여주고 있다. 그러나 이 연구들은 대부분 단편적이며, 일반이론 면에서는 학계의 넓은 공감을 불러일으킬 수준에 도달했다고는 할 수 없다.

또 당시의 유신정권하의 이데올로기적 폐쇄성과 억압적인 정치적 분위기 속에서도 비주류의 경제발전론(이를테면 남미의 종속이론, R.프레빗쉬의 발전이론, 제도학파의 이론, 사회주의색채의 이론 등)도 많이 이루어졌다. 다른 한편, 경제학자의 본능이라고 할 현실정치에 대한 학문적 참여가 어려워지면서 가치중립적인 정책 연구, 현실 분석 등을 수행하는 경향도 나타났다. 이러한 경향에 대해 학계에서는 대체로 부정적인 평가(관변학자)가 많았지만, 이들은 70년대의 현실경제정책 수립과정에서 케인즈의 영향 하에서 미국 제도학파의 전통조차 들여오게 되었다. 이러한 실용주의는 70년대 학계에 지배적이었던 미국경제학이 신고전파의 이론적 이상주의에 빠지지 않게 된 배경이 되었다고도 볼 수 있다.[13)]

한편, 공식 비공식 학회활동도 이 기간 동안에 점차 활발해졌다. 한국경제에 대하여 국제관계의 중요성이 급증하는 추세에 비추어 이 문제를 집중적으로 연구하는 동시에 경제이론 일반과 정부정책의 비판 등을 목적으로 당시의 중견학자 80여 명이 모여 1978년 '한국국

---

13) 이와 같은 현실주의적 신고전파, 즉 현실참여자 그룹은 순수한 신고전파와도 구분되어야 할 것이다. 김준보(1995)는 70년대 주류로 자리잡은 신고전파 경제학은 "체계적으로 분석적"이지만, 그 가정은 "무엇보다 비현실적 허구성"을 가지고 있다고 비판한다. 즉, "철저한 이기적 개인주의 전제조건이나 미시적 분석의 심화과정이지만 결과적으로 오히려 국민경제 본래적 범주를 일탈한 반론의 여지없는 기교적 구성"(p.4)이라는 것이다. 그런데 현실참여적 신고전파는 70년대의 경제개발정책에 적극 참여하면서 개입주의적, 수출 지향적, 성장 지향적인 성향을 보였다. 요컨대, 이론적 순수성 대신에 현실주의를 선택한 것이다.

제경제학회' 가 발족한 것은 경제학과 학회의 활성화를 위한 좋은 자극제가 되었다. 이것은 오랫동안 활동이 부진했던 한국경제학회가 1979년부터 조직을 개편하여 연구와 학회활동의 활성화를 촉진하는 데에도 상당한 자극을 준 것으로 평가된다. 한국국제경제학회가 어려운 여건 속에서도 계간으로 출간하는 영문학회지 The Korean International Economic Journal(KIEJ, Various Issues)은 국내외에 구독자를 확보함으로써 한국의 경제학을 여타의 세계에 알리고 해외학자들의 연구결과를 게재하여 경제학 발전에 기여했다.

이 기간에 한국의 경제학의 '주류(Mainstream)' 였다고 할 수 있는 미국경제학의 영향 하에서 공부한 학자들의 학문적인 활동은 그 현실적합성(Relevance)이 부족하다는 비판을 받고 있었다. 수리분석 내지 논리의 정치에 치중한 나머지, 이들의 학문에는 역사의식이 부족하다든가, 정치나 사회에 대한 고려가 부족하다는 등의 비판이 이것이다. 확실히 그런 면이 없었다고는 할 수 없으나, 필자 자신의 체험에 의하면, 당시의 중견 경제학자들은 상당한 역사의식도 있었고, 사회나 정치의 중요성도 충분히 인식하고 있었다고 확신한다.[14)]

그러나 이 과정은 그동안 한국의 경제학에 존재했던 역사적 접근방식과 경제학적 접근법의 다양성이 쇠퇴하는 과정이기도 했다. 동시에

---

14) 필자는 1979년 초, 경제과학심의회의의 위촉에 의하여, 1980년대의 한국경제의 전망과 그 발전전략 방향에 관하여, 당시의 중견학자 20명(대부분이 교수)을 선정하여 약 10회에 걸쳐, 한국경제 전반에 관하여 심도 있는 세미나를 개최하였다. 세미나의 초점을 가지기 위해, 매 회마다 두 편의 논문을 발표하게 하였다. 당시, 한국경제는 박정희정부의 무리한 중화학공업의 추진에 의하여 매우 심각한 불균형과 높은 임금, 물가의 상승에 시달리고 있었는데, 20명의 학자들의 분석은 거의 이구동성으로 경제의 앞날에 관하여 우려하는 것이었다. 학자들의 현실감각이 부족하다는 등의 비판은 별로 근거가 없다는 것을 필자는 발견했다. 이 세미나의 결과는 필자가 대표 집필한 『중장기 개발전략에 관한 연구』(경제과학심의회의, 1979. 12)에 요약되어 있는데, 10 · 26사건 때문에 대통령은 이것을 볼 겨를이 없었을 것이다.

경제학의 전문화도 뚜렷해져「한국노동경제학회」,「한국통계학회」,「한국농업경제학회」 등 6~7개의 전국적 학회가 70년대에 창설되었다(변형윤; 신태환 외, 1983, p.52). 반면, 학회에 학문적으로 포섭될 수 없었던 비판적 경제학자들이 1987년에「사회경제학회」를 창설함으로써 학문적 다양성은 조직의 다양성으로 나타나게 되었다(한국경제학회, 1991, p.63).「사회경제학회」는 주류경제학에 비판적인 경제학자들이 모여 이른바 한국적 특수성과 자립경제 지향적인 성향을 보이는「구조론자」로 분류할 수 있다. 이러한 학회를 통한 경제학자들의 모임은 한국경제학의 다양한 分岐를 보여주는 것이기도 하다.

4. 선환기(1980~1997)

이 시기는 1979년 12월 박정희 정부의 유신체제가 종말을 고하고 제5공화국, 제6공화국의 노태우 정부 및 김영삼의 문민정부 기간인데, 국내적으로는 민주화의 요구로 인해 대통령의 직선제가 채택됨과 아울러 정치적 경제적 자유화가 확대되었고, 국제적으로는 소련이 붕괴하면서 냉전이 끝나고, 우선은 미국이 유일의 초강대국으로 남아서 글로벌화가 추진되기 시작한, 일찍이 보지 못한 국내외의 변화가 일어난 엄청난 기간이다. 한국에도 엄청난 변화가 일어났다. 우선, 정치적으로는 대통령직선제의 수용으로 국민의 정치적 자유화가 크게 확대된 것은 특기할만한 일이다. 국제적으로는 중국, 소련 등의 구공산국과의 외교관계가 정상화된, 일반국민은 그 의미를 간과하기는 쉬우나 반공국가 한국으로서는 매우 획기적인 큰 사건이었다.

경제 및 경제정책면에서는 어땠는가. 다음 절에서 좀 더 자세히 논하겠지만, 경제적으로는 박정희 시대의 '성공'의 타성이 강하게 남아서 그랬는지 몰라도, 현실적으로나 정책면에서나 획기적인 변화는 없었다. 1980년대의 정치리더십은 경제에 관한 한 이렇다 할 비전이 없었고, 이로 말미암아 제4공화국 당시부터 쌓이기 시작한 구조적인 취약점을 치유할 대책은 없었다. 제5공화국 하에서는 우선 물가안정이 절실히 요구된 상황을 반영하여, 정부는 전력을 다하여 안정화 정책을 추진하여 상당한 성과를 거두었다. 다만, 그 안정화 정책은 임금과 물가의 동결 등 정부의 직접통제의 수단에 의존하였으므로 지속될 수 없는 성격의 것이었다. 80년대 후반에 접어들면서 한국에는 소위 3저 현상(저환율, 저유가, 저이자율)이 일어나서 수출이 폭발적으로 증가하고, 성장률이 획기적으로 증가하였다. 그러나 이것 역시 지속될 수 없는 일시적인 호황에 불과했다. 88년 올림픽 이후로는 임금, 물가의 폭발적인 상승 및 이에 따른 부동산 투기가 격심하여, 정부는 구조개혁 노력에 힘쓸 겨를이 없었다.

이른바 문민정부가 등장한 후로 정책의 기조는 다시 성장촉진 정책으로 회귀했다. 하지만 구조적인 불균형으로 산업의 효율은 낮았고 국제경쟁력은 악화일로에 있다가 1997년 말의 IMF 위기로 연결된 것이다. 한 마디로, 이 시기는 양적으로는 여전히 고도성장을 달성했지만, 과거 체제의 몰락의 원인을 불식하고 새로운 체제를 창출하는 정책적 이노베이션을 만들어내야 할 과도기였음에도 불구하고, 관변 이코노미스트나 학계 일반에 있어서나 이러한 이노베이션을 이룩하지 못했다.

그러므로 이 시기의 경제학이 시대적 과제를 충분히 수행했다고 보기는 어렵다고 보아야 할 것이다. 이 시기 역시 구미 경제학의 수입과 소화에 급급했고, 그런 이론과 정책비전을 가지고는 한국의 구조개혁을 일구어낼 수 없었다. 이 시기의 이론적 경향을 보기 위해 단행본과 교과서 수준의 저술을 보면, 한층 심화된 이해 수준과 소화 수준을 보여주고 있는 것은 인정되어야 한다. 이를테면 주류경제학에서는 이승훈의 『미시경제학』(1981), 정운찬의 『거시경제학』(1982), 송병락의 『한국경제론』(1981), 비주류경제학에서는 김수행의 『정치경제학원론』(1988) 등을 들 수 있고, 이정우의 『소득분배론』(1991) 등은 경제학의 주제가 점차 심화되고 있음을 보여준다 하겠다.

이 시기의 특징은 세 가지 정도로 나누어 볼 수 있다. 첫째, 광의의 주류경제학을 중심으로 한 이론수입의 속도와 이해가 상당히 빨라졌다는 점이다. 또한 주류경제학의 수입이라는 특징과 함께 나타난 것은 학위의 출신국가 면에서 미국 출신 박사가 제일 많아 1988년 한국경제학회 회원에 대한 분석에 의하면 34.5%가 미국, 30.5%가 한국, 2.5%가 일본, 서독 등으로 미국 편중성이 매우 높게 나타나고 있다(한국경제학회, 1991, p.100). 흥미로운 점은, 1980년대에 실시된 졸업정원제로 인해 교수 수요가 급증하면서 국내 박사의 대학교단 진출이 늘었다는 점이다. 미국 박사학위 소유자들에 의해 지배된 수도권의 대학과는 달리 지방의 대학들에는 국내 박사들의 취업이 증가하여 지방 對 수도권의 경제이론의 차이를 예상케 하는 현상까지 발생하였다.

둘째, 한국경제학 정립의 목소리가 커졌다. 80년대에 들어서 한국의 경제학이 신고전파 균형이론 중심으로 전개되면서 다양한 학문경향을 무시하는 경향이 있다는 반성이 광범위하게 일어났다. 역사, 제도, 사회심리 등 일견 비경제적 요소로 보이는 측면들을 다양하게 포괄한 보완을 통해 한국적 경제학의 토착화를 시도해야 한다는 주장이 신태환, 김준보, 변형윤, 박우희, 강명규, 임원택, 주종환, 김병주 등 한국의 중진 경제학자들을 중심으로 제기되었다(신태환 외, 1983).

셋째, 80년대 정치적 격변기를 맞으면서 소장학자를 중심으로 한 마르크스주의적인 이론을 비롯해 급진적, 비판적 학문이 재생되었다는 점이다(김수행, 2004). 한국전쟁 이후, 마르크스 경제학이 경제학계의 전면에서 사라진 데 대해서는 전술한 바와 같지만, 학문에도 Activism의 현상이 있는 것을 종종 보는데, 한국의 마르크스이론은 원래 간단히 없어질 수 없는 배경을 가지고 있어서, 80년대 중반 이후 민주화와 더불어 다시 시대의 각광을 받게 된 것이다.

전체적으로 학문의 수준은 높아졌고 논문의 양과 질적 차원에서 급성장하였지만, 한국의 현실을 천착한 이론과 경험연구가 부족한 점 등은 향후의 과제로 남겨졌다. 그러나 한국경제학의 이러한 과제에 대해 경제학계에서 아무런 대응을 하지 않았다는 것은 아니다. 경제학은 본질적으로 실천적 학문이며, 따라서 학문을 통한 경제학자들의 현실참여는 적지 않았다. 다만 이런 저런 이유에 의해, 이들의 발언이나 제안이 정치지도층에 의해 잘 받아들여지지 못했다. 같은 학문을 하면서도 각자의 성향에 따라, 인간이라면 어쩔 수 없는 주위의 환경에 따라, 현실사회에 관련된 학자의 처신은 달라지지 않을 수 없다. 이 기간에도 이런 현상이 많이 나타났는데, 어떤 사람들은 정부에 들어갔고, 어떤 사람들은 제도권 밖에서 현실사회에 대한 연구와 비판을 하기 위한 모임을 가지는 경우도 나타났다. 어느 쪽이 낫고 못하고는 말할 수 없다. 서강대학의 몇몇 교수가 정부관직을 가졌다 하여 세칭 '서강학파' 라고 부르는 경우가 있는데(김경환, 2000), 이것은 실지로 '학파' 라고 하기는 어려워 보이고, 1980년대를 기점으로 등장한 경제적 민주화에 대한 관심을 반영하여 일부학자들이 분배문제 등을 연구하는 "학현학파"가 등장하기 시작하였다.[15] 그 밖에도

15) 학현학파라는 말은 서울대학교 변형윤 교수의 호를 딴 학현연구소를 중심으로 한

현실참여에 대한 관심을 떠나서 학자들의 연구 관심은 다양하게 표출되고 있는데, 이를테면 민생의 문제를 고찰하기 위한 학회, 고전의 소양을 높이기 위한 모임 등 학자들의 모임은 다양하게 전개되고 있다.

5. 새로운 방향 모색기(1997~2004)

1997년의 아시아 금융위기는 한국경제, 나아가 한국경제학에 큰 충격을 준 일대 사건이었다. 이전에도 한국경제에 주기적 위기가 없었던 것은 아니었다. 부실기업의 대두로 인한 8·3 조치 때의 위기, 두 번에 걸친 오일 쇼크가 몰고 온 위기 등 모두 위기적인 상황이었으나, 당시는 냉전질서 하에서의 위기였기 때문에 그 위기는 국내문제이었고, 국내문제였기 때문에 정부가 무리한 정책을 써서라도 당장에 필요한 조치를 취할 수 있었다. 이에 비해, IMF위기는 글로벌 질서 하에서의 위기이므로 정부가 IMF의 동의 없이 자의적으로 쓸 수 있는 정책수단이 매우 제한되어 있었다.

어떻든, IMF 이후로 불과 몇 해 동안에 한국경제는 모든 것이 전과는 180도로 달라졌다. 전에는 한국의 경제정책의 기조는 민족주의 내지 국가주의(Nationalism)의 성격이 강해서 금융시장이나 자본시장의 대외개방에 대해서는 세계 어느 나라에 비해서도 신중하며 소극적이었었는데, IMF가 온 지 불과 수년 동안 한국사람들이 어물어물하는 동안에 한국의 금융시장과 자본시장에는 외국인이 지배적인 위치를

참여지향적 경제학자들을 말한다. 변형윤 교수는 1980년대 해직되어 개인연구소를 차렸는데 이 시기를 계기로 하여 젊은 연구자가 모이게 되었고 그 결과 나타난 것이 1987년 출범한 「사회경제학회」이다. 현재 이 그룹의 경제학자들은 「사회경제학회」, 「경제발전학회」, 「서울경제연구소」로 나뉘어져 있다.

구축하게 되었다. 동시에 몇 개의 재벌을 포함한 많은 대기업들이 사라지고 경제의 성장동력은 8년이 지난 오늘에 있어서도 회복되지 못하고 있다. 이리하여 한국경제는 선진권의 문턱에서 마치 그 문에 들어가기를 주저하듯 머뭇거리고 있다. IMF 위기는 기존의 발전방식의 변화를 요구하고 있으나, 한국에서는 아직 어떤 새로운 방향 제시가 없다.

이러한 현실에 직면한 한국의 경제학자들은 어떠한 처방을 내리고 있는가. 아직 이렇다 할 새로운 방향 제시가 없다. 오히려 많은 학자들은 미국이 주도하는 신자유주의의 정책을 충실히 따르는 것이 필요하다고 보는 것 같다. 한국의 경제학이 미국경제학 일변도에서 벗어나서 우리의 정치적, 역사적, 제도적 현실을 반영한 정치경제학적 접근을 해야 한다는 반성은 이전에도 있었지만(박우희, 1983), 1997년의 경제위기는 신자유주의의 이론으로는 한국을 위한 올바른 처방을 할 수 없다는 점이 점차 명백해지고 있는 것만은 확실해지고 있는 것 같다. 우리의 현실에 맞는 한국경제학의 방향 정립의 필요성이 절실하다는 것은 이지순(1999)과 2000년 한국경제학회 학술대회의 발표인 김병주(2001), 박명호(2001), 안국신(2001) 등의 논문에서도 잘 나타나고 있다. 아쉽게도 경제위기를 계기로 엄청나게 변화한 우리 경제의 현실에 대한 철저한 새로운 인식을 반영하는 주목할 만한 한국경제학의 재구성 시도는 아직 분명한 성과를 보여주지 못하고 있다.

그 결과 IMF 이후 지난 수년간 경제학계에는 주목할만한 변화가 나타나고 있다. 경제학의 유용성에 대한 일반의 평가가 점차 낮아져 가고 있는 징조가 뚜렷해지고 있다. 신자유주의가 세계를 휩쓸고 복지국가가 퇴색함에 따라 국가의 역할이 줄면서, 경제학도가 할 활동 영역이 좁아지고 있는 것으로 비춰지고 있다. 경제학을 해 봐야 돈도

벌 수 없고 출세할 기회도 줄었다고 생각하기 때문에, 한국에서는 경제학과에 대한 지망생도 줄고, 학생의 질도 전에 비하여 현저히 낮아지고 있다. 엄밀히 말하면, 이런 것은 문제가 되지 않는 것으로 볼 수도 있지만, 사실, 돈이나 출세라는 '세속적' 인 견지를 떠나서, 경제학이 자라나는 학생의 지적 욕구를 만족시키는 데 성공하지 못하고 있기 때문이 아닐까. 만일 이것이 사실이라면, 한국의 경제학은 위기에 직면하고 있다고 해도 과언이 아닐 것이다.

세상은 전광석화처럼 빨리 변하고 있다. 경제학은 물리학과 같은 순수과학(Hard Science), 수학을 비롯한 자연과학의 방법을 배우기 위해 엄청난 노력을 해왔다. 그래서 그동안 경제학도들은 역사도 포기하고 외국어도 포기했다. 그러나 시대의 변천은 다시 역사를 필요로 하고 외국어를 필요로 하게 되었다. 슘페터는 그의 History of Economic Analysis(1952)에서 경제학을 위해서는 역사가 이론 다음으로 중요하다고 했다. 하이에크는 그의 Counter-revolution of Science (1960)에서, 경제학은 자연과학과 다르다고 했다. 한국에서 경제학을 다시 유용한 학문이 되고, 지금처럼 '고비용, 저효율' 의 굴레를 탈피하게 하기 위해 무엇이 필요한가의 문제를 진지하게 생각해야 할 것이다.

Ⅲ. 한국경제학의 평가와 과제

이상의 논의로부터, 우리 경제의 발전과정과 그 발전과정에서 우리 경제학과 경제학자가 수행한 역할에 관하여 본고의 논의와 관련 있는 부분에 관하여 요약 형식으로 몇 가지 결론을 도출하고자 한다.

1) 주지하는 바와 같이, 우리경제는 1960년대, 그리고 1970년대 초까지 '한강의 기적'이라 불리는 고도성장을 달성했다. 그 후 여러 가지 우여곡절은 있었으나 우리 경제는 1996년에 OECD에 가입함으로써 거의 선진권에 진입하기 직전에 있게 되었다.

무엇이 이 도약적 발전의 요인이었는가. 그 요인으로는 첫째, 정부의 리더십, 둘째, 공공부문과 기업부문에서 일구어낸 여러 가지 이노베이션, 그리고 셋째, 국민의 전폭적인 호응을 들 수 있다. 이것을 요약하면, ① 정부의 리더십이란, 당시의 지도자가 경제개발에 관해 나름대로의 비전과 전략을 가지고 있었고, 그것을 가지고 국민의 에너지를 집결시켰다는 것을 말한다. ② 발전이란 언제 어디에 있어서나 이노베이션 없이는 이루어질 수 없는데, 그 당시 한국에서 정부는 정부조직과 운영, 공공기업의 설립, 연구기관의 신설, 인적 물적 인프라의 확충 등의 많은 이노베이션을 했다. 수출주도형 발전전략은 당시의 국제질서에 잘 부응했다. ③ 민간의 기업부문에서도 훌륭한 기업가들이 많이 나와서 전에는 생각하기 어려웠던 많은 투자를 행하였다. 이들의 투자에서 부정과 부패가 있기는 했으나, 완전히 공정한 자본주의의 발전은 없다는 점도 감안해야 한다. 국민도 근면성을 발휘하여 저임금을 감수하면서 생산활동에 종사함으로써 많은 부가가치를 창출했다.

그렇다면, '한강의 기적'이 '한강의 위기'로 돌변한 요인은 무엇인가. 잘 나간다던 한국경제가 왜 IMF의 구제금융을 받게 되었는가. 한국경제가 IMF위기를 맞은 요인은 一朝一夕에 조성된 것이 아니다. 그 요인은 ① 제3공화국의 '이노베이션'이 잘못 됐기 때문이다. 그 동안의 성공에 의해 도취감(Euphoria)에 빠진 정치 리더십이 유신체제를 도입함으로써 경제정책에 경제논리를 무시한 무리한 정책을 감행했다. ② 제5, 6공화국의 리더십은 절실한 구조개혁을 할 만한 비전과 전략이 없었고, 문민정부 역시 마찬가지였다. 시대는 냉전체제로부터 글로벌 시대로 전환했는데 한국의 리더십은 이에 대한 확실한 인식이 없었다. 언제 어디서나 이노베이션 없는 경제는 침체할 수밖에 없다.

2) 그렇다면, 이 과정에서 경제학은 어떻게 발전했으며 그 역할은 어떠했는가. 한국의 경제학은 그 동안 장족의 발전을 했다. 세계의 주류경제학이라 할 수 있는 구미의 경제학이 광범위하게 도입됐고, 경제학의 교육도 체제면에서나 내용면에서나 엄청난 발전을 이룩했다. 1960년대에는 한국경제의 고도성장에 상당한 기여를 한 것도 사실이다. 경제발전5개년계획의 추진 과정에는 평가교수단이 그 세부를 평가했고, 국민여론의 형성에도 상당한 기여를 한 것으로 보인다. 그러나 위에서 말한 고도성장의 요인을 만들어내는 데 직접적으로 큰 역할을 했다고는 할 수 없다. 사실, 경제학자가 나라의 발전을 위한 필요한 이노베이션을 직접적으로 만들어낸다는 것은 거의 불가능하다.

한국의 경제학은 IMF위기를 막는 데 어떤 기여를 했는가. ① IMF위기의 遠因이라고 볼 수 있는 유신정권 하에서의 무리한 정책에 참여한 경제학자는 없다. 당시의 중화학기획단에 의한 작업은 경제이론을 거의 도외시했다. 본문에서도 지적했지만, 필자 자신을 포함하여 당시의 중견교수들 20명이 70년대 말의 중화학 정책이 파탄하리라는 지적을 하면서, 새로운 합리적인 정책방향을 정부에 건의한 바 있다. 10 · 26 이후 이 건의는 정부 경제부처에 배포되었지만, 실지로 정책에 반영되지는 못했다. ② 제5공화국 당시, 물가안정을 위한 정책수립과 집행에 어느 정도 성공을 거둔 이면에는 관청 이코노미스트 및 일부 관변 이코노미스트의 기여가 컸었다. 제6공화국 당시에도 관청 이코노미스트 중에는 정책기조의 전환을 위해 나름대로 노력을 했으나 성과를 거두지 못했다. 문민정부가 들어설 무렵, 세계는 글로벌 시대를 맞이했으나, 경제학자들 중에서 시대의 각광을 받을 만한 비전 있는 이론을 편 사람은 없었다. 솔직히, IMF를 당할 당시, 이 나라의 경제학계에서는 — 다른 학계에서도 대동소이하지만 — 아직 글로벌화와 IMF의 본질에 대한 완전한 이해와 우리의 앞으로의 진로에 대해 국민을 이끌만한 비전 있는 이는 드물었다.

3) IMF는 우리나라에 대해 엄청난 재앙을 가지고 왔는데, 이것은 과연 불가피한 것이었었는가. 이러한 새앙에 직면하여 경제학자들이 수행한 역할은 무엇이었는가.

위의 본문에서도 밝혔지만, IMF는 우리나라 경제의 구조와 운영방식, 금융구조와 기업의 지배구조, 공공 및 민간기업의 자산 소유 등을 근본적으로 바꾸어 놓았다. 잘된 점도 있지만 잘못된 점도 많다. 이러한 변화는 불가피한 점이 있지만 모든 변화가 너무나 급격했기 때문에 국민경제에 대한 피해가 지나치게 컸던 것이다.

경제학자 중에는 이런 점에 관하여, 경종을 울린 이도 적지 않았지만, 효과는 거의 없었다. 원래 학자의 역할이란, 이론과 의견을 제시할 따름이지 정책을 구상하고 집행하는 것은 어디까지나 정부인 것이다. 만일 학자의 이론이나 주장이 옳다면, 당장에는 아니라 할지라도 언젠가는 국민에게는 좋은 참고 자료가 될 것이다. 케인즈가 경제학자의 영향력은 보통 생각한 것보다 크다고 한 것도 이런 遠視的인 의미에서였다. 그런 원시적인 의미에서 볼 때, IMF에 직면한 한국경제학은 국민의 기억에 남을만한 이론이나 주장을 얼마나 만들어냈는가? 아쉽게도, 부족했다고 하지 않을 수 없다.

IMF 위기가 발발한 지 10년이 다가오고 있지만 우리는 아직도 IMF 구조조정을 계속하고 있는 중이다. 비록 한국경제는 과거의 고성장 기조에서 저성장 기조로 변화하였고, 비록 수익성과 효율성을 강조하는 성과는 있었지만, 고용 없는 성장과 양극화 등 풀기 어려운 구조적 문제를 안게 되었다. 과연 경제학은 이 과정에서 어떠한 교훈을 얻었고 새로운 변신을 준비중인가?

4) 한국경제학의 과제는 무엇인가.

1992년 파리에서 개최된 「경제학은 엄밀과학이 되고 있는가?(Is Economics becoming a hard science?)」라는 제목의 국제학술대회(Autume and Cartelier(ed.), 1997)에서는 다양한 이견에도 불구하고 지난 200년간 경제학이 이론적 엄밀성을 획득하는 데는 일정한 수준에 도달하였으나, 과학성 추구로 인해 현실적 설명능력에 한계를 보인 것이 아닌가라는 반성을 하고 있다. 수리적 방법은 수단으로서 기능해야 하는데도 많은 학문세계에서 그것은 그 자체가 목적이 되었다. 경제학에서 이러한 현상은 더욱 극심해져 생물학, 수학, 물리학 등 엄밀 과학에의 동경은 극에 달하였다(Galbraith; Medema and Samuels, 1996, p.76).

한국의 경제학은 서구경제학의 수입과 소화에서는 일정한 수준에 도달한 반면, 정작 한국의 실제 경제현실에 대한 구체적 대안을 내놓는 데는 상대적으로 무력했다고 볼 수 있다. 한편으로는 서구 경제이론을 닮으려는 노력의 과정에서 현실과는 별로 관계가 없는 공리공담을 일삼게 되고[16], 다른 한편으로는 서구 경제학 발전과정에는 없

16) 다산 정약용은 그의 五學論에서, 한국의 유학이 송나라에서 수입한 성리학을 닮으

는 정치사회의 요인에 의해 억눌려 온 면도 있다. 모두 다 온당한 발전의 모습은 아니다. 경제학은 원래 실천적인 학문이며, 따라서 이 학문의 기본정신은 實事求是에 있다.

경제학은 아무리 노력해도 嚴密과학 내지 硬性과학(Hard Science)이 될 수 없고, 또 그런 노력을 하면 할수록 현실문제를 해결하는 능력은 떨어질 것이다. 케인즈는 그의 벗이었던 천재 프랭크 램지(Frank Ramsey)에 대한 뇌문(誄文)에서, 경제학은 도덕과학 중에서 가장 마음 편한 分野("Most agreeable branch of Moral Science")라고 했다. '도덕과학' 이라면 가치관의 요소가 없을 수 없고, 가치관이 들어있는 학문이 엄밀과학이 될 수는 없고, 또 마음에 편해지자면 이 학문이 고전학파처럼 음산한(dismal) 학문이 되어서는 안 되겠고, 마르크스처럼 무자비한 것이 돼서도 곤란할 것이다. 필자는 앞으로 한국경제학이 좀 더 뚜렷한 형태를 갖추는 날에는 케인즈의 말처럼 마음에 드는 도덕과학의 일분야가 됐으면 한다.

경제학이 가진 현실성 부족 문제, 즉 이론과 현실 사이의 엄청난 괴리의 원인은 경제문제로 알려진 대부분의 문제들이 사실 순수한 경제문제가 아니라는 점에서도 찾을 수 있다. 경제이론의 허점들도 여기에 기여한다. 오늘날의 경제학이 역사, 제도, 사회심리를 너무나 무시하고 있다는 점, 즉 이러한 역사, 사회, 제도를 일정불변의 주어진 여건으로 간주하는 것에 있다(신태환 외, 1983, p.29).

그러나 다른 한편, 한국경제학이 바탕으로 하고 있는 한국경제의

려는 노력에 치중한 나머지, 원래의 실천적인 유학의 정신을 잃고, 공리공담을 일삼게 됐다고 비판했다. 한국의 경제학도 자칫하면 조선시대의 성리학처럼 공리공담을 일삼는 쓸모없는 학문으로 될 우려가 있다. 實事求是의 정신을 잃은 경제학이란 Moral Science도 아니고, Agreeable하지도 않은, 경제학자들 사이에서만 통하는 논리의 유희로 될 것이며, 끝내는 학문의 타락을 가지고 올 것이다.

현실은 한국경제학이 발전하기 위한 풍부한 자료를 제공하고 있다는 점은 한국경제학의 가능성을 말해준다. 그러나 한국경제학이 그 윤곽이나마 부각될 수 있도록 하기 위해서는 학자들의 엄청난 노력이 투입되어야 한다. 한국의 경제학은 아직은 그 윤곽조차 나타나지 않고 있는 것이다. 특히 IMF 이후 한국에서는 경제학에 대한 일반의 기대가 급격히 줄고 있다. 때문에 한국경제학의 이론적 편협성은 다소 완화된 듯이 보인다. 이러한 반성이 어떻든 중등 및 대학의 경제학 교육에 반영되고 경제학 연구에 반영되기를 기대한다.

한국은 지금 엄청나게 많은 문제에 시달리고 있다. 이 문제의 본질을 한마디로 표현하면, 나라 전체가 정체성 위기(identity crisis)에 걸려 신음하고 있다고 말할 수 있다. 한국과 한국인, 한국의 문화의 본질이 무엇인가가 뚜렷이 나타나지 않는 것이다. 이 위기를 탈출해서 나라의 정체가 보다 분명해지게 하는 것은 한국인에게 부과된 과제이다. 경제학자들은 지금까지 이 학문의 발전을 위해 많은 노력을 하고 그 성과도 좋았다. 그러나 앞으로 이 학문이 이 나라의 정체성 회복과 발전을 위해 보다 큰 도움을 주기 위해서는 보다 건전한 역사의식, 보다 확고한 가치관, 보다 확실한 문화관 등을 가지고 이 학문으로 하여금 한국사람들의 마음에 드는 도덕과학으로 발전되도록 해야 할 것이다.

〈참 고 문 헌〉

김경환(2000), 「서강학파가 한국의 경제학발전에 미친 영향」, 『서강경제논집』, 29권 1호, pp. 253~268.

김병주(2001), 「한국경제학교육의 나아갈 방향」, 『경제학연구』, 제49집, 제4호, pp. 357~369.

김병하(1977), 『한국경제사상사』, 일조각.

김수행(1988), 『정치경제학원론』, 한길사.

김수행(2004), 『한국에서 마르크스주의 경제학의 도입과 전개과정』, 서울대학교 한국학 모노그래프 24, 서울대출판부.

김신행(1977), 『국제경제론』, 법문사.

김종현(1979), 『경제사』, 경문사.

김준보(1977), 『한국자본주의사 연구』, 일조각.

김준보(1995), 「국내이론경제학계의 회고와 전망」, 『학술총람』(경제학편; 1942~1992).

남덕우(1965), 『가격론』, 진명문화사.

박명호(2001), 「경제학은 딱딱한 학문이어야 하는가」, 『경제학연구』, 제49집, 제4호, pp. 339~356.

박우희(1983), 『한국의 경제, 사상, 이론, 현실』, 유풍출판사.

박현채(1978), 『민족경제론』, 한길사.

변형윤(1980), 『한국경제의 진단과 반성』, 지식산업사.

______외 12인 공저(1992), 『경제민주화의 길』, 비봉출판사.

변형윤 · 김윤환(1977), 『한국경제론』, 박영사.

송병락(1983), 『한국경제론』, 박영사.

신태환 외(1983), 『한국경제학의 제문제』, 전예원.

안국신(2001), 「경제원론교육, 무엇을 할 것인가」, 『경제학연구』, 제49집제4호, pp. 371~384.
이기준 편(1980), 『자료, 한국경제학발달사』, 일조각.
이기준(1982), 『한국경제학교육사 연구』, 한국연구원.
이기준(1985), 『한말서구경제학도입사 연구』, 일조각.
이대근(2002), 『해방후 — 1950년대의 경제 — 공업화의 사적배경연구』, 삼성경제연구소.
이승훈(1981), 『미시경제학』, 박영사.
이정우(1991), 『소득분배론』, 비봉출판사.
이준구(1989), "한국경제학교육과 연구의 현황과 과제", 『경제논집』, 제28권 제3호, pp. 509~540.
이지순(1999), "한국경제학의 진로", 『IMF 경제위기와 한국 경제학의 반성 및 과제』, 서강대국제대학원.
임원택(1978), 『제2자본론 - 경제학비판』, 일조각.
______(1992), 『속제2자본론』, 한국경제신문사.
임종철(1983), 「한국경제학과 한국경제」, 『사회과학』, pp.113~140.
정운찬(1982), 『거시경제학』, 박영사.
조 순(1974), 『경제학원론』, 법문사.
조 순(1999), 『창조와 파괴 - 경제재생을 위한 조순의 제안』, 법문사.
____(1996), 『한국경제개조론』, 다산출판사.
____(2005), "전통과 국가경영 - 기조논문", 『전통과 국가경영』 학술회의, 한국학중앙연구원.
최호진(2001), 『한국경제 50년 논선 - 상, 중, 하』, 세경사.
한국경제학회(1991), 『한국경제학회 약사(1953~1989)』, 한국경제학회.
茶山丁若鏞, 『與猶堂全書』 중의 五學論.

Amsden, A. H. (1989), *Asia's Next Giant*, Oxford University Press: New York.

Autume, Antoine d' and J. Cartelier(ed.), (1997), *Is Economics Becoming a Hard Science?*, Edward Elgar.

Bell, D. *et. al.* (1980), *The Crisis in Economic Theory, The Public Interest*, Special Issue.

Blaug, M. (1980), *The Methodology of Economics*, Cambridge University Press, Cambridge.

Hayek, F. A. (1960), *The Counter-Revolution of Science*, Free Press.

Keynes, J. M. (1933), Chapter 29 Frank Ramsey in Essays in Biography, *The Collected Writings of J. M. Keynes* (1972), The Royal Economic Society.

______, (1936), *The General Theory of Employment, Interest and Money*, (조순 역, 1985, 『고용, 이자 및 화폐의 일반이론』, 비봉출판사).

Korea International Economic Association, *The International Economic Journal*, various Issues.

Medema, S. G. and W. J. Samuels (1996), *Foundations of Research in Economics: How Do Economists Do Economics*, Edward Elgar.

Myrdal, G. (1959), *Economic Theory and Underdeveloped Regions*, Harper Torchbooks.

Schumpeter, J. A. (1952), *History of Economic Analysis*, Oxford University Press.

한국경제의 발전과 앞으로의 진로*

이 글의 목적은 한국경제의 현황을 개관하고 앞으로의 진로에 관한 管見을 제시함에 있다. 제1절에서는 IMF 이전의 壓縮성장, IMF 이후의 壓縮改革의 과정을 鳥瞰함으로써 한국경제 문제의 배경을 살핀다. 제2절에서는 한국경제의 현황 및 당면과제에 관하여 논한다. 제3절에서는 앞으로의 방향을 짚어본다.

Ⅰ. IMF: 한국경제의 분수령

1. IMF 이전의 壓縮成長

1997년 11월 한국경제가 IMF를 맞은 것은 참으로 큰 사건이었다. IMF는 한국경제의 큰 분수령이었다. IMF 이후의 한국경제는 國民生活, 産業, 企業, 金融, 政府, 對外關係 등의 모든 부문의 양상이 IMF 이전의 그것과는 기본적으로 달라졌다.

IMF 이전의 한국의 공업화는 철두철미 정부에 의해 주도되었다. 경제운영의 목표는 수출과 성장의 극대화에 두어져 있었고, 산업정책

---

* 이 글은 서울대학교 명예교수들의 논문집(2006년 7월 간행)에 게재된 논문에 添削을 가한 것임.

의 목표는 自立經濟의 달성이었으며, 무역정책은 貿易收支黑字의 극대화를 겨냥한 「重商主義(mercantilism)」적인 성격을 띠고 있었다. 외자도입은 상업차관 및 공공차관의 형태로 이루어졌다. 외국인의 경제지배를 우려하여 직접투자는 禁忌視되어 있었고, 금융시장과 자본시장의 대외개방은 터부視되어 있었다. 당시의 한국경제는 정부정책에 있어서나 국민의식에 있어서나 민족주의(nationalism)적인 성격을 농후하게 띠고 있었다.

기업운영에 관한 정부의 영향력은 막강하여 「韓國株式會社」라는 말이 나타내듯이, 한국은 宛然히 일종의 「국가자본주의」체제 하에 있었다. 정부는 70년대 초부터 산업정책의 중점을 중화학공업 육성에 두었다. 유능한 대기업의 총수들이 정부의 전폭적인 지원 하에 왕성한 기업정신을 발휘하여 電子, 機械, 鐵鋼, 造船, 自動車, 石油化學 등 분야에 대규모의 투자를 행함으로써 산업구조는 획기적으로 고도화됐다. 선진국이 긴 세월에 걸쳐 이룩한 성장을 단시일 내에 壓縮하여 성취하였다는 의미에서 開發年代의 한국경제성장은 「壓縮成長」이라 불리기도 한다.

그러나 압축성장의 이면에는 많은 무리가 쌓여지고 있었다. 巨視的으로는 不實投資 · 重複投資가 누적되고 賃金 · 物價의 인플레가 만성화되었다. 微視的으로는 기업의 不實化, 중소기업의 부진, 금융부문의 낙후, 소득분배의 불균형, 政經癒着의 고질화, 전투적 노조의 출현 등 後日 한국경제의 정상적인 발전을 저해할 諸要因이 胚胎되고 있었다.

70년대 말부터 경제학계에서는 경제정책의 방향 전환과 상당 폭의 구조조정이 절실하다는 것을 느끼고 있었고, 제5, 6공의 경제 당국도 이러한 문제를 알고 있었다. 특히 80년대 후반이 되면서 더욱 절실해진 것이 금융의 자유화와 중소기업의 육성이었다. 그러나 80년대 90년대를 통하여 경제운영의 기조는 여전히 개발연대의 패러다임에 따라 정부주도의 고도성장을 지향하고 있었다. 그 결과 구조의 불균형은 계속 확대되어 국제경쟁력은 추세적으로 약화되었다. 97년 초에 이르러서는 일부 대기업이 도산하기 시작했다. 이것이 IMF를 불러올 前奏曲이었다.

한국경제가 이러한 추세에 있는 동안 국제정세도 세계사적인 변화를 겪었다. 1991년 소련이 붕괴함으로써 세계는 글로벌 시대에 진입했다. 미국경제는 IT혁명에 편승하여 이른바 '신경제(new economy)'의 호황기를 맞아 거품을 자아내고 있었다. 국제자본이동은 그게 촉진되어 엄청난 규모의 투기자금이 南美 및 아시아지역의 개발도상국의 '신흥시장(emerging market)'에 밀물처럼 몰려들다가 썰물처럼 빠져나가는 것이 일상화되었다. 마치 바이러스가 병약한 사람을 집중 공격하듯이, 투기펀드(fund)는 약한 신흥시장을 집중 공격하여 이 나라들이 비틀거리는 틈을 타서 불난 집에서 家財를 줍듯이 금융 및 실물자산을 염가로 매입하고, 금융기관 및 기업을 인수함으로써 막대한 이익을 챙겼다.

1990년대 후반의 한국경제는 투기펀드의 공격을 받을 좋은 조건을 갖추고 있었다. 전반적으로 국제경쟁력이 약한 경제에 기업의 대외단기부채가 과다했다. 경상수지가 악화하여 외채의 상환능력이 의심스럽게 되자 외국인들은 경쟁적으로 자금을 인출했다. 외환당국은 환율의 상승을 막고자 적극적으로 외환시장에 개입했으나 역부족이었다. 보유외환이 급격히 감소하여 곧 바닥이 났다. 국가부도에 직면한 한국은 더 이상 버틸 수 없게 되어 1997년 11월 끝내 IMF의 구제금융을 받게 된 것이다.

2. IMF 이후의 "壓縮" 改革

IMF는 원래 각국 통화간의 固定換率을 유지하기 위한 기관이었으나, 1972년 미국이 金換制度를 포기한 후로는 IMF의 목표는 변동환율제도 유지에 두어지게 되었다. 외환 부족국에 대기성 차관을 공여하여 국제금융질서를 유지하는 것이 IMF의 주요 임무가 되었다. 그 임무에는 단기적인 것과 장기적인 것의 두 가지 목표가 있다고 볼 수 있다.

단기적인 목표는 채무국으로 하여금 外債를 償還하도록 하는 일이라 할 수 있다. IMF의 임무인 세계금융질서의 유지란 곧 국제 금융거래의 안전을 의미하고, 금융거래의 안전은 곧 월街의 국제금융업자들의 債權行使의 安全을 의미한다. 그러므로 IMF는 결과적으로 월街 금융업자의 안전을 보호하는 기관으로 볼 수도 있다. IMF가 채무국 구제를 위한 융자를 한다면 그 융자는 채무국으로 하여금 債務를 이행할 수 있는 경제정책을 채택하도록 하는 조건을 附帶한다. 그러므로 IMF의 借款은 채무국을 구제하는 의미도 있지만 그것에 못지않게 外國의 債權者들을 보호하는 의미가 있다고 볼 수 있다.

IMF의 장기적인 목표는 IMF의 차관을 받은 受援國의 경제를 글로벌경제 속으로 편입시키는 데 있다. 그렇게 함으로써 수혜국의 대외 금융거래를 자유화하여 "이익"을 주고, 동시에 외국 금융업자들의 활동영역을 넓힐 수 있기 때문이다. 이와 같은 결과를 겨냥하여 IMF는 受援國에 대해 그 나라의 경제상황과는 관계없이 항상 다음과 같은 차관조건을 준수하도록 요구해 왔다. ① 금융·재정의 긴축, ② 무역 및 금융·자본시장의 자유화·개방화, ③ 공기업의 민영화, ④

작은 정부의 실현 등이 이것이다. 이와 같은 정책 패키지는 1970년대에 일부 南美나라(칠레, 아르헨티나, 우루과이 등), 그리고 특히 1970년대와 1990년대에 걸쳐 아르헨티나와 멕시코에서 시행되었다. 이 정책 패키지는 신자유주의(neo-liberalism)의 이데올로기에 입각한「워싱턴의 合意(共感)」(Washington consensus)라고 부르기도 한다.[1)]

IMF는 한국에 대해서도 차관조건으로「워싱턴 合意」의 정책패키지를 내놓았다. 이 차관조건을 받아들인 한국정부는 과감하게 자유화, 개방화, 민영화, 금융기관 및 기업의 퇴출, 매각, 합병 등을 추진했다. 정부는 IMF의 요구에 자체의 정책을 곁들여 기업, 금융, 공공부문, 및 노동의「4大 部門의 구조조정」계획을 만들어 이것을 정력적으로 추진했다. 이 4대 부문은 사실 경제 전체를 포괄하는 영역이었다. 한국정부는 이 방대한 개혁작업을 완성하면 70년대 후반부터 한국경제에 쌓인 구조적 취약점은 말끔히 제거되고, 경제의 효율도 회복될 것으로 기대했던 것이다. 그러나 이런 포괄적 개혁이 성공하려면 장래에 대한 확실한 비전과 전략, 개혁절차와 추진일정에 대한 면밀한 검토, 그리고 긴 시일과 많은 비용이 소요된다는 데에 문제가 있었다. 정부가 구상하여 시행한 대로 1~2년의 작업으로 성공하기를 기대하기는 처음부터 어려웠다.

IMF의 개혁작업을 수행하기 위해 많은 새로운 基準들이 등장했다. 이를테면, 금융기관에 대해서는「自己資本比率 8%」라는 국제결제은행(BIS)의 기준이 적용되었다. 8%라는 맹랑한 숫자가 금융기관의 생사여부를 판가름하는 기준이 됐다. 8% 이상의 금융기관은 존속되고 그 이하는 퇴출되었다. 기업에 대해서는「負債比率 200%」라는 기준

---

1) 이러한 일련의 정책은 워싱턴에 있는 미국재무부와 IMF, 세계은행 등의 국제 금융기관, 및 국제 금융회사 등에 의하여 그 타당성이 광범위하게 인정받고 있었다는 점에서 이것을「워싱턴의 合意」라 부른다.

이 도입되어, 부채비율이 높은 기업에 대하여는 「기업구조조정위원회」가 해당기업의 회생가능 여부를 판정하고 회생가능하다고 판정된 기업에 대해서는 일정기간 동안에 부채비율 200%를 달성하도록 조치했다. 당시 한국에는 기업 매매의 시장도 없었고, 도산기업의 청산 등에 관련된 법규도 갖추어지지 못했다. 대기업의 부채비율은 보통 500~600%였었는데, 소유자산의 매각으로 200%의 숫자를 맞추고자 했지만 국내기업에는 원매자가 없었기 때문에, 결국 이 자산은 외국인 수중으로 들어가지 않을 수 없었다. 200% 달성에 생사가 달린 금융기관이나 기업 당사자들은 이러한 기준들이 일정한 기간 내에 달성되어야 할 이유도 모르면서 數値目標 達成에 급급했다. IMF개혁은 문제 기업들이 미리 정해진 일정한 기간 내에 주어진 숫자를 달성하도록 疾風과 같이 추진된 「압축개혁」이있다.[2)]

압축개혁의 효과는 무엇인가. 여기에도 단기적인 효과와 장기적인 효과가 있다. 단기적인 효과 몇 가지를 보자. 우선, IMF가 추진한 강력한 금융 재정의 긴축[3)]은 한국의 경상수지를 크게 개선하여 한국은 채무불이행을 면할 수 있었다. 금융부문을 보면, 많은 금융기관이 퇴출, 인수, 합병되었다. 33개나 되던 은행이 5년 동안에 절반으로 줄었고, 살아남은 주요 은행의 약 반수가 실질적으로 외국인의 지배하에 놓이게 됐다. 기업의 경우도 비슷하다. 많은 기업이 퇴출, 매수, 합병, 해체되었다. 10대 재벌기업 중 대우, 쌍용, 기아가 없어졌고,

---

2) 중국의 鄧小平개혁은 1979년 이후 지금까지 27년 동안 계속되고 있고 앞으로도 중단 없이 추진될 것으로 전망되며, 영국의 대처 개혁이 11년, 미국의 레이건-부시의 개혁도 10여년이 걸렸다. 이에 비하면, 한국의 개혁은 정부의 목표대로 1년 반 정도밖에 걸리지 않았으니, 이것은 초고속으로 이루어진 압축개혁이라고 할 수 있다.

3) 그 긴축으로 한국의 명목금리는 한때 30%로 오르고, 환율은 미 달러 대비 거의 2,000원대에 육박했다.

살아남은 상장기업의 주가총액의 40% 이상이 외국인의 수중으로 들어갔다. 한국의 대표적인 은행인 국민은행의 외국인 주식 소유는 2006년 3월 7일 현재 전체주식의 85.4%, 외환은행 74.3%, 한국의 대표기업인 삼성전자는 53.9%, POSCO 68.6%, KT&G 60.0% 등으로 한국 유수의 기업 중 50%를 상회하고 있는 것이 많다. 또 금융기관에 있어서나 기업에 있어서나 많은 인원이 해고·정리되었고, 실업, 특히 청년실업자의 수가 증가하였다. 포철, 한전, 담배인삼공사 등의 공기업의 주식이 매각되어 「민영화」되었다.

이러한 결과는 한국이 IMF의 신자유주의 정책을 압축적으로 추진한 자연스러운 결과였다. 그러나 이보다도 더 큰 장기적인 효과가 있다. 경제의 활력이 회복되지 않고 있다는 점이다. 설사 나라의 재산이 엄청난 손실을 보았더라도, 그 대가로 기업이 활성화되어 고용이 증대하고 경제에 활기가 생겼다면 개혁의 보람이 있었겠는데, 결과는 그렇지 못했다. 기업의 재무제표가 개선되고, 금융이 개방되고, 공기업이 민영화되었지만, 경제의 활력은 되살아나지 않았다. 2000년대에 들어와서는 GDP성장률은 3%대로 떨어지고 있었다.

80년대의 南美나라들이 미국의 신자유주의 정책을 도입함으로써 인플레가 진정되고, 재정이 개선되고, 외환시장이 안정을 찾기는 했으나, 경제에는 침체가 자리잡았다는 것을 연상케 하는 상황이었다.[4)] 1980년대와 1990년대의 멕시코와 아르헨티나 등은 이자율의 대폭 인상, 환율의 대폭 절하 등의 IMF식 정책을 시행함으로써 일단 안정은 달성되었으나, 이른바 Tequila Crisis라는 거시경제의 침체를 맞은 바 있었다.[5)]

4) 신자유주의 정책을 채택한 아시아 나라들도 거의 예외 없이 끝내는 남미처럼 경제침체를 면할 수 없다는 일본학자들의 연구와 주장이 있다. 内橋克人, 佐野 誠, 『ラテン・アメリカは警告する』－「構造改革」日本の未來－新評論, 東京, 2005. 참조.

경기침체에 직면한 정부는 90년대 이후 소비의 활성화와 내수시장의 진작을 통해 경기회복을 도모하는 정책을 채택했다. 그 수단으로 건설경기를 부추기고, 신용카드의 사용을 장려했다. 결과는 信用不良者의 量産이었고, 성장동력의 활성화는 없었다. 작년 2005년의 GDP 성장률은 4.0%(잠정치)로서 아시아에서는 하위권의 실적을 보였다.

Ⅱ. 한국경제의 현황

1. 압축성장과 압축개혁의 後遺

2002년의 대선 결과로 다음해 2월부터 「참여정부」가 집권을 시작했다. 불행하게도 이 정부는 과거정권으로부터 두 가지의 負의 유산을 물려받았다. 하나는 壓縮成長의 후유이다. 금융부문의 낙후, 중소기업의 부진, 분배의 불균형, 국제경쟁력 약화 등이 이것이다. 이들 구조적 불균형은 상당 부분 고스란히 오늘날까지 남아 있다. IMF이전에 형성된 오랜 不均衡이라는 의미에서 이것은 舊型不均衡이라 할 수 있다.

또 하나의 후유는 壓縮改革의 후유이다. IMF 壓縮改革의 결과로 한국경제에는 규제완화, 자유화 확대, 정경유착 축소 등의 바람직한 효과가 있었다. 그러나 그 대가는 엄청났다. 단기적인 것으로서는 64조원에 이르는 공적자금의 투입과 富의 상실 등이 있다. 그러나 壓縮

5) 신자유주의 정책이 남미 나라에 환율의 안정, 물가안정 등은 가지고 왔으나, 경제성장을 가지고 오지 않았다는 사실에 대한 분석으로는 Paul Krugman, *The Return of Depression Economics,* Norton, New York, 1999의 제3장 (Warning Ignored : Latin America) 참조.

改革은 단기적인 것보다도 오히려 더 큰, 치유하기 어려운 장기적인 후유를 남겼다. 신자유주의라는 새로운 이데올로기가 경제의 불균형(舊型不均衡)을 오히려 심화시켰다. 과거의 경쟁력의 약화는 이제는 成長動力의 약화로 定着되고, 과거의 소득분배의 불균형은 이제는 보다 광범위한 兩極化 현상으로 深化됐다.

신정부에 대한 국민의 기대는 컸다. 그러나 신정부는 경제운영의 경험이 없었고 앞으로의 진로에 대한 확고한 비전을 갖출 겨를이 없이 정책을 담당했다. 간단없이 밀어닥치는 새로운 문제에 밀려서 많은 경우에 對症療法으로 정책을 수행하지 않을 수 없는 상황이었다. 그 결과 정책의 一貫性, 整齊性을 확보하지 못한 채 3년이 흐르고 말았다. 세월이 흐름에 따라, 과거로부터 물려받은 후유의 결과들도 모두 이 정부의 잘못의 결과로 치부되고 있다.

IMF 전에 구축된 舊型不均衡을 IMF가 깨끗이 치유해 주리라는 기대는 어긋나고 말았다. IMF개혁은 신자유주의의 개혁으로서, 그 본질 속에는 새로운 불균형(新型不均衡)이 內在돼 있었다. 양극화라고 불리는 일련의 현상이 그 중의 하나이다. 신자유주의 이념이 정책기조가 되어 있는 모든 나라에 양극화 현상이 일어나고 있다(後述). 양극화가 존재하는 한 成長動力의 활성화에는 엄연한 한계가 있을 수밖에 없다.

2. 신자유주의와 경제정책

많은 국민이 긴요하다고 보는 前記 두 가지 후유는 4반세기에 걸친 압축성장과 압축개혁의 산물이기 때문에 단기적으로 간단히 치유되기 어려운 문제이다. 또 압축개혁의 이론적 기초를 이룬 신자유주의 철학이 경제정책을 주름잡는 한, 두 가지 후유를 '극복' 한다는 것은 처음부터 기대하기 어려운 일이었다.

성장동력이란 글자 그대로 경제성장을 이끌어가는 엔진의 힘을 의미한다. 개발연대로부터 우리 경제성장의 엔진은 무엇이었던가. 그것은 정부 주도와 대기업 그룹의 역동성이었다. 80년대 후반부터 정부 주도가 약화되고 90년대에 들어서서는 大馬不死의 대기업이 추락하면서 한국경제의 성장동력에 고장이 나기 시작했다. 그러나 상실한 엔진을 대체할만한 새로운 엔진은 아직 나오지 않고 있다. 몇 개의 대기업이 세계적인 기업으로 성장한 것은 사실이지만, 그것만 가지고는 부족하다. IMF 압축개혁을 어렵사리 견디어낸 기업도 전과 같은 투자 의욕과 능력은 없어진 상태에 있다. 정부의 지원을 기대할 수 없는데다가 발행주식의 50% 이상이 외국인의 소유로 넘어감에 따라, 경영권 방어가 대기업의 새로운 문제로 등장했다. 뿐만 아니라 기업경영의 목표가 장기적인 성장 위주가 아니라 단기적인 株主 이익의 극대화로 바뀌진 상황 하에서 개발연대에 있어서와 같은 왕성한 투자 의욕이 유지될 수는 없다. 또 전투적인 노조의 존재, 협소한 국내시장, 정부규제의 번잡함 등 때문에 투자유인이 약화되었다는 것도 성장동력 약화의 요인이 되었다.

중소기업은 어떤가. 한국의 중소기업은 대기업의 하청기업이 많고, 대기업이 어려워질 때 중소기업은 먼저 어려움을 당해 왔다. 따라서 대기업이 상실한 성장동력의 약화를 중소기업이 보전할 것을 기대하기는 어렵다. 더욱이 90년대 이후 3만 개에 가까운 기업이 중국으로 생산기지를 옮겨감에 따라, 성장동력으로서의 중소기업의 역할은 IMF 이전에 비해 개선된 것이 없다.

양극화 역시 간단히 해소되기가 어려운 현상이다. IMF 이전의 압축성장 과정에 나타난 경제의 二重構造가 정착된 데다가, IMF 이후의 신자유주의를 지향한 압축개혁의 대수술을 치른 한국은 양극화라는 新型不均衡을 맞이했다.

신자유주의는 한마디로 극단적이고 교조주의적인 自由放任을 信條로 하는 새로운 英美의 이데올로기[6]이며, 강자는 더 강하게, 약자는 더 약하게 되는 것을 當然視하는 「사회적 다윈주의(Social Darwinism)」의 철학이다. "The winner wins all; the loser loses all" 이라는 신자유주의 철학이 분배의 양극화를 가져오는 대표적인 사례는 신자유주의의 발상지인 미국경제이다. 80년대 이후 미국의 중산층의 경제적 지위는 현저하게 약화되고 있다.[7] 미국 기업에 있어서의 給與의 推移에도 이것이 극명하게 나타나고 있다. 일반 근로자에 대한 급여는 1980년대의 10년 동안에는 감소하였다가 일찍이 보지 못한 호황기였던 90년대에 약간 증가한 이래로 지금에 이르기까지 별로 증가한 것이 없다. 이에 비해, 회사의 CEO에 대한 보수는 垂直上昇하고 있다. 특히 Enron, Worldcom 등의 會計不正 이후 CEO에 대한 지나친 보수가 사회문제로 등장하여, 이것을 막고자 제정된 Sarbanes-Oxley Act와 뉴욕증권거래소의 새로운 규정이 CEO 보수에 여러 가지 제한을 가하고 있음에도 불구하고 CEO 보수는 계속 늘어만 가고 있다.[8] 급

6) 자유방임의 철학은 옛날부터 영미의 이데올로기인 것은 분명하지만, 18세기 이후 20세기에 이르는 오랫동안의 자유방임의 철학은 지금의 신자유주의와 같은 과격하고 教條主義的인 것은 아니었다. 이 새로운 이데올로기는 후술하는 바와 같이 미국 자본주의의 성격이 종래의 산업자본주의(industrial capitalism)로부터 금융자본주의(financial capitalism)로 전환함에 따라 이루어진 것으로 나는 본다.

7) 이에 관련된 가장 최신의 연구결과의 요약으로는 Richard Sennett, "Middle-aged, Middle-class, Stranded by the 'New Economy' ", *Financial Times,* March 7, 2006. 참조

8) 미국의 급여의 불균형의 극적인 예는 불름버그 뉴스(Bloomberg News)의 연구결과에 잘 나타나 있다. 2003년, 미국의 100대기업 중 70개 기업의 CEO들의 평균연봉은

여뿐만이 아니다. 금융활동으로부터 나오는 소득은 더더욱 분배의 불균형을 가중시키고 있다. 신자유주의를 따르는 한국기업에 있어서도 이와 비슷한 현상이 벌어지고 있다. 앞으로 이 추세가 계속되면, 한국의 성장동력의 약화와 경제 사회의 양극화는 더욱 심화될 것이 예상된다.

미국의 신자유주의 신봉자들은 自由放任의 철학을 전세계에 전파하려 하고 있다. 그들은 자유방임은 성장동력을 강화하면 했지 약화할 이유는 없다고 믿는 것 같다. 또 설사 양극화의 심화 현상이 나타난다고 하더라도 그것은 경쟁의 결과로 나타나는 극히 자연스러운 현상이기 때문에 전혀 걱정할 필요는 없고, 정부가 이것을 막기 위해 시장에 개입해서도 안 된다고 주장할 것이다. 그러나 신자유주의는 이론적으로 타당하지도 않으며, 정책에 있어서도 바람직하지 못한 결과를 만들어내고 있다.

自由放任의 이론은 아담스미스로부터 나온 것이 사실이지만, 『國富論』을 정독한 사람이면 누구나 알 수 있듯이, 스미스의 이론은 자본주의를 찬양한 것도 아니고, 거기에는 教條的인 면이 없다. 스미스 이후 산업혁명에 성공한 영국자본주의가 세계를 제패하면서 스미스의 自由放任 이론을 교조주의로 개조하여 그들의 이론적 방패로 삼았다. 그러나 19세기말에 이르러 교조적인 자유방임의 이론이 자본주의의 발전을 오히려 저해하게 되었다. 이에 케인즈(John Maynard Keynes)가 나와서 1926년에 자유방임의 이론은 논리에 있어서나 현실에 있어서

$14,100,000이었다. 이에 비해, 대통령 직속의 Securities and Exchange Commission의 의장인 William Donaldson의 연봉은 $142,400 로서, Donaldson이 대기업 CEO의 연봉에 해당하는 수입을 올리자면 99년 동안 근무해야 한다는 것이다. Alfred Lerner College of Business and Economics, University of Delaware, *Executive Compensation - Delaware Discourses, Views from the Courtroom and the Boardroom,* Vol 1, No.1 August 2004. 참조.

나 타당성이 없다는 것을 웅변으로 설파하였다.[9] 그 후 약 반세기 동안 자유방임은 이론에 있어서나 정책에 있어서나 폐기된 것처럼 보였다.

그러나 자유방임은 죽지 않고 隔世遺傳(atavism)의 생명력으로 영국과 미국에서 Thatcherism, Reaganomics의 문패를 단 신자유주의의 형태로 되살아났다. 이것은 自由放任의 국제적 확대 적용을 지향하는 균형을 잃은 과격한 이데올로기이며, 정신에 있어서나 논리에 있어서나 아담 스미스의 開明性이 없는 도그마이다. 이 도그마가 英美에서 復活한 것은 이론적인 타당성에 의해서가 아니라, 당시의 英美 두 나라의 지도자들이 정치적인 局面 轉換을 위한 便法(political expedicncy)으로 그것을 절묘하게 활용했기 때문이었다(고 나는 본다).

자유방임의 정책은 미국을 포함하여 그것을 채택하고 있는 나라들에게 장기적으로 매우 바람직하지 못한 경제구조와 사회구조를 만들어내고 있다. 영미에 있어서는 1980년대를 分界로 하여 금융산업에 big bang이라고 하는 일대 혁신이 일어나서 금융산업은 완전히 자유

---

9) 케인즈는 자유방임의 사상의 전제는 대부분 옳지 않다는 것을 다음과 같이 說破했다. "각 개인이 각자의 경제활동에 있어서 오랜 관행에 의하여 共認된 「自然的自由(natural liberty)」를 가지고 있다는 것은 옳지 않다. 가진 자, 또는 취득한 자에 영속적인 권리를 수여하는 「계약(contract)」같은 것은 존재하지 않는다. 세계는 사적 이익과 사회적인 이익이 항상 일치하도록 하늘위로부터 다스려지고 있는 것은 아니다. 세계는 실제문제로서 兩者가 일치하도록 地上에서 관리되고 있는 것도 아니다. 계발된 이기심이 항상 공익을 위해서 쓰인다는 것은 경제학의 원리로부터 올바르게 演繹된 것도 아니다. 또 이기심이 일반적으로 開明한 마음위에 서 있다는 것도 옳지 않다. 자기 자신의 목적을 추진하기 위해 개별적으로 행동하고 있는 각 개인은 너무나 무지하기 때문에, 또는 너무나 무력하기 때문에, 그런 목적조차도 달성할 수가 없다는 것을 우리는 늘 보고 있는 사실이다. 사회라고 하는 하나의 단체를 형성하고 있는 개개인은 각자가 따로 행동할 때에 비해 항상 덜 민첩하다는 것은 경험적으로 나타나고 있지 않다." John Maynard Keynes, "The End of Laissez-faire", *in Essays in Persuasion*(Collected Writings, vol. IX). 이 논문의 제4절의 첫머리 참조.

화됐다. 금융산업은 또 IT산업의 비약적 발전에 힘입어 글로벌 규모로 '雄飛'하였다. 금융거래의 규모와 속도는 실물거래의 규모와 속도를 크게 앞질러, 미국경제의 '比較優位'는 단시일 내에 제조업으로부터 금융업으로 옮아가게 되었다. 미국의 자본주의가 산업자본주의로부터 금융자본주의로 전환하였다는 것은 무엇을 말하는가. 국민의 소득원이 바뀌어졌다는 것을 말한다. 미국 회사의 이익의 추이를 보면, 1960년대까지만 해도 금융 회사의 이익이 전체 주식회사 이익(corporate profit)의 10~15% 수준이었었는데, 이제는 30~40% 수준이 됐고, 일반회사의 금융영업 이익을 합하면 50%에 달하게 됐다.[10)]

이와 같은 경제구조의 변모는 경제생활에 대한 국민의 사고방식과 가치관에 큰 영향을 미치고, 나아가서는 미국의 거시정책의 방향에도 중대한 영향을 미치고 있다. 원래 금융거래에는 투기의 성격을 가지는 것이 많은데, 투기로 인한 소득은 불확실하고 불안정하며, 생산요소의 생산성(productivity)과는 관계가 없다는 데에 그 특징이 있다. 기업의 이익이나 국민의 소득의 중심과 생산성과의 관계가 흐려지면 질수록 사람들의 射倖心이 조장되어, 기업의 투자와 국민의 경제생활은 건전한 기업정신, 건전한 근로정신과는 거리가 멀어진다. 또한 국민경제의 安定性(stability)도 줄어갈 것이다. 微視的으로 안전성이 저해되는 곳에 巨視的인 안정성이 증진될 수는 없다.

건전한 기업정신, 건전한 근로정신은 나라의 기본인데, 지금과 같은 투기성 금융업의 약진은 건전성과는 관계가 적다. 3차산업에 의존하면서 신자유주의를 채택한 나라가 성장동력을 유지했거나 상실한 성장동력을 회복한 예는 내가 아는 한 없다.[11)] 한국의 경제회복과 양

---

10) Andrew Glyn, "Finance's Relentless Rise Threatens Economic Stability", *Financial Times,* April 27, 2006. p. 13.

11) 이점에 관해서는 Joseph E. Stiglitz, *The Roaring Nineties,* W.W. Norton, 2003.

극화의 해소가 이루어지자면, 무엇보다도, 신자유주의적인 이론을 탈피하여, 정부가 시장의 기능을 중시하면서도 현실에 맞는 경제의 回生策을 강구하고, 국민의 복지를 지키는 책임을 져야 할 것으로 본다.

3. 정책의 일관성 및 整齊性

신정부의 인사들은 그들이 어떤 경제를 물려받았는가에 대한 분명한 인식이 있었는지 분명치 않다. 이 정권의 第1聲은 〈東北亞中心國家〉, 〈東北亞 物流허브〉, 〈東北亞 金融허브〉 등이었다. 그러나 이 구호들은 이제 많이 퇴색한 감이 있다.

신정부는 소득분배의 중요성을 많이 강조한다. 소득분배의 형평이 중요하다는 것을 부인할 사람은 없다. 그러나 그것은 IMF 이전의 압축성장 시대에는 적절한 정책방향이었으나, IMF가 몰고 온 신자유주의의 政策基調 下에서는 분배정책을 쓸 정부의 능력은 별로 없다고 보아야 한다. 신자유주의의 사전에는 분배정책이라는 말이 없는 것이다.

정부는 지난 약 1년 동안 부동산 투기억제를 위해 총력을 기울여왔다. 부동산 보유세의 중과, 투기지역의 부동산 거래의 중과세, 거래허가제 등 극약처방을 가지고 단기적으로는 특정지역에서 겉으로 보기에는 효과를 거두고 있는 것 같다. 그러나 유동성의 공급과다, 저금리 유지, 계속되는 도시개발, 기업도시, 혁신도시의 지정 등 부동산 보유의 誘因은 계속 제공되고 있다. 수도권에서는 하루가 멀다시

---

pp.19~24 참조. Stiglitz는 금융업, 제조업 등의 이야기는 하지 않았지만, 미국의 성장동력은 엄청난 적자재정, 경상수지적자에 의해 지탱된 것이었는데, 다른 나라에 대해서는 과도한 긴축을 강요한 것은 僞善이었다는 것, 미국의 권고에 따른 모든 나라의 경제가 다 위기를 맞았다는 것, 유일하게 중국의 성장동력이 유지된 것은 중국이 미국의 권고를 따르지 않았기 때문이었다는 것을 지적했다.

피 신도시의 개발계획이 발표되고, 세계 최고층 건물의 건축계획 등이 보도되고 있다. 인구는 계속 수도권으로 밀려들고, 지방도시는 침체하고 있다. 이러한 현실 속에서 투기의 症候(symptom)를 중과세로 제거하는 정책으로 소기의 성과를 거둘 수 있을지 미지수이다. 모든 정책의 상호모순을 제거함으로써 그 整齊性(coherence)을 확보하기를 바란다.

4. 한미 FTA

최근 들어, 한미 FTA라는 중대한 사안 하나가 갑자기 부상되고 있다. 한-칠레 FTA가 여러 해를 거쳐 성사됐고, 한일 FTA는 몇 년을 두고 연구와 협상을 하였는데도 끝내 결실을 맺지 못한 전례에 비하면, 한미 FTA 협상은 초고속으로 진전되는 감이 있다.

무릇, FTA의 得失은 당사국간의 通商의 흐름만으로 논할 수는 없다. 다른 모든 국제관계가 다 그렇다시피, FTA는 경제적인 의미에 못지않게 정치적인 의미를 함축하는 경우가 많다. 한-칠레 FTA는 정치적으로 그리 큰 중요성이 없었다. 이에 비해, 한일 FTA는 경제적인 의미에 못지않게 정치적인 의미가 큰 사안이었다. 한미 FTA는 경제적으로나 정치적으로나 이 나라의 장래를 좌우할 만큼 중요한 의미를 가지는 것으로 나는 본다. 이러한 중요한 사안에 대해 識者는 말이 없고, 당국은 電光石火처럼 처리하려 하고 있다. 정상적인 상황이 아니라서 걱정이 앞선다.

미국이 한미 FTA 체결을 바라는 이유에는 뚜렷한 몇 가지가 있다고 생각된다. 경제외적인 이유가 더 많을 것 같은데 이에 대한 논의는 차치하고, 경제적인 득실의 몇 가지를 상식적인 차원에서 一瞥해

보자. 미국의 소원은 IMF 때에 완성하지 못한 금융부문, 서비스부문, 농수축산부문, 문화부문 등의 자유화, 개방화, 민영화, 규제 철폐, 정부역할의 축소 등의 과제를 완결시키는 것이 아니겠는가. IMF를 類推해서 생각하면 될 줄 안다. 미국은 물론 협상과정에서 더러는 일시적인 '양보'를 할 수 있겠지만, 미국의 기본적인 전략은 끝내 관철될 것으로 보아야 할 것이다.

한국은 미국과의 FTA를 통해 여러 가지를 기대하는 것 같다. 우선 수출과 외국인 투자가 크게 늘어서 GDP의 증가가 가속화할 것과 미국인 투자가 크게 늘어나서 고용이 증대하고 성장동력이 점화될 것을 기대하는 듯하다. 그러나 세계경제의 大局을 보면, 한국은 한미 FTA를 통하여 대미 純輸出을 크게 늘리기를 기대할 수 없을 것 같다. 미국의 경상수지의 적자가 GDP의 6%에 달함으로써 아시아로부터의 수입이 증가하는 것을 크게 警戒하고 있다. 달러는 추세적으로 약화되고 있다. 한국의 수출이 대폭 늘면, 원-달러 환율은 떨어질 수밖에 없다. 한국이 걱정해야 할 것은 수출의 증가가 아니라 원貨의 對달러 환율의 하락이 아닐까. 한국의 수출의 대종인 전자상품이나 자동차 등의 관세율은 이미 0%에 가깝고, 그 밖의 품목의 관세율도 2~3%이기 때문에, FTA로 인한 수출증가는 기대하기 어렵다. 반면, 한국의 관세율은 11.2%이기 때문에 이것이 철폐될 경우 대미수입은 크게 증가할 수 있다. 주한 미국상공회의소 2005년 보고서에 따르면, FTA 발효 수년 후에는 한국의 대미 경상수지 흑자는 적자로 돌아선다고 한다.[12] 이것이 미국의 기대일 것 같기도 한데, 우리 관변에서 나오는 연구 결과가 일률적으로 장밋빛인 근거는 무엇인가. 농수축산업의

12) 권영애 변호사의 시론 "한미 FTA 정말 장밋빛인가", 『경향신문』 2006. 2. 21. 사설란.

장래는 어떻게 할 것인가. 미국, 중국을 포함한 세계의 모든 나라가 예외 없이 농축산업 보호를 경제정책의 중점으로 삼고 있는데, 한국은 예외인가. 미국은 서비스산업과 농업에 비교우위를 가지고 있는 나라로서, 농산물 수출에는 특히 관심이 많을 것이다. 주무관청에서는 쌀은 제외된다고 하지만, 그 '특전'은 얼마나 유지될 수 있겠는가. 또 FTA를 하면서 그 예외를 버틸 명분이 어디에 있는가.

한국은 미국의 직접투자가 크게 증가할 것으로 기대한다고 한다. 금융의 허브를 이루는 데 도움이 될 것을 기대한다고도 한다. 보도에 의하면, 협상을 시작하기 전에 정부는 이미 「신금융서비스를 미국 수준으로 개방」할 것을 결정했다고 한다.13) 보도의 내용이 사실이라면, 이 나라는 무엇을 바라는지 나의 상식으로는 헤아릴 수 없다. 금융산업은 미국 最强의 산업인 데 반해 한국으로서는 最弱의 산업이라는 점이 두려워서가 아니라, 무엇을 기대하는지 알 수 없다는 것이다. 이미 금융은 더 이상 내줄 것이 없을 정도로 "개방"돼 있다. 미국처럼 금융을 국민경제의 중심으로 삼고자 한다는 말인가. 아니면 미국의 "금융기법"을 배우자는 말인가. 이미 많은 것을 배우지 않았는가.

한미 FTA 이후로 우리나라의 경제가 어떻게 될 것인가는 IMF 효과의 연장선상에서 우리나라의 변모를 상상하면 될 것으로 본다. 신자유주의의 여러 가지 효과, 이를테면 양극화, 작은 정부, 이에 따른 정부역할의 축소, 민영화, 기업 M&A의 증가 등이 이어진다고 보아야 할 것이다. FTA에 장래를 거는 많은 사람들의 심정은 알만하다. 그러나 superpower의 善意에는 엄연한 한계가 있다는 것을 알고, 희망사항과 현실과를 혼동하지 말아야 한다.

---

13) "한미 FTA 대응방안" 정부보고서 단독입수, 신금융서비스 미국수준 개방 - 『내일신문』, 2006년 5월 2일 1면.

Superpower의 의미가 무엇인가. 그것은 세계전략을 가진 나라를 의미한다. 모든 정책을 이에 맞추어서 시행하며, 국제관계의 "룰북"(rule book)을 편찬하고 유권해석을 하는 나라라는 것을 의미한다. Superpower와 보통 나라가 대등하다고 보아서는 안 된다. 그러므로 superpower에 대하는 나라는 友邦이건 아니건 신중해야 한다. 이쪽에서 무엇인가를 기대해도 Superpower의 세계전략이 그 기대를 허용하지 않을 수 있는 것이다. 우리나라는 지정학적으로나 역사적으로 복잡한 나라이다. 4대국이 여기에 이해관계를 가지고 있다. 이 틈에 서서 무엇인가 하기를 바란다면, superpower와 대립해도 재미없고, 항상 그 그늘에 서도 불편할 때가 있을 것이다.

나는 자유무역에 반대하거나 자유화, 개방화를 줄이자고 주장하는 것은 아니다. 바로 그 정반대이다. 자유화, 경쟁화가 부족하다는 것을 항상 주장해 왔다. 다만 對內的인 자유화 자율화의 준비를 소홀히 하면서 부랴부랴 對外개방을 서둘다가 개방의 實利을 거두지 못한 경험을 반복하는 것이 두려울 뿐이다. 힘들이지 않고 자유화 경쟁화의 대가를 바라서는 안 된다. 여기에도 공짜 점심(free lunch)은 없는 것이다. 신자유주의의 분별없는 수용은 우리 실정에 맞지 않으며, 세계적으로 만연되고 있는 그 弊害에 한국만이 예외가 될 수 없다는 것을 지적할 따름이다.

Ⅲ. 앞으로의 진로 - 맺는 말

정부가 할 일은 무엇인가. 이미 여러 가지 암시적인 논의를 했고, 짧은 글의 末尾에서 경제정책의 방향을 상세하게 논할 수는 없다.

다만 이에 관련된 몇 가지 근본적인 문제에 관하여 管見을 피력함으로써 이 글을 끝맺고자 한다.

1. 고정관념 · 선입견의 탈피와 實事求是

참여정부가 정경유착의 단절과 민주적 국정운영 등을 위한 노력에 대해 긍정적인 평가를 아낄 필요는 없다. 하지만, 우리의 경제정책에는 開發年代로부터 내려온 官僚式 固定觀念, 이에 맞서 대립해온 在野式 先入觀, 그리고 신자유주의의 偏見이 혼재해 있다. 中正과 均衡을 잃은 이런 觀念이 역사적 전환기에 처한 이 나라가 필요로 하는 柔軟하고 知性的인 정책대응을 가로막고 있다. 左와 右, 進步와 保守 등의 색깔논쟁에 구애 받지 말고 역사의 흐름을 이해하여 實事求是의 방법으로 현실 중에서 필요하고 가능한 길을 찾아내야 한다.

2. 정부 역할의 "재발견"

때늦은 감이 있기는 하나, 무엇보다도 정부의 목표와 역할에 대한 인식을 확고히 하는 일이 중요하다. 정부의 궁극적인 목표는 무엇인가. 그것은 국민 각자의 능력을 최대한 개발하고 활용할 수 있는 조건을 갖추도록 하는 일이다. 정부는 이것을 할 책임을 지고 있다는 것을 확실히 인식하고, 상실한 정부의 역할을 "再發見"(reinvent)해야 한다. 정부에는 임기가 있지만 정책에는 임기가 있을 수 없다. 임기를 넘어선 먼 미래를 내다보면서 '生民을 위하여 길(道)을 밝히고, 자손을 위하여 태평을 연다'[14]는 큰 포부를 가지고 책임을 수행해야 한다.

3. 인력 수급에 관한 프로그램

한국의 발전전략의 焦點은 단기적으로나 장기적으로나 인력의 개발과 그 활용에 있다. 성장동력을 회복하고 양극화를 해소하며 사회분열을 막기 위해서 가장 중요한 것이 고용의 창출이다. 정부도 고용의 중요성을 인식하고 일자리 창출을 위해 많은 노력을 경주하고 있다. 하지만, 보다 遠視的인 견지에서 인력수급에 관한 계획을 수립하는 것이 좋을 것 같다. 시장원리의 고정관념에 사로잡힌 사람들은 지금과 같은 글로벌 시대에 정부의 계획이 무슨 필요가 있느냐고 물을 것이다. 그러나 노동시장은 국민경제 중에서 가장 중요한 시장인데도 불구하고 이 시장은 매우 불완전하다. 마치 제대로 된 기업치고 계획 없는 기업이 없듯이, 정부가 인력수급에 관한 장기비전 없이 제대로 된 고용정책을 펴기를 기대할 수는 없을 것이다.

미래는 물론 불확실하다. 그러나 확실한 것도 많다. 인구의 고령화, 출생율의 저하, 여성 고용기회의 증대 등은 확실한 추세일 것 같고, 아시아의 대두, 자원의 부족과 가격의 폭등, 세계경제의 불균형 지속 불가능 등은 모두 확실하게 예견될 수 있다. 이런 것들이 고용에 미치는 영향을 시장이 다 잘 예견하기를 기대할 수는 없다. 개발연대에 있어서와 같은 통제를 위한 계획이 아니라 인력 수급의 미래를 투시하여 시장경제의 틀 속에서 양자를 match시키는 계획이 필요하다. 이 계획은 교육정책, 산업정책, 移民政策 등의 구상에도 크게 도움이 될 것이다. 이를테면 「인력수급 10개년 프로그램」을 수립하

14) '천지를 위하여 뜻을 세우고, 生民을 위하여 道를 세우고, 지나간 성인을 위하여 끊어진 학문을 잇고, 만세를 위하여 태평을 연다.' 宋나라 張載의 말.(爲天地立心. 爲生民立道. 爲去聖繼絕學. 爲萬世開大平) (橫渠文集)

는 것이 좋으리라 생각한다.

4. 자유화, 개방화의 우선순위

양극화의 심화와 성장동력 약화의 뿌리는 깊고 그 그늘은 넓게 퍼져 있는데 정부의 능력에는 한계가 있다. 이 문제를 당장에 해결할 묘책을 찾기는 어렵다. 위에서도 설명한 바와 같이 이 문제들은 對內的인 자유화와 구조개혁은 하지 않으면서, 대외적으로 너무 과감하게 개방화 자유화를 추진함으로써 더욱 어려워졌다. 그것은 자유화의 순서를 거꾸로 시행한 非正常的인 정책이었다. 이 문제들을 해결하기 위해서 더더욱 과감하게 대외개방을 확대한다면 어떻게 될까. 양극화는 더욱 심해지고 성장동력은 더욱 약화될 것이 분명하다. 중고등학교 공부를 하지 않은 학생에게 대학과정을 가르치면, 중고등학교 과정은 저절로 터득할 것으로 기대하는 것이나 다름없다. 이 불행한 학생의 성적은 더욱 나빠지고 공부는 더욱 싫어질 것이다. 국제경쟁력을 키우려면 우선 국내에서 경쟁력 제고를 위한 자유화, 자율화, 제도의 정비 등을 먼저 해야 한다. 이것을 하기 위해서는 遠視力을 가진 좋은 정부가 필요하다. 정부가 제대로 역할을 수행하지 못하는 나라가 발전을 이룩한 경우는 없다. 발전의 기본은 언제 어디에 있어서나 좋은 정부이다.

우리는 자유시장 체제를 원하지만 〈신자유주의〉라는 문패가 달린 시장원리주의는 환영할 수 없다. 그 철학(競爭至上, 株價至上, 弱肉强食 등)에는 건전한 경제, 건전한 인간을 정신적으로 타락시키며, 불균형과 양극화를 심화시키고, 정치를 右派와 左派 구별 없이 populist의 집단으로 분열시킴으로써 민주주의를 劣化시키는 씨가 內在돼 있다.[15] 세계 어느 나라를 막론하고 이 철학을 가지고 번영을 지속할 수는 없다.[16] 미국이나 유럽이나 신자유주의를 金科玉條로 삼는 한, 몰락을 면하기 어려울 것이다.

5. 발전방식과 국민성

나라마다 그 나라에 맞는 발전방식이 있다. 자연조건은 나라마다 다르고, 문화의 배경도 나라마다 다르다. 어떤 하나의 방식만이 좋을 수는 없다. 한국은 미국도 아니고, 중국도 아니다. 한국사람들은 특유의 長技가 있다. 한국이 開發年代에 경제발전을 이룩한 것은 당시의 경제운영이 시장원리를 존중했기 때문도 아니고, 정부의 규제가 적었기 때문도 아니었다. 당시의 정부가 국민에게 희망과 기대감을 주었기 때문이었다. 경제정책의 성패는 국민에게 "할 수 있다"는 자신을 심어줄 수 있느냐의 여부에 달려 있다.[17] 경제운영의 要諦는 기업과 국민의 사기를 부추기는 데 있다.

경제운영은 나라마다 그 내용이 다르며, 또 달라야 한다는 일례로 일본을 들 수 있다. 일본은 일본인의 국민성에 맞는 방법으로 1980년대까지 엄청난 발전을 했다. 그러던 것이 1990년대부터 경제가 침체

---

15) 미국에서 소득분배가 계속 나빠지는 정치적인 효과에 대해 Martin Wolf는 다음과 같이 쓰고 있다."If income distribution remains as skewed as it has been, … politics inevitably become more populist: the U.S. "right" has become "pluto-populist" - an alliance of free-marketers, nationalists and social conservatives - and the "left" is increasingly "protecto-populists" - an alliance of protectionists, dirigistes, social liberals and anti-nationalists. This endangers both intellectual coherence and sensible policymaking." Martin Wolf, "The Rich Rewards and Poor Prospects of a New Gilded Age", *Financial Times,* April 26, 2006. p.13.

16) Stiglitz의 앞의 책, pp. 19~20 참조.

17) 이것은 개발연대의 정책기조가 지금도 타당하다는 말은 *아니다.*

되기 시작하여, 이른바 「잃어버린 10년」이 시작됐다. 잃어버린 10년은 5년이 연장되어 15년이 됐다. 그런데 최근 들어 경기가 크게 호전됐다고 한다. 고이즈미(小泉)정부는 「개혁 없이는 경기회복 없다」는 구호를 들고 나름대로 개혁을 위한 노력을 했으나, 실제로 이룬 것은 별로 없었다. 郵政事業을 민영화함으로써 정치적으로 집권을 연장하기는 했지만, 그 개혁에 큰 의미는 없었다.[18] 일본인은 한국인처럼 중국이나 인도에 적극 진출하지 않는다. 나라 안에서 기술개발과 원가절감에 명운을 건다. 그것이 일본의 방식이며, 그 방식으로 최근 들어 중국에 대해 엄청난 수출을 증가시키고 성장동력을 회복했다. 높은 저축률, 활발한 수출, 자본사용의 저효율 등의 일본경제의 특징을 유지하면서 경제를 회생시킨 것이다. Martin Wolf의 말대로, 오늘의 새로운 일본은 기본적으로 옛날의 일본인 것이다.[19]

〈참 고 문 헌〉

서울대 대학원 사회과학대 자치회, 『IMF와 한국경제위기』 자료집, 1998.

KDI 경제정보센터 해외홍보팀, 『外信이 본 99년 한국경제』 (I), (II). 1999. 12.

유용주 외, 『IMF체제 3년간의 한국경제 변화』, 삼성경제연구소, 2000.

박영철 외, 『금융 · 기업 구조조정 미완의 개혁』, 삼성경제연구소, 2000.

금융감독위원회, 『공적자금백서』, 2000.

18) 이 점에 관해서는 榊原英資, 『經濟の世界勢力圖』, 文藝春秋社, 2005, pp. 167~169 참조.

19) Martin Wolf, "Japan's Failure to Reform has not prevented its Recovery," *Financial Times,* 2006. 3. 12.

재정경제부, 「4대부문 구조개혁 추진실적 및 계획」, 2001.
모종린 · 임성학, 「한국의 경제개혁: 무엇을 해야 하는가」(모종린, 전홍택, 이수희 편, 『한국경제개혁 사례연구』, 한국개발연구원, 2002.
조순, 『창조와 파괴』, 법문사, 1999.
趙淳, 「韓國 · 中國 · 日本의 經濟改革」, 『學術院論文集』, 人文 · 社會科學篇 第42輯, 2003.
함정호 (편저), 『한국경제의 새로운 성장전략』, 지식산업사, 2004.
T. G. Carpenter and D. Bandow, *The Korea Conundrum- America's Troubled Relations with North and South Korea,* Palgrave, 2004.
Sea-Jin Chang, *Financial Crisis and Transformation of Korean Business Groups,* Cambridge Univ. Press, 2003.
Soon Cho, *The Dynamics of Korean Economic Development*, Institute for International Economics, Washington, D.C. 1994.
Ajai Chopra, *et al., From Crisis to Recovery in Korea: Strategy, Achievements, and Lessons*, International Monetary Fund, May 14, 2001.
Sung-Hee Jwa, *A New Paradigm for Korea's Economic Development- From Government Control to Market Economy*, Palgrave, 2001.
Donald Kirk, *Korean Crisis - Unraveling of the Miracle in the IMF Era,* St. Martin's Press, 1999.
Paul Krugman, *The Return of Depression Economics*, W. W. Norton, 1999.
Danny M. Leipziger, *KOREA - Transition to Maturity*, Pergamon Press, New York, 1988.
Marcus Noland, *Avoiding the Apocalypse - The Future of the Two Koreas,* Institute for International Economics, 2000.
Bo Soedersten (ed.), *Globalization and the Welfare State,* Palgrave, 2004.
Joseph E. Stiglitz, *Globalization and Its Discontents*, W. W. Norton, 2003.
__________________, *The Roaring Nineties*, W. W. Norton, 2003.

中國經濟의 미래와 마지막 奇蹟*

1978년 말부터 오늘에 이르는 32년 동안의 중국경제 발전의 역사는 奇蹟의 기록이라 할 수 있다. 오랜 역사를 가진 가난한, 그러나 능히 세계를 움직일만한 潛在能力을 가진, 큰 나라가 역사상 처음 보는 길을 超高速으로 달리고 있다. 중국은 근대 産業經濟를 일구어낸 경험이 없다. 그런데도 그것을 일구어냈고, 이제는 그것을 뛰어넘어 脫産業化에 무난히 진입하고 있다. 중국은 서구식 民主主義를 해 본 경험이 없다. 그런데도 나름대로의 효율성 있는 국가운영제도를 만들어 가고 있다. 海圖도 없고 羅針盤도 없이 13억 인구를 실은 배가 바다를 건너간다. 暗礁에 걸리지도 않고 태풍도 헤쳐가면서 어딘지 모르는 港口를 향해 전 속력으로 달리고 있다. 세계는 숨을 죽이고 이 배의 向方을 지켜보고 있다. 역사상 처음 보는 엄청난 광경이라 놀라지 않을 수 없다.

改革 · 開放 정책을 채택한 지 31년이 지났다. 그 31년은 중국에 대해서나 세계에 대해서나 숨가쁜 기간이었다. 그동안 소련이 망했다. 聯邦이 해체되어 東유럽과 中央아시아의 '屬邦' 들은 모두 떨어져 나갔다. 알몸이 된 러시아는 지금도 大國 행세를 하고는 있으나 聯邦解體의 상처는 아물지 않고 있다. 정치적으로는 民主主義를 하고는 있으나 형식에 불과하고, 경제적으로는 市場經濟를 하고는 있으나 내실은 빈약하다. 소聯邦이 붕괴한 후 미국은 新自由主義(neo-liberalism)

* 2010년 3월 31일.

경제, 신보수주의(neo-conservatism) 정치, 一方主義(unilateralism) 외교를 펼쳐오다가 金融危機에 걸려 아직 장래의 방향을 확정하지 못하고 있다.

세계가 몇 백 년에 한 번 오는 크나큰 轉換期를 맞고 있다. 지구가 軌道를 잃고 공중을 헤매고 있다. 1次大戰이 끝났을 때, 경제학자 케인즈(John Maynard Keynes, 1883~1946)는 유럽의 장래를 논하면서 유럽의 문명은 겉으로는 견고한 것 같지만 사실은 지극히 취약하다고 주장했다. 유럽의 文明을 구하기 위해서는 勝戰한 연합국은 독일에 대해 지나친 賠償要求를 해서는 안 된다는 警鐘을 울렸다. 그러나 불행하게도 케인즈의 우려는 현실로 나타났다. 연합국은 독일에 대하여 再起不可能할 정도의 배상을 물도록 했다. 절망에 빠진 독일이 끝내 히틀러의 登場을 허용함으로써 2차대전이 일어났다.

미국과 소련 사이의 冷戰이 미국의 승리로 끝난 후 17년 만에 자본주의의 旗手 미국에서 금융위기가 터지고 그것이 세계적인 〈大不況(Great Ressession)〉으로 이어지고 있다. 케인즈가 다시 태어난다면 지금의 자본주의 문명을 보고 무엇이라 말할 것인가. 지금의 자본주의 문명은 1차대전 직후의 그것보다 튼튼한 기반 위에 서 있다고 할 것인가. 그에게 적절한 대답이 있는지 모르겠으나, 그는 아마 그의 生前과는 判異하게 달라진 '世界經濟 勢力圖'를 보고 놀라는 동시에 글로벌 자본주의경제가 역사상 처음 보는 大轉換期에 서 있다는 것을 直感할 것이다. 세계경제의 중심이 西歐로부터 아시아로 이동하고 있다는 것, 그리고 보다 일반적으로 이른바 '先進國'으로부터 '開發途上國' — 그는 생전에 이런 말을 들은 적이 없었다 — 으로 옮아가고 있다는 것을 보고, 다시 한 번 인류문명의 취약성과 그 石火와 같이 빠른 變化速度에 놀랄 것이다. 그는 그의 조국인 영국이 금융부문에서도 국제경쟁력을 잃고, 그 國家債務(sovereign debt)가 危險 水位에 도달했다는 것을 보고 참담하게 느낄 것이다.

세계 最大最貧의 開途國 중국이 개방·개혁 정책을 들고 나오면서 고도성장을 시작했을 때, 서방세계는 이것을 半信半疑의 눈으로 보았다. 한편으로는 驚異의 눈으로 보는가 하면, 다른 한편으로는 이 발전은 곧 끝날 것이며 머지않아 중국경제는 붕괴할 것이라고 예견하기도 했다. 중국의 통계숫자는 항상 과장되어 있기 때문에 믿을 수 없다는 주장도 많았다. 그러나 오늘에 와서는 중국경제는 곧 崩壞한다거나 중국의 통계숫자는 엉터리라는 주장은 대부분 없어졌다. 그뿐이 아니다. 중국은 지금 다른 모든 선진국을 제치고 미국과 아울러 G-2라는 말이 실감이 나도록 그 位相이 높아졌다. 서구에서는 중국의 GDP 규모는 금년 말이면 일본을 제치고 세계 제2위가 되며, 20年後면 제1위가 된다고 確信할 정도가 되었다.

중국경제의 발전 요인은 무엇인가. 그 발전은 앞으로 얼마나 계속될 것인가. 이 나라가 標榜하는 '社會主義的 市場經濟'는 과연 무엇이며, 그것은 끝내 어떤 모양을 할 것인가. 중국은 세계 평화와 번영에 어떤 기여를 할 것인가. 이런 문제는 앞으로도 계속 21세기 최대의 話頭가 될 것이다.

이 글의 목적은 평소 중국의 발전에 대해 관심을 가지고 관찰해온 나의 몇 가지 管見을 問答 形式으로 제시하는 데 있다. 나에게는 중국과 세계의 미래를 예언할만한 능력은 없다. 그러나 역사상 드물게 보는 엄청난 轉換期에 즈음하여, 앞으로 세계경제의 최대의 player가 될 이 나라의 歸趨에 대해 皮相的이나마 몇 가지 생각을 披瀝하고 싶은 유혹을 뿌리칠 수는 없다. 장래를 예측하자는 것은 아니다. 앞으로 몇 해가 지난 후에 나의 생각이 얼마나 未熟했는가를 알아보는 것도 흥미 있는 일이라고 보는 것이다.

[문 1] 중국경제가 초고속 성장을 계속하고 있다. 그 발전을 한 마디로 어떻게 보는가.

1978년 12월 중국이 개방 · 개혁정책을 채택한 지 이제 30년이 지났다. 그동안 중국경제는 인플레, 디플레를 포함하여 많은 迂餘曲折을 겪었으나 年平均 9% 내외의 고도성장을 기록했다. 처음에는 성장의 행보가 不安定한 대목도 있었으나, 1992년 鄧小平의 〈南巡講話〉 이후로 발전의 궤도가 확실히 잡힘으로써 年平均 10% 내외의 성장률을 기록해오고 있다. 그 후 4반세기 동안 超고속 성장을 지속함으로써 세계경제를 牽引하는 역할을 담당하게 된 것은 아무도 예기치 못한 일이었다.

중국경제는 비단 量的으로 超고속 성장을 하고 있을 뿐만 아니라 質的으로도 혁명적인 체제전환을 이룩하고 있다. 소련식 계획경제를 청산하고 민간부문의 경제활동을 活性化함으로써 市場經濟 체제를 굳히고 있다. 중국 경제당국은 이 체제전환을 漸進的으로 추진하고 있다고 말한다. 많은 評者 역시 이 작업이 漸進的으로 추진되고 있다고 보고 있다. 그러나 '漸進的'의 의미는 체제전환의 속도를 느리게 한다는 것은 아니다. 사실 중국 지도부의 마음은 느긋할 겨를이 없을 것이다. 아득한 곳에 있는 港口는 아직 보이지 않는데, 13억 船員들의 기대는 크기 때문에 《中國號》의 操舵手는 느긋할 수 없는 것이다. 중국 지도부는 나라가 老衰해지기 전에 확실히 굳건한 기본체질(fundamentals)을 구축해야 한다고 생각하고 있다. 1978년 당시 물려받은 낡은 몇 가지 工業밖에 없던 나라가 불과 30년 만에 세계적인 첨단경제를 실현할 과제를 안게 되었으니 마음이 바쁘지 않을 수 없는 것이다.

漸進的이란 말에는 여러 가지 의미가 담겨져 있다. 정치체제와 경제체제를 모두 한꺼번에 고치는 것이 아니라, 우선 經濟體制를 먼저 개혁하고 정치체제는 나중에 개혁한다는 의미도 있다. 경제체제의 개혁도 優先順位에 따라 段階的으로 추진한다는 의미도 있다. 쉬운 것부터 먼저 개혁하여 成功 경험을 쌓으면서 차츰 어려운 것으로 개혁의 범위를 확대한다는 뜻이다. 갈 길은 멀고 할 일은 많다. 쉬운 곳에서 우선 성공을 해야 사람들의 '改革疲勞'를 극복할 수 있기 때문이다. 어려운 일을 한꺼번에 전국적으로 시행하지 말고 일부 지방 또는 일부 산업에 실시해 보고 그 성공을 확인한 후에 차츰 개혁의 대상을 넓힌다는 뜻도 있다. 실험을 해가면서 일을 추진함으로써 위험을 줄이고 실패를 막을 수 있다는 것이다, 중국은 施行錯誤를 반복할 여유가 없다.

점진적으로 무엇을 어떻게 한다는 말인가. 世界銀行의 首席副行長(副總裁)이며 Chief Economist인 林毅夫씨의 말에 의하면, 중국은 일종의 "雙軌制"(우리 말로 하면 兩頭馬車) 方式으로 시장경제를 달성했다는 것이다. 이 방식은 한편으로는 自生的으로 성장할 수 없는 업체에 대해 過渡期的인 보호를 해주고, 다른 한편으로는 노동집약적인 업체와 같은 比較優位가 있는 업종에 대해서는 경쟁력을 높여 성장을 육성하는 방식이라고 한다. 이 방식을 통해 기업의 안정과 성장을 동시에 달성했다고 한다. 시일이 지날수록 전자는 줄어가고 후자는 늘어가서 이런 動態的인 프로세스가 쌓임으로써 끝내는 시장경제의 달성으로 나타난다는 것이다. 이 방식이 '점진적인' 방식이며, 그것이 다름 아닌 '중국의 奇蹟'을 가지고 왔는데, 이 모델은 다른 후진국에도 잘 적용될 수 있다. 急進的으로 하면 사회불안이 일어나고 그것이 경제활동을 위축시킴으로써 개혁정책은 실패한다는 것이 그의 의견이다.[1)]

어쨌든 중국은 이러한 점진적인 방법으로 엄청난 성공을 거두어, 경제체제 개혁도 성장률 못지않게 超高速으로 이루어지고 있다. 30년 이상 초고속 성장을 지속하면서 동시에 나라의 기본이라고 할 수 있는 경제체제의 대개혁을 이루고 있다. 중국의 점진적 개혁의 성과와 소련의 급진적 개혁의 경과를 비교해 보면, 그 差異를 실감할 수 있다.

[문 2] **중국경제는 경제 이외에도 엄청나게 복잡한 문제를 많이 가지고 있어서 경제학을 하는 사람들이 그 나라를 이해하기가 어려워 보이는데, 그 나라의 경제, 사회, 문화를 제대로 이해하자면 어떤 접근방법이 필요하겠는가.**

중국 국토의 면적은 유럽보다 넓고, 인구는 유럽과 미국을 합친 것보다 많다. 이 나라의 人文과 自然은 유럽 27개 국을 통합한 EU에 못지않게 복잡하다. 유럽 나라의 視角으로 중국을 볼 때, 중국은 모순에 가득 찬 '不合理한' 나라이고, 이런 나라가 순탄하게 발전한다는 것은 불가능하다고 느낀다고 해도 이상할 것은 없다. 그러므로 중국의 발전이나 앞으로의 방향을 이해하기 위해서는 文化史的 意識을 가지고 역사적으로 볼 필요가 있다. 지금의 경제학이나 정치학 등의 西歐 사회과학의 좁은 分析的 방법만으로 중국을 보는 한, 그 나라 모습의 전체적 윤곽은 보이지 않는다. 중국의 모습을 顯微鏡으로 아무

---

1) 林毅夫, 〈"中國奇迹"的 經濟學解釋〉('중국의 기적'에 대한 경제학적 해석), 『人民日報』「望海樓」칼럼 기고. 2010년 3월 5일.

리 열심히 들여다 보아도 그 전체 모습은 드러나지 않는다. 멀리서 望遠鏡을 통하여 그 전체의 윤곽을 보고, 과거의 모습과 지금의 모습을 비교해봐야만 그 현재의 座標를 파악할 수 있다. 코끼리의 몸을 부분적으로 정밀하게 만져도 그 전모는 보이지 않는다. 멀리서 코끼리의 모양 전체를 보아야 그것이 어떤 동물인지 감을 잡을 수 있다. 사회과학의 시각보다는 歷史學이나 哲學 등의 넓은 안목으로 중국을 보는 것이 필요하다.

역사학자 아놀드 토인비(Arnold Toynbee), 철학자 버트랜드 럿셀(Bertrand Russell), 그리고 역사적인 안목을 가진 정치가 닉슨(Richard Nixon) 전 미국 대통령, 슈미트(Helmut Schmidt) 전 독일 수상, 소설가 아담 윌리엄스(Adam Williams) 등의 중국에 대한 著作이나 語錄을 보면, 그들의 시각이 경제학자나 정치학자의 그것보다 중국을 이해하는데 더 有用하다고 느끼게 된다. 그렇다고 중국 경제의 복잡한 문제를 顯微鏡 없이 望遠鏡만 가지고 보자는 말은 아니다. 사실 현미경도 망원경 못지 않게 중요하다. 전체를 제대로 알기 위해서는 부분도 잘 알아야 하는 것이다.

나 자신은 개혁 · 개방 정책의 초기부터 중국의 경제발전을 비교적 낙관적으로 보아왔다. 중국경제는 그 성장과정을 통해 많은 試行錯誤를 겪을 것이지만, 그 나라 文化의 底力으로 어려움을 능히 극복하리라고 본 것이다. 30년이 지난 오늘 그동안의 중국의 發展을 回顧하면, 나의 樂觀論은 옳았던 것으로 보인다. 나의 예상대로, 아니 나의 예상 이상으로, 중국은 빨리 그리고 (겉으론 적어도) 순조롭게 발전했다. 그러나 중국이 체제개혁 과정에서는 많은 試行錯誤를 범할 것으로 본 나의 예상은 빗나갔다. 나는 중국은 實事求是의 전통적 방법으로 궁극적으로는 정책수행 과정에서 난관을 극복하겠지만, 경제 당국의 제한된 능력은 續出하는 문제에 직면하여 많은 錯誤를 범할 것으로 본 것이다. 그러나 중국의 경제운영 능력은 나의 예상보다 월등히 높은 수준에 있음을 보고 놀랐다. 그들은 불가능해 보이는 문제에 부딪치면서도 전혀 쩔쩔 매는 일이 없이 體制改革을 해냈다. 물론 문제는 엄청나게 많다. 그러나 그 문제 중에는 그들의 能力의 有無與否를 초월한 것도 많아서 예기치 않았던 문제가 발생하여 그들의 '工作(업무)'이 차질을 빚는 경우도 많다. 내가 왜 그것을 몰랐을까. 나 자신의 시각이 서구식 經濟學의 영향을 너무 많이 받았기 때문인지도 모른다. 중국의 시행착오 가능성을 過大評價하고, 중국 문화의 適應力과 創意力을 過小評價한 탓일 수도 있다. 사실 중국의 정책 중에는 이를테면 성장촉진을 위한 亂開發, 過剩設備投資, 低換率政策(元화를 低平價하는 환율정책) 등에는 지나친 면이 있다고 나는 보지만, 이것이 〈施行錯誤〉인지 아닌지는 또 다른 문제일 것이다.

[문 3] **중국이 속출하는 어려운 문제를 그렇게 '쉽게' 극복한 원동력은 어디에 있는가. 중국은 아직은 經濟管理에 관한 경험과 수단이 부족할 것이고 사회구조도 현대적이지 못할 터인데, 어떻게 그 많은 난관을 극복하고 있는가.**

중국의 구체적인 경제정책의 方向과 內容에 대해서는 다음에 논하기로 하고, 위에서 말한대로 우선 망원경을 통해서 중국경제의 發展原動力이 무엇인가를 생각해 보자. 어떤 나라를 막론하고 長期에 걸친 고도의 발전을 이룩하기 위해서는 경제변수 뒤에 숨어서 보이지 않는 매우 중요한 발전 원동력이 있는 법이다. 이를테면 有利한 시대적 배경, 국민의 質과 정치 리더십의 能力, 문화의 특성 등이 그것이다. 중국의 발전 이면에도 이러한 원동력이 크게 작용한 것으로 보인다.

첫째, 인간의 모든 일은 사람이 한다. 중국의 발전은 궁극적으로는 중국 국민이 일구어 냈다고 보아야 한다. 19세기 후반부터 20세기 후반에 이르는 1세기 반 동안 중국 국민이 당한 정신적 육체적 고통은 말로 표현할 수 없는 엄청난 것이었다. 그 逆境 속에서 어려움을 견디면서 살아남는 동안, 중국 국민에게는 살아남기 위한 강인한 意志와 能力이 길러졌다고 보인다.

물론, 삶에 대한 의지는 어느 민족을 막론하고 다 가지고 있다. 그러나 중국의 경우처럼 긴 세월에 걸쳐서 세계의 거의 모든 列强이 달려들어 일방적으로 苦痛을 준 例는 역사상 드물 것이다. 이들의 熾烈한 攻勢 앞에서 중국 국민은 도망갈 데도 없고 도움을 청할 데도 없이 그저 당하기만 했다. 중국에는 원래 홍수, 한발 등 天災地變이 많고 外勢의 침략도 많아서 그 國民 心地에는 이미 끈질긴 生存意志가 길러져 있는 것도 사실이지만, 19세기 중반 이후의 試鍊처럼 혹독한 경우는 드물었다. 그 시련이 老大國으로 하여금 〈젊은 나라〉로 다시 태어나게 했다. 여기서 '젊다' 고 하는 것은 현재 실제로 이 나라를 움직이고 있는 지도층의 年齡이 젊다는 의미도 있지만, 老壯層을 포함한 일반 국민의 마음과 행동이 강해졌다는 것을 두고 하는 말이다. 일찍이 겪지 못한 肉體的 精神的 苦痛은 국민에게 忍耐心과 創意力, 그리고 단결력과 애국심을 심어주었다. 현재의 대다수 중국인의 마음과 행동을 보면, 지금도 고통스런 일은 많지만, 과거에 비해서는 상상도 못할 만큼 좋은 처지에 있기 때문에, 그들은 다소의 고통은 참고 견디며 맡은 일에 불평 없이 全力投球할 각오를 하고 있는 듯하다. 그래서 그들의 마음에는 希望이 있고 행동에는 迫力이 있다.

어떤 나라를 막론하고 나라에는 盛衰와 治亂의 循環(cycle)이 있다.

興하는 시기가 지나가면 衰하는 시기가 오고, 治世가 끝나면 亂世가 온다. 孟子의 말씀을 빌린다면, 天下에는 一治가 있은 후에는 一亂이 있고, 一亂이 지나면 一治가 온다.2) 젊은 나라도 일정 기간을 지나면 반드시 늙는다. 반면에, 늙은 나라도 局面을 전환하면 젊어질 수 있다. 나라가 局面을 전환한다는 것은 엄청나게 어려운 일이다. 그것이 이루어지기 위해서는 革命 또는 혁명에 준하는 一大 刷新이 있어야 하며, 정신적으로 換骨奪胎해야 한다. 큰 나라일수록 그런 契機가 없으면 換局을 할 수 없다. 換局을 못하면 늙은 나라는 亡한다.

중국의 換局의 자취를 짚어보자. 중국은 19세기 중엽부터 나라(당시의 淸國)가 정신적으로 頹廢하고 氣力(vitality)이 쇠진하여 스스로의 힘으로 局面을 轉換하지 못하고 있었다. 1911년 孫文이 이끈 辛亥革命이 일어나서 淸朝는 망하고 말았다. 이것은 큰 換局이었다. 그러나 淸朝는 망했으나 중국 국민의 運은 열리지 않았다. 엄청나게 많은 시련이 국민을 기다리고 있었다. 썩은 냄새나는 이 나라에 영국, 프랑스, 독일, 러시아 등의 列强이 쳐들어와서 나라의 주요 부분을 갈기갈기 찢어갔다. 이들의 뒤를 따라 이웃나라 일본이 奈落에 빠진 大陸을 아예 통째로 삼켜버리기 위해 武力으로 침공하여 닥치는 대로 죽이고, 불태우고, 약탈했다. 有史 以來 처음 겪는 患亂이었다. 그 渦中에서 20年代 初부터 自生的으로 자라난 공산주의자들이 마르크스 理論을 중국의 전통과 접목시켜서 혁명을 성취함으로써, 1949년 人民共和國을 創業했다. 그것은 阿片戰爭 이래 최대의 換局이었다.

모든 外勢가 물러가고 국민은 新天地를 맞이했다고 생각했다. 100여 년 동안의 紛亂으로 중국은 모든 것을 잃었지만, 한 가지 가장 중요한 것을 얻었다. 장래에 대한 希望과 自力更生의 自信을 얻은 것이

---

2) "孟子曰: 天下之生久矣, 一治一亂." 『孟子』 滕文公章句 下.

다. 그러나 人民共和國 창업 당시의 지도자들은 革命家들이었고, 중국 국민의 潛在能力을 活用할 經濟運營 方法은 몰랐다. 그들은 소련식 경제 운영으로 중국은 능히 근대적인 富國을 만들 수 있다고 보고 소련식 계획을 중국에 도입했으나, 그것은 중국의 실정에 전혀 맞지 않았다. 1950년대 후반의 大躍進과 1966년부터 1976년에 이르는 文化大革命의 실패로 중국은 근 20년에 걸친 경제적 沈沒을 겪었다. 1978년 12월 공산주의의 나라 중국은 드디어 공산주의의 문패를 떼고 '社會主義的 市場經濟' 의 문패를 달고 다시 태어났다. 그것은 거의 10년에 걸친 饑餓와 流血의 代價로 이룬 실질적인 革命이었고, 建國이후 최대의 換局이었다.

회고하면, 중국은 지난 150년 동안 두 번의 혁명(辛亥革命과 中華人民共和國)과, 혁명 이후 두 번의 政策 失敗를 겪었다. 이러한 엄청난 시련을 겪으면서 중국 국민은 再出發의 의지를 가지고 다시 태어났다. 젊어진 국민의 힘이 經濟發展에 集中的으로 投入되어 세계 역사상 처음 보는 기적과 같은 경제발전이 이루어지고 있다.

1972년 美國大統領으로서는 처음으로 중국을 방문한 닉슨(Richard M. Nixon)은 周恩來 總理에게 이렇게 물었다. '당신은 共産主義者가 먼저요, 아니면 中國人이 먼저요?' 周恩來는 '나는 공산주의자이기에 앞서 중국인이오' 라고 대답했다. 닉슨은 그의 저서에서 중국과 중국인에 대해 이렇게 썼다. '만일 중국 지도자들이 周恩來처럼 공산주의자이기에 앞서 중국인이 된다면, 21세기의 중국은 北으로 소련을, 南으로 인도를, 東北으로 일본을, 그리고 심지어 東으로 미국조차도 걱정할 필요가 없을 것이다. 세계에서 가장 유능한 10억 국민과 엄청난 자연자원을 가진 중국은 세계에서 人口가 가장 많을 뿐 아니라 가장 强한 나라가 될 것이다.' [3)]

닉슨은 대통령직을 물러난 후 10권의 좋은 책을 쓴 박식한 인물이며, 그의 국제정치에 대한 洞察力은 아마 역대 대통령들 중에서도 가장 훌륭하다고 나는 본다. 그가 중국 국민이 세계에서 가장 有能한 국민이라고 본 이유가 어디에 있는지 나는 모른다. 1972년 그가 역사적인 중국 방문을 단행했을 때, 중국은 文化大革命의 熱病을 앓고 있었다. 그는 그 열병이 중국을 망치고 있는 것을 생생히 목격했다. 그런데 세계에서 가장 유능한 국민이란 말은 어디서 나왔는가. 짐작컨대 중국이 불가능한 것처럼 보였던 兩大 革命을 성취함으로써 나라의 命運을 개척한 사실, 그리고 그 책을 쓴 1982년에는 이미 문화대혁명을 깨끗이 청산하고 〈사회주의적 시장경제〉의 방향전환을 한 사실을 보고 중국인의 力量을 높이 평가한 것이 아닌가 생각된다. 여하튼 나는 중국 국민에 대한 그의 판단이 진실에 가깝다고 본다.

온갖 고통을 다 겪은 국민은 근면 성실하고 세상 사람들이 생각하는 이상으로 많은 創造力, 忍耐心 그리고 自信을 가지고 있다. 그들은 경쟁을 두려워하지 않으며, 그들의 문화와 전통에 대해 높은 矜持와 자부심을 가지고 있다. 孫文은 그의 『三民主義』(1924)에서 중국인은 모두 모래알처럼 흩어져 있고 단결심이 없다고 했지만, 孫文이 한탄한 1910~1920년대의 중국은 혼란의 도가니 속에 있었고 역사상 가장 암울한 때였다. 구심점 없는 당시의 중국인은 모래알 같을 수밖에 없었겠지만, 지금은 누가 보아도 사정이 달라졌다.

중국인들은 매우 개인주의적이며 남의 불행에 대해서는 일체 무관심한 사람들로 알려져 있다. 버트랜드 럿셀도 같은 말을 했다(後述). 사실 이것은 틀린 말은 아니다. 다만 우리가 알아야 할 것은, 인간의

---

3) Richard Nixon, *Leaders - Profiles and Reminiscences of Men Who Have Shaped the Modern World,* Warner Books, New York, 1982, p. 248.

本性은 원래 天使도 아니고 惡魔도 아닌데, 고생이 많을 때엔 악마의 추한 면이 나타나고 편안할 때엔 천사처럼 고상한 척할 수도 있다는 사실이다. 일국의 國民性이라는 것도 일정하지 않다. 나라가 가난하고 희망이 없을 때엔 어두운 성격이 나타나고, 나라가 잘 될 때엔 좋은 면이 나타난다. 버트랜드 럿셀은 1920년 중국이 인간 세상의 밑바닥에서 신음할 무렵 北京大學의 碩座敎授로 갔다. 그때의 중국과 중국인에 대한 예리한 관찰이 많이 담긴 『*Problem of China*』라는 책을 썼다. 그는 중국인에 대해 이런 말을 했다. "중국인은 最高의 인물에서 最低의 인물에 이르기까지 沈着하고 고요한 威風(dignity)을 지니고 있는데, 그 威風은 심지어 유럽교육으로도 흔들리는 법이 없다. 그들은 개인으로나 국민으로나 虛勢를 부리지 않는다; 그들의 自尊心이 허세를 부리기에는 너무나 강한 것이다. -(中略)- 그들은 거의 모두 마음 속 깊이 중국은 세계에서 가장 위대한 나라이며, 가장 훌륭한 文明을 가지고 있다고 믿고 있다.(以下 略)"[4] 그러나 럿셀은 중국인의 나쁜 점은 貪慾이 많고 비겁하고 無情하다고 했다.[5]

나는 이러한 중국인의 性情은 대체로 지금도 그렇다고 믿지만, 럿셀이 열거한 그들의 長短點은 나라의 처지가 많이 개선된 지금에는 많이 달라져 있다고 생각한다. 2008년 5月 12日 四川省 汶川 大地震 慘事를 당해 정부와 軍警, 그리고 민간 자원구조대는 각기 탁월한 구호능력을 보였다. 그들은 신속한 판단과 행동으로 구조사업을 수행하

---

4) 원문은 이렇다. "The Chinese, from the highest to the lowest, have an imperturbably quiet dignity, which is usually not destroyed even by a European education. They are not self-assertive; their pride is too profound for self-assertion. — I think that, at bottom, they almost all believe that China is the greatest nation in the world, and has the finest civilization." Bertrand Russell, *Problem of China*, The Century Co., New York, 1922, p. 213.

5) 위의 책, p. 221.

고, 이재민의 대피와 수용, 구조물품의 조달과 배급을 행하였다. 많은 국민이 誠金을 갹출하여 愛國愛族의 정서를 보였다. 이것을 본 외국 언론들이 칭찬을 아끼지 않았던 것을 나는 보았다.

중국인의 情緖에 관해 한 가지 추가해야 할 것은 해외 중국 교민의 역할이다. 이들은 移住한 나라의 국적을 가지고 그 나라 국민으로서의 의무를 다 하면서도 母國의 전통과 문화에 대한 矜持를 가지고 그 발전에 많은 기여를 하고 있다. 一例로 천안문 사태로 한동안 외국인의 중국에 대한 투자가 두절되었을 때, 在外 華人들이 적극적으로 중국에 자본과 기술을 제공함으로써 중국이 어려움을 극복하는 데 결정적으로 중요한 공헌을 했다. 지금도 중국에 대한 외국인의 투자 중 在外 華人의 투자가 압도적으로 큰 몫을 차지하고 있다. 나라가 잘 나갈 때엔 협동심과 애국심도 많아지는 것이 인간의 정서인 것이다.

[문 4] 중국지도층의 자질을 어떻게 보는가.

나라의 발전을 위해 결정적으로 중요한 요소는 그 나라의 정치 리더십이다. 민주주의 나라, 공산주의 나라, 작은 나라, 큰 나라, 古今東西 다 마찬가지다. 중국은 1949년 건국 이래 지금까지 4世代에 걸친 지도자 및 지도부를 맞이했다. 건국을 담당한 제1世代를 제외하면 가장 획기적인 변화를 이룩한 지도자는 2世代 鄧小平이었는데, 그가 내건 〈社會主義的 市場經濟〉의 목표와 개혁 · 개방의 노선은 이념적으로나 현실적으로나 가장 중국 국민이 바라는 정책으로서 앞으로 이 목표와 노선은 영영 중국 경제운영의 기본이 될 것으로 보인다. 중국은 鄧小平 이래로 개인에 의해 통치되는 나라가 아니고 집단지도체제에 의해 영도되는 나라가 되었다. 등소평의 리더십 하에 집단지도체제가 進化하여 능력과 경험이 檢證된 인물들이 각급 지도층에 起用되는 시스템이 개발되었다. 능력이 검증된 사람들이 새로 개발된 정책을 국민에 內在돼 있는 젊음과 창의성에 接木함으로써 활발한 경제발전을 유도해 왔다. 이것이 중국 경제발전의 최대의 原動力이며 동시에 정권의 正當性(legitimacy)을 뒷받침하는 礎石이 되고 있다.

잘 알려지고 있는 바와 같이, 集團指導體制는 정치국 상임위원회 9인에 의해 운영된다. 이들의 대표가 黨 총서기인데 그동안의 지도체제의 운영을 보면, 당의 방침은 총서기의 개인 의견에 의하여 결정되는 것이 아니라, 9인의 합의에 의해 결정되는 것으로 보인다. 이들은 각각 多年間의 중앙과 지방 근무, 對民事業의 경험, 중앙기관(이를테면 黨學校)의 연수 등을 겪으면서 百戰의 經歷을 쌓은 老將들이며, 어느날 갑자기 나타난 彗星이 아니다.

상임위원 9인은 원칙적으로 70세 이하이며, 그 陣容이 확정되기 전에는 서로가 競爭者(rival)이지만 진용이 확정된 이후에는 〈一蓮托生〉, 같은 일을 하면서 운명을 같이하는 동료가 된다. 중국 공산당의 人事는 보통 5년마다 열리는 黨大會에서 이루어지며 하나의 世代는 보통 두 term을 하는 것으로 制度化 되어 가고 있으므로 이들도 보통 10년동안 최고 권력집단에서 일을 하게 된다고 볼 수 있다. 이들의 정책의 기본방향은 사전에 민간의 여론을 감안하고, 관계기관의 검토를 거쳐서 당대회에서 채택된다. 중국에서 개인이 나라의 방향을 專決한다는 것은 생각하기 어렵다. 심지어 毛澤東도 한국전쟁 參戰 以前에는 그의 指導原理 역시 다분히 集團指導體制였다.[6] 鄧小平의 〈社會主義的 市場經濟〉는 내가 보기에는 중국의 전통적 國家管理의 원칙

6) 毛澤東의 절대적 위치는 韓國戰爭 이후에 구축되었다는 것에 관해서는 朱建榮, 『毛澤東의 朝鮮戰爭』, 岩波現代文庫 (學術 126), 2004, 참조.

을 현대에 적용한 것이며, 구체적으로는 周恩來의 遺言이라고도 할 수 있는 〈四個의 近代化〉의 延長이었고[7], 江澤民의 〈三大代表論〉은 民間의 공산당에 대한 불만을 해소하기 위한 공산당 개편 방향이었기는 하지만, 이미 공산당에서 광범위하게 실행되어 오던 변화를 공식적으로 확인한 것이었으며, 胡錦濤의 〈科學的 國家運營〉 역시 지금 중국이 내걸고 있는 슬로건을 총괄하는 思想이며, 그것 역시 순전한 개인의 발상이라고 할 수는 없다. 중국 공산당과 같이 절대적인 권력을 가진 기관의 진정한 이익은 원래 국민의 그것과 일치한다고 보아야 한다.[8] 중국공산당의 絕對權力은 국민의 지지 없이는 지속될 수 없다. 국민의 지지가 공산당의 생명이라고 보아도 좋을 것이다. 요는 중국공산당이 이것을 알고 있는가가 문제인데, 그들의 行迹을 보면 국민 지지의 중요성을 그들은 十分 알고 있는 것으로 보인다. 중국공산당의 기본 방향은 점차 下意上達의 범위를 넓히고 있고 앞으로 더욱 이 방향으로 갈 것으로 보인다. 중국공산당에는 이제 공산주의자는 없고, 설사 있다고 하더라도 周恩來처럼 공산주의자이기에 앞서 中國産 휴머니스트라고 보아야 한다.

[문 5] 중국이 개혁 · 개방 정책을 채택한 이후 지금에 이르는 30년

7) 日本産經新聞, 『毛澤東秘錄』, 下卷, 1999, pp. 272~274.

8) 이 점에 대해 우리는 『로마帝國 衰亡史』의 저자인 Edward Gibbon의 말을 염두에 둘 필요가 있다. 그는, '絕對權力을 가진 獨裁者라면, 그는 그의 利益이 국민의 그것과 일치한다는 것을 알고, 국민을 위해 최선을 다할 것이다.' 라고 했다. 똑같은 이치로 제대로 된 絕對權力을 가진 集團이라면, 국민의 이익을 위해 그 단체의 최선을 다할 것이다. Gibbon의 원문을 그대로 인용한다. "The interest of the absolute monarch generally coincides with that of his people. Their numbers, their wealth, their order, and their security, are the best and only foundations of his real greatness---(이하 생략)---. Edward Gibbon, *The Decline and Fall of the Roman Empire,* Chapter V, 191-197 A. D. 參照.

동안 국내외 정세가 매우 복잡하게 전개되어 왔다. 그것은 중국에게는 오히려 도움이 된 것도 같은데, 어떻게 보는가.

개인에 있어서와 같이 나라에도 時運이 있다. 중국은 지금까지 항상 좋은 時運을 타왔다고 생각할 수는 없으나, 중국은 어려운 시운을 轉禍爲福함으로써 좋은 운으로 만들어냈다고 할 수 있다. 한마디로 1950년대 이후로 1978년 개방개혁 정책 채택에 이르는 30년 동안 國內外 정세는 결과적으로 국민이 〈社會主義的 市場經濟〉의 노선을 거부감 없이 받아들이는 데 유리하게 전개되어 왔다고 볼 수 있다. 1949년 人民共和國 건국 당시, 중국 국민은 공산주의가 무엇인지 몰랐지만 낡은 제도와 풍습을 일소하면서 태어난 새 나라에 대하여 기대를 걸었다. 그러나 50년대 말 〈大躍進〉이 실패하고, 1966년부터 1976년에 이르는 〈文化大革命〉을 겪는 동안 나라가 쑥대밭이 되는 것을 보면서 공산주의에 대한 기대는 幻滅이었다는 것을 깨달았다. 그래서 국민은 공산당이 공산주의의 간판을 떼고 개혁 · 개방의 새 기치를 들고 나온 것을 크게 환영했다. 두 번에 걸친 큰 실패가 없었던들 개혁 · 개방 정책을 국민들이 받아들이기는 어려웠을 것이다.

1980년대 말부터 소련과 동유럽의 급진적인 自由化의 결과도 중국으로서는 他山之石이었다. 1989년 6월 4일 天安門 事件도 鄧小平 등이 점진적인 개혁 · 개방의 방침을 정착시키는 데에 도움이 되었다. 1991년 소련이 붕괴한 후로 미국의 嚮導下에 새로운 글로벌 질서가 세계를 풍미한 것도 중국을 위해서는 다행이었다. 중국이야말로 이 질서의 최대의 受惠國이 되었기 때문이다. 미국이 新自由主義라는 市場萬能主義 이데올로기에 사로잡혀서, 自國의 경제구조의 不均衡과 쌍둥이 赤字를 개의치 않고, 중국의 對美輸出이 일방적으로 늘어도 아무런 대책을 강구하지 않았던 것도 중국에게는 도움이 되었다. 2007~2008년부터 전개된 '미국발 금융위기' 가 세계경제를 강타한 것도 중국에 대해서는 상대적으로 유리했다고도 볼 수 있다. 중국은 선진국에 비해서는 비교적 피해가 적었고, 어차피 수출산업으로부터 내수산업으로 경제운영의 기조를 바꿔야 할 때에 그것을 할 수 있는 絕好의 기회를 맞았기 때문이다.

원래 鄧小平은 2050년이 되어야 중국은 中進國 정도가 될 수 있을 것이라고 내다본 적이 있는데, 지금과 같은 G-2의 세상이 이렇게 빨리 올 줄은 누구도 예상하지 못했다. 그러나 중국은 G-2라는 '位相' 을 그리 환영하지 않고 있는 듯하다. 중국은 앞으로 경제발전에 전력을 다해야 한다는 것을 알고 있다. 그리고 무엇보다도 G-2이든 G-7이든, 강대국이 약소국에게 자기의 가치관을 펴기 위해 이래라 저래라 하는 시스템을 중국은 환영하지 않는다. 중국은 아직도 버트랜드 럿셀이 체험한 전통적인 'quiet dignity' 를 유지하고 있고, 鄧小平이 강조한 '韜光養晦' 의 stance를 잊지 않고 있는 것으로 보인다.

[문 6] 지금까지의 설명을 들으면, 중국은 유리한 國內外 情勢를 잘 활용하고 불리한 정세에 잘 적응해 왔다고 보는 것 같은데, 그것은 그들의 전략이 좋았던 탓인가 아니면 중국의 문화 속에 원래부터 그런 특질이 內在해 있는가. 그 文明 속에는 과연 〈轉禍爲福〉의 要領이 살아 있는가.

중국은 위에서 본 바와 같이 지난 30년 동안 국내외 정세의 변화는 중국에게는 '順風' 에 못지않게 '逆風' 도 많았다. 중국의 지도부와 국민은 역풍을 뒤집어서 순풍으로 만들었다고도 볼 수 있다. 중국 最

古의 경전인 『易經』은 逆風을 順風으로 만드는 要領에 관한 책이라고도 볼 수 있는데, 그 책에서 일깨워주는 轉禍爲福을 만들어내는 기본 요령은 무엇인가. 나는 『易經』을 제대로 공부한 사람은 아니지만 내가 느끼는 바로는 '어려운 경우에도 조바심을 내지 말고, 正心誠意로 中庸의 도를 실천하면서 때를 기다리면, 세상은 陰陽의 原理에 따라 돌고 도는 법이니, 반드시 좋은 運이 다시 찾아온다' 는 것이 아닐까. 결국 바른 마음을 가지고 참고 기다리는 사람에게는 禍가 福이 되는 수가 많다는 것이다.

중국 문명의 특질에 대해 자신 있는 말을 할 능력이 나에게는 없다. 위에서 말한 럿셀의 『*Problem of China*』에 의하면, 중국 문명의 가장 큰 특징은 첫째, 중국의 글자는 表音文字가 아니라 表意文字라는 점, 둘째, 중국은 宗敎 대신에 孔子의 가르침을 종교처럼 받든다는 점, 셋째, 다른 나라에서는 貴族이 나라를 다스리는데 비해 중국에서는 試驗에 의해 선발된 인물이 나라를 다스린다는 점을 들고 있다.

럿셀이 지적한 세 가지 중국문명의 특징은 수긍이 가기는 하나, 내가 보기에는 그의 지적에는 다소의 注釋을 달아야 할 점이 있는 것 같다. 럿셀은 마치 孔子의 가르침인 '儒敎' 가 공자의 發明品인 것 같은 인상을 준다. 그러나 儒敎는 공자의 발명품이 아니라 孔子 이전의 아마도 數千年에 걸친 중국의 '聖王' 및 賢相들의 作品이지 공자 한 사람의 작품이 아니다. 만일 孔子 한 사람이 유교의 발명자였다면 유교는 도저히 오늘과 같은 긴 생명을 유지할 수가 없었을 것이다. 宗敎의 創始者가 아닌 철학자나 思想家의 생명은 소크라테스나 아리스토텔레스의 경우를 보더라도 알 수 있듯이 몇 천 년을 통해 連綿한 영향력을 유지할 수는 없을 것이다.

중국문명의 가장 큰 특징은 첫째, 중국인은 누가 언제 어떤 문제를 생각하든지, 하나같이 사람을 위주로 생각한다는 점에 있다고 본다. 다시 말해서 중국인의 철학의 중심은 항상 人本主義(humanism)에 있었다. 중국 사상의 源流를 이루는 諸子百家의 사상을 보면, 儒家, 道家, 法家, 兵家 등이 여러 가지 분야에서 서로 다른 學說을 폈지만, 모두 보다 좋은 세상을 만들기 위해서 인간을 중심으로 논의를 전개했다. 그런 의미에서 중국의 사상에는 어떤 것이나 모두 humanist의 要素가 들어 있다고 해도 과언이 아니라고 나는 본다. 共産主義者까지도 내가 보기에는 기본적으로 humanist이다. 무슨 思想이든 人本主義의 普遍的 價値 위에 서 있다. 어떤 外來思想이 들어와도 모두 人本主義的으로 개조된다. 佛敎도 그랬고, 마르크스 主義도 그런 개조의 과정을 겪고 있다. 아마 民主主義도 그럴 것으로 보인다.

이와 관련된 일이지만 중국문명은 기본적으로 항상 現世的이다. 중국인은 來世에는 그리 큰 관심이 없다. 아무리 불행한 처지에 있어도 그들의 관심은 現世에 있지 來世에는 없다. 그들에게도 물론「하늘」에 대한 畏敬은 있다. 그러나 그 하늘은 '神' 이 아니다. 내가 잘할 때에는 하늘은 나를 도와주지만, 내가 잘못하면 도와주지 않는다고 본다. 『易經』을 비롯한 유교 경전은 물론 諸子百家의 사상에 이르기까지 믿을 것은 결국 나 자신이지 하늘이 아니라고 보는 것이다. 아담 스미스(Adam Smith)의 표현을 빌린다면, 하늘은 우리의 行爲에 대한 〈편견없는 觀察者(Impartial Spectator)〉와 비슷하다. 그렇기 때문에 사람이 만일 "하늘에서 罪를 받으면(나의 죄를 하늘이 인정한다면), 기도할 데가 없다(하늘에 기도해도 소용이 없다. 내가 잘해야 한다)."[9] 흔히 '無爲' 를 강조하는 老子의 道敎는 '無常' 을 강조하는 佛敎와 비슷하다고 보는 사람이 있지만, 兩者는 근본적으로 다르다. 佛敎는 來世

---

9) 이것은 공자의 말이다. "子曰: "獲罪於天, 無所禱也." 『論語』

를 믿지만 道敎에는 今世를 존중한다. 道敎의 관심은 現世에 있지 來世에 있는 것은 아니다. 道敎는 佛敎와는 달리 어디까지나 現世에 대해 '樂觀的' 이다.

럿셀이 지적한 대로 중국은 大文明을 만들어내면서도 종교를 만들어 내지 않았다. 종교를 만들어내지 않으면서 보통사람과 다름없는 '평범한' 孔子라는 인물을 종교의 敎主처럼 받들어 오고 있다. 司馬遷의 『史記』에서 전하는 그의 出生이나 경력 및 업적에는 일반 중국인과 다른 어떤 神靈스러운 것이 전혀 없다. 『論語』를 비롯한 儒敎經典에도 孔子에 관련된 超自然的인 이야기는 없고, 그의 敎理에도 완전히 독창적인 것이 없다. 그는 스스로 "나는 옛날부터 내려오는 가르침을 敷衍 說明했을 따름이지, 새로운 것을 創作하지는 않았다."[10] 라고 말한 바 있다. 그의 기본 사상은 옛날부터 내려오는 것을 크게 벗어난 것은 없다. 이를테면 『易經』, 『書經』, 『詩經』 등 공자 이전부터 내려오는 中國古典에는 유교의 기본사상이 다 있기 때문에 孔子는 새로운 학설을 발명할 필요가 없었던 것이다.

孔子 이전에도 많은 聖人들이 있었는데도 중국인은 유독 孔子를 "萬世의 師表"로 推仰하는 이유는 무엇인가. 그 이유는 중국인은 孔子를 그들의 거울 내지 代表라고 보기 때문이 아닌가 생각한다. 중국인에게 세상에서 가장 이상적인 인물을 그리라고 한다면, 그들의 그림에는 공자의 像이 나올 것으로 나는 본다. 그런 의미에서 孔子像은 중국인의 自畵像이다. 그러므로 공자는 존경의 대상인 동시에 친근한 스승이었다. 많은 詩文에서 공자를 '魯叟' (노나라 늙은이)라고 부르면서 그에 대한 애정을 표시한다. 중국과 중국이 살아 있는 한, 孔子는 살아있는 것이다. 孔子敎에는 교회도 없고 사원도 없다. 그것은 중국

10) "子曰: 述而不作. 信而好古. 竊比我於老彭." 『論語』「述而篇」

인의 마음에 있다. 그들의 문화의 DNA가 유교적이기 때문이다.

이런 의미에서 毛澤東이 孔子를 배격했지만 그것은 自家撞着이었다. 자기의 얼굴을 배격하려 드니 처음부터 二律背反이었다. 따지고 보면 그의 혁명을 성공시킨 요소, 그리고 그 후의 공산당 정책의 방향을 잡게 한 기본사상은 마르크스 레닌主義가 아니라 알게 모르게 그들이 비판한 孔子思想에서 나온 것이 많아 보인다. 毛澤東이 가장 중요시한 '實事求是'의 사상, 周恩來 외교정책의 기본인 '平和共存, 內政不干涉' 原則, 鄧小平의 '改革開放', 江澤民의 '三大代表論', 胡錦濤의 '科學的 發展觀' 등 모두 공자의 사상을 담고 있다. 現 중국 정부의 口號 — 口號는 중국에 있어서는 곧 政策基調이다 — 를 보면, 이 나라의 국정 방향이 不知不識間에 孔子에게서 나온 것임을 당장에 알 수 있다. 以人爲本. 實事求是, 與時俱進, 和而不同, 和諧社會, 和平崛起. 古爲今用, 繼往開來 등이 모두 직접 간접으로 孔子의 사상 내지 人本主義 사상의 표현이다.

人本主義 文化는 많은 包容力과 同化力을 가지고 있다. 어떤 다른 문화도 포용하며, 어떤 다른 세상에도 적응할 수 있는 幅을 가지고 있다. 중국인들이 외국에 나가면 그 나라에 잘 적응한다. 동시에 그들은 China Town을 만들어서 그들의 identity를 유지한다.

[문 7] **중국은 글로벌 경제에 대해 과연 *友好的*인 정책을 지속하리라고 보는가. 중국은 앞으로 세계평화 유지를 위해 노력할 것인가. 중국은 〈東北工程〉을 통해 주변국의 역사를 왜곡하고 있는데, 어떻게 생각하는가.**

위에서 지적한 바와 같이, 중국은 지난 30년 동안 미국 주도의 글로벌 경제체제의 최대의 受惠國이었다. 중국은 미국의 쌍둥이 적자, 미국 민간부문의 낮은 저축성향, 그리고 이것과 아울러 진행된 금융부문의 거품은 장기적으로는 지속불가능하다는 것을 알고 있지만, 앞으로 이러한 위험요소가 불식되고 글로벌 경제가 復活한다면, 중국은 적극 그것을 지지할 것으로 보인다. 전반적으로는 글로벌 경제를 유지하고자 하는 나라는 선진국보다는 오히려 후진국이 될 것이다.

중국의 경제력, 군사력의 상승은 전통적인 華夷思想과 아울러 주변국의 경계의 대상이 되어 왔다. 그러나 길게 역사를 보면, 중국은 攻擊的이라기보다는 防禦的인 나라였다. 만리장성은 수비를 위한 장벽이었지 공격을 위한 울타리는 아니었다. 중국은 주변국을 무력으로 征服한 경우보다는 정복을 당한 경우가 더 많았다. 明末 이후 淸나라에 의해 정복을 당했을 때에는 文化力으로 淸朝 朝廷을 同化시킴으로써 청조가 넓힌 중국의 版圖를 승계하여 옛날 中華帝國이 가지지 않았던 큰 영토를 가지게 되었다. 정복을 했을 때에도 그 지방을 식민지로 만든 예는 없었다. 中華帝國은 식민제국은 아니었다.

최근 들어 對隣國 關係에 있어 大國主義的인 면이 보이는 것은 이해할 수 없는 점이 있다. 이를테면, 高句麗가 중국의 地方政府였다고 주장하는 것은 國策인지 아니면 일부 학자들의 연구결과인지는 알 수 없으나, 이것을 國家 次元에서 뒷받침하는 듯이 보이는 것은 매우 잘못된 일이라고 본다. 나는 歷史家가 아니지만, 高句麗는 중국의 지방정부가 아니었다. 당시에는 中國이나 高句麗나 오늘과 같은 國家(nation-state) 관념은 없었고, 오늘에 있어서와 같은 民族主義나 國民主義도 없었다. 高句麗가 중국의 명령을 받는 지방정부라고 하는 주장에는 근거가 없다. 中國文化가 高句麗로 들어간 것은 사실이었지만, 고구려는 중국에 隸屬된 나라는 아니었다. 고구려의 왕실이나 관직의 조직, 명칭도 중국의 그것과는 달랐다. 중국이 고구려를 중국의 지방 정부로 보는 것은 大國主義의 所産이며, 그러한 관념은 버려야 한다. 중국의 〈東北工程〉에는 무리가 많아 보인다.

중국과 이웃나라들은 앞으로 더욱 友誼를 다져야 한다. 汶川 大地震에 즈음하여 대만이 구조대와 많은 구호물을 보낸 것은 당연한 일이었다. 日本의 구조대는 활발한 구조활동을 했다. 外紙의 보도에 의하면, 중국은 日本에 대해 구호물품, 천막, 의약품 등을 軍用機로 직접 현장까지 운반해 줄 것을 요청하여 日本 당국은 신속히 군용기로 구호물자를 보냈다고 한다. 한국의 이명박 대통령은 직접 지진현장에 가서 이재민을 위로했고 천막, 의약품, 구호물자를 보냈다. 이런 사례는 평소 덤덤히 지내던 이웃도 급할 때는 역시 가깝다는 것을 말하는 것으로서, 많은 시사와 교훈을 담고 있는 美談이라고 본다.

지금 상황에서 넓은 視角으로 中國과 世界를 내다본다면, 중국은 지금도 그리고 앞으로도 平和를 절실히 必要로 하는 나라이다. 중국은 적어도 군사적으로는 世界에서 가장 强한 나라가 되기를 指向해서는 안 된다고 보며, 오히려 군비가 불필요한 세상을 만드는 데 모든 힘을 쏟아야 할 것으로 생각된다. 중국은 soft power의 大國이어야 하며, hard power를 휘두르는 대국이 되어서는 안 된다. 중국은 예나 지금이나 宿命的으로 平和를 지향하지 않을 수 없는 나라이다. 四周에 만만치 않은 나라들과 國境을 맞대고 있는 '가운데 나라' 이다. 중국의 모든 사상이 人本主義에 바탕을 두고 있다는 것은 偶然한 일이 아닐 것이다. 항상 平和를 생각하자니 人本主義가 되지 않을 수 없는 것이 아닐까.

[문 8] **중국의 경제정책의 기본방향에 대해 어떻게 평가하는가. 그**

동안의 정부와 기업, 그리고 일반국민의 역할은 어떻게 평가되는가.

중국 발전의 기초가 된 경제정책 몇 가지를 거론하기로 한다. 1978년 12월에 개최된 黨 11期 3中全會에서 중국이 개혁 · 개방 정책을 채택한 이후 지금에 이르기까지 중국은 당초에 결정한 개혁 · 개방의 기본방향을 일관성 있게 추진하여 空前의 성공을 거두고 있다. 文化大革命으로 混亂과 疲弊가 극도에 달한 가난한 농업경제가 산업화를 성취하면서 年平均 9~10%의 고도성장을 달성하고 있다. 지금은 제조업과 아울러 여러 가지 서비스산업의 발전을 통해 脫産業化가 동시에 진행되고 있다. 과학 기술 등에서도 중국은 長足의 진보를 성취하여 여러 분야에서 세계일류 또는 이에 근접한 수준에 도달하고 있다.

최근에 들어서는 중국 경제당국은 전통적 산업발전 방식으로는 장기적 발전에 지장이 생길 것을 예상해서, 조용히 그러나 확고하게, 低炭素 綠色成長의 방식을 정력적으로 추진하고 있다. 이미 2006~2011년의 11차계획기간 동안 에너지를 약 20% 절약할 것을 추진해왔으며, 外信의 보도에 의하면 현재 風力發電, 太陽力發電에서 세계의 선두를 달리고 있으며, 앞으로 '淸淨技術' 분야에서 세계를 리드할 것을 계획하고 있다고 한다. 중국은 李克强 副總理가 주재하는〈환경 및 발전에 관한 국제협력위원회(China Council for International Co-operation on Environment and Development)〉의 '국제 Task Force' 에서 제12차 5개년계획(2011~2015) 기간 동안 低炭素 에너지를 개발할 계획을 수립하였다. 작년 9월 北京에서 열린 Task Force에 참석한 영국 기후학자 Lord Stern에 의하면, 이 계획은 '지난 2년에 걸친 緻密한 硏究 分析에 의한 좋은 계획' 이라고 하는데, 이 계획에 의하면 중국은 12차계획기간 동안 에너지消費 절약과 新에너지의 개발을 통해 GDP 단위당 炭素 排出을 적어도 20~23%까지 감소시킬 것을 기대하고 있고, 장기적으로 2050년까지 에너지消費 자체를 GDP 단위당 75~85% 정도 줄일 것을 구상하고 있다고 한다.[11)]

지난 30년 동안 중국이 걸어온 길은 세계 역사상 전례가 없는 것이기 때문에 중국 당국으로서는 정책 하나하나가 教科書에는 없는 새로운 innovation이어야만 했다. 〈社會主義的 市場經濟〉라는 목표 자체가 역사상 存在하지 않았던 것이었고, 중국사회 자체가 서구의 어느 나라와도 다른 점이 많기 때문에 경제정책의 하나하나가 모두 innovative한 면을 가지고 있다. 그 몇 가지를 들어보자.

우선, 지금까지의 정부의 발전전략이 innovative했다. 점진적인 개혁에 대해서는 이미 언급했지만, 지역적으로도 중국이 우선 東部로부터 발전을 시작하여 漸進的으로 中部 및 西部로 발전을 확대하도록 한 기본방향은 역사상 일찍이 없던 웅대하면서도 합리적인 비전이었다. 무릇 발전과정이 自動化되기 위해서는 投資를 포함하는 모든 경제활동이 集中化·集約化되어야 한다. 우선 廣東省 福建省의 네 도시를 「經濟特區」로 지정하여 부족한 資源을 거기에 집중적으로 투입하여 개발하고, 그 특구가 일단 성공한 것을 확인한 후, 다시 14개 沿岸都市를 「경제기술개발특구」로 지정하여 이번엔 이 특구를 집중 개발하도록 한 것은 합리적인 政策이었다. 동시에 東部沿岸 지방, 長江 黃河 등의 沿江 地方, 그리고 국경에 연한 沿境 地方 등 이른바 〈三沿地方〉을 먼저 개발한 후 내륙지방으로 개발 노력을 옮긴다는 구상

---

11) 중국의 에너지 산업의 발전과 계획에 관해서는 Gordon Conway 교수의 "Comment" *Financial Times,* 2009년 11월 12일자, 및 "Changing China — Why Beijing could soon be the World's Biggest Producer of Green Technology," 'The Future of Energy': *Financial Times* 잡지. 2009년 11월 4일자 참조.

도 豪放하고도 緻密한 전략이었다. 1990년대 말 2000년대 초부터 西部開發에 착수하여 지역주민의 소득 증대, 인프라 改善, 退耕, 造林, 草地育成 등을 추진하고 있는 것은 이 사업이 단순한 산업개발을 겨냥한 것이 아니라 그동안 훼손됐던 草地, 濕地, 澤沼 등의 復元과 자연생태의 보전, 그리고 주민생활의 획기적 개선을 겨냥한 것임을 알 수 있다. 이는 국토의 보전과 경제의 균형발전, 사회의 통합을 위해 필수적인 비전과 전략이라 생각된다. 중국의 경제운영은 단순한 경제운영이 아니라 일종의 nation-building의 과정이라 할 수 있다.

중앙정부가 경제운영의 권한을 대폭 지방정부에 이양한 것은 비록 過剩投資를 만들어낸 결과를 가지고 온 폐단도 있었지만, 전반적으로 보면 중국의 발전을 촉진하는 데 큰 기여를 했다. 중국과 같은 큰 나라에서 중앙정부가 국민경제의 세세한 부분에 이르기까지 간여한다는 것은 경제 주체의 창의성을 저해하고 부정부패를 조장하는 등 좋지 못한 결과를 가지고 온다. 지방정부로 하여금 경쟁적으로 외국자본과 기술을 도입하도록 여러 가지 유인을 제공한 것은 좋은 정책이었다.

중국이 危險을 甘受하면서 2001년 WTO에 가입한 것은 대단한 결단이었다. WTO 가입은 중국에게 문제를 안겨준 것도 사실이지만, 그보다는 WTO 가입은 중국의 낡은 成文·不文의 제도(institution)를 현대식으로 개혁하는 데 큰 도움이 되었다. WTO 가입은 중국경제의 대외무역의 증진을 위해서뿐만 아니라 중국 제도의 현대화를 추진하기 위해서 감수해야 할 큰 시련이었다. 중국이 그 시련을 잘 견디어 낸 것은 다행이었다.

중국의 경제외교 전략 역시 innovative한 時宜를 얻은 것이었다고 볼 수 있다. 중국이 자원의 확보와 중앙아시아 거점의 확보를 겨냥하여 〈上海開發機構〉를 가동하여 중앙아시아 나라들과 우호관계를 확립하고 交易을 增進시킨 점, 금년 초부터 발효한 ASEAN 나라들과의 FTA 결성도 지역발전을 위해 매우 중요한 일이었다. 아프리카 및 남미 나라들에 대한 과감한 원조 및 투자를 추진하여 종래의 西歐 富國의 원조나 투자와는 다른 새로운 패턴을 보였다.[12]

정부만이 아니라 일반국민과 기업의 innovation 역시 상당한 것이었다고 생각된다. 1978년 安徽省과 四川省의 농민들이 土地請負責任制度를 시작한 것은 지방농민의 비상한 용기와 智謀를 보여준 一大 이노베이션이었다. 이 이노베이션이 전국으로 확대되어 정부로 하여금 자연스럽게 人民公社를 철폐할 수 있게 하였다. 21세기에 접어들어 정부당국이 농민의 離農, 경작면적의 감소, 기술발전의 부진 등으로 자칫하면 침체경향이 있는 農業, 農村, 農民을 위해 三農政策을 추진하고 있는 것은 특기할만한 일이고, 都農間의 균형발전을 위해 불가결한 정책방향이라 생각된다. 중국의 경제정책 成敗의 관건은 농업부문에 있다고 본다. 三農政策의 성공은 중국경제 현대화의 시발점인 동시에 종착점이다.

1980년대 초부터 私企業이 허용되어 민간부문이 공공부문과 더불어 경제의 兩大支柱가 되게 한 것은 대단히 중요한 일이었다. 중국경제발전은 처음부터 國有企業의 부실 때문에 매우 큰 제약을 받았다. 중국의 발전은 국유기업의 비효율로 인해 끝내는 좌절되리라는 것이 西歐 경제이론가들의 전망이었다. 그런데 이상하게도 근래에 와서는 이런 논의가 거의 없어졌다. 국유기업의 不實 논의가 潛跡한 이유는 잘 모르겠으나, 결국은 국영기업의 체질개선이 이루어졌기 때문이라

---

12) Dambisa Moyo, *Dead Aid - Why Aid is not Working and How There is a Better Way for Africa* (foreword by Niall Ferguson), New York, 2009. 이 책에 아프리카가 필요로 하는 아프리카에 대한 援助政策이 무엇인지, 아프리카 출신의 女性 이코노미스트가 예리하게 분석하고 있다. 중국의 對 아프리카 援助의 성격도 밝히고 있다.

고 추측된다. 지금 중국에는 세계를 상대할 정도로 큰 정부소유의 대기업이 많다. 정부는 이들을 민영화하지 않고 이들의 경영자에게 자율권을 확대하여 마치 자본주의 나라의 대기업그룹처럼 운영될 수 있도록 하고 있다. 이제 巨大 國營企業은 정부로부터 어느 정도 독립적인 위치를 확보했다고 西方 매체들은 보도하고 있다. 만일 중국의 정부소유의 巨大 企業그룹이 서양의 대기업에 비견할만한 효율을 발휘한다면, 그것은 지금까지의 기업운영, 경제운영의 기본 틀에 하나의 새로운 章이 추가될지도 모른다.

많은 사람들이 중국경제 발전의 원동력은 자본주의 제도의 채택이라고 생각하고 있다. 분명히 중국은 소련식 계획경제 제도를 포기하고 자본주의 제도를 광범위하게 도입했다. 그러나 중국은 자본주의 원칙을 그대로 적용하지는 않고 있다. 이 나라의 개혁정책이 개발 초기로부터 物的, 人的, 制度的 인프라의 확충에 역점을 둔 것이 경제발전을 위해 매우 유용하게 작용했다. 수송, 교통, 통신, 정보를 비롯한 公共서비스의 〈物的 인프라〉, 교육, 보건, 의료, 건강, 오락, 연구 등의 〈人的 인프라〉, 헌법, 법률, 규정, 관례 등의 〈制度的 인프라〉 등은 모두 자본주의 나라의 그것과는 많이 다른데, 이러한 인프라가 중국의 경제발전, 사회발전의 기반이라 할 수 있다.

[문 9] 중국의 고도성장은 앞으로도 계속될 것인가. 성장 이외의 경제 문제는 무엇인가.

먼 장래에 대해서는 아무도 아는 사람이 없지만 가까운 장래에 대해서는 어느 정도 짐작할 수 있다. 나는 중국의 高度成長은 앞으로도 상당 기간 동안 지속될 것으로 조심스럽게나마 전망한다. 중국은 아직

壯年期의 初期에 있는 젊은 나라이기 때문이다. 중국의 生産能力은 계속 상승할 것이다. 지금까지 중국경제의 생산능력을 지탱한 요인들은 앞으로도 당분간은 살아 있을 것이다. 게다가 기술 수준, 경영능력, 국가 관리능력도 빠른 속도로 향상되고 있다. 중국의 성장을 제약하는 요인이 있다면 그것은 供給能力이 아니라 需要不振일 것이다.

나는 지금 세계의 '先進國' 들이 맞고 있는 低成長 趨勢는 앞으로도 상당 기간 동안 계속될 것으로 전망한다. 이 점에 대해서 여기서 상론할 수는 없으나, 선진권의 V자형 경기상승은 기대하기 어렵다고 생각된다. 물론 단기적인 경기의 起伏은 있겠지만, 中期的으로는 저성장 기조를 탈피하여 고도성장을 맞이하기는 어려울 것으로 보고 있다. 이에 따라 중국의 수출에 대한 선진권의 需要는 전에 비하여 감소할 것으로 예상되므로 중국의 수출산업의 활기도 과거처럼 활발하지는 못할 것이다. 다만 지금까지 없었던 새로운 海外 需要 — 이를테면, 低炭素 綠色産業이나 高速電鐵 등 — 는 활발할 수는 있을 것이기 때문에 그것이 在來型 수출수요의 감소를 어느 정도 상쇄할 것으로 보인다. 그러나 세계경제와 중국경제의 大勢로 보면 중국은 앞으로 內需市場을 적극적으로 개발해야 할 처지에 있다. 미국發 금융위기가 터졌을 때 중국은 세계에서 가장 먼저 대폭적인 재정금융의 확대정책을 채택했다. 경기를 살리기 위한 과감한 '入口政策' 을 쓴 것이다. 그러나 이제(2010. 3. 11.)는 資産市場에 거품이 나오기 시작하고 있으므로 중국은 아직 공식적으로는 언명하지는 않고 있으나 元貨切上을 포함하여 실질적인 〈出口戰略〉을 채택하기 시작할 뜻이 있는 것으로 예상된다.

중국은 이번의 금융위기와는 관계없이 經濟構造와 經濟政策 基調의 一大轉換을 맞이해야 할 刹那에 도달했다. 중국경제는 이제 青年

期를 지나서 壯年期에 접어들었다. 이제는 경제를 사회, 외교, 국방 등과 분리해서 생각할 수는 없고, 중국의 국가목표와 연계해서 고려해야 할 단계에 도달했다. 서부와 동북부를 개발하고 기술집약적인 산업, 서비스 산업이 나라의 先導産業으로 되어야 할 단계에 접어들었다. 內需 依存度를 높여야 하며, 환경보호를 강화해야 하고, 三農政策을 추진해야 할 것이다. 이제는 低價의 雜貨 輸出에만 매달릴 시기는 지났다.

중국은 壯年期를 겪으면서 自他가 공인하는 經濟大國이 될 것으로 나는 전망한다. 壯年期는 여전히 活氣 있는 성장 기간이고, 社會主義的 市場經濟를 향한 長征은 아직 그 中期 단계에 있다. 기술집약적 제품에 대한 새로운 수요가 국내외에서 많이 나타날 것이다. 중국의 총체적인 國力이 향상됨에 따라 그동안 성장을 제약해온 資源, 環境, 技術, 人力, 組織 등의 애로가 많이 拂拭될 것이며, 경제의 創意力, 適應力 등의 柔軟性은 向上될 것이다.

중국은 글로벌 경제의 룰을 앞으로도 준수할 것인가. 나는 그럴 것으로 본다. 1990년대 이후로 지금까지 글로벌 경제의 最大 受惠國은 중국이고 앞으로도 그럴 것이다. 중국은 원래가 global player이며, 그 文化는 외국과의 접촉을 통해 형성되어 왔다. 2001년에 매우 不利한 조건을 甘受하면서 WTO에 가입했을 때, 중국경제가 과연 그 가입조건을 준수하면서 발전할 수 있을지 많은 사람들이 의문시했다. 이것을 추진하기 위해 자신의 운명을 건 朱鎔基總理는 많은 불리한 가입조건을 무릅쓰고 가입을 추진한 데 대해 여러 가지 비난을 받은 적도 있다. 그러나 그 후의 세계경제의 진전은 朱總理가 慧眼을 가진 名相이었다는 것을 말해주고 있다. 그동안 미국은 대만에 대한 무기판매, 중국수출품에 대한 관세 부과, 대통령의 달라이 라마 접견 등으로 중국에 대해 모종의 압력을 가하는 자세를 취했다. 그럼에도 불구하고 중국은 미국에 대해 保有 美國國債의 매각 등의 報復을 하거나 도전적인 모양을 보이지 않을 것으로 나는 본다.

[문 10] 중국은 무엇을 지향하는가. 그 나라의 목표는 무엇인가. 중국의 사회주의적 시장경제의 궁극적인 '종착점'은 어떤 것이며, 어디에 있는가.

중국의 목표는 물론 〈社會主義的 市場經濟〉일 것이다. 다만 그것이 확실히 무엇인지 정의하기는 쉽지 않다. 중국의 대표적인 경제학자 중의 한 사람인 胡鞍鋼의 저서 『中國崛起之路』[13]에도 확실한 定義는 찾기 어려우나, 그것은 自明한 것으로 보기 때문에 굳이 그 정의를 내릴 필요를 느끼지 않았는지도 모른다. 이 책의 논의를 종합하면, 사회주의적 시장경제는 '市場經濟의 效率과 社會主義의 公正을 配合한 經濟社會'라고 하는 상식적인 것 같기도 하다. 다만 경제사회 체제는 잠시도 쉬지 않고 달라지는 것이기 때문에 그것은 어떤 고정된 형태로 완성되는 것이 아니고, 따라서 거기에 도달하는 일정한 시간표도 없다고 보아야 한다. 다른 경제시스템도 그렇지만, 중국의 사회주의적 시장경제는 한두 사람의 머리로 案出(design)될 수 있는 것이 아니라, 모든 經濟主體가 實事求是를 통해 만들어내는 進化過程(evolving process)이라고 보아야 할 것이다.

19세기 이후 지금까지 인간의 머리는 몇 가지 樂園(utopia)을 만들어서 그것을 밀어 붙이다가 실패했다. 能力에 따라 일하고 必要에 따

13) 胡鞍鋼, 『中國崛起之路』 北京大學出版社, 2007. 이 책의 日譯은 王京濱譯 『經濟大國中國の課題』 岩波書店, 2007.

라 소비한다는 共産主義라는 樂園, 자유시장이 모든 것을 最適으로 이끈다는 市場原理主義의 樂園 등은 內在하는 矛盾을 견디지 못하고 쓰러지고 말았다. 인간의 머리에는 한계가 있기 때문에, 복잡한 사회의 理想的인 형태를 案出(design)할 수는 없다. 중국의 사회주의적 시장경제의 최종 형태도 인간의 머리로 만들어내는 樂園이어서는 안 된다. 그런 낙원은 오래 가지 못한다. 중국 사상의 기본인 人本主義는 樂園과는 거리가 멀다.

그러나 〈사회주의적 시장경제〉를 지향한다면, 그 경제정책의 基本方向은 있어야 할 것이다. 현재의 중국경제의 상황에서 그것은 아마 다음과 같은 네 가지로 요약할 수 있지 않을까 생각된다. 첫째는 高度成長의 유지이고, 둘째는 經濟構造 均衡의 달성이며, 셋째는 經濟社會 安定의 정착이고, 넷째는 開發利益 分配의 公正의 성취이다.[14] 이 네 가지에 대하여 간단히 부연하고자 한다.

첫째, 高度成長의 지속은 중국경제의 여러 가지 목표 달성을 위해 필요한 목표이다. 그것은 그 경제의 潛在成長力을 활용하기 위하여, 특히 고용의 확대와 빈곤의 退治를 위해 매우 필요하다. 1978년의 개혁·개방 이후 2006년에 이르는 중국 GDP의 성장률은 年平均 9.8%에 달했다. 이 고도성장의 이면에는 중국 당국과 국민의 고도성장에 대한 엄청난 의욕이 있었다. 이제 壯年時代에 접어든 중국은 生産能力, 消費意慾 그리고 일반적으로 〈經濟하려는 意志(Will to Economize)〉가 絕頂에 달해 있다. 중국은 늙기 전에 좀 더 부유해져야 한다. 전에도 지적했지만, 중국은 마음이 급할 수밖에 없는 처지에 있다.

반면에, 고도성장을 至上視하지는 말아야 한다. 고도성장의 이면에

---

14) 이 네 가지 중 처음의 세 가지는 唐雙寧(中國光大集團會長)의 視角과 대체로 일치하는 것이고, 마지막 네 번째는 나 자신의 생각이다. 唐雙寧, "三角形:中國經濟的理想模式", 『人民日報』「望海樓」칼럼, 2010년 1월 15일자.

는 엄청난 비용을 들여야 한다는 것을 염두에 두어야 한다. 종래의 고도성장도 많은 負의 副作用, 이를테면 자연과 환경의 파괴, 貿易依存度의 심화, 사회갈등의 심화 등을 낳았다. 경제당국도 지금까지와 같은 고도성장은 앞으로는 持續 불가능하다는 것을 잘 알고 있다. 21세기에 접어들면서 중국경제는 發展方式을 전환해야 할 획기적인 전환기를 맞고 있다. 1997년 제17期 黨大會에서는 경제발전 방식을 바꾸어야 한다는 것을 천명하고, 그후 黨學校에서 政府 各部와 지방 省長級의 硏討會를 소집하여 새로운 經濟成長 方向에 대한 진지한 논의를 한 바 있다.[15] 제11차 經濟計劃期間(2006~2010년) 동안에 중국이 省에너지 綠色産業을 본격적으로 개발하기 시작한 것도 발전방식 전환정책의 일부였다고 생각된다.

金融을 경제정책의 中心으로 삼아서 실물을 소홀히 하는 倒錯된(perverse) 自由競爭政策을 경계해야 한다. 이것을 추구하면서 앞으로 나가기만 하다간 歐美經濟에서 익히 보아온 대량생산, 대량소비, 대량폐기를 일삼고, 국민의 모든 정신이 오직 부자가 되는 데 집중되지 않을 수 없다. 그것은 인간의 정신을 타락시키고, 환경을 파괴하고, 兩極化를 심화시키며, 정치를 機能障礙(disfunction)에 빠지게 하고, 사회를 분열시킬 것이며, 끝내는 경제사회의 몰락을 가지고 올 것이다.

둘째, 經濟構造의 均衡을 잡아야 한다는 것은 무슨 뜻인가. 원래 경제는 살아있는 有機體로서, 다른 모든 有機體처럼 그 건강은 몸의 均衡에 의해 유지된다. 전세계가 구조의 불균형 때문에 重病을 앓고 있다. 중국경제도 심한 불균형적인 구조를 하고 있다. 都農間의 불균형, 무역의 불균형, 경상수지의 불균형이 심화되고 있다. 개혁·개방

15) 石川人 〈中國又到 "轉折關頭"〉 (중국은 또 하나의 전환기를 맞이했다) 『人民日報』 2010년 3월 4일자. 「望海樓」 칼럼 참조.

정책이 시작된 1979년 당시의 무역의존도가 9.7%였던 것이 최근 들어서는 60%에 달하고 있다. 지역간의 불균형도 심하고, 수출도 廉價工産品의 加工組立에 집중되고 있다. 산업은 에너지를 과소비하고 있고, 환경의 파괴도 극심하며, 최근에 와서는 빈부격차가 크게 심화되고 있다. 이런 불균형이 지속되어 일정 수준 이상이 되면 對策이 설 수 없다.

셋째, 安定의 내용은 무엇인가. 안정 없이는 성장을 지속할 수도 없고, 社會心理에는 恒心이 없다. 가장 중요한 것은 물론 物價의 안정이다. 인플레, 디플레가 심한 나라에서는 국민심리 자체가 안정을 상실한다. 資産價格의 안정, 外換價格의 안정, 그리고 무엇보다도 雇傭의 안정, 社會心理의 안정이 중요하다.

모든 나라에서 사회의 안정이 위협받고 있다. 核家族의 진전에 따라 가정의 안정이 파괴되고 있다. 사람이 모래알 같이 되고 사회의 규율과 粘着力(cohesiveness)이 엷어지면서 中傷, 投書, 誣告, 訴訟, 自殺, 暴力, 犯罪 등이 증가하고 있다. 중국도 예외가 아닐 것이다. 중국에서는 21세기에 들어온 후로 教育, 醫療, 社會保障을 위한 지출이 확대됨에 따라, 정부에 대한 국민의 신뢰가 개선되어 사회안정의 유지가 향상되고 있다고 한다.[16)]

끝으로 開發利益 配分의 不公平 문제를 개관해 보자. 처음에 鄧小平이 '先富論'을 들고 나왔을 때, 그 理論은 상당히 설득력이 있었다. 사실 개발정책은 '자원의 배분을 발전에 유리하도록 再配分하는

16) 지금 세상은 사회의 안정을 유지하는 책임은 결국 정부가 지지 않을 수 없게 되어 가고 있다. 中國社會 安定度의 조사결과에 의하면, 2002년에 '안정치 않다' 고 회답한 市民의 비중은 전년의 19%로부터 16%로 감소하고 2003년에는 9%로 감소했다고 한다. 지금은 몇 %인지 알 수 없으나, 중국 정부는 이런 문제에 대해 많은 노력을 하고 있는 것은 사실인 것 같다. 胡鞍鋼의 앞의 책 日譯版, 『經濟大國中國の課題』 p. 84.

정책' 이라고 볼 수 있다. 따라서 발전에 유리한 사업을 하거나 발전을 이끄는 지위에 있는 사람은 유리하고, 그렇지 못한 사람은 불리하여 발전 이익의 배분에 불균형이 생긴다. 중국처럼 가난한 나라가 경제발전 정책을 펴자면 일부 지역이나 일부 사람들이 먼저 부유해지는 것은 불가피하고 당연할 일이다. 그러나 개발이 진전됨에 따라 일반적으로 'rent' 가 생겨서 기득권층에게 不勞所得의 기회가 많아진다. 실지로 '사회주의 시대의' 중국은 세계에서 가장 所得配分의 격차가 적은 나라였다. 지니 계수는 1980년대 초만 해도 0.20이었던 것이 1990년에는 0.35, 2001년에는 0.45로 상승일로에 있다.

중국의 사회계층간의 불평등에 관한 胡鞍鋼의 책의 일부를 아래에 譯出한다.

"1980년대에는 'win-win game' 이던 經濟改革은 1990년대에는 'zero-sum game' 으로 變해버리고, 그것은 2000년대에 접어들어서는 다시 〈마태效果(Matthew Effect)〉[17]로 변질되고 말았다. 이런 가운데 「搾取당했다」는 불만 감정이 사회에 만연되어 사회의 低邊階層은 상부계층에 대한 不滿을 가중시키고 있다. 社會主義 時代의 중국에는 노동자나 농민은 비록 경제면에서는 相對的으로 劣位에 있었지만, 그들은 社會主義 政權의 기초적인 구성원이었기 때문에 정치적으로는 상대적인 우위를 가지고 있었다. 그들은 사회주의 건설에 공헌할 수 있는 것을 자랑스럽게 여기고 있었다. 반면 商人이나 企業主들은 정치적으로는 상대적으로 약했지만 경제면에서의 우위를 자랑으로 여기고 있었다. 그런데 이제는 여러 가지 불평등이 같은 방향으로 움직임으로써 극단적인 양극화가 일어나고 있다. 이제는 power elite와

---

17) 마태效果란 『新約聖書』 「마태傳」에 있는 〈가진 자는 더 많이 받아서 더욱 부유해지고, 가지지 않은 자는 빼앗겨서 더욱 가난해진다〉는 富益富, 貧益貧의 현상을 말한다.

business elite가 一極을 형성하여 모든 권리에서 절대적인 優位를 가지게 되었다. 이에 비하여 社會 低邊의 構成員들은 여러 가지 권리에서 절대적인 劣位에 있다. 그 결과 사회계층 사이의 權利의 不平等은 확대되고 있다."[18]

중국은 어떻게 이 문제, 즉 兩極化 深化의 문제를 해결할 것인가. 경제발전은 필연적으로 發展利益 配分의 不公平을 가지고 온다. 발전이 빠를수록 兩極化도 빨리 진행된다. 중국은 그동안 경제적 안정과 정치적 안정의 달성에는 큰 성과를 거두었으나 사회적 안정은 아직 달성하지 못하고 있다. 중국의 상황에서 사회적 안정을 달성하기 위해서는 胡鞍鋼이 지적한 대로 앞으로는 정부의 역할이 投資 促進의 역할로부터 公共서비스 管掌의 역할로 전환되어야 한다.

앞으로 정부가 수행해야 할 가장 중요한 역할은 ① 전 국민의 교육기회 및 의료복지의 확대, ② 농민에 대한 농촌 사회보장제도의 정비를 포함한 三農政策의 강화, ③ 公民의 基本權의 平等을 보장하는 법제의 정리, 법의 집행에 임한 공무원의 능력 향상, ④ 근로자에 대한 각종 보험을 포함한 社會保障制度 및 社會安全網 構築 등이 아닌가 생각된다.

公共 서비스를 遂行하는 역할을 담당한다는 것은 그동안 많은 對民事業을 담당해온 중국 公務體系로서도 매우 어려운 문제가 아닐 수 없다. 어떤 경제체제 하에서도 유능한 정부 없이는 경제발전이 제대로 이루어지기는 어렵다. 그동안 英美를 비롯한 자유주의 나라에서는 정부는 작으면 작을수록 좋다는 관념이 通俗的 知慧(conventional wisdom)로 민간에 전파되어 금융위기 이후에도 가실 줄을 모르고 있다. 내가 보기에는 이 잘못된 관념이 일반국민 심리에 확고한 뿌리를

---

18) 앞의 책, 『經濟大國中國の課題』 pp.80-81.

박고 있는 한 정부 역할의 정상화는 기대하기 어렵고, 경제발전이나 사회발전도 어렵다고 본다. 중국정부는 여러 가지 루트를 통해 광범한 국민여론을 수집하여 그것을 정부정책에 반응하도록 노력하고 있는 것으로 보이는데, 이것은 중국으로서는 다행한 일이라 할 수 있다.

위의 네 가지 經濟政策의 目標는 어떤 나라, 어떤 경제체제에 있어서도 가장 중요한 정부의 목표로 간주돼야 한다. 특히 金融危機와 그 後遺로 나타나고 있는 政府目標의 失踪과 政府機能의 不全은 얼마나 慘憺한 결과를 가져오는지를 보여주고 있다. 21세기는 이데올로기의 시대가 아니다. 資本主義, 社會主義 등의 구별은 거의 無意味하게 되었다. 앞으로는 左派도 없고 右派도 없는 脫이데올로기 시대가 온다. 이데올로기에 執着하지 말고 民主的이고도 유능한 정부를 만들어서 위의 네 가지 목표를 달성하도록 하는 것이 중요하다. 각국 정부는 조속히 그 기능을 회복해야 할 것이다.

〈社會主義的 市場經濟〉는 이데올로기로 태어난 것이 아니다. 처음부터 주어진 理想을 목표로 태어난 시스템이 아니었다. 문화대혁명이라는 大災殃을 겪은 후, 중국이 발견한 가냘프나마 남은 유일의 길이었다. 사실 '社會主義的' 이라는 형용사에는 이데올로기적인 의미는 없다. 차라리 '實事求是的' 이라는 의미밖에 있을 수 없다. 앞으로 중국은 實事求是의 방법을 통해 前人未踏의 길을 헤쳐 나가야 한다.

중국과 같이 人口가 稠密하고 자연의 혜택이 적은 나라가 이 네 가지 목표 달성에 근접한 경제사회를 만들어낸다면, 세계는 이것을 하나의 奇績으로 볼 것이다. 중국의 〈社會主義的 市場經濟〉가 名實相符한 것이 되기 위해서는 최종적으로는 이 〈奇蹟〉을 일구어내야 한다고 나는 본다. 벅찬 과제이기는 하나 이것을 못한다면 지난 30년의 고도성장은 허사로 될 것이다. 均衡과 調和가 잡힌 평화스러운 〈社會主義的 市場經濟〉의 성취는 이제 중국에게 주어진 使命이 되었다.

인류는 지난 世紀 동안 地球的인 규모의 〈熱戰〉을 두 번, 지구적인 규모의 〈冷戰〉을 한번, 그리고 작은 규모의 전쟁을 무수히 겪었다. 중국은 앞으로 전쟁이 없는 '和而不同' 의 和諧世界를 실현하는 일에 앞장서는 것을 자신의 使命으로 삼으면 어떨까. 중국은 이것을 자신의 使命으로 삼을 만한 傳統的인 文化的 背景을 가지고 있다. 지금의 國內外 현실 역시 和諧世界의 달성을 절실히 요구하고 있다. 이 使命의 실현이 중국의 마지막 奇蹟이 되어야 한다.

| 제 3 부 |

강의 논문

경쟁력사회와 청소년 지도

개혁의 논리와 나라의 과제

우리나라 (고등)교육의 개선방향

21세기 국가 지도자의 역할

시장기능과 국가기능

中國 經濟發展의 文化的 基礎

삶의 질, 경제사회의 위기, 그 진단과 극복의 길

개방정책의 회고와 향후 전망

자유주의와 자본주의: 그 성취와 한계

글로벌 경제의 패러다임과 한국의 대응

경쟁력사회와 청소년 지도*

Ⅰ. 한국의 明暗

한국은 두 얼굴을 가지고 있는 희한한 나라이다.

지난 반세기 동안 한국은 엄청나게 많은 발전을 했다. 경제적으로는 세계 경제사에 유례가 드문 압축성장을 달성함으로써, "한강의 기적"을 이룩하고, 1996년에는 선진국의 클럽인 OECD에 가입했다. 정치적으로도 그 암울한 開發年代의 탄압 속에서 학생과 민주화 투사들의 고귀한 희생으로 민주화를 쟁취했다. 교육열은 엄청나게 강하여 문맹이 일소되고, 人口 대비 대학생 수는 세계의 선두에 서고 있다. 정보화시대에 진입해서는 인터넷의 보급이나 컴퓨터의 사용에 있어 세계의 선두를 달리고 있다. 야구, 축구, 골프, 바둑 등에서 보이고 있는 한국인의 능력은 어떤 기준으로 보아도 세계 일류이다. 국민의 애국심도 강하여, 지난 월드컵 때에 발휘된 젊은이들의 폭발적인 에너지는 세계를 놀라게 했다. 그 에너지가 생산적으로 쓰여질 경우 나라의 장래는 마치 蒼空을 나는 大鵬과 같을 것이다.

그러나 어찌된 일인가. 이 나라의 또 하나의 얼굴에는 어두운 그림자가 드리우고 있다. 나라는 지금 內憂外患에 시달리고 있다. 정치는 과거 어느 때에 못지않게 비생산적이고 개선의 가능성은 솔직히 희박

* 2003년 8월 7일 한국 카운슬러 협회 제38차 연차대회에서 행한 주제 강의 논문임. 이 글은 月刊 朝鮮 2003년 9월호에 게재되었음.

해 보인다. 껍질은 "民主主義"로 포장돼 있지만 內實은 거의 없는 정치에 대해 국민은 너무나 많은 비용을 부담하고 있다.

분단된 이 나라의 국토는 마치 19세기 말에 있어서와 같이 열강의 각축장의 양상을 띠고 있는데도 정치권은 정치싸움에 바쁘고, 識者라고 하는 사람들도 눈앞의 이익에 눈이 어두워 나라의 명운을 결정하는 외교문제에 대한 遠視的인 안목이 없다.

사회는 건전한 가치관의 失踪 속에서 집단이기주의의 히스테리에 빠져 있고, 매일같이 터져나오는 非理 속에서 서로의 不信만 자라고 있다. 남북이 갈리고, 동서가 찢어져, 국민의 정서는 "통일국가", "단일민족"이라는 말들이 무색할 정도이다. 老少의 사이에는 벽이 쌓이고, 가정이 파괴되어 이혼율은 대부분의 선진국보다도 높다.

교육은 양적으로는 세계에 유례가 없을 정도로 보급되었으나 질적으로는 낮고, 사회의 수요에 부응하지 못하고 있다. 인구 비례 대학생 수는 세계 최고이지만 세계에 자랑할 만한 대학은 하나도 없다. 嬰兒때부터 외국유학을 보내니 아동은 정상적인 정서와 지능의 발육을 기대할 수 없고, "기러기 아빠"가 이끄는 가정은 정상적인 행복을 이룰 수 없다. 인터넷의 보급이 세계 제일이라고 자랑하지만, 정보는 쉽게 얻을 수 있는 반면, 슬기로운 삶이 필요로 하는 智慧를 터득할 기회는 그만큼 멀어진다. 이대로 가다가는 그것으로부터 나오는 「失」이 「得」을 능가하는 심각한 지경에 이를 수 있다.

모든 다른 부문보다 낫다는 경제도, 한강의 기적이 一朝에 돌변하여, IMF라는 신탁통치를 받는 과정에서 어물어물하는 사이에 國富의 노른자위는 외국인의 수중으로 들어가고 말았다. 국민이 단결하여 IMF를 극복한 듯이 보였지만, 알고 보니 그것도 아니었다. IMF「극복」의 소리에 도취되어 국민의 고질인 「放漫」과 「健忘症」이 도지고 있다. 경제체질을 바로잡을 수 있는 千載一遇의 기회를 놓치고 IMF 5년을 헛되게 보낸 지금, 국민의 빚은 늘어만 가고, 경제는 IMF 때에 못지않은 어려운 처지에 놓여 있다.

이 나라의 그동안의 발전은 분명히 많았다. 그것을 인정하는 데 인색할 필요는 없다. 그러나 그 발전의 많은 부분은 「不實」했다. 이대로 가다가는 우리의 국제경쟁력은 날이 갈수록 추락하고, 不實하게 쌓아올린 塔은 허무하게 무너질 것이다. 이미 여러 군데에서 무너지는 소리가 울려 퍼지고 있다. 국민의 심리는 뿌리 없는 浮萍草와 같고, 정신적으로는 공황상태에 있다.

어떤 나라를 막론하고, 밝은 얼굴도 있고 어두운 얼굴도 있는 법이며, 한국이 이 두 얼굴을 가지고 있다고 해서 이상할 것은 없다. 그러나 한국에 있어서처럼 밝은 얼굴과 어두운 얼굴이 뚜렷하게 兩極을 이루면서 두 얼굴이 예기치 못한 때에 번갈아가면서 겉으로 나타나는 경우는 드물다. 이 나라 사람들에게는 恒心이 없고 항상 중심 없이 요동치기 때문이다. 고쳐야 할 점을 마지막 순간까지 고치지 못하고 있다가 絕對絕命의 막다른 골목에 이르러서야 부랴부랴 180도로 방향을 바꾸는 습성 때문에 그들의 先天的인 개인 능력이 끝내는 무위로 돌아가고 있다.

Ⅱ. 한국교육의 不實

각 개인의 소질이 탁월한 이 나라 국민의 얼굴이 어둡게 된 원인은 어디에 있는가. 궁극적으로는 교육의 부실에 있다고 나는 본다. 자라나는 세대를 잘 가르치지 못했기 때문에 나라가 이렇게 된 것이 아닌

가. 잘 가르치지 못한 원인은 어디에 있는가. 기성세대 스스로가 自己省察을 못하고 다음 세대를 가르치는 使命感이 부족했기 때문이 아닌가 생각된다. 거의 일생을 교육에 종사했고 나라의 높은 자리를 많이 거친 나로서는 나라의 앞날이 어두운 그림자를 띠게 된 데 대해 많은 自責과 悔恨을 느낀다.

이 나라의 교육을 산업에 비유해 보자. 교육을 산업과 비교하는 데에서 우리는 여러 가지 시사를 얻을 수 있다.

교육을 어떻게 산업과 비교하느냐! 신성한 교육을 어떻게 산업과 비교해! 라는 거부감이 있을 것이다. 그러나 교육만이 신성하다고 생각하는 것은 옳지 않다. 교육은 모든 산업의 根本이고, 따라서 국가적으로 보아서 어떤 다른 산업보다도 더 중요하다는 것은 누구나 인정한다. 그러나 생각해 보라. 교육도 神聖하지만 산업도 神聖하기는 마찬가지다. 우리 모두의 생계가 달려 있는 곳이 산업이다, 숱한 교육을 다 받은 사람들이 일생을 바쳐 일하는 곳이 산업이다. 그런 곳이 신성하지 않다면 어디가 신성하겠는가. 직업의 귀천이 어디 있는가. 교육을 무턱대고 신성시하면서 여타의 산업과의 유사성을 인식하지 못하는 데에서 갖은 비효율과 낭비가 나온다는 점을 명심해야 한다.

우리나라 교육산업의 현황을 한 마디로 표현한다면 무엇이 될까. 하나의 거대한 「不實」산업이고, 그 산업을 구성하는 많은 학교는 不實기업으로 간주할 수 있다. 우리는 교육의 중요성을 알고 이 산업에 엄청나게 많은 투자를 했다. 그러나 교육산업이 무엇인지 모르는 사람들이 많아 과잉투자, 부실투자가 곳곳에서 이루어졌다. 70년대에 우리나라의 다른 산업에 과잉투자, 부실투자가 이루어짐으로써 우리 경제가 멍들고 끝내는 IMF를 불러온 것과 똑같다.

"不實"이란 무엇인가. 그것은 생산요소의 투입(input)에 비해 산출물(output)의 질이 나빠서 쓸모가 없고, 따라서 잘 팔리지 않기 때문에, 생산자가 利潤을 내지 못하고 구조적으로 항상 赤字를 보는 기업이나 산업을 말한다. 교육기관의 생산요소란 무엇인가. 교원과 교재, 그리고 학교의 시설이다. 산출물은 무엇인가. 그것은 「人材」이다. 학교는 "人材"라는 졸업생과 거기에 "體化"되는 건전한 가치관을 생산하는 업체이다. 교육이 不實하다는 것은 사회가 필요로 하는 人材를 過不足 없이 제대로 공급하지 못하고, 사회가 필요로 하는 건전한 가치관을 만들어 내지 못하고 있다는 것을 말한다.[1)]

여기서 人材라 함은 사회의 엘리트, 즉 지도급만을 의미하는 것은 아니다. 사회는 지도자만 필요한 것이 아니다. 현대사회는 무수히 많은 직종 내지 직업이 있다. 나라가 잘 되자면 모든 직업에 종사하는 사람이 다같이 그 임무를 훌륭하게 수행하여야 한다. 맡은 바 자기의 임무를 훌륭하게 수행할 수 있는 사람은 모두 인재이다. 은행원도 인재이고, 간호사도 인재이며, 청소부도 인재이다. 가정과 각급 학교에서 이 사회가 필요로 하는 모든 기능을 수행하는 훌륭한 인재를 배출해야 한다.

흔히 지금의 시대를 競爭의 시대라고 한다. 우리는 후진들에게 앞으로 올 불확실성이 가득 찬 험한 경쟁시대를 살아 나가는데 필요한 소양을 배양하여야 한다. 그 소양은 무엇인가. 그것은 어떤 하나의 기술이나 斷片的인 능력이 아니라, 어떤 어려운 경우에 봉착해도 그것을 극복할 수 있는 기본적인 능력이다. 첫째, 튼튼한 신체, 둘째, 모르는 여러 사람과 대화를 해도 상대방을 이해하고 동시에 자기를

---

1) 조선왕조의 成均館의 이념이 이것을 잘 나타내고 있다. 「成人材之未就, 均風俗之不齊」, 즉 "인재의 미성취를 성취시키고, 사회 풍속의 고르지 못함을 고르게한다"는 것이니, 여기에 교육의 목적이 있다고 한 것이다.

상대방에게 이해시킬 수 있는 원만한 德性, 셋째, 앞으로 어떠한 시대가 와도 창조적으로 삶을 영위할 수 있는 능력, 넷째, 자기와 사물을 大局的으로 보고 恒心과 지혜를 가지고 살 수 있는 知性 등이 필요하다.

가정, 그리고 유치원은 신체 건강하고, 예의 있고, 참을성과 용기의 「습관」을 기르도록 가르쳐야 한다. 사회가 필요로 하는 가장 중요한 일은 가정과 유치원의 어린 시절에 터득하도록 해야 한다. 가정과 유치원에서 배워야 할 것을 못 배우면 일생동안 배울 기회가 없다. 자라서 초등학교에 들어갈 때가 되면 이미 때는 늦은 것이다.

자녀들이 경쟁사회에서 이기기 위해 어떤 便法을 찾으려고 해서는 안 된다. 어디까지나 正道에 따라 튼튼한 몸과 남에 대한 예의, 참을성과 판단력의 기초를 기르도록 해야 한다[2]. 부모와 친구들과의 정상적인 대화, 접촉이 이루어져서, 眞과 善과 美가 자연스럽게 터득되도록 해야 한다. 말도 제대로 못하는 어린이에게 영어를 가르친다, 피아노를 가르친다, 속셈을 가르친다 하면서 분주를 떨고 있는 것을 보면 우리나라의 젊은 부모들의 교육관이 얼마나 병들어 있는가를 느끼지 않을 수 없다. 경제교육은 10대부터 해야 한다는 어처구니없는 많은 일간지의 주장을 따르지 말라.

이 나라의 초등학교, 중학교, 고등학교는 건강하고, 어질고, 예의 있고, 참을성, 용기 및 창의성을 갖출 수 있도록 교육하고 있는가. 가장 중요한 것이 무엇인가. 수학인가? 아니다. 도덕인가? 그것도 아니다. 우리말을 잘 가르쳐야 한다는 것이다. 말은 우리의 사상과 인격의 표시이다. 말이 빈약하다는 것은 생각이 빈약하기 때문이며, 글을

---

2) 나는 우리나라의 모든 학부모에게 John Locke(1632~1704)의 1693년의 저서, 『교육에 관한 고찰』*(Some Thoughts Concerning Education)*을 一讀하기를 권고 하고 싶다.

똑바로 쓰지 못하는 사람의 머리에는 論理가 없다는 것을 의미한다. 그런데 우리말의 70~80%가 漢字語이기 때문에, 한자를 모르고는 우리말을 제대로 구사할 수 없다. 불행하게도 우리나라 어문정책이 한글專用이니, 우리의 후진은 우리말을 제대로 모르고, 또 제대로 모른다는 것도 제대로 모르고, 높은 수준의 문화를 창출할 능력은 원초적으로 박탈된 채 일생을 살게 됐다. 한심한 일이 아닐 수 없다.

선생은 학생을 사랑하고, 학생은 선생을 부모에 못지않게 공경해야 하는데, 그렇지 못한 것 같다. 각급 학교의 존재 이유가 모두 대학 입시를 위한 예비학교의 역할의 수행에 있으니, 학생의 智德體의 기초가 마련되어야 할 가장 중요한, 감수성이 예민한 시기가 인격이나 창조적인 지능과는 관계가 없는 활동에 허무하게 磨耗되고 있는 것이다.

이 나라의 대학은 진정한 知性人, 전문지식을 갖춘 인재를 충분히 배출하고 있는가. 불행하게도 대답은 역시 「否」일 수밖에 없다. 우리나라 일류대학 졸업생들이 외국의 일류대학에서 박사학위를 받고 귀국하는 사람들을 보면, 전문분야에 대해서는 논문도 있고 지식도 있으나, 그 식견은 넓지도 못하고 깊지도 못하여 지성인답지가 않은 경우가 많다. 역시 학부 때에 배워야 할 것을 잘 배우지 못했기 때문이다. 학부 때에 잘 배우지 못하면 아무리 대학원에 가서 박사학위를 받아도 지성인이 될 수 없다는 것을 느끼지 않을 수 없다. 국민이나 정보매체들은 제나라의 대학에서 배출된 "지성인"에 대해서는 지성인 대접을 하지 않고 있는 데 대해 섭섭하게 생각하는데, 거기에는 이유가 있는 것 같다. 조선 숙종 시대의 名相이오 文章家였던 張維는 "우리나라에는 학자가 없다!"("吾邦無學者")라고 한탄하였는데, 옛날이나 지금이나 이 나라의 지적인 풍토는 진정한 지성인을 기르기에는 너무나 瘠薄한 것 같다. 고교 졸업생들이 이공계에는 가지 않고, 인문이나 사회계의 재학생도 상당부분 사법고시 준비를 하고 있는 풍토이니, 이런 예는 외국에는 내가 알기에는 없는 것이다.

결론적으로, 이 나라에서는 가정에서 대학에 이르기까지 교육이 실패하고 있다. 국민의 교육관이 불건전하기 때문에 교육열이 높으면 높을수록 교육은 거기에 비례하여 不實化되어 있다. 일반 기업에 있어, 투자의 기준이 잘못되어 있기 때문에 투자를 하면 할수록 不實기업이 많아진 일반산업의 경우와 완전히 똑 같다. 기업의 경우에는 IMF가 와서 싫든 좋든 임시적으로나마 그 不實을 털어주었다. 그러나 교육의 不實을 털어 줄 IMF는 없으니, 우리 스스로가 국산 IMF를 만들어내야 할 처지에 있다.

Ⅲ. 韓國教育 七弊

한국 교육을 실패로 이끈 원인에는 일곱 가지를 들 수 있다고 나는 본다.

첫째, 교육에 대한 국민의 가치관이 잘못돼 있다. 교육을 출세 내지 돈벌이의 수단으로 보는 관념이 이것이다. 왕조시대에 유학의 목적이 科擧에 오르기 위한 수단으로 전락한 결과 학문이 죽은 것과 마찬가지이었다.

둘째, 가정교육부터 잘못돼 있다. 어린이에게 규율과 인내, 공평과 양보를 가르치지 않고, 남에게 폐를 끼치더라도 기죽지 말라는 방종과 자기중심의 버릇을 기르고 있다. 문명인이 되라는 것이 아니라 야만인이 되라는 것이다. 정글의 법칙을 익혀야 남을 이길 수 있다는 그릇된 관념이 이 나라와 어린이를 망치고 있다. 말도 제대로 못하는 유아에게 갖가지 레슨을 강제함으로써 아이를 괴롭히고 그 정서의 발육을 꺾으면서, 스스로는 교육에 정성을 드리는 것으로 오인하고 있다.

셋째, 주로 중고등학교에 해당하는 사항이지만, 「平準化」의 지향이 교육을 망치고 있다. 凡庸(mediocrity)을 위해 優越(excellence)을 포기하자는 것이니, 이것이 어떻게 국민교육의 목표가 될 수 있는가. 일반적으로 우리나라에서는 平等主義가 나라의 발전을 가로 막고 있다. 優越(excellence)에 대한 배려는 거의 전혀 없다.

넷째, 한글 전용의 정책이 이 나라의 수준을 낮추고 있다. 물론 한글만으로도 일상생활을 하는 데에는 지장이 없을지 모른다. 그러나 한자를 모르고는 이 나라에서는 수준 높은 문화를 창출할 수 없다. 한자를 모르고는 이 나라의 문화의 수준은 동양에 있어서는 중국, 일본을 따를 수 없으며, 우리보다 영어를 잘 하는 다른 동양나라를 따라잡을 수 없다. 서양나라에 비견할만한 문화는 도저히 창출할 수 없다. 서양이나 다른 동양나라에 비해 우리에게 문화에 관한 「比較優位」가 있는 점이 있다면 그것은 무엇이겠는가. 그것은 漢字를 손쉽게 알 수 있고, 漢字圈 문화의 중요한 부분을 담당할 수 있다는 것뿐일 것이다. 이것을 모르고 편협한 민족주의의 관념에서 한글전용을 하게 됐으니, 이것이야말로 문화적 自害행위가 아니겠는가.

다섯째, 대학을 너무 많이 세웠다. 그 결과, 이제는 대학 신입생 정원이 고교 졸업생 수를 능가하게 됐다. 대학 교육의 質이 올라갈 도리가 없는 것이다.

여섯째, 우리나라의 교육은 거의 대부분 "供給者 爲主"로 이루어졌다. 학생의 필요에 의해서가 아니라 학교의 또는 선생의 필요에 의해 강좌가 개설되고, 학과가 설치되고, 학생정원이 책정되고, 수업시간이 배정되고 있다. 학생이 교과내용에 대하여 흥미를 잃는 것은 당연한 일이다.

일곱째, 초등학교에서 대학에 이르기까지 관의 통제가 너무나 많다. 획일적인 기준에 따라 행정에 편리하도록 교육행정이 이루어지고 교육을 하는 사람의 재량이 적기 때문에 창의성이 나올 수 없다.

흔히, 한국교육의 가장 큰 문제는 대학 入試에 관련돼 있다고 말한다. 물론 대학입시에도 문제가 많다. 대단히 큰 사교육비 부담, 과외공부 등의 폐단 등 어려운 문제가 많다. 그러나 대학입시의 문제는 上記 일곱 가지의 문제가 파생한 문제이다. 보다 기본적인 상기의 문제가 해결되지 않는 한, 대학입시의 문제는 해결될 길이 없다.

Ⅳ. 한국 교육개혁에 관한 管見

한국교육에 관련된 법규상의 장애요인을 일단 도외시한다면, 한국교육이 그 본연의 사명—사회가 필요로 하는 여러 가지 人材를 배출하는 일—을 제대로 수행하기 위해서는 가정에서부터 대학에 이르기까지 다음과 같은 것이 필요하다고 본다.

1. 교육에 관한 기성세대의 가치관이 개선되어야 한다. 거듭 말하거니와 교육의 목적은 인재를 기르는 데 있다. 인재가 되자면, (1) 신체 건강하고, (2) 건전한 가치관을 가져야 하며, (3) 건전한 기초지식과 그것을 실사회에서 적용할 수 있는 지혜를 가져야 할 것으로 생각한다. 어떤 便法으로 이런 덕목이 길러지지는 않는다. 오직 正道만이 인재를 기른다.

2. 가정교육이 가장 중요한 것으로 보인다. 교육이란 대화 없이는 이루어지기 어렵다. 공자, 맹자, 소크라테스, 아리스토텔레스의 대화 교육이 모든 훌륭한 교육의 原型이라 생각하며, 문명의 利器의 엄청난 발달에도 불구하고 인간이 받는 교육의 感化는 대화를 통하는 것이 가장 확실한 것으로 생각된다.

3. 아이들이 학교에 들어간 후로는 학교교육은 학교선생에게 맡겨야 할 것으로 본다. 물론 학교선생이 모두 聖人君子는 아니지만 학부모가 사사건건 학교 일에 간여하는 한, 학교교육은 실패한다. 우리나라에서는 공기업의 민영화가 추진되고 있는데, 정작 민영화가 절실히 필요한 분야는 교육이라고 생각한다. 교육의 관치는 교육을 성공으로 이끌 수 없다. 교육은 교육자에 맡겨져야 한다. 물론 似而非 교육자도 있지만, 그것은 예외일 것이다. 은행의 운영은 은행장에게 맡겨야 하듯이 교육은 교육자한테 맡겨야 한다. 구체적으로 다음과 같은 점이 고려되어야 한다.

(1) 대학의 운영, 이를테면 학생의 선발, 성적의 평가, 졸업, 그리고 교수의 채용, 승진, 예산의 책정과 집행 등은 총장에게 맡기는 것이 옳다. 교육부의 역할은 무엇인가. 학교의 보호와 감독의 책임을 지면 된다. 마치 금융감독원이 금융을 감독하듯이, 교육부는 학교 행정의 보호와 감독업무를 담당하면 된다.
(2) 중고등 학교의 학군제를 폐지하는 것이 좋으리라 본다. 학군제를 폐지하면, 물론 폐해도 뒤따를 것이다. 그러나 그 폐해는 교육을 망치는 평등주의보다는 낫다. 원래, 어떤 학교든지 지원자가 모집인원보다 많으면, 고통스러운 선발 절차가 따르지 않을

수 없다. 따라서 入試를 죄악시해서는 안 되며, 입시 이외의 선발 방식은 그 능률이 입시만 못한 것이 대부분이라는 것을 명심하여야 한다.

중고등 학교장에게도 학생 지도에 대한 자율의 폭을 넓히는 것이 좋을 것이다. 이를테면, 선택과목을 마련한다든가, 특별지도를 한다든가, 학생지도에 창의성을 도입하는 것이 좋을 것이다.

(3) 교육에는 무엇보다도 다양성이 있어야 한다. 사립고등학교는 물론, 사립 초등학교를 설립하고 싶은 사람에게는 설립 인가를 내주는 것이 좋을 것이다. 초등학교에 관한 행정을 지방자치단체에 맡기는 방법도 검토하기 바란다. 각 초등학교 교장에게 漢字를 가르치는 선택권은 주는 것이 바람직하다. 지금까지의 경험으로 보아, 초등학교에서 전반적으로 한자를 가르치게 될 것 같지는 않다. 따라서 차선의 방법으로, 한자를 가르치겠다는 학교에 대해서는 이것을 허용해주는 것이 좋을 듯하다.

4. 지금의 제도 하에서도 어떤 제도를 도입하고자 할 때에는 일정 기간동안 실험을 거치는 것이 유익할 것이다. 이를테면, 고등학교에 선택과목을 마련한다거나, 초등학교에 한자를 가르치는 효과를 알려고 할 때, 어떤 희망학교를 선택하여 일정 기간 동안 실시하여 그 효과를 평가하는 것이 바람직할 것이다. 최근 이공계대학 졸업생을 대거 공무원으로 채용한다고 정부가 발표하였는데, 그 취지는 대단히 좋으나, 한꺼번에 대대적으로 하지 말고, 일정 기간 동안 소규모로 실시하여 그 결과를 보는 것이 좋을 것이다. 중국의 사회개혁은 대부분 이 방식을 쓰는데 우리에게도 참고가 될 만하다.

한국 카운슬러협회 여러분의 성공을 빕니다.

개혁의 논리와 나라의 과제*

1. 개혁이란 무엇인가

1) 개혁이란 사회의 골격을 고치는 작업을 말한다.

기술의 변화, 인구의 변화, 가치관의 변화, 국제정세의 변화 등 국내외에 일어나는 변화에 따라 사회는 간단없이 변화한다. 이러한 변화에 대응하자면, 사람의 생각과 意識이 달라져야 한다. 그러나 인간의 생각과 행동의 변화는 사회제도(이하에서는 institution이라 약칭하기로 한다)의 제약을 받는다. 그런데 institution의 변화 속도는 느리다. Institution의 변화가 너무 느릴 경우, 그것이 사회의 발전을 가로막는 족쇄가 된다. 이때 사회의 구성원들이 institution의 변화를 촉진시키기 위하여 意識的으로 기존의 institution을 '파괴'하고 새로운 틀을 '창조'하는 것을 개혁이라고 한다.

2) Institution에는 成文부분과 不文부분의 두 가지가 있다.

Institution에는 법령과 각종규정 등의 成文부분과 관습이나 사회통념 등의 不文부분의 두 가지가 있다. 전자는 고치기가 비교적 쉬우나, 후자를 고치기는 매우 어렵다. 전자가 바뀐다 해도 후자가 바뀌지지 않으면 개혁은 완성될 수 없다. 개혁이 완성되기 위해서는 사람

---

* 이 글은 2003년 9월 3일 서울대학교 경제학부 고급정책과정에서 행한 강의 논문임.

들의 통념이 달라지고 행동양식이 바뀌져야 한다. 그렇게 되기 해서는 개혁의 내용이 국민의 정서에 융합되어야 한다. 따라서 개혁이 성공을 거두기 위해서는 많은 노력과 시일이 소요된다. 그러므로 개혁은 본질적으로 하나의 長征이다.

3) 개혁은 위로부터의 변화; 혁명은 밑으로부터의 변화

Institution을 변화시키는 "과정"은 그 發源이 위에서 시발하여 밑으로 내려퍼지는 경우도 있고, 밑에서 생겨나서 위로 올라가는 경우도 있다. 후자를 혁명이라고 부르고 전자를 개혁이라고 부른다. 그러나 혁명의 경우에도, 사회의 틀이 항구적으로 바꾸어지기 위해서는 창조적인 개혁이 필요하다. 왜냐하면, 혁명은 보통 기존의 틀을 파괴하기는 하지만 새로운 틀을 창조하지 못하는 경우가 많아서, 겉으로 나타나는 모양은 크게 달라진 것 같이 보이지만 실지로는 사람들의 생각이나 행동은 혁명 이후에도 본질적으로 큰 변화가 없는 경우가 많기 때문이다. 파괴(Destruction)가 많고 창조(Creation)가 적은 혁명이나 개혁은 끝내는 실패한다. 왜냐하면, 새로운 틀이 나오지 못하면, 옛날의 틀이 다시 살아나올 수밖에 없기 때문이다.

4) 개혁정책은 항상 기득권층의 거센 저항에 부딪치게 된다.

개혁이란 항상, 기득권의 富나 권력(즉, rent)을 박탈하여 그것을 다른 계층에게 나누어 주는 결과를 가지고 오게 된다. 그렇기 때문에 개혁은 항상 기득권층의 엄청난 저항에 부딪치게 된다. 그 저항을 극복하기 위해서는 개혁을 주도하는 리더의 탁월한 식견과 정치 리더십 그리고 상당한 時運을 필요로 한다. 그 리더십이 리더 자신의 이익만을 위하는 경우나 대중의 인기에 영합하는 포퓰리스트(populist)의 방

향으로 치닫는 경우에는 개혁으로 인해 나라가 망하는 경우도 있다. 기존의 부와 권력(rent) 보다도 더 나쁜 부와 권력(rent)을 창출하기 때문이다.

5) 모든 개혁에 타당한 「개혁의 一般理論」은 없다. 개혁은 본질적으로 實事求是의 긴 과정이다.

Institution은 나라마다 다르고 그것을 고쳐야 할 이유도 나라마다 다르기 때문에 개혁의 목적과 형태, 그리고 그것을 위하여 소요되는 기간 등은 천차만별이다. 개혁에는 큰 것도 있고 작은 것도 있다. 쉬운 것도 있고 어려운 것도 있다. 따라서 개혁이란 본질적으로 하나하나가 "독립적"이고 "구체적"이다. 개혁의 "일반이론"이란 있을 수 없다. 모든 성공적인 개혁에 공통성이 있다면, 개혁을 주도하는 리더가 歷史意識을 가지고 實事求是의 정신으로 작업은 추진해야 한다.

6) 그러나 사회전반의 개혁이 성공하기위한 공통적인 조건은 있다.

"개혁의 일반이론"은 없지만, 나라의 면모를 고칠만한 큰 개혁이 성공하기 위해서는 古今東西를 막론하고 몇 가지 조건이 필요한 것은 간과할 수 없다. 우선 개혁을 주도하는 리더의 비전이 있어야 한다. 「비전」이란 무엇인가. 그것은 나라의 미래에 대한 지도자의 꿈이다. 우리가 앞으로 지향할 사회의 모습과 거기에 도달할 수 있는 道程에 관한 지도자의 큰 그림이다. 그 큰 그림, 그 꿈에서 重點的인 행동목표가 도출된다. 이것을 「戰略」이라고 한다. 그 전략에서 그때그때의 「戰術」이 나온다. 전술이 곧 「정책」이다. 따라서 정책이 잘 되자면 타당성 있는 전략이 있어야 하고, 전략이 있기 위해서는 국가 지도자의 비전이 있어야 한다.

개혁지도자가 좋은 비전을 가지기 위해서는 무엇이 필요한가. 아무나 비전을 가질 수는 없다. 비전을 갖기 위하여 무엇보다도 필요한 것은 지도자가 私利私慾을 물리치고 「先憂後樂」하는 덕성을 가져야 한다. 그런 지도자는 쉽게 나오지 않는다. 국가적인 규모의 개혁이 성공하기가 어려운 이유가 여기에 있다.

7) 진정한 보수를 하기 위해서는 개혁이 필요하다. 개혁정신 없는 보수주의자는 수구주의자이다. 보수성향 없는 진보주의자는 포퓰리스트(Populist)이다.

흔히, 개혁은 진보주의자가 하고 보수주의자는 개혁에 반대하는 것으로 이해하는 경우가 많은데, 이것은 큰 오해이다. 개혁의 목적은 보통 전통의 좋은 점을 시대에 맞추어 새로운 활력을 불어넣자는데 있는 경우가 많기 때문에 보수주의자가 진보주의자 못지않게 개혁적인 경우가 많다. 어떤 의미로 보자면, 보수적인 성향을 가지고 있어야 진정한 개혁을 추진할 수 있다고 할 수 있다. 왜냐하면 보수성향은 개혁의 기준을 마련해 주기 때문이다. 항상 진보만을 외치는 개혁추진은 기준을 잃기 쉽다. 반면, 항상 개혁에 반대하는 사람이 있다. 이들은 보수주의자가 아니라 수구주의자이다. 또 우익은 항상 보수주의자들이고 좌익은 항상 개혁주의자들이라고 치부하는 경향이 있는데, 이것은 오해이다. 진정한 보수주의자라면 개혁의 필요성을 외면하지 않는다. 극좌세력에도 변화를 거부하는 수구주의자들이 많다.

2. “개혁”에 대한 우리의 인식

1) 우리나라의 Institution은 잘 정비돼 있지 않다.

우리나라의 Institution의 특징은 무엇인가. (1) 成文 不文할 것 없이 그 기초가 약하고 (2) 너무 노후하여 나라의 발전을 저해하는 것이 많다. 따라서 우리나라가 발전하자면 나라의 각 분야에 걸쳐 개혁이 필요하다. 그러나 우리나라처럼 개혁이 어려운 나라도 드물다.

기초가 약하다는 것은 성문의 경우를 보면, 日帝시대의 것이 그대로 남아 있는 것이 있는가 하면, 외국의 것을 무조건 우리에게 移植한 것도 많아서, 서로 모순되고 우리의 정서나 시대의 흐름에 맞지 않는 것이 너무나 많다. 법률과 규정의 제정이 충분한 연구를 거치지 않은 것이 너무나 많다. 노후한 것이 많다는 것은 그때그때 필요에 따라 바꾸지 않았다는 것을 의미한다. 우리나라 사람들은 낡은 것을 끝까지 고집하고 있다가 마지막 순간에 졸속으로 갈아 치우는 경향이 있다. 이렇게 하기 때문에, institution의 整齊性과 기초가 약하게 된다.

2) 역대정권은 개혁을 표방했지만 성공을 거두지 못했다.

역대 정부, 특히 문민정부 이래로 모든 정권은 개혁의 기치를 높이 들고 나름대로 그것을 추진해 왔다. 「역사 바로 세우기」도 개혁지향적인 구호였고, 「제2의 건국」 역시 그랬다. 모두 큰 성과를 거두지 못했다. 현 정부는 「참여」를 국정의 철학으로 표방하고 있다. 이것도 개혁을 지향하고 있는 것으로 볼 수 있다.

역대정권이 모두 개혁을 지향하여 왔음에도 불구하고, 제대로 된 개혁은 이루어지지 않았다. 우리나라에서는 흔히 자율적인 개혁을 못하고 있다가 외국이나 외국기관의 요구에 의해 타율적으로 개혁을 하지 않으면 안 되었던 사례가 많다. 1894년의 甲午更張은 일본의 강요에 의한 개혁이었고, 1997년의 IMF 개혁도 타율적인 개혁이었다. 타율적인 개혁에는 많은 비용(cost)이 요구된다. IMF 개혁도 물론 예외가 아니다.

IMF의 개혁은 지금 시점에서 보면 전반적으로 그리 좋은 성과는 없었다. 성공 반 실패 반인데, 날이 갈수록 성공 이야기는 설득력을 잃어가고 있다. 지금 IMF 이전의 모든 病弊가 되살아나고 있다. IMF 5년은 끝내 無爲로 끝난 것이다.

3) 실패의 원인은 첫째, 비전의 부재에 있다.

우리나라의 지도자들도 비전을 가진 사람이 없었던 것은 아니다. 초대대통령[1]은 창업자로서 나름대로의 비전이 있었다고 보아야 하겠지만, 그의 비전은 너무나 흐리고 스케일이 작았다. 三選改憲을 한 사실이 이것을 말해준다. 어떤 나라를 막론하고 創業者의 업적이 중요한데, 李博士는 창업자로서 후세의 기준이 될 Institution을 만들 역사적인 사명이 있었다. 그러나 그는 다시는 없는 기회를 놓치고 말았다. 박정희 장군도 스케일이 작았다. 그는 경제발전에는 공을 세웠으나, 維新정권의 수립으로 그 공을 망치고 말았다. 그 후의 대통령들은 모두 개혁을 표방했으나, 玲瓏한 비전이 있는 인물은 없었다. 비전이 없었기 때문에 전략도 없었고, 전략이 없었기 때문에 정책에도 일관성, 합리성이 부족했다.

4) 둘째, 개혁에 대한 이해가 부족했다.

역대 정권은 개혁을 올바로 이해하지 못했다. 오직 그 성문적인 부분만으로 보고, 몇 개의 입법만 하면 개혁이 완성되는 것으로 생각했다. 그러나 개혁이란 하나의 이벤트(event)가 아니다. 그것은 프로세스(process)이다. 궁극적으로는 국민의 공감을 얻어서 국민의 통념과 행

---

1) 그는 물론 개혁자는 아니었다. 그러나 創業과 更張은 一脈相通한다.

동이 바뀌어야 하는 긴, 그리고 험한 프로세스(process)이기 때문에 개혁은 하나의 長征이다. 소련의 고르바초프가 개혁에 실패한 것은 경제개혁보다 정치개혁을 먼저 했기 때문이라고 많은 사람들이 말한다. 이 인식에도 一理는 있지만, 보다 기본적으로는 그가 개혁이란 사회의 有機的인 프로세스라는 것을 몰랐기 때문이었다. 우리나라에서도 IMF이후 개혁일정을 정해놓고 작업을 추진했다. 그러다가 어떤 예상한 날짜가 오자, "이제 IMF를 졸업했다"고 선언했다. 이 선언은 개혁의 본질에 대한 이해의 부족을 반영한다.

5) 셋째, 개혁의 주체세력이 너무 약했다.

역대 정권의 개혁주체가 너무 약했고, 정권의 5년 임기도 너무 짧다.[2] 개혁을 하겠다는 정부와 여당의 비전이 없었고 힘마저 약했다는 것은 불행한 일이었다. 그렇다고 야당에 무슨 좋은 비전이 있어서 국정의 파트너로서 도움이 된 것도 없었다. 사실 우리나라의 정당과 그들이 펼치는 정치를 가지고 제대로 된 개혁을 성공시킨다는 것은 어림도 없는 것으로 나는 본다. 우리나라에서 가장 급한 것이 정치의 개혁이다. 개혁의 대상이 돼야 할 정치가 개혁을 주도해야 하니 그 결과는 不問可知이다.

6) 우리나라에서는 큰 개혁은 앞으로도 하기 어렵다.

우리나라는 지난 600년 동안 개혁다운 개혁을 한 적이 없다. 16세기 후반의 李栗谷이나 18세기의 實學派들은 좋은 비전이 있었으나,

2) 5년 임기가 짧다는 것은 개헌을 바라는 말이 아니다. 비전이 있다면, 5년이면 개혁의 軌道는 깔 수 있다. 李栗谷은 자기의 개혁프로그램은 3년이면 성과를 낼 수 있다고 선조에게 상소했다. 5년이면 어느 정도의 성과를 내기에는 충분한 세월일 것이다. 물론 못 다한 부분은 후계자가 승계하여야 한다.

그들에게는 정치세력이 없었다. 17세기에는 貢納을 개선하기위한 大同法이 오랜 세월을 거쳐 도입되었으나, 그것은 큰 개혁이라고 할 수는 없다. 1884년의 開化派의 쿠데타인 甲申政變은 개혁을 지향했으나, 그 비전자체가 좋지 않았다. 1894년의 甲午更張은 옳은 개혁이 아니었다. 해방 후의 이야기는 위에서 언급한 바와 같다. 우리나라에서는 지금까지의 경험으로 보아, 나라를 쇄신할만한 개혁이 성공적으로 이루어질 수 있는 조건이 조성될 가능성은 현재로서는 낙관 할 수 없다.

3. 우리나라가 당장 해야 할 일이 무엇인가.

1) 너무 거창한 개혁목표를 세우지 말라.

훌륭한 비전을 가진 지도자가 있고, 그 비전을 추진할 전략이 있고, 유능한 참모들이 정책을 개발하고, 이 모든 것이 굳건한 정치세력의 지지를 받는 상황이라면, 사회전반에 걸친 개혁을 추진해도 좋다. 아니, 추진해야 한다. 그러나 그렇지 않다면, 너무 큰 개혁을 내세우지 않는 것이 좋다. 개혁보다도 사회의 질서를 잘 지키는 것이 중요하다. 물론 이런 경우에도 단편적으로나마 할 수 있는 일거리가 많이 있을 것이다. 눈높이를 낮추고, 실행 가능한 것을 골라서 부분적인 성과를 거두도록 하는 것이 현명할 것이다. 부분적인 성과가 합쳐지면 큰 성과가 된다.

2) 경제를 위한 정책의 기본은 경기회복이 아니라 국제경쟁력의 강화에 두어야 한다.

현재, 경제는 IMF때 이상으로 어렵다는 소리가 있다. 불황 타개를 위해, 경기부양에 의존해서는 안 된다. 국제경쟁력의 강화 방안을 강구해야 한다. 그런데 이제부터는 경제를 다른 부문과는 별도로 떼어서 생각해서는 안 된다. 정치의 경쟁력도 강화되어야 하고, 행정의 경쟁력도 강화되어야 하고, 교육, 문화, 언론, 의료, 경찰, 외교, 사법부 등 국민생활의 모든 부문의 경쟁력이 총체적으로 강화되어야 한다. 아! 이 모든 분야에서 이노베이션(innovation)이 너무나 적다. 경제에서만 이노베이션(innovation)을 하라니 무리한 주문이다.

3) 정부는 현실성 있는 정책을 채택하여, 국민의 신뢰를 확보하여야 한다.

동북아 중심 국가, 동북아시아의 허브, 소득 2만 달러 등의 목표는 이해할만 하다. 그러나 그것은 사람들한테 감동을 주지 못하는 아날로그 시대를 연상케 하는 진부한 목표라는 인상을 지울 수 없다. 이제부터의 시대는 허브, 스포크(hub, spoke)의 시대가 아니라, 중심도 없고, 변경도 없는 시대라고 생각하는 것이 좋다. 우리가 필요로 하는 것은 개인이나, 단체의 생산성을 향상시킬 수 있는 정책 방향이다. 광범위하게 창조와 파괴가 이루어질 수 있는 경쟁 시스템을 창출해야 한다.

4) 정부와 국민은 이 시점이 *危急存亡*의 非常時라고 보아야 한다. 따라서 정부는 비상한 각오를 하고, 국민도 정부에 최대한 협조해야 한다.

우선 정부는 우리 경제의 현황, 성장능력, 문제점 등에 대해 면밀한 분석 검토를 해야 한다. 그러면 우리의 문제가 IMF 때 이상으로 어렵게 됐다는 것을 발견할 것이다. 우리의 노동시장은 그 때 이상으로 경직돼 있다. 모든 사람이 제몫 늘리기의 히스테리에 걸려 있다. 우리의 업계에는 아직도 잠재 부실기업이 여전히 너무 많다. 대기업의 회계 투명성은 PwC라는 회계법인의 조사에 의하면 조사대상 36개국 중의 꼴찌라 한다. 또 투자 성향이 낮은 이유에는 노사관계에도 있지만 기술수준의 진보가 느린 데에도 그 원인의 일단이 있다. 우리의 금융은 아직도 제 역할을 다하고 있지 못하고 있다. 기업대출은 적고 개인대출에만 치중함으로써 신용불량자가 330만이 넘고 있다. 이번에 81만의 신용 불량자를 "구제" 한다고 하니, 이상한 OECD나라이다. 우리 국민의 투기 심리는 여전히 강하며, 어려운 일은 하려하지 않는다. 문제를 해결하는 정부의 능력에는 개선이 없다. 국민정신은 해이돼 있고, 사회에는 기강이 없다. 나라의 명운을 좌우할 외교문제에 있어서도 우리의 존재는 너무나 미약하다. 그런데도 국론은 산산조각이 나있고 정치권은 당쟁에 여념이 없다.

정부는 IMF 이전으로 돌아가서 기본적인 시각에서 나라의 인프라를 정비해야 한다. 사태가 어려우면 어려울수록 의존할 곳은 원칙이요, 정도이며, 겸손이요, 인내일 것이다. 어려운 사정을 솔직하게 국민에게 밝히고 이해와 협력을 구해야 한다. 국민도 정부가 잘 할 수 있도록 힘을 실어줘야 한다.

정부는 정부의 현황인식의 타당성을 誠意를 가지고 적극적으로 국민에게 알려줘야 한다. 정부가 내건 슬로건이나 공약 중 비현실적인 것은 과감하게 접어두고, 實事求是의 정신으로 與時俱進해야 한다. 현재와 같이 대기업의 노조가 파업을 상습적으로 하고, 임금상승이 생산성의 증가를 웃도는 상태가 지속되는 한, 경제는 견딜 수 없다. 이것을 근로자와 국민에게 참을성을 가지고 설명해서 동의를 얻어야 한다. 기업도 정부만 탓하지 말고 좀 더 분발해야 한다. 이노베이션

(Innovation)이 너무나 적다.

5) 우리의 활로는 중국을 잘 활용하는데서 찾아야 할 것이다.

우리가 좋던 싫던, 중국은 우리의 최대의 경제 파트너가 될 날이 멀지 않을 것이다. 중국을 어떻게 활용하느냐가 우리의 발전전략의 중심이 돼야 할 것이다. 일본조차도 그렇게 느끼는 식자가 많다. 중국은 우리의 경쟁국이고 앞으로도 상당기간동안 높은 성장률을 성취할 것이다. 중국이 발전하면 우리에게 득이 될 것인가, 실이 될 것인가. 득이 되고 실이 되고는 우리에게 달려 있다. 중국을 단순히 경쟁상대로만 생각하면, 우리의 희망은 없어질 것이다. 중국과 우리가 동반자라고 생각하고 양국 간의 분업체제를 개발하면, 우리의 활로가 열릴 것이다.

우리나라 (고등)교육의 개선방향*

1. 序言 – 문제의식

과거의 학생처장이 주로 하던 일은 데모를 막는 일이었다. 어려운 일이었으나 일의 성격은 단순했다. 지금의 학생처장은 학생들을 돕는 다양한 일을 해야 한다. 학생의 카운슬러(Counselor)가 되어야 한다. 건전한 인생관과 넓은 시야, 그리고 교육문제 전반에 관한 철학이 있어야 한다.

최근 理工系를 살리자는 名士級 人士들의 모임이 있었다. 이공계를 살리자는 취지에 반대할 사람은 없다. 그러나 문제는 한국 교육 전체가 瀕死狀態에 있다는 데 있다. 理工系만 죽고 있는 것이 아니라 人文系도 같이 죽고 있다. 인문계는 잘되고 있는데 이공계만 죽어가고 있는 것이 아니다.

이공계와 인문계는 수레의 두 바퀴와 같다. 나라가 지금처럼 혼란하고, 국민이 희망을 잃고, 경제마저 잘 안 되고 있는 이유는 궁극적으로는 교육이 잘못되고 있기 때문이다. 교육이 이대로 간다면 이 나라의 장래는 없다.

---

* 2003년 12월 3일 제주도에서 개최되었던 전국대학 학생처장 협의회에서 행한 강의 논문임.

2. 기본시각

1) 교육은 나라의 가장 중요한 基幹産業이다.
2) 한국에서는 기간산업인 교육이 하나의 거대한 不實産業이 되고 있다. 많은 학교가 不實企業이 됐다. 다시 말해서 코스트에 비해 좋은 생산물(졸업생)이 이 기간산업에서 나오지 않고 있다.
3) 교육의 부실화의 피해자는 학생이고 국민이다. 교육을 이렇게 만든 것은 기성세대이다. 교육에 관련 있는 기성세대 사람들의 겸허한 반성이 필요하다.

(1) 기성세대의 교육에 관한 識見이 부족했다.

① 너무 경제와 돈만을 중요시하고 건전한 가치관, 문화의식을 후진에게 전수하지 못했다.
② 교육의 지도자들이 너무 자기의 좁은 소견을 강하게 내세움으로써 나라와 후진의 장래를 도외시했다. 狹小한 民族主義, 排他主義, 그리고 利己主義에 바탕을 둔 獨善과 我執, 이것이 교육을 망쳤다. 근시안적 權威意識이 모든 발전의 근원이 되는 꾸준한 노력과 謙虛한 자세를 막고, 후진의 阿諛를 助長함으로써, 合理와 正道를 저해했다.
③ 너무 교육의 기술적인 면, 방법적인 면을 중요시한 나머지 교육의 내용을 도외시했다.
④ 한 마디로 우리나라의 기성세대는 교육의 의미를 몰랐거나, 알면서도 실천을 못했다.

(2) 그 결과 우리의 後進을 쓸모 적은 인물로 만들었다. 학교를 나와도 별로 쓸데가 없는 현상이 벌어지고 있다. 앞으로 이 나라를

짊어지고 갈만한 人材를 못 키우고 있다. (人材란 엘리트만을 말하는 것이 아님. 청소부, 수위도 모두 인재임.) 조급하고 나약하고, 참을성 없고, 자기만 알며, 目前의 이익만 챙기고 信義 없는 인간을 양산하고 있다.

① 건전한 가치관을 기르지 못했다. 어렸을 때부터 돈과 권력만 추구하는 것이 인생의 목적으로 알게 됐다. 타고난 선천적인 소질은 좋은데도 후천적인 德性을 갖춘 인간을 기르지 못했다.
② 학생이 당연히 배워야 할 덕목과 知能을 그 때 그 때에 배우지 못한 채, 나이만 먹게 만들었다. 학생들은 정신적으로나 육체적으로나 不全한 상태에서 세상에 내몰리고 있다.
③ 너무나 이상주의 없는 감성적으로 메마른 사람을 양산했다.
④ 노력에 비해 너무 많은 것을 바라고, 자기의 책임은 덮어 두고 모든 잘못을 남의 탓으로 돌리는 버릇을 조장했다.

4) 한국인들은 이러한 교육의 잘못을 외국 유학, 외국대학 유치 등으로 메우기를 원하고 있다. 이 방법은 부분적으로는 활용될 가치가 있으나 국내교육의 실패를 대체할 수는 없다.

3. 교육을 그르친 몇 가지 徑路

1) 平準化

한국의 교육을 바로 잡기 위해서는 이 잘못된 이념을 폐기하여야 한다. 교육의 목적은 사람의 능력을 기르는데 있다. 사람의 능력이 길러지자면 어려움을 극복하고 우수성(excellence)을 추구해야 한다.

쉬운 공부, 쉬운 생활로는 사람의 능력이 개발되지 않는다. 우수성(excellence)을 구하지 않고 평범(mediocrity)을 추구하는 平準化는 反교육의 방법이다. 평준화는 다 같이 못되자는 이념이다.

2) 한글 전용

한글이 전용되고 있는 한, 한국인은 수준 높은 문화를 만들어 낼 수 없다. 한글만 가지고는 높은 문화가 필요로 하는 語彙가 너무나 빈약하기 때문이다. 영어를 가지고 한자를 대체한다? 물론 영어도 매우 중요하다. 그러나 한자가 영어를 대체할 수 없듯이, 영어가 한자를 대체할 수 없다.

한글만 가지고는 다소나마 수준 높은 책을 만들어 낼 수도 없고, 이해할 수도 없다. 수준 높은 좋은 사상이 나오지도 않는다. 인간은 "말(言語)"을 통하지 않고는 생각을 할 수 없다. 빈약한 언어는 빈약한 사상 밖에 만들어 낼 수 없다. 한글 전용은 다 같이 낮은 문화로 만족하자는 것이다. 낮은 문화가 편하지 않느냐. 무식해도 돈만 있으면 살 수 있지 않느냐. 바로 이 주장이다.

3) 공급자 위주의 교육

학생의 요구(need)를 생각하지 않고, 학교, 선생, 당국의 행정의 필요(need)를 위한 교육, 이것이 우리나라의 교육을 망친 또 하나의 요인이다.

4) 학교의 과다 설립

특히 대학을 너무 많이 세웠다. 이념과 특색이 없는 대학이 너무 많다. 대학의 수요에 비해 공급이 너무 많다.

4. 앞으로의 교육은 어떻게 해야 하나.

1) 위의 네 가지를 고쳐야 한다. 다음과 같은 방향이 필요하다.

(1) 대학의 수를 줄여야 한다. 부실한 대학, 부실한 학과를 퇴출시켜야 한다. 모집학생의 수를 줄여야 한다. 학생의 질은 모집학생 수에 반비례한다. 한국의 이공계가 죽어가고 있는 이유도 이공계의 모집학생수가 이공계졸업생의 수요에 비하여 너무 많다는 데에 있다. 이공계가 살자면, 이공계를 산업과 연결시키고 돈도 더 많이 드리고 모집학생수를 줄여야 한다. 기업에서 말하는 「감량경영」이 필요하다. 수요가 공급을 초과하는 상황이 일어나게 돼야 이공계가 산다.

(2) 평준화를 폐기해야 한다. 학군제를 없애야 한다. 교육이 필요한 것은 건전한 룰에 의한 경쟁이다. 이 치열한 경쟁시대에 학생의 필요(need)를 위하고, 시대의 추세에 맞는 교육을 해야 한다. 대학 입시는 대학에 맡겨야 한다. 학생 선발은 그 대학에 맡겨야 한다.

(3) 한글전용을 폐기하고 漢字를 배우고 싶은 학생에게는 그 기회를 주어야 한다. 한자를 가르쳐야 한다. 개인의 발전에는 물론, 나라의 발전에 도움이 될 것이다. 아시아 다른 나라들과의 협력이나 경쟁에도 도움이 될 것이다. 앞으로 머지않아 아시아가 세계의 큰 軸의 하나가 된다. 아시아 中心國家가 되겠다는 것이 抱

負라면, 漢字부터 가르쳐서 중국이나 일본과의 접촉을 쉽게 해야 한다.

2) 한마디로, 自由化 및 民營化에 해법의 실마리를 찾아야 한다. 韓電이나 浦港製鐵의 민영화보다도, 학교의 자유화가 더 아쉽다.

(1) 우선, 대학의 총장에게 학생선발, 교과내용, 학사운영, 교원채용 등에 관하여 광범위한 자유를 주어야 한다.
(2) 고등학교 중학교에도 교장에게 교과목 및 기타 학사운영에 상당한 자유와 권한을 확대해야 한다.
(3) 초등학교 때에 일정한 漢字를 가르쳐야 한다. 정 어렵다면 가르치고 싶다는 학교에서는 가르칠 수 있는 기회는 줘야 한다.
(4) 학부모의 학교운영에 대한 간섭을 못하도록 해야 한다.

3) 학교의 자유화가 교육부의 존재를 불필요하게 하는 것은 아니다. 교육부는 오히려 보다 높은 차원에서 교육의 질과 균형을 확보하는 역할을 담당해야 한다. 자유시장에도 정부의 監視와 統制가 필요하듯이 자유교육에도 監視와 規律이 필요하다.

4) 이상의 방향을 전국적으로 한꺼번에 실시하지 말고, 개혁을 원하는 학교를 지정하여 시험적으로 몇 해 동안 실시하여 그 결과를 분석한 후에 개혁의 범위를 넓히는 것이 좋다.

5. 학생지도에 있어서 유의할 점은 무엇인가.

1) 가정교육이 모든 교육의 기초가 돼야 한다. 건전한 가정, 건전한 가정윤리, 이것이 제대로 된 교육의 기초이다.

2) 정부는 교원에 대한 대우를 제대로 하고, 교원의 의무를 확실히 준수시켜야 한다. 또 학부모가 학교의 일에 지나친 간섭을 하지 못하도록 학교를 보호해야 한다.

3) 학교에서는 학생의 잘못을 학교의 잘못으로 알고, 항상 誠意와 愛情으로 학생을 도와 줘야 한다. 공부, 학생 생활, 졸업 후 취업 등에 도움을 주어야 한다.

6. 학생을 어떻게 지도하고 도와야 하는가.

1) 자기 학교의 학생이 어떤 학생인가를 잘 알아야 한다. 지도하는 학생들의 요구(need)를 잘 알고, 거기에 焦點을 맞춰야 한다. 공급자(학교 및 교수 또는 정부 당국)의 필요(need)에 맞추는 학생 지도는 성공할 수 없다.

2) 특성, 개성 있는 인물을 만들 수 있는 지도, 학생의 個性을 살리는 지도를 하여야 한다. 학교의 특성을 만들어 내야 한다. 정부의 지정에 의한 「특성화 방안」은 거의 확실히 실패한다.

3) 공부도 중요하지만, 人性이 더 중요하다. 人性이 좋아지자면, 신체가 튼튼해야 한다. 이 점에 대해서는 영국의 교육전통을 참고하는 것이 좋다. 영국의 전통은 내가 보기에는 "智 德 體"의 순서가 아니라 "體 德 智"이다. 영국은 이것으로 세계 최고의 학자, 최고의 정치가, 최고의 국민을 만들어냈다.

4) 선생은 학생에게 모범을 보여야 한다. 꼭 학문만이 중요한 것은 아니다. 항상 겸손하고 친절하고 노력하는 모습을 보여야 한다.

5) 학생들과 가급적 많은 대화를 가지도록 해야 한다. 교육은 인간 대 인간의 접촉으로 이루어지며, 정보의 교환으로 이루어지는 것이 아니다. 전자가 있어야, 후자가 유용할 수 있다. 인터넷을 통한 지도도 필요할 때가 물론 있다. 그러나 인터넷으로 「사람」이 길러지는 것은 아니다. 진정한 인성교육은 孔子나 소크라테스의 방법(대화를 통하여 묻고, 생각하고 말하게 하는 방법)을 代替하는 방법은 없다.

21세기 국가 지도자의 역할*

1. 21세기 – 20세기 이전과는 많이 다른 일이 있을 것이다.

세계는 3大軸(미주, 유럽, 아시아)의 균형 속에서, 평화로운 번영을 유지할 것이다. 과거 일본, 한국 등은 전적으로 서양식 근대화를 추구했다. 경제정책은 중상주의 정책(mercantilist policy)으로 일관하고 민족주의적이고 배타적으로 운영되었다. 일본은 먼저 "근대화"하여, 서양이상으로 이웃나라를 침략했다. 21세기에는 중국(및 인도)이 대두, 西歐式 近代化에 동양식 정치 사회의 운영이 가미되어 보다 독자적인 문화를 만들어내지 않을 수 없을 것이다.

하드파워(hard power)에 못지않게 소프트파워(soft power)가 중요시될 것이다. 동양사상은 무력에 의존하여 다른 나라를 지배하는 버릇이 서양에 비해 상대적으로 적고, 또 앞으로도 하드파워에 있어서는 서양의 적수가 되지 못할 것이기 때문에, 아시아 나라들은 소프트파워에 의존하면서 세계의 한 軸을 유지하려 할 것이다. 구미의 패권(supremacy)는 당분간 계속될 것이지만, 그 정도는 덜해질 것이다.

---

* 2003년 12월 11일 이화여자대학교 여성지도력개발센터에서 행한 강의논문임.

2. 지도자

나라는 지도자에 달려 있다(좀 과장된 말이기는 하지만). 지도자의 역할이 중요하기는 미국이나 유럽이나 아시아나 마찬가지다. 미국의 부시의 집권 3년 동안에 미국은 엄청나게 달라졌다. 모든 지도자는(국가지도자를 포함하여), 타고 난다기보다는 만들어진다. 半은 지도자 자신이 만든다. 이 원칙은 아시아나 서양이나 다르지 않다. 半은 국민이 만든다. 팔로워십(Followership) 없는 곳에 리더십(Leadership)이 나올 수 없다. 21세기에는 여성 지도자들의 역할이 크게 증대할 것이다.

3. 국가지도자의 역할

국가지도자는 나라의 嚮導 操舵手의 역할을 해야 한다. 21세기는 불확실성이 과거 어느 때 보다도 짙고, 변화의 속도도 과거 어느 때보다도 빠르기 때문에 국가 조타수의 역할도 과거 어느 때보다도 중요하다. 나라의 嚮導 操舵手가 되자면, 배(즉, 나라)의 航路에 관한 船長의 비전(Vision)이 있어야 한다. 비전은 지도자가 평소 나라의 장래에 관해 그리는 꿈이다. 바람직한 사회에 대한 지도자의 큰 그림이다.

비전으로부터 戰略이 나온다. 전략으로부터 戰術, 즉, 政策이 나온다. 역으로 말한다면, 전술이 좋자면, 전략이 좋아야 하고, 전략이 좋자면, 비전이 좋아야 한다.

지도자는 競技의 審判者(umpire)이다. 이해관계자들의 분쟁의 조정자이다. 심판은 공정해야 한다. 따라서 공정한 마음을 가지지 않으면 지도자가 될 수 없다. 공정하지 않고는 모든 사람의 신뢰를 얻을 수 없다. 우리나라 사람들은 恨이 많다. 왕조시대 때부터 내려오는 한이 지금까지도 가시지 않고 있다. 따라서 이 나라의 지도자는 넓은 아량과 포용력을 가지고 국민의 한을 삭여야 한다.

지도자의 역할 중의 하나는 人材를 기르는데 있다. 그리고 올바른 價値觀을 심어주는 역할을 해야 한다. 올바른 가치관을 정립하는 것이 종교지도자나 학자들의 몫이라고만 할 수는 없다. 지도자는 인재를 기를 뿐 아니라, 인재를 잘 써야 한다. 적재적소에 인재를 쓸 줄 아는 지도자, 이것이 중요하다. 인재는 꼭 엘리트(elite)만을 지칭하는 것은 아니다. 지도자는 사람을 볼 줄 알아야 한다.

지도자는 사회제도(institution)를 잘 정비해야 한다. 創業시대의 지도자가 가장 중요하다. 예를 들어 미국의 워싱턴과 한국의 이승만은 좋은 對照가 된다. 사회제도에는 法令 등의 成文律과 관습, 사회통념 등의 不文律의 두 가지가 있다. 어떤 나라, 어떤 시대에 있어서도 사회제도의 유용성은 시대의 변천에 따라 변화한다. 처음에는 아주 훌륭하던 사회제도도 사회의 변천에 따라 나라발전에 장애가 되는 경우가 있다. 그런 사회제도는 바꾸어야 한다.

이것을 改革이라고 한다. 변혁기의 지도자는 개혁을 할 줄 알아야 한다. 개혁이란 하나의 長征이다. 왜냐하면, 성문율은 쉽게 바꿀 수 있지만, 불문율을 바꾸기가 어렵고, 또 長時日이 걸리기 때문이다. 개혁은 하나의 이벤트(Event)가 아니다. 그것은 긴 과정(Process)이다. 예를 들어 등소평, 드골, 대처 수상은 긴 세월에 걸쳐 큰 개혁을 해냈다. 고르바초프는 개혁을 일과성 이벤트로 알았다. 그래서 실패했다.

많은 사람이 左翼은 개혁적이고 右翼은 반개혁적이라고 한다. 그렇지 않다. 보수주의자가 더 개혁적일 수 있다. 보수 정신이 있어야 개혁을 제대로 할 수 있다. 왜냐하면, 개혁의 기준이 있어야 하기 때문이다. 보수정신이 전혀 없는 개혁주의자는 포퓰리스트(Populist)이다. 포퓰리스트에게는 아무런 기준이 없기 때문에 그 때 그 때 대중에 영합할 수밖에 없다.

국가 이익의 수호, 국방과 안보, 이것을 위해서는 지도자 스스로가 희생정신을 발휘해야 한다. 가장 좋은 예는 李舜臣, 영국의 귀족들이다. 중요한 것이 外交이다. 외교를 잘 하자면 歷史意識이 있어야 한다. 또 孫子가 말한 知彼知己의 능력이 특히 중요하다.

以上을 잘 수행하기 위한 소양은 무엇인가. 성의, 신의, 결단력, 용기, 그리고 특히 봉사정신(先憂後樂의 정신)과 歷史意識이 중요하다.

4. 한국지도자의 역할

위의 역할을 해야 할 것이나, 특히 한국지도자들은 다음과 같은 사항에 유념하여, 自己省察을 하여야 한다. 한국의 지도층은 다른 나라에 비해 그 質이 상대적으로 낮은 편이다. 존경을 받지 못하고 있다. 나라에는 元老가 없다. 따라서 지도자 노릇을 하기가 어렵다.

특히 중요한 것이 남북의 평화를 유지하는 일, 한반도의 발칸半島化를 막아야 한다. 국론이 분열되어 있어, 평화유지노력을 하기가 어렵다. 우리 국민은 통일이 되던 안되던, 북한이 항상 남한에게는 큰 짐이 된다는 것을 잘 알고, 남북관계에 대한 낭만적인 생각을 버려야 한다. 동시에 南南葛藤을 해소하여야 한다. 이것도 다른 나라에는 많지 않는 문제이다.

외교를 좀 적극적으로 해야 한다. 대미, 대중, 대일 등의 관계가 특히 중요하다. 현재, 특히 경제가 어렵다. 조속히 중심을 잡고 진단과 처방을 내려야 한다. 한국은 특히 改革을 필요로 한다. 지금 거의 모든 사회제도(Institution)가 老朽되어 있다. 정치와 교육의 개혁, 이것이 없이는 나라의 발전이 있을 수 없다.

그러나 개혁을 하기가 참으로 어려운 나라가 한국이다. 이 나라는 한 번도 자율적으로 개혁을 한 적이 없다. 이 나라사람들은 因循의 성격이 강한 것 같다. 개혁을 하기 위한 조건이 갖추어지지 않고 있다면, 너무 조급하게 서둘지 말고, 實事求是的으로 할 수 있는 것을 가려서 해야 한다.

시장기능과 국가기능*

Ⅰ. 序言

一國의 경제가 잘 발전하기 위해서는 시장의 기능과 국가의 기능이 적절히 균형을 이루면서 발휘되어야 한다. 그러나 이 두 가지 기능의 조화는 생각보다 어렵다. 예를 들어, 21세기에 접어든 오늘, 미국을 중심으로 하는 글로벌 자본주의에 있어서는 시장기능이 지나치게 강조되고 국가기능이 위축됨으로써 적지 않은 폐단을 낳고 있다. 세계는 지금 일대 전환기에 처해 있으며, 앞으로 머지않아 두 기능의 관계도 지금과는 많이 달라질 것으로 보인다. 시장기능과 국가기능의 관계를 제대로 설정한다는 것은 현대국가가 풀어야 하는 미묘하고 어려운 문제이다. 이 강의의 목적은 시장기능과 국가기능의 관계를 고찰하는 데 있다.

시장기능이란 무엇인가. 시장이란 원래 개인에게 어떻게 경제생활을 하는 것이 유리한가에 대한 각종 신호를 제공하는 장치이다. 그러므로 나라 경제가 균형발전을 이루기 위해서는 시장으로 하여금 개인의 경제활동을 생산적으로 유도하도록 해야 한다. 그러나 시장은 정교한 장치가 아니기 때문에 그것이 개인에게 보내는 신호도 안정적이지 못하다. 인간의 心理란 항상 可變的이고 똑같은 신호를 받고도 이

* 2006년 7월 1일 성균관대학교 부설 한국철학연구소에서 행한 강연 요지임.

에 대한 反應은 시시각각으로 달라진다. 특히 금융시장과 자본시장 — 이것이 가장 중요한 시장이다 — 의 신호는 해석하기가 어려우며, 시장참여자들은 항상 不意의 이득 또는 손해에 노출돼 있기 때문에 시장의 신호에 대한 그들의 반응은 항상 과민하며, 이것이 시장을 더욱 불안정하게 만든다. 시장기능이란 현대경제에는 없을 수 없는 중요한 기능이지만, 불행하게도 그것은 너무나 불완전하다.

국가기능이란, 여러 가지가 있지만 경제에 관한 것을 요약한다면, 시장이 제공할 할 수 없는 公共財(이를테면, 전통적으로는 교통, 통신, 우정, 특수교육, 영리목적이 아닌 지식 기술개발 등의 社會間接資本 등)를 생산하며, 사회의 보호를 필요로 하는 개인이나 계층을 구호하며, 위에서 말한 시장기능의 불완전성을 보완하는 등의 공공기능을 말한다. 시장은 가끔 격심한 인플레나 디플레 및 大量失業 사태를 만들어 낼 수 있으며, 이런 경우에도 국가기능이 발동되어야 한다. 가장 중요한 국가기능은 나라의 제도를 정비하는 일이다. 경제에 관한 법규 그리고 관례가 정비되어 있어야 시장이 제대로의 기능을 발휘할 수 있다.

물론 시장기능이 완전하지 않듯이 국가기능도 잘못되는 경우가 있다. 있는 정도가 아니라 대단히 많다. 예를 들어 우리나라의 경우처럼, 인구의 절반이 수도권으로 모이는 사태, 이에 대처하기 위한 행정수도에 관한 정책, 기업도시 혁신도시 등의 지정 등은 오래전부터 국가기능이 제대로 수행되지 못한 데에 그 원인의 일단이 있다고 보아야 한다.

시장기능과 국가기능은 서로 보완적이기도 하고 경우에 따라서는 경쟁적인 경우도 있다. 이 두 가지 기능은 적절한 分業을 이루어야 한다. 이 두 가지 기능이 서로 균형과 조화를 이루는 이른바 '混合經濟(mixed economy)' 가 현대경제에는 가장 바람직한 형태이다. 나라가 제대로의 경제발전과 조화로운 사회를 이루자면 이 두 가지 기능이 균형과 조화를 유지하면서 공존해야 한다. 두 기능이 다 중요하며, 어떤 하나만을 중요시 하고 다른 하나는 도외시해서는 안 된다. 다만 국가의 기능이 무리 없이 잘 발휘되는 나라는 거의 예외 없이 시장기능도 잘 발휘되는 것이 상식이라는 것은 사실이다.

Ⅱ

자본주의 경제가 발전하기 전까지는 동서양을 막론하고, 국가기능이 시장기능을 압도했다고 볼 수 있다. 동양의 경우, 『禮記』에 나오는 「大同社會」의 실현은 동양의 이상적인 국가기능을 천명한 것이다. 국민 각자에게 할 일이 주어지고, 나라의 보호를 받아야 할 사람들은 적절한 보호를 받으며, 賞罰과 敎化가 잘 이루어지며, 나라의 安寧과 秩序가 확보되기 위해서는 聖君이 나와서 大道를 행하여야 하는 것으로 되어 있다. 요즘 말로 하면, 국가 기능이 발휘되기 위해서는 리더십 있는 사람이 나라를 맡아야 하는데, 리더는 私心이 없고 수양이 잘 되어 있는 사람이어야 한다는 것이다.

서양의 경우, 동양에 있어서처럼 "聖君"의 出現을 강조하지는 않았지만, 역시 나라가 잘 되고 경제생활이 안정되자면 좋은 君主의 출현이 필요하다는 것은 Platon의 賢人 정치에 대한 이론에도 강조되어 있다. 『로마帝國衰亡史』의 저자 Edward Gibbon은 이른바 '로마의 五賢帝'로 불리는 서기 1세기경의 '五賢帝'의 84년(서기 96~184년)에 걸친 治世가 "아마 세계사에서 '인류'가 가장 행복하고 또 번영한 시기일 것이라는 의견을 피력했다. 五賢帝 이후 로마는 엄청나게 포악한 황제들이 대를 이어 나타남으로써 끝내는 이 大帝國이 東西로 분리되었고, 中世 1,000년 동안에도 로마는 東, 西를 막론하고 국가 기능이 정상적으로 발휘되지 못하여 쇠망의 길을 걸었다.

Ⅲ

18세기 重商主義 말기에 Scotland에는 흄(David Hume), 아담 스미스(Adam Smith) 등의 대학자들이 배출되어, 나라의 富는 중상주의가 주장하는 것처럼 貴金屬을 획득하는데 있는 것이 아니라 실물을 생산하는 데 있다고 주장하였다. 나라의 부의 증진을 위해서는 시장기능의 발휘가 중요하다는 것을 강조한 것이라고도 볼 수 있다. 아담 스미스는 37세 때 『道德感情論』을 저술하여, 인간은 남의 행복을 기뻐하고 남의 불행을 슬퍼하는 '同情'의 능력을 가지고 있기 때문에, 교회의 지도와 통제가 없어도 나라의 질서는 잘 지켜질 수 있다는 이론을 폈다. 스미스는 그 후 『國富論』을 저술하여, 종래의 중상주의를 반대하고, 인간의 경제활동을 자유화하면, 개인은 私利를 추구하지만, 그 사리를 추구하는 행동이 나라 전체의 부가 극대화되는 결과를 가지고 온다는 이론을 폈다. 개인의 활동을 自由放任하는 것이 시장기능을 최고도로 발전시킨다는 것을 천명한 것이다.

영국에서 산업혁명이 일어나서 모든 산업의 생산성이 획기적으로 향상되고, 1815년 나폴레옹 전쟁이 영국의 승리로 끝남으로써 영국의 자본주의는 해외로 뻗기 시작했다. 경제력, 군사력을 배경으로 하는 글로벌화(내지 제국주의화)가 시작된 것이다. 영국의 자유무역의 추진은 1817년 리카도(David Ricardo)의 「比較優位」 이론이 說得力을 얻게 됨으로써 탄력을 받게 되었다. 당시의 글로벌화는 비단 상품의 무역 자유화만이 아니라 돈과 사람의 이동의 자유화를 수반하면서, 영국제국주의는 전세계로 확대되었다.

영국은 스미스와 리카도의 자유무역 이론을 적극 활용하여 후진지역의 開港을 유도하고, 응하지 않을 경우에는 武力을 사용하여 식민지를 개척하고 통상을 강요하였다. 영국은 영국학자들이 개발한 貨幣數量說을 이용한 金本位制度를 만들어 시행함으로써 후세를 위해서도 국제경제 제도의 모범이 되었다. 영국의 제국주의가 비교적 성공한 것은 리카도의 비교우위론의 정교한 내용이 설득력을 가지고 있었고, 시장기능과 국가기능이 잘 배합된 국가운영이 이루어졌기 때문이었다.

Ⅳ

1차대전이 끝난 이후의 세계주요국에서는 시장기능도 국가기능도 마비상태에 있었다. 영국은 19세기의 영광을 되찾기 위해 金本位制度로 복귀하기를 시도했으나 실패했다. 독일과 이탈리아에는 팟쇼 政權이, 러시아에는 共産政權이 들어섰다. 미국도 美西戰爭을 일으킴으로써 식민지 爭奪戰에 참가했고, 일본은 軍國主義를 도입함으로써 한국과 중국에 대한 침략을 감행했다.

이러한 때를 당하여 시장기능과 국가기능의 정상화를 위한 이론의 개발은 주로 영국의 케인즈로부터 나왔다. 1925년의 『自由放任의 終焉』이라는 논문, 1936년의 『고용, 利子 및 貨幣의 一般理論』은 모두 한 시대의 經濟思潮를 주도한 이론을 담은 것이었다. 미국은 'New Deal' 정책으로 그동안 마비되었던 국가기능을 복구하였고, 동시에 마비된 시장기능도 어느 정도 정상화했다.

1919~1939년의 이른바 戰間期(Inter-War Period)은 유럽에 있어서는

1차대전의 後遺가 채 가시지도 못한 시기였고, 아시아에 있어서는 1931년부터 이른바 滿洲事變이 일어나서 나중에 太平洋戰爭으로 이어지는 전쟁이 치러진 시기였다. 2차대전이 끝난 후 약 35년 동안은, 아마도 역사상, 西歐 資本主義의 全盛時代가 되지 않을까 생각된다. 냉전을 겪는 동안 유럽 나라들은 대부분 정상적인 국가기능을 회복하여 여러가지 福祉政策을 추진했다. 아시아의 반공국가들(한국, 일본, 대만 등)도 대부분 국가기능을 회복하여 개발노력을 추진했다. 경제발전으로 인한 시장의 신장이 이루어지면서 시장기능도 크게 전진했다.

이와는 반대로 소련에서는 1917년 이후 약 70년 동안 시장기능은 엄격히 억제되어 경제발전이 이루어지지 못했고, 국가기능은 莫强했으나 공산주의의 이론적 바탕인 階級鬪爭觀, 唯物史觀 등의 잘못된 철학으로 인하여 그것은 나라의 발전을 위해 하등의 공헌을 하지 못했다. 시장기능은 국가의 극도의 억압 속에서 전혀 살아나지 못했고, 국가기능도 마비됨으로써, 소련은 국가를 유지하기에 필요한 정신적 물질적 기반을 마련하지 못하여 몰락의 길을 걸었다.

V

위에서도 지적한 바와 같이, 2차대전 후 1970년대까지는 소련권을 제외한 세계에 있어서는 한국전쟁, 월남전쟁 등 局地戰은 항상 있었으나 전반적으로는 평화와 번영을 유지한 시대라 할 수 있다. 그러나 1970년대에 세계적으로 인플레가 격화되어 케인즈流의 정책으로는 이것을 억제하기가 어려웠다. 특히 영국과 미국의 경제가 다년간의 沈滯에서 헤어나지 못하고 있어서 경제 운영의 새로운 방향이 필요하다는 요구가 제기되었다. 전반적으로 보수화가 득세하는 정세 속에서

1979년, 영국에서 Margaret Thatcher가 수상이 되고 80년에 미국에서 Ronald Reagan이 대통령이 됨에 따라서 이른바 「신자유주의」가 英美의 경제운영의 이념이 되었다. 신자유주의는 한마디로 아담 스미스의 自由放任을 국제적으로 적용함으로써 영미의 경제를 활성화하자는 정치적인 욕구에 기반을 둔 것이었다. 자유방임의 이론이 국내에 있어서도 적절치 못하다는 것이 判明된 지 오래였으나, 영미의 政策當局은 '힘'으로 이 이론을 정책에 적용하여 그동안의 경제침체를 극복하는 데 성공함으로써 양국 국민으로부터 상당한 呼應을 얻었다. 이것이 발전하여 오늘날의 미국의 네오콘의 경제정책의 기본을 이루고 있다.

신자유주의는 미국(및 영국 그리고 나아가서는 전세계)의 경제와 정치를 근본적으로 바꾸고 있다. 한 마디로 시장기능은 엄청나게 확대되었으나 국가기능은 지나치게 축소됨으로써, 영미에 있어서는 종래 公共事業으로 간주되어 온 많은 分野가 民營化되었다. 이 나라들에서는 마치 시장기능이 국가기능을 대체할 수 있는 것처럼 여겨지고 있다. 미국경제는 지표상으로는 잘 되고 있는 것처럼 보이지만, 해결하기 어려운 많은 문제를 만들어 내고 있다. 거시적으로는 천문학적인 숫자의 경상수지 적자와 재정적자를 만들어내고 있으면서도 이에 대한 적절한 대책을 강구할 걱정은 하지 않고 있다. 미시적으로는 다른 선진국에서는 볼 수 없는 소득의 兩極化, 社會保障制度의 '民營化'로 인한 기업의 연금부담의 가중, 그리고 이것이 몰고오는 제조업 대기업의 경쟁력 약화, 주식가격 지상주의의 기업경영 및 이로 인한 企業行態의 不健全 등 시장기능과 국가기능의 不全이라고 볼 수밖에 없는 현상들이 자리 잡고 있다.

Ⅵ

간략히 한국의 경우를 생각해 보자. 한국은 IMF 이전에 산업화의 기초를 마련하는 데 성공했다. 박정희정권 당시의 압축성장이 이루어지는 동안 국가기능은 최고도로 발휘되었으나 시장기능의 발휘는 제대로 이루어지지 못했다. 때문에 개발속도는 빨랐으나 많은 부실기업이 나타나서 경제의 경쟁력을 약화시키는 결과를 초래했다. 그 후 5공, 6공을 거치면서 민주화가 이루어졌으나, 시장경제의 창달은 제대로 이루어지지 못하였고, 압축성장의 후유를 치유하지 못했다. 그것이 IMF를 불러오는 遠因이 되었다. 국가기능은 과잉이었고 시장기능은 부족한 시대였다.

1997년에 한국이 IMF의 구제금융을 받은 것은 한국을 위해서는 획기적이고도 불행한 사건이었다. IMF를 맞은 한국은 단시일 내에 IMF가 요구하는 신자유주의적 구조조정을 마쳤다. 그것을 하면 한국경제는 종래의 성장동력을 회복할 수 있을 것으로 기대했으나, 그것은 오산이었다. 구조개혁이 지나치게 빠른 속도로 이루어짐으로써 경제의 양극화와 성장동력의 약화라는 후유를 가지고 오게 되었다. IMF개혁은 당연히 긴 세월이 걸려야 하는 사업이었는데 과속으로 이루어짐으로써 적지 않은 후유를 남겼다.

참여정부는 지금까지 여러 가지 개혁을 마음에 두고 있었으나 이렇다 할 성과를 거두지 못했다. 지난 3년 동안 이루어낸 것이 적음으로써 그 자체가 만만치 않은 문제를 야기시키고 있다. 현재, 질서를 잡고 경제활동을 유도하는 국가기능의 발휘가 절실히 요망되고 있다.

Ⅶ

이상의 논의에서 우리는 몇 가지 함축된 의미를 찾을 수 있다.

1. 시장기능과 국가기능은 서로 목표하는 바가 다르며, 그 중 하나만을 지나치게 강조해서는 안 된다. 이 두 가지의 기능은 상호보완적이다. 시장기능이 발휘되지 않으면 경제의 비효율이 생기고, 국가의 기능이 발휘되지 않으면 양극화와 이에 따른 사회갈등을 막을 수 없다.

2. 산업혁명 이전에는 국가기능이 시장기능을 압도했다. 그러나 산업혁명 이후에는 시장기능이 크게 확대됐다. 2차대전 이후 대부분의 유럽나라들에서는 복지국가의 이념이 득세하여 국가기능이 시장기능을 압도하였다. 1970년대에 접어든 후로는 국제적으로 인플레가 만연하여 케인즈流의 정책으로는 이것을 감당할 수 없었다. 80년대 이후로는 서방국가에서는 복지국가가 무너지고 신자유주의를 표방하는 글로벌 자본주의가 영미의 정책을 풍미하게 되고, IMF 등의 국제기관을 통하여 전세계에 전파되면서, 현재 세계경제는 전반적으로 시장기능이 국가기능을 압도하는 양상을 보이고 있다.

3. 국제경제의 이와 같은 기조는 앞으로도 계속될 것인가. 그렇게 생각할 수는 없을 것으로 본다. 이미 여러 가지 문제가 나타나서 국제질서로서의 글로벌 경제는 폭넓은 도전을 받고 있다. 미국경제의 혼미, 프랑스와 네덜란드의 EU 헌법 부결, 남미 주요국의 政情, 중

국과 인도의 擡頭, G8의 무력화 등은 기존의 질서의 와해가 시작된 것을 암시하고 있다.

4. 작은 정부가 바람직하다고 하지만, 바람직한 것은 좋은 정부이지 작은 정부가 아니다. 작은 정부를 지나치게 추구하면 국가기능이 약화되어 공공이익을 확보할 수 없고 민주주의도 유지되기 어렵다.

5. 역사는 어떤 나라 어떤 시대를 막론하고 좋은 정부가 국가기능을 잘 발휘해야 한다는 것을 보여주고 있다. 민간부문에서 좋은 시장기능이 발휘되기 위해서도 우선 좋은 정부가 있어야 한다는 것이다. 시장은 공공기능을 수행할 수 없다.

6. 나라마다 시장과 정부에 관한 똑 같이 좋은 모델은 있을 수 없다. 나라의 전통과 문화에 따라 시장기능과 국가기능의 내용은 다를 수 밖에 없다.

中國 經濟發展의 文化的 基礎*

I

이 講論의 目的은 中國 經濟發展의 源泉은 오랜 역사를 통해 형성된 文化의 精髓에 있다는 것과, 앞으로 중국 문화 전통의 정수가 잘 육성되어야 중국경제발전의 의미가 살아나올 수 있다는 것을 논하려는 데 있다. 여기에서 文化라 함은 美術, 音樂, 演劇 등의 좁은 의미의 문화가 아니라, 인간의 生活過程에서 만들어지는 制度, 慣習, 傳統, 價値觀 등의 넓은 의미의 文化를 의미하는 것으로 이해하고자 한다. 나는 평소 중국의 經濟와 文化, 그리고 아시아의 장래에 관해 많은 관심을 가져왔으나, 중국경제의 專門家는 아니므로 나의 이해에는 부족한 점이 많을 것이다. 이 점, 여러분이 널리 양해해주기 바란다.

一國의 經濟發展과 文化 사이에는 不可分의 관계가 있다. 이것은 새삼 강조할 나위가 없다. 사실 경제생활 자체가 문화의 일부분이기 때문이다. 경제가 발전해야 인간이 그 能力을 文化의 창조에 투입할 物質的 精神的 여유를 가질 수 있다. 가난한 사회는 좋은 문화를 창조할 여유가 없다. 그러나 文化에는 高次元의 知力이나 德性으로 인간사회를 좋게 만드는 類型도 있는 반면, 퇴폐와 타락, 內紛과 戰爭을 조장함으로써 인간사회를 나쁘게 만드는 類型도 있다. 사실 인류

* 2006년 12월 12일 北京人民大會議堂에서 中國政府文化部 主催로 文化産業發展國際大會에서 행한 기조강의 논문임.

의 역사는 경제의 발전이 건전한 문화발전에 기여한 경우 못지않게 문화의 타락을 가지고 온 경우가 많다는 것을 보여주고 있다. 따라서 一國의 經濟發展이 건전한 文化創造에 기여하는 것은 쉬운 일이 아니다.

逆으로, 文化의 發展은 인간의 思考와 行動을 자유화, 다양화하게 하고, 동시에 知的 技術的 能力을 향상시킴으로써 지속적이고 효율적인 경제발전을 가능하게 할 수 있다. 그러나 문화의 발전이 지나친 사치, 快樂主義, 도덕적 타락, 가족의 파괴, 자연의 훼손, 환경의 頹落, 軍備의 증강, 大量殺傷 武器의 발명 등에 활용되면서 건전한 경제발전을 沮害할 수도 있다. 지금의 세계경제를 보면 선진국이라고 하는 나라의 경우, 능력 있는 사람들의 관심은 대부분 一攫千金을 할 수 있는 射倖的 활동에 집중되어 있다. 이 나라들에는 건전한 노력의 代價에 만족하거나 淸貧을 즐기는 생활은 거의 없다. 문화의 발전이 이런 경향으로 흘러간다면, 언젠가는 경제발전을 저해하게 될 것이다. 이와 같이 일국의 文化發展이 건전한 경제발전을 가지고 오는 것도 용이한 일이 아니다.

II

아시아에서의 경제발전과 문화발전을 보아도 이것을 잘 알 수 있다. 아시아의 近代式 경제발전을 가장 먼저 이룩한 나라는 일본이었다. 19세기 후반 일본은 〈明治維新〉으로 武家에 의한 封建制度를 청산하고 王政을 復古하였는데, 維新政府는 富國强兵·殖産興業을 슬로건으로 강력한 근대화작업을 추진하였다. 그 작업은 엄청난 성공을 거두어, 일본은 단시일내에 상당수준의 경제발전을 이룩했다. 그 발전은 殖産興業을 통해 국민생활을 윤택하게 한 점도 있지만, 그것보다는 오히려 精兵主義를 통해 강력한 陸軍과 海軍을 육성하여, 이웃나라를 침략하는 데에 國政의 중점을 두었다. 그리하여 우선 1910년에는 한국을 병합하는 데 성공하고, 20년대 이후에는 중국에 대한 침략을 개시하여 끝내는 태평양전쟁을 유발하였다. 이와 같이 일본의 경제발전이 제국주의를 추진하는 수단으로 쓰이게 된 것은 아시아를 위해서나 일본을 위해서나 불행한 일이었다.

아시아의 두 번째의 근대적 産業化는 1950년대로부터 한국, 대만, 홍콩, 싱가포르 등 이른바 4龍이라 하는 新興工業國들에 의해 이루어졌다. 이 나라들은 단시일 내에 이른바 선진국에 육박하는 고속성장을 달성했다. 이 나라들이 문화적으로는 모두 儒敎圈에 속하는 나라라는 것은 주목할 만한 일이다. 유교는 敎育과 도덕, 그리고 秩序를 중요시하는 전통을 가지고 있어서, 이 나라들의 발전의 이면에는 상당수준의 교육과 효율적이고 강력한 정치리더십이 있었다. 그러나 이 나라들은 모두 國土의 면적이나 人口의 크기 면에서 작은 나라였고 그 발전은 냉전이라는 국제 질서 속에서 이루어졌기 때문에 기적에 가까운 발전을 하면서도, 그것은 여타의 아시아에 대해서는 그리 큰 임팩트(impact)를 주지는 못하였다.

아시아를 一圓으로 하는 産業化가 이루어지기 시작한 것은 1979년 중국이 開放改革政策을 채택한 후부터였다. 그 당시부터 지금에 이르는 약 4반세기 동안, 중국은 質量 양면에 걸쳐 고속도의 産業發展을 지속하고 있으며 그 영향으로 아시아 전체가 동반발전하는 양상이 일어나고 있다. 消費面에서 아시아 域內에 걸친 대단위의 市場이 형성되고 있고 生産面에서는 아시아 전역의 生産 network가 형성되고 있다. 아시아의 생산 network에서 생산된 産品이 아시아 시장에서 소비됨으로써 역외의 시장이나 생산기지에 의존하지 않고 自己完結的인 발전이 이루어지는 일종의 경제권이 형성되기 시작하고 있다. 이것은 세계사상 가장 획기적인 현상이라고 할 수 있고, 앞으로 아시아와 아프리카, 中東 및 南美제국과의 경제관계도 획기적으로 발전할 것이 예상된다.

Ⅲ

마르크스주의자들을 포함한 종래의 서구중심의 경제학자들은 아시아에서의 近代式 經濟發展의 要因은 거의 없다는 관념을 가지고 있었다. 일본은 아시아 나라라기보다는 아시아에 있는 서양 나라로 간주되고 있었다. 중국의 발전으로 점화된 아시아의 발전은 이 固定觀念을 깨고 있다. 최근 들어서는 인도 역시 고도성장 궤도에 진입함으로써, 아시아 경제는 앞으로 능히 유럽연합이나 미국의 그것과 필적할 수 있는 규모와 내용을 가지게 되리라는 전망을 낳고 있다.

여기서 잠시 경제발전의 의미가 무엇인가를 생각해보자. 서양의 産業化의 경험을 회고하면 그것을 알 수 있다. 그것은 산업화를 달성한 나라들의 주민에게 물질생활의 豊饒와 빈곤으로부터의 해방을 갖다주었다. 반면, 식민쟁탈과 약육강식의 전쟁, 식민국가들 사이의 식민지쟁탈전쟁을 가지고 왔다. 뿐만 아니라, 전세계적으로 자연의 破壞, 환경의 汚染, 지구의 溫暖化 등 자연현상의 이변을 야기시키고 있다. 근래에 와서는 가족의 파괴, 인간의 疎外, 格差社會의 출현 등 人文的 文化的 타락현상을 보이고 있다. 앞으로의 21세기가 필요로 하는 것은 세계평화의 달성, 문명충돌의 종식, 지속적 균형발전, 기아와 빈곤으로부터의 해방, 질병과 재해의 예방, 자연훼손의 방지 및 환경의 보호, 道德과 倫理의 회복 등이다. 아프리카를 비롯한 세계의 많은 지역의 주민은 기아, 내전, 질병 등에 시달리고 있지만, 富國이 이룬 經濟發展의 혜택은 보지 못하고 있다.

그렇다면, 세계사적인 견지에서 볼 때, 중국의 엄청난 經濟發展의 의미가 어디에 있는가. 그것은 서양의 경우에 있어서와 같이 많은 중국인민을 빈곤으로부터 탈출하게 함으로써 그들의 생활수준을 높일 것이다. 그러나 만일 그것이 중국이라는 큰 '後進地域'이 예상 밖의 큰 발전을 이룩함으로써 서구를 따라잡을(catch-up할) 정도로 경제규모가 커지는 것만을 의미한다면, 그것은 과거 日本이나 4龍의 발전과 質的으로 별 차이가 없을 것이다. 오히려 서구의 경제발전이 만들어낸 갖가지 문제(자연의 파괴, 환경의 오염, 민족간의 분쟁 등)를 재연하는 데 불과할 것이다. 중국의 발전에 보다 큰 의미가 있자면, 그 발전이 위에서 지적한 서양식 산업화에 수반되는 폐해를 극복하여, 세계평화와 異民族, 異文化間의 공동번영을 달성하고, 동시에 중국의 전통문화를 더욱 宣揚하는 데에 기여해야 한다. 중국 및 아시아의 발전은 과연 이와 같은 기여를 할 수 있을 것인가. 나의 대답은 긍정적이다.

나는 중국과 아시아 나라들이 이런 문제에 대해 깊은 관심을 가지고 해결책을 내놔야 하며, 그렇지 못하다면, 발전의 보람이 반감되리라고 본다. 중국의 발전은 아직 그 초기단계에 있고, 지금까지의 발전 양식은 서구의 패러다임에 따른 것이라고 할 수 있다. 그러나 三農問題의 해결, 고용의 증대, 균형발전의 달성, 개방의 확대, 宏視政策의 조절, 國民精神의 刷新 등의 정책방향을 보면 새로운 패러다임을 도출하기위해 국가적 노력을 경주하는 모습이 엿보인다. 이것은 중국의 발전전략이 한 단계 높은 곳으로 옮은 것을 의미하며, 앞으로 중국경제 成敗의 關鍵이 여기에 의존한다고 볼 수 있다.

중국이 1949년 中華人民共和國을 건국한 의미는 毛澤東主席이 천명한 바와 같이, 封建主義와 帝國主義를 반대하여 '新民主主義'를 시행하는 데 있었다. 그러나 긴 안목으로 본다면 中共建國은 정치적인 의미와 아울러 문화적인 의미를 가졌던 것으로 볼 수 있다. 왜냐하면, 古代文明을 아직까지 간직하고 있는 세계유일의 나라인 중국으로서는 그 장점을 살려, 그것을 현대식으로 개조하지 않으면 정치적인 목표 자체가 이루어질 수 없기 때문이다. 따라서 중화인민공화국의 건국은 文化革命의 長征의 始發이었다. 19세기 이후 현재화된 무기력하고 퇴폐적인 문화를 파괴하고 새로운 활기있는 문화를 創造하자는 목표를 가지고 있었다.

毛澤東은 이 文化革命을 달성했는가. 절반밖에 달성하지 못했다. 舊文化를 파괴하는 데에는 초기적인 성공을 거두었으나, 新文化를 창조하지는 못했다. '大躍進'이라는 새로운 文化創造 시도가 이루어졌으나, 所期의 성과는 없었다. 1966년부터 '프롤레타리아 文化大革命'을 강행하여 舊習, 舊思想, 舊文化는 모조리 파괴하려 했으나, 이것 역시 新文化를 창조하지는 못하였다.

毛澤東의 文化革命은 왜 新文化를 창조하지 못했는가. 그 이유는 내가 보기에는 新文化의 기초가 돼야 할 中國文化의 精髓를 이루는 人本主義와 大同思想을 송두리 채 폐기했기 때문에, 신문화의 창조에 필요한 融通性, 創意性, 合理性, 道德性, 包容性 등이 살아나올 수가 없었기 때문이었다.

傳統文化의 기본을 지금의 현실에 접목하여 新文化를 창조하는 契機를 마련한 것이 鄧小平에 의하여 주도된 開放改革政策이었다. 開放改革政策은 단순한 경제정책이 아니라 毛澤東이 못다 이룬 文化革命 달성의 사명을 가지고 있는 것으로 보아야 한다. 만일 중국이 이것을 이루지 못한다면 개방개혁정책은 언젠가는 좌절될 것으로 나는 본다. 경제적으로는 이 정책이 채택된 후로 중국은 일시적인 挫折은 있었지만 연평균 9.5%의 중단없는 성장을 달성했다. 중국이 이와 같은 성장을 이룩한 것은 外資導入, 過剩勞動活用 등의 이유도 있지만, 나는 그것보다는 오히려 국민과 정부의 創意性의 발휘가 奏效한 점을 주목해야 한다고 본다. 앞으로도 국민과 정부의 창의성이 고갈될 이유는 없을 것이므로 중국경제의 高度成長은 상당기간 동안 지속될 수 있을 것이며, 세계가 바라는 平和와 繁榮을 이룩하는 데 응분의 기여를 할 수 있을 것이다.

Ⅳ

1978년 이후의 開放改革政策은 그것이 수천년 동안 내려오는 중국 전통문화의 장점과 부합되어 정부와 국민이 각기 創意性, 融通性, 合理性 등을 발휘했기 때문이다. 중국 정부가 쓰는 '古爲今用' 이라는 구호는 18~19세기의 퇴폐하고 무기력한 문화를 따르자는 것이 아니라, 夏殷周 이후로 중국 전통의 기초를 이룬 중국 특유의 世界觀, 人生觀, 宗教觀 등을 현대에 구현하자는 의미로 이해된다. 나는 위에서 중국의 開放改革政策은 단순한 經濟發展政策이라기보다는 일종의 文化革命政策이라고 말했지만, 그 문화혁명은 끝난 것이 아니고 앞으로도 계속될 것이며, 그 내용도 많은 변화를 겪을 것으로 전망한다. 중국은 일종의 文化復興의 渦中에 있는 것이다.

이 講論의 시각으로 볼 때, 開放改革의 목표(경제발전과 문화개혁)는 중국의 傳統文化의 장점을 현대에 부활시킴으로써 이루어진다. 孟子가 말한 天時와 地理와 人和의 시각으로 그 성공 가능성의 이유를 설명해보자.

中國의 開放改革政策은 1990년대부터 세계의 대세로 된 글로벌시대의 흐름에 부합되고 있다는 의미에서 天時에 편승하고 있다고 할 수 있다. 글로벌 시대의 대세를 활용하여 발전하자는 전략은 중국정부 愛用의 구호인 '與時俱進'에 잘 나타나 있다. 중국은 지금 지난 200년 동안 보지 못한 가장 유리한 시대를 맞고 있다고 나는 본다.

중국의 발전이 地理와 잘 부합되는가. 중국은 원래 지리적으로 불리한 조건을 많이 가진 나라이다. 國土 地形에 균형이 없고, 可用面積이 제한돼 있으며, 水資源, 能源資源 등의 기본적 자원도 부족하다. 地政學的으로도 강대한 隣國이 四周를 포위하고 있어서 항상 변경의 방위가 불안한 나라이다. 중국은 지난 날 萬里長城을 쌓아서 그 지리적 불리를 극복하려 했고, 지금의 國歌에서도 인민의 피와 땀으로 새로운 장성을 쌓자고 호소하고 있다. 그러나 이러한 불리한 여건을 극복하기 위해 중국은 21세기 초부터 西部開發과 東北開發을 추진함으로써 地域間의 균형발전과 內需振作, 雇傭增大를 도모하는 동시에 南水北調, 西電東輸 등 資源의 有無相通을 위한 인프라의 개발에 국력을 경주하고 있다. 외교적으로도 能源(energy) 및 一次産品의 확보를 위한 노력을 강화하고 있다. 또 地政學的인 不利는 이 나라로 하여금 '治不忘亂'의 경륜을 배양하여, 특히 주변 대국들(러시아, 인도, 미국 등)과의 善隣關係에 각별히 배려하면서 '和平崛起'의 정책구호를 내걸고 국제사회에서의 신뢰구축에 힘쓰고 있다. 지리의 不利가 오히려 轉禍爲福이 되고 있다고 볼 수도 있다.

人和라 함은 중국의 모든 정책의 기본이 '以人爲本'이라는 정부 구호에서도 보듯이 특히 민심과 여론을 중요시한다는 것을 의미한다. 원래 중국 사상의 기본은 人本主義이며, 현정부의 정책도 '以人爲

本’과 ‘和諧社會’를 정책의 중심에 두고 있다. 중국사상에는 기본적으로 교조적인 면이 적고, 그 전통철학은 대부분 현세적 人本主義的이며 경제운영은 경험주의적 實事求是的이다. 이 전통이 있음으로써 집단지도체제를 통하여 13억 인구와 50여 개의 소수민족을 이끌고 있다.

V

서양 사람들은 옛날부터 중국 문화의 頹廢性, 退嬰性 등을 지적하고 근래에 와서는 自由와 人權의 결여, 法治의 경시 등을 비판한다. 지난 200년 동안의 중국의 國步에는 분명히 이런 비판의 여지가 있는 것도 부인할 수 없다. 그러나 서구의 비판 중에는 중국문화에 내재하는 自由와 創造力을 모르는 데에서 오는 편견도 많이 있다. 중국은 원래 개방성이 강한 나라이며, 그 문화는 古代로부터 中原의 華夏民族들이 개발한 문화에다가 外來文化를 수용하여 융화시킨 일종의 거대한 綜合文化라 할 수 있다. 따라서 그 문화는 본질적으로 신축성, 포용력 및 창조력이 강하며 문화적 쇼비니즘은 별로 없다.

많은 사람들은 중국의 改革政策은 정부가 일방적으로 上意下達의 방식으로 시행하는 것으로 이해하고 있다. 또 중국의 경제발전은 外資導入을 통해, 低賃金을 활용하여 이루어지는 것으로 인식하고 있다. 이 이해에도 一理가 있기는 하나, 그것은 대부분 중국의 經濟改革과 發展計劃의 수립과 집행의 이면에는 민간의 창의성이 큰 역할을 했다는 것을 간과하고 있다. 이를테면 人民公社의 해체, 鄕鎭企業 및 企業經營의 責任制 도입 등에는 민간의 창의성이 선도한 것이었고 3大代表論 등의 정책 이면에는 민간의 여론이 큰 역할을 했다. 중앙정부의 명령만으로 13억 인구의 나라가 4반세기에 걸쳐 연평균 9.5%의 성장을 달성한다는 것은 불가능할 것이다. 앞으로의 중국의 발전은 더욱 민간의 創意性에 의존하는 부분이 커질 것이다.

중국은 서양에는 잘 알려지지 않고 있는 狹義의 文化, 이를테면 繪畫, 書藝, 음악, 연극, 문학 등이 다양하게 발전되고 있으며, 이 모든 것들은 앞으로의 中國産業을 발전시키는 풍부한 소재가 될 것이다. 지금 중국 畵家들의 작품이 유럽 각지의 유명 전시장에서 空前의 인기를 모으고 있다. 미술이외에도 연극이나 음악, 문학 등 역시 앞으로 직접간접으로 중국산업의 발전을 위해 많은 기여를 할 것으로 보인다. Financial Times에 의하면, 중국의 R&D 지출은 일본을 능가하여 세계 제2위라고 하지만, 21세기는 과학기술과 아울러, 수준 높은 문화가 經濟發展을 지탱하는 시대가 될 것이다. 경제학자 케인즈는 1928년에 100년 후에는 인류의 衣食住 문제는 거의 다 해결돼 있을 것이기 때문에 경제학자들은 자기의 학문 분야의 중요성을 너무 강조할 것이 아니라 보다 높은 차원의 문제(이를테면 문화발전)에 관심을 가져야 한다고 지적했다. 중국의 文化 土壤은 매우 비옥하며 여기에 기초를 둔 경제발전의 잠재력은 대단히 크다.

Ⅵ

결론적으로, 중국은 앞으로 경제면에서는 앞으로도 적어도 11·5 計劃의 목표를 무난히 달성할 것으로 보인다. 중국이 걱정해야 할 것은 그보다 더 높은 성장이지 낮은 성장은 아닐 것이다. 그 과정에서 중국은 지금까지 이상으로 세계경제의 牽引車 역할을 할 것이다. 중국은 이미 미국, EU와 더불어, 세계경제의 3大軸의 하나가 되고 있고, 많은 구미의 전문가가 예상하는 바와 같이, 2020년경에는 미국과 맞먹는 경제대국이 될 것이다. 중국경제의 장래에는 만만치 않은 큰 난관이 많이 있을 것이지만, 중국 국민의 創意性, 忍耐性이 이것을 극복할 것이다. 중국은 天時와 人和를 가지고 있어서 유리한 시대의 흐름을 타고 있다. 그러나 지리적 조건, 특히 水資源의 부족이 가장 큰 문제가 될 것으로 보인다.

본문에서는 논의할 겨를이 없었으나, 중국은 정치적으로 상당한 民主化를 이룰 것으로 보이며, 이것은 필요하고도 불가피한 추세로 보인다. 다만 그 민주화는 서구식인 代議制度가 아니라, 중국식인 人本主義를 실현할 수 있는 체제가 돼야 할 것으로 나는 본다. 서구의 민주주의는 대부분 포퓰리즘(populism)으로 치닫고 있으며, 이것이 중국에 수입되면 중국의 발전은 끝날 것으로 나는 본다. 앞으로 올 중국의 정치제도는 이론에 의해 도출되는 것이 아니라, 장기간에 걸친 경험을 통해 實事求是의 결과로 나타날 것으로 예상된다.

국제정치상의 위상도 크게 향상될 것이다. 지금까지의 중국의 발전으로도 인도, 남미, 아프리카 등에 대해 일찍이 보지 못한 큰 임팩트(impact)를 주고 있다. 그것은 중국의 발전의 물량적인 측면이 아니라 발전의 방법과 목표가 이들 개도국에 많은 시사를 주고 있기 때문일 것이다. 중국은 어디까지나 세계평화를 표방하는 外交路線을 채택할 것이며, 이웃나라들과의 和諧를 통하여 신뢰를 얻는 데 외교의 主眼을 둘 것으로 예상된다. 중국과 미국과의 관계는 양국간의 相互依存이 강화됨에 따라 보다 평화로운 관계가 성립할 것으로 나는 본다. 미국이 중국을 이해하는 정도는 중국이 미국을 이해하는 그것보다 못하다. 따라서 중 · 미관계의 友好增進을 위해 중국은 많은 노력을 경주해야 할 것이다.

가장 중요한 것이 文化의 高度化임을 나는 강조하고 싶다. 위에서도 말한 바와 같이, 중국은 지금 눈에 보이지 않는 文化革命의 渦中에 있다. 중국정부가 표방하는 〈八榮八恥〉의 국민윤리운동은 내가 말하는 文化革命의 一斷面이다. 문화혁명이 성취되어야만, 中華人民共和國의 건국 목적이 달성된다. 이것이 가장 어려운 문제이며, 중국은 儒敎, 道敎, 佛敎의 傳統思想의 장점을 적극 개발 활용해야 할 것이다.

삶의 질, 경제사회의 위기, 그 진단과 극복의 길*

I

얼마 전 Financial Times는 한국경제가 저성장의 늪에 빠진 채 방향을 상실하고 있다는 것을 여러 가지 예를 들면서 자세하게 보도한 바 있다. 一例로 중국 北京의 현대자동차회사의 근로자는 평균연령이 26세인데, 월급 $360을 받고, 시간당 다섯 가지 모델의 자동차 68대를 생산하고 있는 데 비해, 한국 울산공장에서는 평균 41세의 근로자가 $4,680의 월급을 받으면서 시간당 55대를 생산한다고 보도했다. 한국 대기업이 국내에서 투자를 하지 않고 중국이나 인도로 진출하고 있는데, 앞으로는 중소기업도 외국으로 생산기지를 옮기면 산업의 공동화를 우려해야 할 판이라고 보도하고 있다.

정부에서도 이 현상에 대해 알고는 있겠지만, 이렇다 할 대책이 있는 것 같지는 않다. 글로벌 경제에 불가피한 변화이기 때문에 걱정해도 소용이 없다는 생각인지 모른다. 정권 말기에 처한 정부는 마지막 큰 업적으로 FTA에 '올인' 하고 있다. 한미 FTA를 체결하고 EU를 비롯한 세계의 여러 나라들과 FTA를 체결하면 이런 문제는 자연 해결된다고 보는 것도 같다. 그러나 동시 다발적으로 FTA가 쏟아진다면 경제의 방향상실은 더욱 심각해지리라고 나는 본다.

IMF 이후로 경제성장률은 4% 내외로 낮아졌다. 한국경제의 핵심

---

* 2007년 5월 30일 島山아카데미 창립 18주년 기념 세미나에서 발표한 강의논문임.

은 대기업인데, 이들의 투자가 활발치 않다. 이들의 기업정신이 약화된 것이 아니라, 기업 규제가 까다로운데다가 임금 · 물가가 세계적으로 높아서 투자의 수익전망이 낮기 때문이다. 게다가 소득과 부, 산업과 지역 등 경제 전반에 걸쳐 이른바 양극화 현상이 심화되고 있다. 최근 들어서는 환율이 계속 내리고 교역조건이 악화되면서, GDP는 증가하고 있는데도 GNI는 늘어나지 않고 있다.

한국 사람들의 근검절약은 세계에서도 유명하다. 그러나 지금은 이 정신이 퇴색하면서 享樂文化가 자리잡고 있다. 국민의 쓰임쓰임이 너무 헤프다. 이것이 세계 최고의 임금 · 물가 그리고 끊임없는 환율 下落을 지탱하고 있다. 10년 전 IMF를 맞은 것은 기업의 過多負債 때문이었지만, 이제는 민간 가계부분이 過多負債로 시달리고 있다. 10년 전에는 IMF의 '구제' 가 있었지만, 이제는 그것도 없다.

II

경제만이 방향을 잃고 있는 것이 아니라 사회도 방향을 잃고 있다. 경제의 저성장 및 그 구조 불균형의 심화와 아울러, 사회의 쇠퇴가 深化되어 국민의 삶의 질이 저하되고 있다. 그런데도 당국의 대책은 없고, 민간에도 自省 自淨의 노력이 없다.

사회가 방향을 상실하고 있다는 것은 무슨 말인가. 사회의 이해당사자 간에 이해 · 양보 · 관용 등은 없고, 불신 · 분열 · 의혹 · 상호비방이 일상화하여 항상 內部破裂(implosion)의 양상을 보임으로써 국민의 에너지가 소모되고 있는 현상을 말한다. 공동체의 모든 부문에서 여러 형태의 破裂이 소리 없이 터지고 있다. 잊어진 과거의 비리가 새삼 들춰진다. 법규와 그 유권해석, 그리고 국민 '정서' 는 항상 달라지기 때문에, 어제의 무죄가 오늘의 유죄로 되고, 오늘의 명사가 내일의 죄인이 되는 경우도 있다. 이러한 문화는 여러 부류의 사람들을 불안하고 불행하게 만들고 있다. 사람들은 매일같이 흥분해야 하고, 恒心을 가질 수 없다. 이런 분위기 속에서 정론이 나오기 어렵고 나라의 장래를 위한 좋은 비전도 기대할 수 없다.

한 마디로 한국의 문화의 질이 나빠지고 있다. 이것이 나라의 품격을 떨어뜨리고 있다. 여기서 문화라 함은 흔히 말하는 음악이나 미술, 연극, 스포츠 등을 말하는 것이 아니라, 웹스터(Webster)나 옥스퍼드(Oxford) 영어사전이 정의하듯이, 주로 교육과 研修를 통해 국민의 행동과 사고 등의 지적(intellectual), 도의적(moral) 수준이 고도화 되는 것을 말하는 것으로 이해하고자 한다. 문화의 질이 향상함으로써 國格(즉, 나라의 品格)이 상승한다.

한국문화의 질을 저하시키는 몇 가지 특징들을 간단히 몇 가지만 열거해보자.

1) 경제유일주의.

한국은 開發年代 이후로 경제 제1주의를 표방해왔다. 이것이 점점 강화되어 이제는 경제유일주의로 치닫고 있다. 국민도 이에 中毒되어 소득과 부를 모든 가치보다 우선시하게 됐다. 사람의 가치도 소득을 올리는 능력으로 평가하며, 교육의 목표도 소득을 올리는 능력을 기르는 데 중점을 둔다. 경제운영의 목표도 GDP 성장이 지상목표이다. 그러나 이제는 교육, 사회, 정치 등 문화적인 면이 낙후되어서는 경제도 발전을 지속할 수 없는 상황이 됐다.

2) 전통가치의 몰락.

개인 차원에서의 節制, 誠意正心 등의 자기수련과 사회차원에서의 出處進退의 節度 등은 이제는 아는 사람도 많지 않고 가르치는 데도 없다. 이것을 대체할만한 새로운 좋은 가치도 나오지 않고 있다. 그래서 문화가 自己破裂에 직면하게 됐다. 모든 문화, 모든 윤리도덕의 중심인 가정과 가족의 중요성은 무시되고 그 사회적인 지위와 역할은 유럽이나 미국에 비해서도 오히려 엷어졌다. 이것이 문화의 정체성(identity)의 상실로 이어지고 있다. 진정한 個人主義는 없고 기준 없는 集團利己主義가 자리잡고 있다.

3) 교육의 실패.

문화의 향상은 교육의 향상이 아니고는 있을 수 없는데 개발년대 이후로 지금에 이르기까지 교육은 부실의 길을 걸어왔다. 한국인은 自國의 역사를 수치스러운 것으로 치부하여 전적으로 서양의 겉치레 모방을 위주로 교육을 운영해 왔다. 그 결과 한국인은 주변국의 국민에 비해 서양의 새로운 유행을 추종하는 데 민감하다. 그러나 자국문화의 기초가 없기 때문에 대부분의 모방도 似而非 모방으로 끝난다. 교육정책 중, 특히 잘못된 것은 한글전용과 평준화이다. 이에 대해서는 아래에 좀 더 언급할 것이다.

4) 정부 역할의 방향상실.

한국인은 원래 感性이 풍부하며, 신명이 나면 폭발적인 저력을 발휘하지만, 정밀하고 이성적으로 사리를 따지는 데에는 소홀한 성품을 가지고 있다. 정치 운영에 있어서나 경제 정책에 있어서나 극단적인 입장을 취하고, 그 변화의 振幅이 極端的으로 큰 것이 상례이다. 예를 들어, 70년대의 중화학 육성은 극단적인 重商主義와 국가주의를 반영한 것이었다. IMF를 맞은 한국정부의 개방정책은 종래의 국가주의 기조를 포기하고 IMF도 놀랄 만큼 과감하게 신자유주의를 수용했다. 참여정부에 의한 한미 FTA의 체결, 그리고 동시다발적인 여러 나라들과의 FTA추진 등도 한국 특유의 정책변화의 振幅을 보여주고 있다. 일반적으로 한국인들은 편하고 쉬운 것을 선호하며, 시대의 풍향에 따라 한 쪽으로 쏠리는 경향이 있다. 이러한 성품은 질서와 규범, 균형과 조화를 무시하기 쉬우며, 成熟한 문화 발전을 어렵게 한다.

Ⅲ

이와 같은 경제 · 사회의 추세와 문화의식의 빈약으로 가장 많은 어려움을 겪는 계층은 글로벌경제와 연관이 없는 대다수의 계층, 구체적으로 실업자, 자영업자들, 대다수 농민, 老年層 등 돈을 못 버는 사람들이다. 이 계층의 폭은 대단히 두꺼워, 格差社會의 큰 基層을 이룬다. 노년층은 경제적으로 곤궁할 뿐만 아니라 世代間 대화도 두절된 상태에서 질병과 고독에 시달리고 있다. 世代間 格差는 어느 나라에도 있는 현상이지만, 우리나라처럼 급격한 단절이 진행되는 나라는 드물다.

幼兒 및 少年層 역시 拜金文化의 희생이 되고 있다. 부모는 이들에게 앞으로 소득을 올릴 수 있도록 4, 5세 때부터, 대학 입시를 겨냥한 각종 특수훈련을 강제한다. 제 나라말도 제대로 알기 전에 영어를 배우기 위하여 이른바 〈早期유학〉을 보낸다. 보도에 의하면, 이 나라 젊은 부모의 대다수가 조기유학에 찬성한다고 한다. 아이들은 미국, 캐나다는 물론, 호주와 뉴질랜드, 심지어 케냐나 남아공화국까지, 영

어를 쓰는 나라를 찾아 조기유학을 간다. 아이들은 부모의 따뜻한 사랑과 유치원이나 초등학교에서 자연스럽게 익혀야 할 기초교육을 습득할 기회가 박탈된 채, 시험을 잘 치고 돈벌이를 잘 하기 위한 수단을 배우는 불행한 인생의 막을 올린다. 부모는 아이들의 교육을 위해 모든 것을 희생시킨다고 자부한다.

이 나라 학교들의 교육현장에서 일상적으로 벌어지고 있는 무서운 현실을 생각할 때, 조기유학을 바라는 학부모의 '非情'을 나무랄 수도 없다. 간헐적으로 터져 나오는 10대 아이들의 集團 性暴行과 殘虐行爲 보도를 볼 때, 이 나라 어린이들은 학교는 곧 地獄이라고 해도 좋을 것이다. 이런데도 학교나 정부가 어린이를 보호할 근본적인 대책을 세우고 있다는 말은 없다.

반면, 少年家長의 가정, 母子家庭에는 절대빈곤 내지 상대빈곤에 시달리면서 기아에 허덕이는 경우도 많다. 불우한 가정의 희망은 이 아이들이 제대로 자라서 옳은 교육을 받아야 하는데, 이에 대한 적극적인 대책이 필요하다.

그처럼 갈망하는 4년제 대학에서 학생들은 무엇을 배우는가. 최근 일간지에서 어느 최고급 대학교 총학생회장 선거에 관한 기사를 보면, 우리나라 학생들의 의식수준을 짐작할 수 있다. 어느 일간지에서 이 나라 최고급 대학의 학생회장 선거 공약을 〈그 참을 수 없는 가벼움〉이란 머리기사로 보도한 것을 본 적이 있다. 그 공약 내용은 어느 패밀리 레스토랑 또는 호프의 음식값, 술값을 20% 할인할 수 있게 할 것이라든가, 출제된 시험문제를 수집하여 DB를 구축하겠다는 등이었다. 그 신문은 이 공약의 가벼움을 한탄했지만, 내가 보기에는 학생들에게는 이것이 충분히 〈무게 있는〉 절실한 문제였을 수도 있었다는 점에 문제가 있다. 어쨌든 이 공약으로 이 나라 대학의 교육 내용과 그 결과를 알 수 있다. 우리나라 최고급 대학의 上級학생들이 고작 이런 정도의 理想과 抱負를 가지고 있다는 것을 생각할 때, 앞으로 이 나라 문화의 질이 어떻게 되리라는 것을 능히 짐작할 수 있다.

한동안 인문학의 위기라는 말이 나돌고 최근에는 교육부가 획기적인 인문학 발전계획을 수립하고 있다. 나는 인문학을 살려야 한다는 데에는 찬동하면서도, 문제는 인문학의 위기가 아니라 교육의 위기라는 점을 명심해야 하리라고 본다.

지나치게 많이 드는 육아비 · 생활비와 女性의 社會參與機會의 확대는 晩婚, 離婚, 低出産의 급격한 증가의 원인이 되고 있다. 인구동향의 분석을 따르면, 2015년부터는 인구의 절대적 감소가 예상된다. 그 때가 되면 불행한 노령인구는 더욱 많아지고 이에 따라 경제의 역동성은 더욱 줄어들고, 그 불균형은 더욱 심화될 것이 예상된다.

Ⅳ

앞으로 한국경제의 정책기조를 어떻게 해야 하는가. 또 사회의 활성화와 문화의 성숙도를 높이기 위해서 무엇을 해야 하는가. 한마디로 말하면, 경제 · 사회 · 문화에 걸쳐 실종된 방향을 다시 찾아야 한다. 경제에 있어서나 사회 · 문화에 있어서나, 절제와 조화와 균형을 회복하여야 한다. 성급한 사람들이 이 방향을 받아들일 가능성은 적을 것이다. 그러나 반세기에 걸쳐 형성된 경제 · 사회 · 문화의 문제가 일조에 해결될 묘방은 없다는 것도 확실하다. 어려운 문제를 여기에서 상론할 수는 없으나, 기본방향에 관련된 몇 가지 管見을 개진하고자 한다.

첫째, 경제 · 사회 문화에 걸친 적절한 정부의 역할이 정립되어야 한다. 경제의 방향상실과 문화 · 사회의 방향상실은 表裏의 관계에 있다. 이 세 가지는 서로 연관돼 있으므로, 정부는 이 모두를 아우르는 종합대책을 수립해야 한다. '작은 정부'를 지향하는 시대에 정부가 이러한 프로그램을 수립한다는 것은 시대착오라고 할는지 모른다. 그러나 한국과 같이 경제나 사회 · 문화가 공동화 내지 內部破裂 상태에 있는 경우에 정부가 속수무책으로 방관해도 곤란하며, 모든 것을 시장에 맡기면 잘 된다는 환상 속에 안주해서도 안 된다.

정부의 응분의 역할 없이 민간의 〈자유시장〉에서 자유방임에 따라 경제의 활성화, 사회의 안정화, 문화의 고급화가 이루어질 수는 없다. 〈작은 정부〉의 모델은 英美에는 합당할지 모르나 한국과 같은 나라의 좋은 모델이 될 수는 없다. 한미 FTA를 비롯해서 FTA의 협정이 많으면 많을수록 한국한테는 유리한 것으로 보는 견해가 있지만, 나는 그렇지 않다고 본다. 수출입이 증가하여 경제의 무역의존도는 늘겠지만, 경제의 양극화, 사회의 쇠퇴, 문화의 內燃은 가중될 것이다. 한국이 필요한 것은 경제구조의 균형화, 사회심리의 안정화 및 문화의 고급화이며, 이것을 위해서는 지혜와 사명감과 능력을 갖춘 정부가 응분의 역할을 해야 한다. FTA에 매달린다고 외국이 이런 것들을 가져다주지는 않을 것이다. 나는 〈큰 정부〉를 주장하는 것은 아니다. 정부가 介入하여 시장의 기능을 代替하라는 말을 하는 것도 아니다. 시장이 그 順機能을 발휘할 수 있도록 정부가 인적 제도적 인프라를 조성해야 한다는 말이다.

정부는 앞으로 경제운영과 문화정책을 포함하여 모든 政策基調를 보다 人本主義(humanism), 즉 사람을 중심으로 하는 견지에서 추진하는 것이 좋을 것이다. GDP 성장률을 비롯하여 물량 중심의 사고를 탈피하여 불행한 사람을 量産하는 현재의 시스템을 고치는 데 세심한 배려를 아끼지 말아야 한다. 당장 모든 문제를 해결할 수는 없더라도, 그것을 위해 최선을 다하겠다는 자세를 행동을 통해 밝혀야 한다.

우선 무엇보다도 중요한 것이 고용의 증대이며, 이것을 위해 인력 수급의 균형을 가져오는 보다 확실한 프로그램을 세워야 한다. 단순히 케인즈식인 총수요의 조절로 완전고용을 확보하려 할 것이 아니라, 인력수급에 관한 정부의 비전을 민간에 공개함으로써 민간으로 하여금 수요와 공급의 구조적인 미스매치(mismatch)를 자발적으로 줄이도록 해야 한다. 이 인력계획에 따라 교육정책, 노동정책, 사회정책 등이 조절되어야 할 것이다.

경제의 지속적 발전을 위해서나 사회 · 문화의 향상을 위해서나 가장 중요한 것이 교육이다. 불행하게도 한국의 교육산업은 量的으로는 擴大되었으나 질적으로는 대표적인 부실산업 중의 하나가 되고 말았다. 한국사람들은 교육문제의 중심은 대학입시 문제인 줄 알고 있다. 그러나 한국 교육문제의 핵심은 교육내용의 不實에 있다. 不實한 교육을 가지고 좋은 문화를 만들어낼 수는 없다.

나라의 발전을 위해 가장 중요한 교육은 가정교육이다. 幼兒時代의 부모 교육 및 유치원 교육이 사람이 잘되느냐의 여부와 그 아이의 일생을 좌우한다. 언젠가 미국에서 〈인생에서 알아야 할 가장 중요한 것은 나는 유치원에서 배웠다〉는 이름을 가진 책이 베스트셀러가 된 적이 있었다. 사회가 복잡하다고는 하나, 사회에 나온 저자가 알고 보니, Thank you; I am sorry 등의 말을 하는 것으로부터 시작하여, 남의 물건을 무단히 쓰지 말 것, 화장실 사용 후엔 수세를 할 것 등 유치원에서 습성화된 이런 것만 알고 실천하면 성공적으로 사회생활을 할 수 있다는 책이었다. 이러한 규율(discipline)이 자연스럽게 습성화될 수 있도록 하는 것이 幼年期의 바른 교육이다. 이것이 습성화되지 않은 아이는 영영 규율(discipline) 없는 일생을 살아야 한다. 그런 아이들이 자라면 사회의 기본적인 규율(discipline)도 없는, 끝없는 내부파열에 시달리는 사회를 만들어낸다.

17세기 영국의 철학자 John Locke는 1693년에 Some Thoughts Concerning Education이라는 幼兒교육에 관한 名著를 썼는데, 이 책은 아이들의 몸과 마음을 단련시키기 위해서는 고통을 이겨낼 좋은 습관을 길러야 한다는 것이 그 주요 내용이다. 글공부를 시키는 방법은 몸과 마음의 단련에 비하면 덜 중요하기 때문에 책의 마지막 부분에서 다소 논의를 하는 데 그치고 있다.

동양에 있어서도 아이들의 교육의 핵심은 좋은 습관을 기르는 데 있다는 것이 『小學』에 잘 천명되어 있다. 아이들이 익혀야 할 것은 우선 집안을 청소하고 남과의 응대와 진퇴를 확실하게 하며, 부모를 사랑하고 어른을 공경하고 벗과 친하게 지내도록 하는 것이라고 했다. 영국과 중국의 차이는 있지만, 유아교육이 규율(discipline)에 익숙한 좋은 습관을 기르는 데 있다는 것을 강조하는 점에는 상당한 공통점이 있다.

나는 우리나라가 동북아시아의 일각에서 높은 수준의 문화를 달성하고 경제경쟁에 있어서도 중국과 일본에 뒤지지 않기 위해서는 한글과 漢字를 병용할 수 있어야 한다고 본다. 한글 전용을 가지고는 우리의 경제와 문화는 중국과 일본을 따라잡을 수 없다고 본다. 글자란 사상을 표현하는 도구이다. 마치 빈약한 도구상자를 가진 목수가 좋은 건물을 지을 수 없는 것과 같이, 빈약한 언어를 가지고는 좋은 문화를 만들어낼 수 없다. 한글을 존중하지 말자는 주장은 아니다. 한글 전용을 고수하는 문화 國粹主義를 가지고는 높은 수준의 문화를 창조할 수 없다는 것을 말하는 것이다.

서양나라에선 한자 없이 잘하고 있지 않느냐고 반론할지 모른다. 이것은 하나를 알고 둘을 모르는 반론이다. 서양에는 漢字는 없었지만, 라틴어라는 유럽 전체를 아우르는 공통어가 있었다. 漢字語 못지않게 간결하고 含意와 은유가 풍부한 라틴어의 정수는 모두 지금의 서양 現代語에 승계되었다. 로마의 국가의 조직과 운영, 법제, 행정 등의 운영은 로마의 후신인 네덜란드, 스페인, 영국, 프랑스 등에 이어지고 있다.

그렇기 때문에 서양나라들은 라틴어를 버리지 않았느냐고 반론할지도 모른다. 서양나라들이 라틴어를 버린 것이 아니다. 나라에 따라서 다르지만, 死語가 된 라틴어를 포기하는 데 천년이 걸렸다. 이제 근대화가 완성돼서 그것이 死語임을 인정할 때까지 학교에서 라틴어 교육을 버리지 않았다. 우리나라가 수천 년 쓰던 한자를 해방 반세기도 못되어 하루아침에 버린 것과는 큰 차이가 있다.

우리의 한글은 지금 서양의 현대어와는 다르다. 그것은 그 본질에 있어 일본의 가나(假名)와 같다. 그것은 본질적으로 發音을 하기 위한 글자, 단적으로 말하면 發音記號이며, 그것의 활용은 한자의 도움을 필요로 한다. 한글은 한국의 口語를 나타내기에는 지장이 없겠지만, 그것만 가지고 학문을 하기에는 語彙가 너무나 빈약하다. 서양의 학문을 傳受하고 理解하고 活用하는 데에도 한자의 도움이 필요하다. 自國의 語彙가 빈약한 나라의 국민은 그것이 풍부한 나라의 문화를 이해하지 못한다.

일본의 明治維新도 漢字의 造語力을 활용하여 그 많은 서양의 문물을 모두 일본어로 바꿀 수 있었기 때문에 가능했다. 그 당시, 그리고 지금에 이르기까지, 서양학문이나 문물의 번역어는 대부분 일본인이 만들어냈다. 일본인이 만들어낸 漢字로 된 飜譯語는 일본말인가 외국말인가. 일본인 중 한 사람도 이것을 외국말로 생각한 사람은 없다. 중국인들도 일본인이 만들어낸 한자로 된 번역어를 대부분 그대로 쓰고 있다. 그러면서도 일본인이 번역한 어휘라고 해서 일본어로 여기거나 기분상해 하는 경우는 보지 못했다. 이에 비해 한국 사람들은 일본인이 만들어낸 번역어의 거의 전부를 그대로 쓰고 지금도 일본인이 번역한 새로운 단어를 그대로 쓰면서도 한자 자체는 폐기한다. 이것을 하는 심정은 무엇인가. 우리는 흔히 일본인을 속 좁은 사람들이라고 본다. 그러나 語文에 관한 한, 일본인의 안목은 넓다. 일국의 문화가 어떻게 발전하느냐에 대한 문화사적인 안목도 없이 오직 國粹主義의 울타리 속에 앉아서 내 글자가 천하제일이라고 우긴다면, 어리석은 일이 아닐 수 없다.

그러나 나는 우리 사람들의 '정서'를 알고 있다. 漢字 倂用을 당장 시행하기는 현실적으로 어려울 것이다. 그러나 이 추세가 계속된다면, 한국인은 중국도 모르고 일본도 모르면서 현실에 안주할 것이기 때문에, 대책은 있어야 한다. 그것은 한자를 가르치기를 선택하는 학교에는 그것을 허용하도록 하면 좋을 것이다. 여기에도 경쟁이 필요하다. 한자를 가르치는 학교의 아이들이 한글전용을 하는 학교의 아이들보다 인문, 사회 및 자연에 뒤진다면, 그 때에는 한자를 가르치는 학교에 지원하는 학생은 자연히 없어질 것이다. 일반적으로 저급학교에 있어서도 학생들의 선택 여지를 넓히는 것이 바람직하다고 생각한다.

일반적으로 경제를 발전시키고 문화의 질을 높이기 위해서 가장 필요한 것은 어디까지나 교육을 바로 잡는 일이다. Webster 사전에는, 문화란 교육을 통해서 知的 道德的 수준을 높이는 것을 말한다고 정의했고, Oxford 사전은 문화란 訓練(training)을 통해 사람들의 지식, 기호, 행동을 높임으로써 개선된다고 했다. 문화의 향상은 오직 교육과 훈련을 통해서 이루어진다는 것이다. 학문에 있어서도 규율(discipline)이 필요하다. 사실, 英語에서 학문이라는 말을 규율(discipline)이라고 표현하는 것을 보아도 이것을 알 수 있다. 만일 우리나라에서 정부에서, 학교에서, 가정에서, 그리고 공장에서, 좀 더 규율(discipline)이 있었더라면, IMF도 안 맞았을 것이고, 한미 FTA의 압력도 안 받았을 것이고, 끊임없는 문화의 內燃 내지 內部破裂도 없을 것이다.

아담 스미스는 그의 『도덕감정론』에서, 나라에는 두 가지 요소, 즉 자혜(benevolence)와 법질서(justice)가 필요한데, 자혜가 없는 경우, 나라는 삭막하기는 하나 망하지는 않지만, 설사 자혜가 있어도 법질서가 없다면 나라는 존속할 수 없다고 했다. 똑같은 말을 마키아벨리도 했다. 그가 정의가 없어도 질서 있는 나라에 살고 싶은가, 정의는 있어도 질서 없는 나라에 살고 싶은가의 선택을 하란다면, 그는 전자를 선택하겠다고 했다. 나는 한국이 필요로 하는 것은 兩者擇一이 아니라, 첫째, 인간중심의 사고, 그리고 둘째, 규율(discipline)이라 생각한다. 앞으로 양자가 계속 소홀히 된다면 경제발전도 지속할 수 없고 문화의 성숙도 이루어지지 못할 것이다.

개방정책의 회고와 향후 전망*

I

이 강연에서는 우리나라 건국 이래로 개방정책이 어떠한 전개과정을 거쳤는지 개관하고, 오늘의 시각에서 그것을 평가하고, 앞으로의 전망을 행하고자 한다. 이 글은 학술논문이 아니고, 필자의 주관에 의존한 개괄적인 서술이므로 부족한 점이 많을 것이며, 여러분의 혜량을 구하고자 한다.

제1공화국은 정치에는 실패했지만 경제에는 어느 정도의 성과를 거두었다. 인플레를 收束하고, 수입대체산업의 기초를 마련했으며, 농지개혁을 무난히 성취하고, 교육에서도 문맹을 일소하는 등 후일의 경제발전의 기반을 만들었다. 개방정책은 어떠하였는가. 그 당시의 한국은 2차산품을 수출할 능력은 없었고 일부 해산물, 광산물의 수출, 그리고 미군에 대한 군납물자 판매대전의 수입이 근소한 외화획득의 수단이었다. 수입능력도 없어서, 미국으로부터의 구호물자와 무상원조를 받음으로써 생필품 및 수입대체산업의 원료 등을 조달할 수 있었을 뿐이었다. 따라서 개방정책의 유무와는 무관하게, 한국의 무역이나 대외거래는 극히 제한될 수밖에 없는 상황이었다.

그러나 당시의 정부 정책은 자유경제체제였으므로, 기본적으로는

---

* 2007년 6월 8일, 한국국제경제학회 창립 30주년 기념 하계정책세미나에서 행한 기조강의 논문임.

개방을 지향하는 기조였다고 할 수 있다. 다만, 한국정부는 철저한 反共, 反日의 대외정책을 견지하고 있었고, 李承晩大統領의 이념은 중국의 蔣介石을 제외하고는 아시아 신생국들의 지도자들의 그것과는 많이 달랐으므로, 대외개방이라고 해도 현실적으로 자유무역의 상대는 아시아에는 별로 없었을 것이다.

제3공화국 정부는 좀 더 적극적으로 정부주도의 개발정책을 추구했다. 그 대외정책의 기조는 처음부터 기본적으로 重商主義(mercantilism)의 성격이 농후했기 때문에 자유무역을 지향했다고는 할 수 없다. 그러나 그 정권 초기에는 중요가격(환율, 금리, 쌀값)을 현실화하여 종래의 3저(저환율, 저금리, 저미가)정책을 탈피함으로써 시장기능을 부분적으로나마 활성화했다. 또 정부조직과 운영(경제기획원, KDI, KIST 등의 창설, 대통령 주재 하의 수출확대회의의 개최 등), 그리고 정부주도의 인프라 개발(경부고속도로 개설, 포항제철 설립 등)은 상당한 이노베이션이었다. 특히 고속도로나 제철회사는 당시 식자들의 많은 반대를 무릅쓰고 추진된 것으로서, 시대를 여는 큰 성공을 거두었다.

1962년부터 시작한 제 1, 2차 경제개발 5개년 계획을 추진하여 산업화 초기의 정책은 일단 성공하였다. 그러나 60년대 말부터는 일부 기업이 부실화되는 경우가 나타나서 정부는 부실정리를 위해 금융구제를 비롯한 많은 원조를 공여했다.

그 동안의 경제발전의 성공경험으로부터 큰 자신을 얻은 박정희 대통령은 개헌을 통해 3선에 성공했고, 그것은 곧 유신정권으로 승계됐다. 유신정권(제4공화국)은 〈경제 제1주의〉의 구호를 내걸고 종래의 重商主義의 기조를 일층 강화했다. 정부의 비전은 戰前 일본 및 1960년대의 일본의 발전모델을 벤치마킹하는 것으로서, 중화학 공업은 정부가 선정한 〈재벌〉로 불린 대기업을 통해 이루어졌다. 정부는 국력을 총동원하여 일본식 대기업 육성에 투입했다. 정부는 금융부문을 완전 장악하여 저금리정책을 수반한 정책금융으로 이 기업들에 內資를 공급하고, 외환을 집중하여 外資를 제공하고, 산업입지를 제공하는 등 모든 지원을 아끼지 않았다. 정부는 경제기획원과는 별도로 청와대에 〈중화학기획단〉을 설치하여 전자, 자동차, 기계, 조선, 철강, 석유화학 등 분야에 대기업으로 하여금 집중투자 하도록 독려했다. 중화학 정책이후로는 경제는 거의 완전히 정부의 통제 하에 놓이게 됐다고 해도 과언이 아니다. 이것이 이른바 정경유착이라는 '道德的解弛' 를 가지고 오기는 했으나, 산업의 고도화가 앞당겨진 것은 부인할 수 없다.

1974년 제1차 오일쇼크가 세계경제를 강타하여, 세계 각국은 인플레를 막기 위하여 모두 강력한 반인플레 긴축정책을 집행하였다. 그러나 한국정부는 이와는 반대로 기존의 투자계획을 계속 밀고 나갔다. 우선은 인플레도 없었고 정부정책은 성공하는 것처럼 보였다. 그러나 77년경부터는 거의 모든 물품에 이중가격이 형성되어, 물가지수는 거의 의미가 없게 되었다. 임금 · 물가 압력은 경제 전반에 걸쳐 일어났고, 많은 투자가 부실화됨으로써 중화학 투자는 큰 난관에 부딪힌 것이 明若觀火였다. 사회, 정치에도 도처에 '內部破裂(implosion)' 이 일어나고 있어서 一觸卽發의 위기가 고조되었다.

경제가 거의 막다른 골목에 근접했을 무렵, 1979년 10 · 26정변이 일어나서, 중화학 사업은 일단 모멘텀을 잃게 됐다. 제4공화국 당시에는 수출증대가 모든 정책에 우선됐다는 점에서는 정책기조는 개방정책처럼 여기는 사람도 있다. 그러나 제4공화국 당시에는 경제 전반에 걸쳐 자유주의(liberalism)적인 요소는 없었다. 개방정책이란 경제의 자유화를 전제로 하는 것인데, 그것은 제4공화국의 성격이 아니었다.

제4공화국의 대외정책은 개방정책과는 거리가 멀었다. 뿐만 아니라, 제4공화국의 경제체제는 기업의 이윤동기로 기업투자가 이루어지고 금융기관의 융자가 이루어지는 자본주의체제라 할 수도 없다. 국가가 경제사회의 발전을 위해 투자, 융자, 금융 운영 및 그 밖의 모든 주요 결정을 수행했다는 의미에서 그것은 일종의 國家社會主義 체제였다. 즉 民族主義, 愛國主義적인 정신에서 국가가 경제를 직접 운영하는 右派社會主義의 성격을 가지고 있었다.

제5공화국은 제4공화국을 승계한 정권이었으나 경제 운영에 있어서는 인플레 억제에 정책의 역점을 두어 우선은 성공을 거두었다. 그러나 그것은 임금, 공무원 봉급의 동결 등 비상수단에 의존한 것이었으므로, 물가상승 압력을 일시적으로 연기시키기는 했으나, 정책 기조가 그대로 있었으므로 근본적으로 문제가 해결된 것은 아니었다. 1985년경부터는 민주화의 요구가 크게 대두되어, 결국 대통령 직선으로 제6공화국이 탄생했다. 이 정권 초기에는 경제개혁의 시도도 있었으나 역시 그 비전에는 불충분한 것이 많았고, 정치적으로는 여소야대의 약체에 시달리다가 3黨 合黨으로 정책비전은 다시 성장정책으로 회귀했다.

1985년 미국의 레이건 행정부는 일본으로부터 '프라자 合意'를 얻어냄으로써 엔화가 일시에 대폭 절상되었다. 한국경제는 이에 힘입어 수출과 성장이 이례적으로 촉진되어 일시적으로 큰 호황을 누렸다. 그러나 한국경제의 국제경쟁력은 계속 떨어지는 추세에 있었다. 91년에 소련이 붕괴한 후로 세계는 글로벌시대로 진입하여, 93년에 출범한 문민정부는 국제화 내지 세계화의 구호를 내걸었으나, 이에 따른 이렇다 할 정책대안은 없었다. 1996년 한국은 OECD에 가입하여 開放幅을 늘리는 방향으로 정책방향을 잡았으나, 금융의 對內自由化는 제한된 가운데 對外自由化를 부분적으로 확대하기 시작했다. 기업으로 하여금 금융회사를 통해 해외금융기관으로부터 단기차입을 할 수 있도록 허용하였다. 자금부족에 허덕이던 기업은 외국금융기관으로부터 短期로 借入하여 長期投資에 충당하기 시작했다. 많은 기업이 외국으로부터 단기차입을 적극적으로 도입, 이미 취약한 그들의 재무구조는 더욱 악화되었다. 이것이 IMF를 불러온 近因의 하나가 됐다.

1997년 11월 IMF의 來韓은 한국경제의 一大 分水嶺이었다. 당시까지 실질적으로 開發年代의 구태를 벗어나지 못한 한국경제는 한꺼번에 금융재정의 긴축, 경제 전반의 자유화, 개방화, 공기업의 민영화 및 작은 정부라는 IMF의 제도(regime) 속으로 들어가게 되었다. 한국정부는 IMF개혁을 추진하기 위해 4대 부문(기업, 금융, 노동, 공공부문)의 개혁을 단행하기로 하고, 이를 위하여 금융감독위원회를 신설하여 이 기관을 통해 IMF가 당초 요구한 이상으로 강력하고 신속하게 개혁을 추진했다. 금융기관과 기업의 재무구조를 개선하기 위하여 자기자본비율 8%, 부채비율 200% 등의 생소한 기준을 설정하여, 이 기준에 따라 금융기관과 기업이 퇴출되기도 하고 워크아웃을 당하기도 했다. 과감한 개혁 추진으로 많은 금융기관과 기업이 정리특매(fire sale)로 외국인의 수중에 들어갔다. 과감한 개혁 추진은 외국 평가기관의 긍정적인 평가를 도출했다.

이러한 개혁작업의 결과 안정을 '회복' 한 한국경제에 무엇이 남았는가. 무엇보다도 지난 10년 동안의 한국경제의 발자취가 이것을 말해준다. 많은 금융기관과 기업이 퇴출되거나 외국인의 수중에 들어가고, 경제성장률은 3~5%선으로 떨어졌으며, 이른바 양극화가 심화되어 사회 전반에는 일종의 '格差社會' 의 양상이 정착하고 있다. 반면, 긍정적인 성과도 많다. 과거와 같은 과잉투자, 과잉대출 등의 관행은 없어지고, 금융기관이나 기업은 철저하게 수익 위주로 투자를 하고 경영을 하게 되었다. 과거 한국기업의 대명사인 不實이 크게 줄어들었다.

현 참여정부는 집권 당시 어려운 경제를 승계하였다. 開發年代의 후유(경제의 이중구조, 정부개입의 과다, 부실의 만연 등)와 IMF의 후유(기업투자의욕의 약화, 양극화, 격차사회 등)의 負의 遺産을 승계한 것이다. 거기에다가 정권 자체의 취약점(불확실한 비전과 전략, 경험의 부족, 旣得權勢力의 外面 등)으로 경제운영은 정권 초기부터 확실한 방향 없이 이루어졌다. 이제 임기 말에 도달한 정권은 어떤 心算에서인지 알 수 없으나, 정권 지지층의 반대를 무릅쓰고 한미 FTA를 체결했다. 그 여세를 몰아서 EU를 비롯한 20여 개의 나라들과 동시다발적으로 FTA체결을 추진하기 시작했다. 한미 FTA의 체결로 交涉當事者들은 일약 영웅이 됐다. 그러나 한미 FTA는 내가 보기에는 이 나라 경제사회 운영에 많은 어려움을 가지고 올 것으로 보이며, 다음에 오는 정권은 FTA 후유를 극복하는 데 전력을 경주해야 할 것이다.

Ⅱ

개방정책의 앞날을 전망하기에 앞서 우선 한국 경제사회의 현황을 살펴보자. 대부분의 성장예측 기관들은 금년의 성장률을 4~5%대로 전망하고 있다. 이것은 결코 낮은 숫자가 아니며, 그 동안의 경제운영의 내용에 비추어, 오히려 기대 이상의 전망치로 보아야 한다. 이 전망치의 이면에는 한국경제의 저력 및 경제에 대한 정치, 사회 등의 영향력의 감소를 반영하는 것으로 보인다. 반면, 이 전망치는 아시아 지역에서는 가장 낮은 성장률 중의 하나라는 사실을 감안할 때, 역시 만족할만한 수치는 아니다. 게다가 기업투자의 저조, 세계적으로 높은 임금물가, 양극화의 진행, 可處分所得의 저성장, 가계부문의 負債增加 등 우리경제의 어려움을 고하는 要因은 당장에 사라지기 어려운 구조적인 것임을 감안한다면, 한국 경제의 앞날은 낙관할 수 없다고 보지 않을 수 없다.

나는 우리나라 경제가 방향을 잃고 있다는 사실을 여러 번 지적했다. 방향을 잃고 있다는 것은 첫째, 정부가 일의 本末과 輕重을 가리지 않고 정책을 추진하고 있다는 것, 즉 경제의 지속적인 발전을 위해 필요한 인적 제도적 인프라를 구축하는 일은 소홀히 하면서, 이와 직접적인 관련이 없는 일에 '올인' 하고 있는 사실, 그리고 둘째, 근로자들이나 국민이나 근검절약의 정신을 잃으면서 편법을 통해 쉽게 소득을 올리는 방법을 찾고자 하는 성향 등을 지적한 것이었다. 최근에는 Financial Times가 왕년의 수출국이 지금은 몽유병(sleepwalking)에 걸려 갈 길을 잃고 헤매고 있다는 것을 여러 가지 예를 들면서 자세하게 논했다.

불행하게도 우리나라에서 갈 길을 잃고 있는 것은 경제만이 아니다. 정치, 사회, 교육, 넓은 의미의 문화가 다 방향을 상실하고 있다. 정치는 나라의 장래에 대한 비전이나 전략 없이 포퓰리즘(populism)에 따라 헤매고 있고, 사회에는 부패와 비리가 만연한데다가 매일 같이 소리 없이 內部破裂(implosion)이 터지고 있으며, 교육은 不實하여 나라가 필요로 하는 인재를 길러내지 못하고 있는데도 국민은 오직 學歷에만 열중하고 있다. 이러한 사태가 계속된다면, 한국의 문화는 그 正體性(identity)을 잃고 국민은 정신적 恐慌狀態에 빠져들 우려가 있다고 본다. 대한민국이 시급히 해야 할 일은 정부와 국민이 각기 가는 길을 찾는 일이라 할 수 있다.

정부의 고위인사를 비롯하여 자신의 지위나 소득이 글로벌경제와 연관되어 있는 사람들은 한미 FTA가 한국의 경제발전에 엄청난 도움을 줄 것을 기대하고 있다. 그러나 나의 견해는 이와 다르다. 나는 한미 FTA는 이 나라의 대미수출이나 수입에 어떤 영향을 미칠 것인가에 대한 깊은 연구는 없다. 세계경제에는 불확실성이 많아서, 이에 대한 정확한 예측을 하기는 어려울 것이다. 다만 내가 생각하는 한, 우리는 이미 미국에 수출할 만큼 수출도 하고 수입할 만큼 수입도 하고 있기 때문에, 우리 수출에 대해 이미 내려갈 대로 내려간 미국의 관세를 철폐해서까지 대미수출의 증가가 다급하다고 보지는 않는다. 나는 오히려 앞으로 FTA로 인해 대미무역이 증가하면 우리경제의 무역의존도가 필요 이상으로 높아지고, 이것은 賃金物價의 지속적인 상승, 사회의 兩極化와 內部破裂을 조장하며, 정부의 역할을 줄임으로써 경제의 균형발전을 저해할 것을 우려하는 것이다. 이 우려가 杞憂이면 좋겠지만, 미국경제의 최근의 추세가 불균형과 양극화로 치닫고 있는 현상을 볼 때, 이 우려에는 근거가 있는 것으로 본다.

뿐만 아니라 내가 한미 FTA를 경계하는 보다 더 큰 이유는, 미국의 경제제도와 운영의 방향은 우리나라의 모델로는 적합할 수 없다고 보기 때문이다. 이에 대해 많은 사람들이 의아스럽게 생각할 것이다. 미국은 자유민주주의의 나라인데 한국의 자유민주주의 경제체제에 반대한다는 말인가. FTA에 반대하다니, 자유무역에 반대하는 것이 말이 되느냐 등의 의문이 제기될 것이다. 실지로 FTA에 올인하는 사람들은 FTA에 반대하는 사람은 자유무역에 반대하는, 시대에 뒤떨어진 무식한 사람으로 선전하고 있다. 이것은 옳지 못한 선전이다.

나는 자유무역에 반대하는 사람이 아니다. 나는 글로벌 경제가 WTO 질서에 의해 다자간 자유무역체제를 가지는 것이 세계를 위해 좋다고 보는 사람이다. 나는 다만 미국과 한국이 각각 어떤 나라인지, 그리고 세계에서 이 나라의 장래가 어떻게 될 것인지에 대해 깊은 관심을 가지고 생각하는 사람이며, 이러한 견지에서 한미 FTA는 예사로운 사안이 아니라고 보는 것이다.

미국은 한마디로 한국과 힘과 입장이 다른 나라이다. 미국의 정치학자 Chalmers Johnson 교수는 한국과 일본은 미국의 위성국이라고 했다. 미국은 세계의 패권국이며, 그 이해관계는 한국의 그것과 같은 것이 아니다. 나는 정부에 있을 때 미국의 무역법 301조를 가지고 미국과 통상교섭을 했고, 退官 이후에도 통상문제를 해결하기 위해 大統領特使로 미국에 파견되어 교섭을 한 경험이 있다. 미국은 세계를 자기나라 시스템대로 만들어야 한다고 보고, 이것을 실현하기 위하여 세계전략을 추진하고 있는 나라이다. 부시대통령만이 그런 것은 아니다.

FTA가 Free Trade Agreement라는 이름을 가지고 있지만, 미국과 FTA를 한다는 것은 free하게 trade만을 하자는 것이 아니다. 부자유한 것을 참아가면서 무역만이 아니라 무역 이외의 모든 경제관계에 있어서 미국의 제도와 관례에 따르겠다는 것을 인정하는 것이다. 세계의 많은 나라들이 미국과 FTA를 가볍게 체결하지 않는 이유가 여기에 있다고 나는 본다. 조문만 보고 그대로 된다고 볼 수도 없다. 한미 FTA와는 아무런 관계도 없는 뼈있는 쇠고기 수입을 이미 시작한 것이라든지, 한국의 통상 당국자가 재협상이란 절대 있을 수 없다고 한다든가, 재협상이 이루어질 것이라는 보도를 보면, 내가 말하는 한미 양국의 차이를 실감할 수 있지 않겠는가. 한국 사람의 豪言이란 대체로 이와 같은 것이다.

이번에 자동차, 의약품 등이 한미 간의 쟁점이 됐다고 들었다. 그러나 나는 이 품목들이 큰 문제라고는 보지 않는다. 일본의 도요다 자동차는 FTA 없이도 얼마든지 미국의 GM이나 클라이슬러를 누르고 있고, 의약품 역시 비슷하다. 이번 FTA협상에서 한국이 가장 아쉬워해야 할 것은 한국 측은 농업을 희생시키는 데 별 주저가 없었다는 데 있다. 제대로 된 나라치고 농업을 이렇게 버리는 나라를 나는 본 적이 없다. 유럽의 주요국들, 아시아에서는 일본, 그리고 최근의 중국의 3농정책을 보면, 농업은 돈으로 환산할 수 없는 정신적인 요소 — 내가 보기에는 국토의 보존과 활용 — 를 가지고 있다. 이런 것들이 세계에서 가장 효율적인 농업국에 의해 희생된다는 것은 비극이라 아니할 수 없다.

한국 사람들은 입만 열면 선진국이 돼야 한다는 그들의 悲願을 털어 놓는다. 그러나 선진국이 되기 위해서는 지금과 같은 방식으로는 될 수 없다는 것이 거의 명백해졌다. 한국은 지정학적으로 아시아 대륙과 태평양을 잇는 교량역할을 해야 한다.

자유주의와 자본주의: 그 성취와 한계*

1. 이 강의의 목적

이 강의의 목적은 주로 英美에서 자유주의와 자본주의가 어떻게 발전해 왔는가, 현재 어떤 난관에 부딪치고 있는가, 앞으로의 전망은 무엇인가 등에 관하여 논의하는 데 있다. 우선 자유주의와 자본주의의 관계를 살펴보기로 하자.

(1) 흔히 자유주의와 자본주의를 同一선상에서 본다. 자유주의가 있는 곳에 자본주의가 있고, 자본주의는 자유주의를 전제로 하는 것으로 보는 것이 상식처럼 되어 있다. 그러나 양자는 같은 선상에 있지 않다. 자유주의는 자본주의 전에도 있었고 자본주의라는 '문명'이 없는 곳에서도 존재할 수 있다. 역으로 자본주의는 자유주의가 없는 곳에서도 얼마든지 번영할 수 있다. 이를테면, 나치 치하의 독일이나 2차대전 전의 일본은 자본주의 나라였지만 자유주의는 없었다.

(2) 지금의 시대를 사는 우리는 자본주의는 인류의 마지막 경제사회의 체제인 것처럼 생각하기 쉽다. 그리하여 글로벌 자본주의, 그리고 이 체제 속에서의 자유무역 등은 돌이킬 수 없는 절대적인 질서인 것

---

* 이 글은 사회과학협의회 석학강좌(제1회)의 주최로 2008년 8월 29일 유네스코 회관에서 행한 강의 논문임.

처럼 여겨지고 있다. 그러나 인간이 만들어낸 모든 시스템이 다 그렇다시피, 자본주의도 앞으로 改變될 수 있고 망할 수도 있다. 에드워드 기본(Edward Gibbon)은 그의 『로마 帝國衰亡史』에서 로마제국은 매우 "견고한 건조물"이라고 썼지만, 그 나라도 망할 때가 되니 맥없이 망했다. 케인즈(J. M. Keynes)는 1차대전 후의 유럽문명은 매우 견고한 기반위에 서있는 것처럼 여기기 쉬우나 생각보다 취약한 기초위에 서 있다는 것을 역설하고, 그렇기 때문에 영국이나 프랑스 등의 戰勝國들은 독일에 대한 배상 청구에 있어 항상 이 점을 염두에 두어야 한다고 지적했다. 마찬가지로 우리시대의 자본주의도 恒久不變의 체제라고 볼 수는 없다. 설사 자본주의가 오랫동안 지탱한다고 하더라도 앞으로 그 내용은 크게 달라질 수 있고, 오늘을 사는 우리가 걱정할 필요는 없겠지만, 이 시스템 자체가 영영 망해버릴 수도 얼마든지 있다고 보아야 한다.

2. 英國資本主義의 發祥 및 帝國主義의 근원

현대 자본주의는 영국에서 發祥했는데, 그 淵源은 농업부문의 enclosure 운동으로부터 시작된 것으로 볼 수 있다. Enclosure movement는 15~16세기부터 公有地의 토지 생산성을 높일 수 있도록 대지주들이 그것을 힘으로 沒收하여 私有地를 만드는 운동을 말한다. 말하자면 토지의 사유화(privatization)를 말한다. 이 운동은 소지주나 농민들의 큰 저항을 받았으나, 대지주들은 그들의 정치적인 힘을 발휘하여 議會의 의결을 얻어서 이 시스템을 합법화하였다. 이것이 농업부문에 있어서의 자본주의 혁명을 가지고 왔다. 즉, 토지를 私有化함으로써 利潤追求의 동기를 가지고 농업을 경영하는 思想이 농업부문에서 생겨나서 그것이 점차 상공부문으로 轉移되어 근대 자본주의식 사고방식과 행동이 모든 경제활동에 전파하게 된 것이다.

이윤의 추구, 효율성의 제고 등의 자본주의 사상은 점차 다른 유럽나라들에 전파되었다. 영국 이외의 다른 나라에서는 자본주의 사상은 밖으로부터 들어온 것이었지만, 영국에 있어서는 그것이 국내의 농업부문으로부터 자생적으로 발전하여 그 논리가 비농업부문에 內燃하였다.

이윤추구의 사상, 효율성 존중의 사상은 다시 제국주의 식민개척의 수단으로 활용되었다. 영국자본주의는 처음부터 제국주의의 이론적 토대를 가지고 있었다고 할 수 있다.

이러한 이론을 가장 먼저 선명하게 편 사람은 Sir Thomas More (1477~1535)였다. 그는 세상의 거의 모든 면에 관해 논평한 자유분방한 인물이었는데, 영국 왕위계승에 관한 是非 過程에서 英國國教를 반대하고 가톨릭教를 옹호했다는 혐의를 받아 死刑을 당한 가톨릭교의 견지로 보면 殉教者였고, 사실 나중에는 교회로부터 성인으로 '追敍' 되기도 했다. 그는 그의 저서 Utopia(1516)에서, 해외에 식민지를 개척한 로마의 식민지(colonia) 개념을 영국에 재생시킨 植民地 개척의 타당성을 주장하는 이론을 폈다. 그 이론에 의하면, 만일 식민개척자들이 해외의 어떤 토지를 原住民보다 생산적으로 사용할 수 있도록 개량할 수 있다면 개척자들은 그 토지를 강제로 접수하여 개량해도 좋다는 것이었다. 그것이 원주민에게나 식민 개척자에나 유리하며, 만일 원주민이 개척자들에 不應한다면 개척자들은 그들을 무력으로 몰아내도 무방하다는 것이었다. 즉, 영국은 해외의 버려진 不毛地를 잘 개량해서 가치 있는 땅으로 만들 수 있으므로 영국은 '자연의 법칙(natural law)' 에 의

하여, 원주민의 동의 없이 그 토지를 점령해도 좋다는 논지였다.

영국은 원래 12세기부터 Ireland를 식민지로 지배하기 위하여 자국의 封建領主들을 앞세워 그 나라를 점령하고자 했다. 그러나 당시의 영국 봉건영주 자신들 사이에 분쟁이 발생함으로써 이 시도는 성공하지 못하였다. 16세기말부터 영국의 Tudor 王朝는 무자비한 식민지 개척에 나섰는데, 우선 침략의 대상이 된 것이 가톨릭敎의 Ireland였다. 영국은 이 불행한 나라를 정복하여, 종래의 봉건체제를 영국식 商業主義체제로 개편하기 위해 남부의 Munster 지역에 plantation을 추진하여 점차 그것을 북부의 Ulster 지역으로 확대하도록 했다. 이 plantation은 단순한 農園이 아니라 아일랜드 사람들을 그 지역으로부터 逐出해버리고 영국인과 Scotland인들을 이주시켜서 이 나라의 모양 자체를 바꾸려는 것이었다.

그 당시 식민운동의 선봉에 섰던 영국의 Sir John Davies는 영국은 미개한 나라를 開化할 의무가 있고, 설사 아일랜드 사람들이 토지를 개척했다고 하더라도 그것을 충분히 개발하지 못했다면, 영국은 그 토지를 강제로 빼앗을 권리가 있다는 논리를 펴면서, 아일랜드의 주민을 그들이 확보한 plantation으로부터 강제로 내몰았다.

이런 논리를 관철하기 위해 Davies 후, Oliver Cromwell(1599~ 1658)이 Ireland에 쳐들어가서 Ireland의 토지를 빼앗고자 토지조사를 행했다. 이 조사의 책임을 맡은 調査官(surveyor)이 Sir William Petty였는데, 그가 바로 영국 고전학파 노동가치설의 창시자였다. Petty는 원래 의사였는데, 그는 그의 저서 Political Anatomy of Ireland(1691)에서 그 나라의 토지의 가치뿐 아니라 인간의 가치를 돈으로 환산하는 논리를 개발하여, Ireland인의 가치는 얼마라는 계산을 해냈다.

Petty와 거의 같은 價値論을 편 사람이 John Locke이다. 그는

Second Treatise of Government에서 무자비한 帝國主義 論理를 폈다. 그는 價値 없이는 財産(property)이 없으며, 價値는 사람의 노동의 寄與 없이는 창조될 수 없다는 것을 주장했다. 따라서 자연의 상태로 버려진 땅은 재산으로 볼 수 없으며, 北美대륙의 原住民은 전혀 노동으로 가치를 창조하지 못하므로 땅을 가질 자격이 없다. 그들은 짐승과 다를 바 없으므로, 식민개척자들은 그들을 범이나 사자를 잡듯이 대해도 무방하다는 논조를 폈다.

3. Adam Smith(1723~1790)

Adam Smith는 啓蒙主義 시대의 Scotland의 道德哲學者였다. 그의 모든 저서는 그의 도덕철학을 천명하는 내용을 가진 것이었다. 그는 자유주의와 '보이지 않는 손' 의 이론을 主唱했지만, 일반적으로 알려지고 있는 것과는 달리, 자본주의를 옹호했다거나 자본가의 이익을 대변한 것은 아니다.

그의 문제는 重商主義(mercantilism)였고, 정부의 專橫을 싫어했으나, 정부에 못지않게 싫어한 것이 商工人이었다. 그 이유는 그들이 기회만 있으면 독점이익을 劃策한다고 보았기 때문이었다. 그의 시대는 자본주의 발전 이전이었고, 간혹 "대상공인" 에 관한 이야기를 한 적은 있으나 대기업 편에 선 적은 없다.

그의 주저에는 The Theory of Moral Sentiment(1759) 및 An Inquiry into the Nature and Causes of the Wealth of Nations(1776)가 있으나, 모두 도덕철학의 관점에서 사회와 경제를 논한 책들이다. 『道德感情論』의 사상은 인간은 다 '同感' 의 정서(sympathy)를 타고 난 존재이기

때문에, 특출하게 도덕적이 아닌 사람이라 할지라도 보통의 판단력만으로도 타인의 동정을 얻고자 자기의 감정이나 행동을 억제한다는 것; 따라서 인간은 자유로이 내버려 두어도 사회의 질서를 잡고 경제의 발전을 가지고 온다는 啓蒙主義者다운 낙관론을 폈다. 그의 사상은 性善說을 주창한 孟子의 四端說과 아주 비슷한 면이 있어서 흥미롭다.

흔히 그는 신심이 강한 基督敎人이라고 하는 사람이 있는데, 그런 증거는 없다. 그의 생애에 대해서는 잘 알려지지 않은 점이 많고, 그의 手記 및 未出版 원고들은 유언에 의하여 모두 燒却되었기 때문에 종교에 대한 그의 태도도 거의 알려진 것이 없다. 그는 無神論者로 알려지고 있는 David Hume과 평생의 교우였는데, 그의 흄에 대한 애정과 존경은 흄의 사후에도 각별했다. James Boswell이 쓴 명작 The Life of Samuel Johnson에는, Samuel Johnson은 흄과 스미스의 '不信心(infidelity)' 을 매우 嫌惡한 대목이 몇 군데 나온다. 그는 Oxford 유학 당시 Hume의 저서(당시의 禁書)를 가지고 있다가 沒收당한 적이 있다.

4. 영국의 자유주의 이론과 자본주의

그는 나라 경제의 발전(progress)을 낙관했으나, 무조건 오늘날과 같은 고도의 자본주의를 불가피하거나 바람직한 것으로 본 것은 아니다. 경제 발전이 어느 수준에 도달한 후에는 발전이 정지하는 이른바 stationary state를 연상케 하는 세상이 올 것을 내다본 것 같기도 하다. 그는 매우 박식하고 온건 선량한 humanist였다.

Adam Smith의 소원과는 관계없이, 후세는 그를 자본주의 이론의 旗手로 삼았다. 산업혁명을 거친 영국은 세계 자본주의의 중심이 됐고, 아담 스미스의 사상은 이 자본주의의 이론을 확립한 것으로 脚色되어 왔다. 그의 후계자인 리카도는 비교우위 이론이라는 논리적으로 완벽한 자유무역 이론을 안출하여, 자유무역이 모든 나라의 이익이 된다는 것을 '證明' 했다. 영국은 1815년 Napoleon을 Waterloo에서 물리치고 그 길로 그를 남대서양의 섬으로 귀양보냈다. 그 후 1914년 1次 世界大戰까지 약 백 년 동안, 영국은 자유무역 이론을 가지고 세계의 패권을 잡았다. 그러나 영국은 실제로 자국의 시장을 여는 데는 매우 신중했다. 농산물 수입을 막기 위한 곡물법은 1836년까지 폐지되지 않았다.

사실 영국은 당시의 유럽 나라들에 비해서는 자유무역을 주장했지만, 자유무역의 실천을 통해 자본주의와 제국주의를 성공시킨 나라는 아니었다. 영국 자본주의가 발전한 요인을 든다면, 내가 보기에는 自由放任의 경제정책이나 자유무역의 대외정책보다는 끊임없는 전쟁에서 궁극적인 승리를 거둔 막강한 무력, 당시의 세계 어느 나라에서도 볼 수 없는 학술, 외교, 정치 등의 卓越性, 그리고 국민의 용기와 모험심, 식민지개척에 임한 정부와 민간의 partnership 등이었다고 생각된다. 19세기 영국은 大帝國이 될 hard power와 soft power를 구비하고 있었다.

영국의 자유무역이론을 제도 면에서 뒷받침한 金本位制度 및 이 제도를 이론적으로 뒷받침한 貨幣數量說은 정교한 이론이었으며, 이런 것들이 모두 大英帝國의 국익을 보호하기 위한 것이었다.

그러나 늙지 않은 나라도 없고, 망하지 않는 제도는 없다. 막강한 식민제국 영국도 19세기 말부터는 나이를 먹어 왕년의 역동성을 잃었다. 영국은 1870년대부터는 독일, 미국, 일본 등의 강력한 후발자본주의 나라들의 젊은 힘에 밀리기 시작했다. 1차대전을 계기로 세계경제의 패권은 미국으로 넘어가게 된 것이다.

5. 미국의 자유주의와 자본주의

자유주의와 자본주의의 관계를 가장 선명하게 보여주는 나라가 미국이라고 생각된다. 미국에 이민 온 사람들의 동기는 여러 가지가 있지만, 그 동기의 最大公約數는 자유일 것이다. 그들은 자유를 찾아서 신대륙에 왔고, 이 땅에는 섬겨야 할 君主도 없었고, 遵守해야 할 規範도 없었다. 동부의 13개 식민지가 개척되었을 때, 그들은 이미 Petty나 Locke 등의 식민이론으로 무장돼 있었기 때문에, 원주민으로부터의 토지의 접수, 원주민들의 축출(및 멸종) 등에 대해서는 프랑스나 스페인의 식민개척자와는 상대가 되지 않을 정도로 정밀하고 가혹한 방침을 추진할 수 있었다. 미국은 처음부터 자본주의의 나라이자 자유(비록 식민자들 사이에 국한된 자유이기는 했지만)의 나라였다.

미국에 이민 온 사람들의 자유의 개념은 아담 스미스의 자유의 개념보다 철저하게 放任的이었다고 생각된다. 아담 스미스의 자유는 각자가 사리를 추구하는 경제활동은 보이지 않는 손에 의해 인도되어 공익을 가지고 온다는 부드러움이 있었다. 거기에는 조화와 균형의 사회관이 있었다. 이에 비해 미국인의 자유는 무자비한 경쟁을 전제로 하며, 경쟁의 승자가 모든 戰利品을 가지는(Winner Takes All) 그런 자유이다. 이 경쟁에서 敗하는 자에게는 아무런 몫이 없다. 각자가 이러한 자유를 추구하도록 방임되는 미국인은 이 자유방임의 결과로 勝者에게 모든 전리품이 귀속하는 데 대해 긍정적일 수밖에 없다. 미국은 그래서 민주주의 나라라고는 하지만 强者가 이끄는 나라이지 약자의 처지를 국가가 돌보는 나라는 아니다. 그 정치 스타일을 보아도 Democracy이지만, 그것에 못지않게 plutocracy라는 면이 강한 나라이다.

그 자유는 西部 活劇을 연상케 하는, 자기의 자유를 수호하기 위해서는 暴力의 사용을 당연시하는 자유이다. 지금도 미국인들은 자기의 안전은 자기가 챙기며, 총기의 휴대를 당연시한다. 아담 스미스에서 휴머니즘을 뺀 '거친 개인주의(rugged individualism)'의 자유이다.

전리품을 추구하는 승자는 끊임없이 새로운 싸움터, 즉 邊境(frontier)을 찾는다. 그리하여 미국인들은 언제 어디에 있어서나 새로운 것을 추구한다. 오늘에 있어서도 유럽인이 반대하는 GMO 생산물을 미국인은 대체로 긍정적으로 보고 있는 것은 우연이 아니다.

1) 청년시대(1865~1932) – 自由放任의 시대

이런 자유방임주의가 초기의 자본주의 발전을 가지고 왔다. 자유방임식 미국 자본주의는 특히 남북전쟁(1860~65)이 끝난 1865년부터 1932년까지의 60여 년 동안 엄청난 역동성을 보이면서 발전하였다. 이 시기가 미국 자본주의의 청년시대라고 할 수 있다. 이 시대는 한편으로는 젊은이들이 서부로! 서부로! 진격하여 국내에서 새로운 변경을 확대하여 태평양에 도달한 시대이다. 태평양에 도달한 미국은 태평양으로 그 변경을 확대하여 하와이, 괌, 필리핀을 영유하였다. 제국주의적인 정서가 강한 T. Roosevelt가 美西戰爭을 일으켜서 스페인을 격파한 것은 새로운 frontier를 찾기 위함이었다. 다른 한편으로는 거의 모든 제조업부문에서 大企業群이 일어났다.

이러한 견지로 볼 때, 미국은 건국 당시부터 제국이 될 운명을 타고난 나라라고도 볼 수 있다. 로마와 영국은 모두 제국이었으나 그들은 스스로 만들어낸 제국이었는 데 비해, 미국은 타고난 제국이었다. 원주민의 저항은 있었으나 그것은 문제가 되지 않았고, 그들은 다소의 충돌로서도 거의 멸종의 처지에 빠지게 되었다. Monroe Doctrine은 미국의 고립주의의 성향을 나타낸 것이 아니라 미국이 내부평정 및 결속을 하는 동안 외국이 간여하지 말 것을 천명한 방침이었다. 미국은 처음부터 팽창성향이 강한 나라이지 고립주의적인 성향을 가진 나라는 아니었다.

2) 장년시대(1933~1970) — New Deal의 시대

세계자본주의는 1차대전이 끝난 후 거의 10년 동안 지탱이 불가능할 정도의 큰 위기를 맞았다. 국내적으로는 자유방임이 가지고 오는 독과점기업의 번창, 대량실업, 금융의 무질서 및 그것이 사회주의 사상을 몰고 오면서 자본주의 체제를 위협했다. 자본주의체제를 구제하기 위해서는 정부의 경제 개입이 불가피하게 됐다.

Keynes의 1926년 논문 'The end of laissez-faire(說得論文集, 1930)'은 자유방임이 이론으로나 현실로나 자본주의 경제운영의 이념은 될 수 없는 유토피아的인 이데올로기라는 것을 웅변으로 설명하였다.

자본주의 운영의 새로운 패러다임을 구하는 時代思潮를 반영하여 미국에서는 1932년부터 집권한 F. D. Roosevelt가 New Deal이라는 일종의 복지주의 정책을 폈다. 1950년대에는 공화당 대통령이 집권한 적도 있으나, New Deal의 정책기조는 대체로 1970년까지 유지되었다.

New Deal은 대공황을 극복하고 2차대전 후 미국이 전후의 세계를 리드하는 데 탁월한 리더십을 보여주었다. 이 시대가 어느 면으로 보든지 미국 자본주의의 전성시대였다.

19세기 후반에 전성시대를 지난 영국 자본주의가 신흥제국의 대두를 맞아 경쟁력을 점차 상실한 것과 같이, 미국경제도 1960년 초부터 유럽과 일본의 경제회복이 이루어짐에 따라서 점차 경쟁력을 상실하기 시작했다. 미국의 금 보유액이 격감하여 Bretton Woods의 금-달러 체제를 유지하기가 어렵게 됐다.

1971년 미국은 G-5 사이에 'Smithonian Agreement'를 통해, 金의 달러 가격을 올리고 마르크와 엔을 切上함으로써 금의 유출을 막고자 하였다. 그러나 그것만 가지고는 미국의 경상수지 적자는 호전되지 않았다. 미국은 드디어 1973년 달러가치를 自由市場에서 변동할 수 있게 하도록 했다.

1970년대에 접어들면서 미국을 비롯한 세계 주요국에서는 인플레가 크게 일기 시작하여 케인즈의 이론과 정책은 monetarist들의 신랄한 공격을 받았다. 60년대까지만 해도 一顧의 가치도 없는 듯했던 貨幣數量說과 자유주의 정책이 시대의 각광을 받기 시작했다.

경제적으로만이 아니라 정치적 외교적으로도 1970년대의 미국(및 영국)은 많은 어려움을 겪었다. 1975년의 越南에서의 항복, Iran-Contra affair 등으로 미국 國威의 墜落에 상심하던 미국의 mainstream은 뉴딜식 복지정책을 포기하고 보다 강력한 나라를 만들기 위해 국가 운영의 paradigm의 전환을 열망하게 되었다.

3) 熟年時代(1971~2008) - Reaganomics 신자유주의 시대

이와 같은 미국 권력층의 열망에 호응하여 미국에서는 1980년 Reagan이 대통령이 됐다. Reagan은 강력한 미국을 만들기 위해 New Deal식 복지국가를 버리고 청년기의 미국이 보였던 활력을 되살려야 한다고 보고 자유방임주의(신자유주의)를 다시 도입했다. 주로 부유층에 유리한 감세정책, 노조의 제압, 그리고 강한 달러를 유지하기 위해

금리를 20% 수준까지 올리는 등의 강력한 反인플레정책을 채택했다. 동시에 냉전을 이기기 위해 군비를 증강하는 정책을 폈다. Wall St. 출신의 A. Greenspan을 FRB 의장으로 등용하여 금융을 경제정책의 중심에 두도록 했다. 미국의 주류(establishment)는 열렬히 이 정책 전환을 환영하여 새로운 시대를 구가했다.

신자유주의는 아담스미스의 자유방임주의 철학을 我流로 擴大 해석하여, 勝者의 철학인 自由市場의 '효율'을 原理主義(fundamentalism)로 昇華시켜서 自由化, 開放化, 民營化, 작은 政府를 외치며, 이것을 국제적으로 전파시킴으로써, 한편으로는 개도국의 발전을 돕고, 다른 한편으로는 미국의 국제경쟁력의 확보를 보장하고자 했다.

1991년 소련이 붕괴할 무렵, 미국에는 新保守主義(neo-conservatives)라는 極右思潮가 대두하여 자유 지상, 국익 지상의 이념을 폈다. 소련이 망했을 때 네오콘 주의자인 F. Fukuyama는 세계는 이제 전쟁과 분열로 얼룩진 인류의 역사를 청산하여 새로운 평화시대를 맞게 됐다고 환호했다.

소련이 망함으로써 냉전에 승리한 미국은 본격적으로 글로벌시대를 열기 시작하여, 국내외에서 Reagan정책을 펴기 시작했다. 국내에서는 후술하는 바와 같이 경제의 금융화를 추진하고, 국제적으로는 남미를 비롯한 후진지역에 신자유주의정책을 강력히 추진했다.

1990년대 Clinton 治下의 미국에서는 IT 혁명이 일어나서 기업의 생산성이 크게 상승하고 새로운 IT기업들이 많이 일어났다. 그러나 동시에 미국 경제의 새로운 frontier는 금융에 있다고 보고, 금융부문에 자유방임정책을 도입했다.

New Deal 때부터 투자금융과 일반은행업무를 분리해온 Glass-Steagall Act를 폐지하고 새로운 산업상의 변경(즉, 금융부문)을 열기 위해 금융부문에 자유방임을 도입했다. 자유방임은 언제 어디에 있어서나, 승자를 만들어낸다. 시대의 勝者가 될 金融技士, 會計士, 律士들이 Wall Street에 몰려들어 갖가지 이노베이션(金融工法)을 일구어냄으로써 엄청난 이윤을 창출했다. 금융회사의 부가가치가 全會社의 그것에서 차지하는 비중은 1982년에 8%, 2007년에 16%였는데 비해, 금융회사의 이익(Profit)이 전 회사에서 차지하는 비중은 1982년에는 5%에 불과했으나 2007에는 41%로 급등했다. 시대의 勝者인 金融業者들은 그들의 전선을 남미, 아시아, 러시아 등으로 펼침으로써 큰 이득을 챙겼다.

Greenspan의 聯準은 계속 저금리와 유동성 공급확대의 정책을 폈다. 유동성의 증가에 따라 주식과 부동산을 비롯한 자산의 가격이 폭등하여 국민은 엄청난 '富의 效果'를 누렸다. 국민은 소비를 늘리고 개인저축(personal saving)은 거의 零에 가까워졌다. 그러나 아시아 나라들에서 제조업제품이 많이 수입되었기 때문에 물가의 상승은 없었다. IT산업의 혁명적 대두, 자산가격의 폭등, 인플레 없는 소비의 증가 등 90년대의 미국경제는 국민에게는 宛然한 樂園이었다. Economist들은 이제부터는 경기변동이 영원히 없어지고 끝없는 번영의 시대(new economy의 시대)가 열릴 것으로 전망했다.

이 낙원을 가지고 오는 데에 기여한 Greenspan은 거의 不可謬(infallible)한 정책가라는 대접을 받았다. 그는 아들 Bush의 집권 후반에 이르기까지 5인의 대통령에 의해 聯準議長을 5씩 연임되어 20년동안 그 자리를 지킨 기록을 세웠다.

4) 新自由主義의 終焉(2007~2008)

그러나 낙원의 이면에는 위기가 내재해 있었다. 미국은 세계소비의 최후의 보루(consumer of last resort)가 됐지만, 경상수지 적자는 GDP의 6%수준으로 확대됐고, 세계 최대의 부국은 세계 최대의 부채국이 됐다. 이 사태가 지속될 수 없었던 것은 상식적으로도 뻔한 일이었지만, 정책 당국은 아시아 나라들의 환율절상을 유도할 뿐, 자국의 정책 개선은 염두에 두지 않았다.

80년대 이후의 미국 금융자본주의는 Wall Street에게는 많은 이득을 가져다 주었지만 미국경제의 건전한 발전에는 기여하지 못했다. Wall Street가 경제를 이끄는 동안, 경제정책이 방향을 잃었다. 경제정책의 "Substance"라 할 수 있는 생산, 고용, 물가, 임금, 국제수지 등이 정책의 死角地帶가 되었다. 미시적으로는 소득이 가계로부터 기업으로 逆流하여 兩極化가 날로 심화되고 있다. 저소득층의 실질소득은 1970년대 말로부터 제자리걸음을 걷고 있고, 미국의 자랑이었던 중산층은 내리막길을 치닫고 있다.

기업경영도 방향을 잃고 있다. 경영자의 보수(executive compensation)가 주가에 의하여 결정되기 때문에, 기업경영은 단기적인 주가 상승에 경영의 중점을 두고 있고, 기업의 CEO는 주가를 올리기 위해서는 수단 방법을 가리지 않게 됐다.

2007년 8월에 터진 sub-prime mortgage의 부실은 미국 금융부문 위기, 그리고 경제 자체의 위기의 신호였다. 그동안 상승일로에 있던 미국의 자산 가격이 폭락하기 시작했다. 이것이 負의 자산효과를 통해 소비를 격감시키고 있다. 미국의 소비가 감소함으로써 세계경제가 타격을 받고 있다. 그때까지만 해도 금융부문에 한정된 듯 하던 부실이 금년 6월에 표면화된 바와 같은 Fannie Mae와 Freddie Mac에서 엄청난 부실이 또 폭로되면서 금융부문의 부실이 실물부문으로 옮아가고 있다. 앞으로의 경제를 알 수는 없으나, 짙은 불확실성 속에서 긴 터널을 통과해야 할 것이다.

미국경제가 어려움에 처하게 된 원인의 대부분은 신자유주의에 있다고 나는 본다. 이것이 금융의 자유방임→금융부문의 이노베이션→자산가격의 폭등→소비와 수입의 격증→세계최대의 부채국을 가지고 왔다. 지금 이와 정반대의 프로세스가 진행되고 있다. 다만 문제의 근원이 신자유주의라는 것을 인정하지 못하고 있을 뿐이다.

신자유주의는 이 과정에서 미국의 중산층 이하의 모든 계층에 견딜 수 없는 어려움을 주고 있다. 신자유주의 이후로 미국의 소득증가는 대부분 인구의 상층 5%(특히 최상 1%)로 돌아가고 근로자의 소득은 1970년대 말 이후 거의 개선된 것이 없다. 의료보험의 혜택이 주어지지 않은 인구가 4,700만에 달한다. 이러한 양극화는 미국의 소득분포를 1920년대로 돌아가게 만들고 있다. 이제 미국경제는 하나의 큰 전환점에 처해 있다. 신자유주의의 타당성이 끝남에 즈음하여 새로운 진로를 모색해야 하는 문제를 안고 있다.

두 가지 방향을 생각할 수 있다. 하나는 다시 New Deal식 정부통제를 도입하는 방향이다. 다른 하나는 기존의 신자유주의에 그때그때 필요한 규정을 추가하는 방향이다. 첫째의 방향을 택하는 일은 없을 것이다. 그런 일을 할 만큼 미국은 젊지도 않다. 미국은 이미 둘째의 방향을 채택하기 시작했다. 투자회사 Bear Stearns를 구제한 일이라든지, Fannie와 Fredie를 구제해 준 것을 보면 장래의 방향을 점칠 수 있다.

그러나 *ad hoc* intervention을 가지고는 기본적으로 미국경제의 활력은 살아나지 않을 것이다. 또 그런 수단을 가지고는 설사 당장의 위기를 넘긴다고 하더라도 신자유주의의 기본적인 문제—양극화와 공공부문 역할의 쇠퇴—는 막을 수 없을 것이다.

6. 요약 및 결론

미국은 자유의 나라이고 승자가 이끄는 나라이다. 미국자본주의는 자유방임으로 그 靑年期(1865~1932) 동안 큰 발전을 거두었다.

1933년 New Deal 정책으로 자유방임을 포기하고 복지정책을 도입한 미국경제는 성숙한 壯年期(1933~1970)를 맞아 대공황을 극복하고 세계경제를 지도하는 데 엄청난 리더십을 발휘함으로써 미국경제의 전성기를 이루었다.

1970년대에 접어들어 미국경제는 국제경쟁력을 상실하기 시작하고 인플레를 맞으면서 미국의 케인즈 주의는 몰락했다. 케인즈를 대신하여 등장한 신자유주의는 미국경제의 熟年期(1971~2008)를 이끌었다. 거시적으로는 소비와 투자의 불균형과 수출과 수입의 불균형, 미시적으로는 양극화 현상을 빚어냄으로써 끝내는 2007년의 sub-prime mortgage의 부실을 계기로 低成長期를 맞이하고 있다.

미국과 같이 어떤 기준으로 보던지 '위대하다' 고 밖에 할 수 없는 나라가 4반세기라는 긴 세월 동안 신자유주의의 사상과 정책에 매달린 것은 불가사의한 일이다. 이제 그 숙년기를 마감하게 된 것으로 나는 본다. 앞으로 어떤 형식으로든지 현재의 어려움이 치유돼야 할 것이다.

자유주의는 좋지만 자유방임주의는 좋지 않다. 원래 미국은 그 청년시대를 마감하면서 자유방임 정책을 청산한 바 있었다. 21세기라는 복잡하고 다양한 세계에서 18세기 중상주의를 반대하는 이론으로 나온 자유방임 이론은 적합할 수가 없다. 정부의 기능을 인정하여 시장의 기능과 조화를 이루게 해야 한다고 나는 본다.

글로벌 경제의 패러다임과 한국의 대응*

I

2008년 9월 발생한 '미국發 금융위기'의 가장 큰 의미는 무엇인가. 그것은 글로벌 경제의 패러다임이 바뀐 데 있다. 위기가 일어난 순간 '패러다임 쉬프트(Paradigm Shift - 이하 PS로 씀)가 이루어진 것이다. 자유주의가 萬能이라고 보는 新自由主義의 패러다임이 물러가고, 정부가 경제운영의 중심에 서서 市場의 盲點을 보완하는 새로운 패러다임이 등장한 것이다.

각국 정부는 모두 재정금융을 총동원해서 무너져 내리는 경제를 구제했다. 그 결과 지금은 金融이 소생하고 實物도 어느 정도 되살아났다. PS는 끝났는가. 아니다. PS는 분명히 있었지만 새로운 패러다임의 윤곽은 아직 드러나지 못한 상태에 있다. PS는 단순한 하나의 사건(event)이 아니고, 긴 時日을 거쳐 여러 단계를 겪으면서 완성되는 一種의 과정(process)으로 보아야 한다. 지금의 시점은 새로운 패러다임의 처음 단계의 끝 부분(end of the beginning) 쯤에 와 있다고 볼 수 있다.

II

* 2010년 1월 20일 도산 아카데미에서 행한 主題 講義 논문임.

위기가 일단 끝난 지금, 나라마다 '出口(財政 · 金融 확대의 撤回)'의 시기를 놓고 고민하고 있다. 出口戰略의 채택, 이것이 PS의 첫 단계의 마지막 부분이다. 출구의 시기를 정하기는 매우 어려운 일이다. 어느 나라를 막론하고 출구를 하면 당장은 약간이나마 경제침체(dip)를 면할 수 없고, 그것이 심하면 dip으로 연결될 수 있기 때문이다. 그렇다고 출구시기를 무작정 늦추면 출구의 충격은 그만큼 커질 것이며, dip의 가능성 역시 높아질 것이다.

글로벌 경제는 마냥 출구를 망설이면서 재정 · 금융의 확대를 계속할 수도 없다. 돈을 계속 풀면 실물 부문이 좋아지기 전에 자산가격의 거품이 일어나서 인플레(경우에 따라서는 디플레)를 유발할 것이기 때문이다. 이미 미국을 비롯한 선진국에서는 곧 출구전략을 집행하라는 소리가 높아지기 시작했다. 거기에서는 이미 부분적으로 재정적자를 줄이고 금리의 일부를 올리는 등, 알게 모르게 출구전력을 쓰기 시작하고 있다.

그동안 세계의 모든 나라는 금융위기를 불러온 구조적인 문제를 재정 · 금융의 확대라는 경기조정의 수단으로 손쉽게 극복했다. 그 '克服'은 臨時方便이었지 완벽한 病因의 退治는 아니었다. 앞으로 그 일시적인 便法의 대가를 치러야 한다. 무차별적인 財政 완화와 超低金利 정책이 몰고온 경제체질의 왜곡을 시정하는 비용을 비켜갈 수는 없다.

PS로 인해 앞으로는 정부가 경제운영의 陣頭에 서게 되었다. 정부가 나선 이상, 각국의 경제정책은 어느 정도까지는 自國 위주의 정책(nation-state식 정책)을 쓰지 않을 수 없다. 新自由主義의 劃一的 패러다임이 사라지고 정부가 각기 그 나라가 가지는 독특한 문제를 해결해야 하게 된 이상, 경제운영의 패러다임은 나라마다 다를 수밖에 없으리라고 보아야 한다.

각국 정부는 출구의 時期보다도 더 어려운 문제, 즉 출구 이후의 경제운영의 비전과 전략을 선택하는 문제로 고민하고 있다. 이것이 PS의 제2단계이다. 제2단계의 선택은 제1단계 때의 그것(재정금융 정책의 총동원)보다 훨씬 더 어려울 것이다. 금융위기의 상처는 아직 아물지 않았고, '入口' 이후 터널 속에서 조성된 歪曲은 아직 그대로 남아 있다. 터널의 出口를 빠져나가기만 하면 곧바로 쨍! 하는 햇볕을 맞을 수는 없다.

미국을 비롯한 선진국들은 아직 출구 이후의 방향을 내놓지 못하고 머뭇거리고 있다. 그들은 앞으로 금융에 대한 약간의 제도적 微調整만 있으면 출구 이후의 모든 것이 옛날과 같이 될 것을 바라고 있는 것도 같다. 특히 미국 금융계는 지난날의 패러다임에 대한 鄕愁를 버리기 어려운 것 같다. 정부에 의해 겨우 延命한 미국 금융회사들은 직원들에게 보너스를 주고 월급을 올렸다. 골드만 삭스의 회장은 '우리는 神의 일을 하고 있다(We're doing God's work)'고 큰소리치다가 여론의 뭇매를 맞았다.

이들은 PS를 애써 인정하지 않으려고 한다. 이들의 心理를 이해하기 어렵지 않으나, PS가 없었거나 지워지는 것은 아니다. 그들이 이제는 幽靈이 된 종래의 패러다임에 얽매여 있는 한, 경제는 또 하나의 위기를 맞거나 아니면 더욱 약화된 체질로 긴 低成長의 길을 더듬어야 할 것이다. 위기 발생 이후 지금까지의 경과로 미루어 볼 때, 미국 (및 다른 선진국)이 새로운 패러다임 — 그것이 어떤 것이건 간에 — 에 적응하자면 상당한 시일이 걸릴 것으로 보인다.

새로운 패러다임을 받아들이자면, 미국은 무엇을 해야 하는가. 經濟論理로 본다면 미국의 경제정책이 해야 할 일은 다음과 같은 것이 아닐까 생각된다. 金融에 있어서는 금융기관에 대한 감독체계를 확립하고 방만한 금융운영의 紀綱을 세우고 금융의 構造를 개선해야 한다. 實物에 있어서는 재정적자를 늘리지 않으면서 失業을 줄이고 보호주의 정책의 채택 없이 산업의 국제경쟁력을 회복하여 경상수지의 적자를 줄여야 한다. 또 그 동안 間斷없이 진행되어온 경제사회의 兩極化를 막고 中産層을 회복시키는 방안을 추진해야 한다. 이러한 項目을 一瞥만 해도 그 하나하나가 엄청난 難題이며, 그 중 어느 하나를 해결하려 들어도 엄청난 叡智와 용기와 인내가 필요하다는 것을 쉽사리 짐작할 수 있다.

아! 그러나 幸이든 不幸이든 경제 정책치고 경제논리대로 이루어지는 예는 드물다. 예기하지도 않은 문제가 일어나서 정책방향이 예기치 않은 엉뚱한 방향으로 가는 경우가 茶飯事이다. 우리나라의 世宗市의 문제가 그 좋은 예일 것이다. 앞으로의 세계에는 이런 일이 더욱 많아지고 불확실성이 가중될 것이다. 그러는 과정에서 어려운 문제가 비교적 쉽게 풀릴 수도 있다.

Ⅲ

모두들 새해 GDP 豫測値에 엄청난 관심을 보이고 있다. IMF 등 유력한 국제기관들은 세계경제가 금년 2~3% 정도 성장할 것으로 예측하고 있다. 성장률이 플러스로 돌아선다는 것은 좋은 일이기는 하나, 그것으로 글로벌 경제의 당면한 문제를 해결하기는 어려울 것이다. 당면한 문제는 무엇인가. 크게 보아 두 가지가 있다. 첫째는 雇傭

의 문제이고, 둘째는 後進國의 대두이다.

GDP가 2~3% 증가한다고 해서 고용이 2~3% 증가하기를 기대할 수는 없다. GDP와 雇傭은 같은 방향으로 움직이기보다는 서로 다른 방향으로 움직이는 수가 많을 것이다. 후진국에서는 GDP와 고용이 같은 방향으로 움직이기 쉽지만, 선진국은 보통 반대의 방향으로 움직인다. 후진국에서는 노동집약적인 산업이 많은 데 반해 선진국에서는 기술집약적인 산업이 주류를 이루기 때문이다.

앞으로 선진국에는 일반적으로 低成長이, 그리고 후진국에는 일반적으로 高成長의 추세가 나타날 것이 예상된다. 선진국 경제는 熟年期에 접어들어 과거와 같은 活力을 발휘하기 힘들고, 생산성에 비해 임금이 높아서 경쟁력을 유지하기가 어려울 것이다. 이에 비해 후진국들은 아직 靑年期 내지 壯年期에 있어서 가난을 물리치고자 하는 活力은 왕성할 것이고, 기술 수준도 예상보다 빠르게 향상되고 있다.

앞으로 세계경제 발전의 중심은 후진지역에서도 가장 성장 잠재력이 큰 아시아(특히 중국, 인도, 인도네시아 등) 지역으로 옮겨질 것이다. 이렇게 되면서 선진국과 후진국의 격차는 좁혀질 것으로 예상된다. 이 역사적 추세를 막을 수 있는 경제적 요인은 내가 보기에는 많지 않다. 그러나 막상 이것이 현실로 나타나는 과정에서 선진국은, 그리고 후진국도, 많은 어려운 문제에 부딪치게 될 것이다. 경제가 발전하면 할수록 고용이 줄어가는 글로벌 경제에서 일자리가 늘어나는 곳이 있다면, 그것은 후진지역일 것이다. 앞으로 점점 더 많은 자본과 기술이 저렴한 임금에 誘引되어 후진지역으로 몰릴 가능성이 있다.

과거에는 신자유주의 패러다임이 전 세계에 통용되었다. 작은 정부, 개방화, 민영화 그리고 자유화, 이것이 전세계 공통의 패러다임이었다. 이제 그 패러다임은 물러가고 정부와 시장이 각기 역할을 분담하는 새로운 패러다임이 등장했다. 이 기준에 따라 행동원칙을 찾는 것은 나라에 따라 다를 것이다. 모든 나라에 공통되는 劃一的인 패러다임을 만들어내기는 어렵게 되었다. 모든 문제에 不確實性이 가중되었다. 짙은 불확실성 속에서 나라마다 自國에 맞는 活路를 찾아야 한다. 그렇게 하면서 세계 나라들이 평화롭게 함께 살아갈 방법을 강구해야 한다. 세계에 통용되는 기준에 대한 總論的인 合意를 도출하기는 쉽겠지만, 各論에 있어서는 획일적인 共通 基準을 마련하기는 어려울 것으로 보인다. 이를테면 글로벌 경제체제를 유지하기 위해 자유무역과 자유로운 자본 및 기술의 移動은 유지되어야 한다는 원칙은 總論 수준에서는 합의되기는 쉽지만, 各論 수준의 합의를 확보하기는 어려울 것이다. 대체로 자유무역을 존중하는 나라는 선진국보다는 오히려 후진국일 것으로 나는 본다. 왜냐하면, 자유무역은 선진국보다는 후진국에게 더욱 유리할 것이기 때문이다.

Ⅳ

우리나라는 지난해 금융위기를 잘 극복했다. 금년 2010년엔 성장률이 5% 이상일 것으로 정부는 내다보고 있다. 대단히 좋은 전망이고 그것이 실현되기를 바란다. 그러나 글로벌 경제가 그렇다시피, 우리 경제의 경제위기 극복도 재정금융의 출동에 의한 것이었고, 경제의 fundamental의 개선에 의한 것은 아니었다. 우리나라에 있어서도 가장 큰 문제는 GDP成長이 아니라 雇傭에 있다.

2009년 정부의 고용증대책으로 25만 명의 희망근로자에게 일자리가 주어졌다고 한다. 그러나 재정지출로 유지되는 고용은 오래 갈 수 없다. 머지않은 장래에 그 고용대책도 出口를 나와야 한다. 길게 보면, 우리 경제와 같은 구조 하에서는 경제성장은 노동절약적인 기술발전으로 이루어지는 것이기 때문에, GDP의 증가는 고용의 증대를 가져오기보다는 오히려 그 감소를 가지고 온다. 생산 단위당 노동투입량은 趨勢的으로 줄어간다. 단적인 예로, 새해가 밝기 무섭게 무려 7,000명의 '名退'가 이루어졌다. 경제성장률이 5%에 달한다고 하는데 회사는 왜 종업원을 줄이는가. 회사의 경쟁력을 개선하기 위해서이다. 고용 문제는 매우 긴급한 단기적인 문제인 동시에 장기적으로도 새로운 비전에 입각한 경제운영을 필요로 하는 어려운 문제이다.

경제발전이 실업의 증가와 경제사회의 양극화를 가져오는 경제운영의 패러다임은 바뀌어야 한다. 一朝一夕에 그런 패러다임이 定着될 수는 없겠지만, 그 필요성은 날이 갈수록 절실해지고 있다. 이러한 국내외 경제정세 변화에 비추어, 나는 앞으로는 경제운영의 중점을 GDP보다는 '사람'에 두어야 한다고 본다. 성장촉진보다 고용증가를 중요시하고, 1인당 소득보다도 국민생활을 중요시해야 한다. 국민생활을 보호하자면 物價가 안정되어야 한다. 물가가 올라간다면 고용이 다소 안정되더라도 소용이 없다. 내수산업, 중소기업을 육성하여 성장에 따라 고용이 증가할 수 있는 산업을 만들어내야 한다. 이것은 어려운 문제이고 인내와 시간이 걸리는 문제이지만, 수출극대화 위주의 경제운영이 앞으로도 계속된다면 국민이 견디기 어려운 상황에 봉착할 우려가 있다.

경제의 패러다임뿐 아니라 사회, 교육, 행정 등의 패러다임도 바뀌어야 한다. 앞으로 정부의 施政은 사회질서를 유지하면서 국민에게 봉사하는 새로운 social governance 위에 서야 한다. 아담 스미스는 그의 『道德感情論』에서, 사회에는 慈愛(benevolence)와 正義(justice) — 공정한 秩序 — 의 두 가지가 필요하지만, 전자가 없고 후자만 있는 사회는 삭막하기는 하지만 그 사회는 유지되기는 하는데 반해, 전자는 있으나 후자가 없는 사회는 사회의 존립 자체가 불가능하므로, 正義가 慈愛보다 더 중요하다는 의견을 피력했다.

교육의 패러다임도 달라져야 한다. 우리나라 사람들은 교육은 국가를 위한 것으로 보는 경향이 있다. 그러나 교육의 목적은 국가보다는 우선 사람, 즉, 인재를 만들어내는 데 두어져야 한다. 人才란 무엇인가. 엘리트 집단을 말하는 것이 아니라 자기의 몫을 해낼 수 있는 모든 사람을 말한다. 교육의 목적은 지식을 만들어내는 데 있다고 한다. 지식도 중요하지만 그보다는 오히려 知性과 德性의 가치를 알고 바른 가치관을 가지고 사회에서 자기 몫을 할 수 있는 자세와 능력을 기르는 데에 교육의 목적을 두어야 한다. 그런 인재를 기르기 위해서는 교육의 內容이 정직하고 성실한 人性, 가정과 사회를 위한 倫理, 질서와 평화를 존중하는 公德을 기르는 것이어야 한다.

우리나라 사람들은 경제를 중요시한 나머지 교육자라고 하는 사람들까지도 빨리 어린이들에게 경제교육을 실시해서 부자가 되는 길을 가르치고, 영어를 배워서 출세하도록 해야 한다고 강조한다. 이러한 잘못된 교육이념이 오늘의 無秩序와 不道德의 원인이 되고 사회를 阿鼻叫喚의 싸움터로 만들고 있다.

우리나라의 교육은 우리 경제사회의 需要를 도외시하는 體制와 內容에 의해 이루어지기 때문에, 학교가 공급하는 인력과 사회의 수요가 맞지 않는다. 청년들의 눈높이와 일자리가 맞지 않아서 청년실업의 문제를 가중시키고 있다. 우리나라에서는 대학 진학률이 세계에서 가장 높다고 한다. 대학이 많은 것은 좋은 일 같지만, 사회 수요를 무시하는 盲目的인 교육은 개인에게나 나라에나 기여할 것이 없다.

우리나라의 교육은 모든 部類의 인재에 가장 필요한 '읽고 쓰고 말하는' 능력을 학교에서 가르칠 줄 모른다. 대학을 나와도 제대로 읽고 쓰고 말하는 능력이 부족하다. 나라의 말의 70~80%가 漢字語이다. 漢字를 모르고서는 추상적인 개념을 이해할 수 없다. 영어(또는 어떤 다른 외국어) 책을 한글로 번역하면, 쉬운 原語로 쓰여진 책이 엄청나게 어려워진다. 쉬운 내용을 어렵게 만드는 번역, 나는 그런 번역을 많이 봤다. 나의 한글 능력이 부족하거나 번역자의 영어 능력이 부족하기 때문은 아니다. 한글 語彙가 부족하기 때문에 그렇게 된 것이다. 어휘는 思想을 만들어내고 사상을 이해하는 연장 박스이다. 부족한 연장으로 좋은 집을 지을 수 없듯이, 한글만 가지고는 水準 높은 사상을 이해하거나 만들어내기는 어렵다. 그래서 한글로 된 좋은 책이 나오기 어렵고, 읽어도 이해하기 쉽지 않다. 젊은 세대가 책을 읽지 않는다고 하지만 그 원인을 만들어낸 세대는 기성세대이다. 그럼에도 불구하고 이 나라에서는 漢字는 전혀 가르치지 않으니, 父祖의 편협한 民族主義가 後孫의 발전을 가로막고 있다. 지금 세상은 민족주의의 세상이 아니다. 그렇다고 '한글'이 제대로 쓰이고 있느냐 하면 전혀 그렇지도 않다. 어린애들이 새로운 말을 막 만들어 내고 있다. 간판이나 아파트의 이름은 대부분 영어 이름이다. 한글은 분명히 거리에서 驅逐당하고 있다.

나는 지금부터 국가 차원에서 사람의 능력을 기르고, 길러진 사람을 쓰고, 그들의 삶을 행복하게 만드는 일에 좀 더 힘을 기울여야 한다고 본다. 인력을 아끼고, 여러 분야의 인력 수요를 예측 — 이것은 어렵지만 어느 정도는 가능하다 — 해서 그런 인력을 공급할 수 있는 교육 프로그램을 만들어야 한다고 본다. 나라는 사람에 달려 있다. 앞으로는 더욱 더 그렇게 될 것이다. 교육의 테두리(framework)는 국가 차원에서 만들어야 한다. 앞으로 우리나라 인구가 줄어들 전망인

데, 인력의 육성과 사용에 대한 국가의 비전과 방침이 서야 한다.

나라가 국민생활에 대해 걱정한다면, 물가 안정에 대해 각별히 조심해야 한다. 인플레처럼 어려운 계층을 힘들게 하는 것은 없다. 우리 경제에는 앞으로 물가가 올라갈 요인이 많이 깔려 있다. 방심하면 물가는 금방 오를 수 있다. 정부는 물가인상 3%의 목표치를 내걸고 있는데, 물가가 3% 올라간다는 것은 작은 상승이 아니다.

나는 인플레를 방지하기 위해 '財政計劃'을 세워야 한다고 본다. 재정계획을 제일 많이 강조한 사람이 영국의 마가렛 대처首相이었다. 대처가 영국 보수당 당수였을 때, 보수당이 집권하면 어떠한 정부 프로젝트를 위해서도 정부가 본래 마련한 장기 재정계획을 벗어나는 지출은 절대 허용하지 않는다는 원칙을 천명하고, 집권 후 그 원칙을 일관되게 지켰다(Margaret Thatcher, The Downing Street Years, 1993, p.15).[1] 그런 확고한 방침 없이는 인플레를 막기 어렵다. 나는 대처주의자는 아니지만, 대처首相의 그 확고한 원칙을 우리나라가 도입했으면 한다.

V

앞으로는 정부의 역할이 매우 중요하게 된다. PS의 의미가 바로 그것이다. 정부는 국정의 기본방향을 확실히 설정해야 한다. 장래는 불확실하지만 그러면 그럴수록 정부의 방향 설정은 확실해야 한다. 우

---

1) 나는 또 다음과 같은 그녀의 말에 감명을 받는다. "정부가 해야 할 일은 '안정의 골격(Framework of Stability) – 정치의 안정, 法집행의 안정, 그리고 건전한 통화정책을 통한 경제적 안정 – 을 마련하는 일이다. 그 안정 위에서 가족과 기업이 자유로이 그들의 꿈과 희망을 추구하도록 하면 된다."(위의 책, p.14) 안정 없이는 나라의 발전도 없고 개인의 행복도 없다는 것이다. 이것이 진정한 보수가 아니겠는가.

리나라의 현시점에서 가장 중요한 국가의 임무는 인재를 기를 수 있는 교육의 테두리를 마련하고, 고용의 문제를 해결하며, 물가 안정을 통해서 민생을 지키는 일이다. 인력계획으로 고용을 확보하고, 재정계획으로 물가 안정을 확보해야 한다. 이렇게 되면 '先進國' 이라는 구호 없이도 자연히 선진국이 될 것이다.

編輯後記

우리의 스승이신 趙淳선생께서는 지금 八旬을 넘긴 고령에도 불구하고 왕성한 著述活動을 하면서 선생의 심오한 學問과 思想을 세상에 펼치고 계신다. 이 선생의 學問과 思想體系가 後學들에게 널리 그리고 後代에 오래 동안 傳授되도록 하기 위해 선생의 未出刊 論文들을 정리 · 편집하여 이와 같이 선생의 文集을 刊行하였다. 우리 編輯委員들은 이 文集이 선생의 學問과 思想世界가 讀者들에게 잘 전달되도록 노력하였으나 제대로 편집되었는지 염려스러움을 禁치 못한다. 여기서 한 가지 밝혀두고자 하는 바는, 선생께서 같은 時期에 서로 다른 媒體나 場所 등에서 발표하신 글들 중에는 그 內容이 重複되는 것이 없을 수 없으나, 이를 무릅쓰고 모든 글을 싣는 것을 원칙으로 하였다. 이 점 讀者들의 諒解를 바란다.

앞으로 선생께서 米壽紀念文集을 다시 출간하게 된다면 지금의 경험을 살려서 더 좋은 文集이 되도록 편집하기를 다짐해 본다.

이 文集을 발간하는 데 재정적으로 후원해 주신 여러 寄附者들에게 진심으로 감사드린다. 또한 이 文集을 간행하는 데 本人을 도와 편집작업에 수고해주신 서울大學校의 朴鍾安 教授, 釜山大學校의 金基承 教授와 또 어려운 출판작업을 도와주신 比峰出版社의 朴琪鳳 社長께도 深心한 謝意를 표하고자 한다. 아울러 이 文集이 刊行

되는데 있어 모든 財政業務를 맡아주신 崇文高等學校의 徐遵鎬 校長과 이 文集의 配布業務를 담당해주신 KOSA商社의 金相男 代表에게도 감사를 드린다. 마지막으로 이 문집 원고 전부를 打字하고 또 誤打를 수정해 준 朴恩鎭氏에게도 진정으로 감사드린다.

끝으로 趙淳선생의 萬壽無疆과 後學들에 대한 끊임없는 指導鞭撻을 기원하면서, 삼가 이 文集을 趙淳선생께 奉呈하고자 한다.

2010年 5月

趙淳先生八旬紀念文集刊行委員會 委員長

韓國外國語大學校 教授 金勝鎭

저자약력

趙 淳
號 少泉 若泉 奉天學人

1928년 2월 1일
江原道 江陵市 邱井面 鶴山里 출생

학력
경기고 졸업
서울대 상대 전문부(3년) 졸업(1949)
미국 보오든 대학(Bowdoin College) 졸업(1960)
미국 캘리포니아 주립대학(Berkeley) 대학원 졸업, 경제학 박사(1967)

약력
육군 중위, 대위(1951~1957)
육군사관학교 교수부 교관(1952~1957)
미국 뉴 햄프셔 주립대학교 조교수(1964~1965)
서울대학교 상과대학 교수(1968~1975)
서울대학교 사회과학대학 교수(1975~1988), 초대학장(1975~1979)
한국국제경제학회 초대회장(1979~1981)
부총리겸 경제기획원 장관(1988~1990)
한국은행 총재(1992~1993)
이화여자대학교 석좌교수(1994~1995)
서울특별시 초대 민선 시장(1995~1997)
민주당 총재(1997)
한나라당 초대 총재, 명예 총재(1997~1998)
제15대 국회의원, 강릉 을구(1998~2000)
민주국민당 대표최고위원(1998~1999)
민족문화추진회 회장(2002~2007)
한국학중앙연구원 이사장(2005~2008)
자랑스런 서울대인 선정(2008)

현재
대한민국학술원 회원(1981~현재)
서울대학교 명예교수(2002~현재)
명지대학교 명예교수(2002~현재)

저서
『경제학원론』, 법문사, 1974.
『한국경제의 현실과 진로』, 비봉출판사, 1981.
『J.M. 케인즈』, 유풍출판사, 1982.
『貨幣金融論』, 비봉출판사, 1985.
『續 · 한국경제의 현실과 진로』, 비봉출판사, 1986.
『아담 스미스 연구』(공저), 민음사, 1989.
『존 스튜어트 밀 연구』(공저), 민음사, 1992.
The Dynamics of Korean Economic Development, Institute for International Economics, Washington D.C., USA, 1994.
『趙淳 經濟論評』, 이가책, 1994.
『열린사회, 휴머니스트가 만든다』, 비봉출판사, 1995.
『韓國經濟改造論』(尹健秀, 柳在元 譯), 다산출판사, 1996.
『韓國的 經濟發展』, 中國發展出版社, 中國 北京, 1997.
『창조와 파괴』, 법문사, 1999.

번역서
『J.M. 케인즈』의 『고용, 이자 및 화폐의 일반이론』, 비봉출판사, 초판, 1985.
『J.M. 케인즈』의 『고용, 이자 및 화폐의 일반이론』, 비봉출판사, 개역판, 2007.

刊行委員

洪龍潔(서울大學校 商科大學 總同窓會長)

姜鎬珍(高麗大學校 教授)
金東洙(그라비타스 코리아 代表)
金相男(KOSA商社 代表)
金勝鎭(韓國外國語大學校 教授)
朴琪鳳(比峰出版社 代表)
徐遵鎬(崇文高等學校 校長)
鄭雲燦(國務總理)
左承喜(京畿開發研究院 院長)
李廷雨(慶北大學校 教授)
李孝秀(嶺南大學校 總長)
權五春(國語古典文化院 理事長)
李成熙(韓國外國語大學校 招聘教授)
黃在國(江原大學校 名譽教授)

編輯委員

金勝鎭(韓國外國語大學校 教授)
金基承(釜山大學校 教授)
朴琪鳳(比峰出版社 代表)
朴鍾安(서울大學校 招聘教授)

寄附者 名單

家族一同 李成熙 朴琪鳳 清泉會 權五春 崔泰源 金東洙
金相男 朴佑奎 徐遵鎬 鄭雲燦 趙明載 左承喜 洪龍潔 姜光夏
姜鎬珍 郭承瀠 金大中 金勝鎭 金英埴 金仲秀 盧俊燦 孟廷柱
閔相基 朴世逸 朴鍾安 서울商大經濟學科25回同期會 尹榮燮
李啓植 李榮善 李廷雨 李鍾輝 李泰鎔 李孝秀 張丞玗 姜文秀
金大敬 金東秀 金秉鉉 金永燮 朴元巖 宋寅騎 俞正鎬 李景台
李根植 李榮九 李元暎 李之舜 秋俊錫 洪起浩 朴興基 申方浩
李相憲 丁道聲 玄定澤 文宇植 白雄基 尹奉漢 李永檜 安孝承
鄭一溶 李翰裕

조순 문집 (2002~2010)

이 時代의 希望과 現實(Ⅱ)

– 세계의 大勢를 보고 進路를 개척하자 –

초판인쇄 | 2010년 5월 5일
초판발행 | 2010년 5월 10일

지은이 | 조 순
펴낸이 | 박기봉
펴낸곳 | 비봉출판사
주 소 | 서울 금천구 가산동 550-1. IT캐슬 2동 808호
전 화 | (02)2082-7444~8
팩 스 | (02)2082-7449
E-mail | bbongbooks@hanmail.net / beebooks@hitel.net
등록번호 | 317-2007-57 (1980년 5월 23일)
ISBN | 978-89-376-0372-3 04300
978-89-376-0370-9 04300 (전5권)

값 30,000원